사람을 가리켜 소우주라고 하는 말이 있다. 한 사람의 존재 속에는 장구한 인류의 역사가 숨겨져 있으며 앞으로 펼쳐질 미래의 씨앗이 담겨 있다는 뜻이다. 그토록 신비한 인간 존재의 가장 깊은 곳으로 들어가는 일을 소명으로 삼은 사람들이 있다. 그 중심의 부름에 응답한 이들은 무로 변함으로써 모든 것 안에 있게 되고 그때 비로소 그리스도께서 자기 안에 온전히 사신다는 역설을 경험한다. 그렇게 가장 깊은 중심과 연결된 이들은 세상에 자신을 선물로 내어놓을 수밖에 없다. 『토머스 머튼 이야기』는 한 구도자가 어떻게 그 중심에 이르게 되었는지를 소상히 밝히는 책이다. 토머스 머튼이라는 그리스도인의 삶에 드러난 골짜기와 봉우리를 함께 오르내리다 보면 가슴이 벅차오른다. 진리라는 중심을 향한 순례에 나선 모든 그리스도인에게 이 책을 권하고 싶다.

김기석 청파교회 목사

오방식 교수의 『토머스 머튼 이야기』가 출판되었다. 코로나19가 전 세계적으로 기승을 부리고 있는 이때, 평생 침묵 속에서 하나님을 찾는 트라피스트 수도자의 이야기가 출판된 데는 어떤 의미가 있을 것이다. 세상의 모든 것에는 눈에 보이지 않는 연결고리가 있다. 그런 의미에서 볼 때 코로나19와 침묵은 C. G. 융의 용어로 말하자면 대극(opposite)의 관계에 있다. 서로 정반대되는 특성이 있는 것이다. 코로나19가 급속도로 퍼지는 것은 현대인들의 활동량이 너무 많기 때문인데, 반면 트라피스트 수도회 안에는 깊은 침묵이 있다. 이런 상황에서 『토머스 머튼 이야기』는 우리에게 무엇을 말하려고 하는 것일까? 영성가이자 명상가인 토머스 머튼은 팬데믹으로 고통받는 현대인들에게 더 많은 이야기를 해줄 수 있을 것 같다.

저자에 따르면 토머스 머튼은 평생 치열하게 하나님과 "참된 나"를 찾아 나섰다. 그는 "참된 나"를 찾기 위해 하나님을 찾았고, 하나님을 만남으로써 "나"를 찾았다. 그는 수도원에 들어가기 전 친구들과 어울려 술을 먹거나 문필생활을 하거나 학생들을 가르치면서도 "참된 나"를 찾기 위해 애썼다. 그러나 그 행위들은 아무런 도움이 되지 않았고 도리어 더 큰 혼란만 가져왔다. 머튼은 그 안에서 상황적 자기, 상상적 자기, 외향적 자기, 그림자 같은 자기 등 수많은 거짓 자기들을 보았기 때문이다. 하지만 결국에는 수도원에서 24시간, 365일, 27년 동안 진정한 자기를 대면함으로써 서서히 "참된 나"를 찾아갔다.

머튼이 그토록 "참된 나"를 찾으려고 애썼던 이유는 다음과 같다. 세상이 끊임없이 변한다는 것은 당연한 사실이고 그렇게 변하는 세상에 적응하려면 자신도 끊임없이 변해야 하는데, 어느 것이 정말 진정한 자기인지를 알 수 없었다. 게다가 그는 조울증적인 성향을 갖고 있어서 지극히 쾌활했다가 바로 침울해지기도 하고, 무엇에 열정적으로 몰두했다가 다시 식어버리는 등 성격의 굴곡과 양면성이 심했다. 그래서 더욱 무엇이 진정한 자기 모습인지 알고 싶었다.

오방식 교수는 머튼이 "참된 나"를 찾아가는 모험의 여정을 자세히 기술한다. 저자는 머튼의 부모, 그의 소년 시절과 학창 시절, 영국과 미국을 오갈 수밖에 없었던 상황, 수도원에서의 삶과 갈등, 독거 은수자로서의 명상의 삶에 관한 이야기를 자세히 풀어냄으로써 그의 생각과 고뇌를 생생히 전달한다. 아마도 하나님은 머튼이 끝없이 방황하고 흔들리는 삶을 사는 와중에도 그가 중심을 잡을 수 있도록 "정점"(still point)이 되어주셨던 것 같다. 그가 수도원에 들어가는 데 영향을 미쳤던 질송이 말한 하나님의 "자존성"(aseitas) 개념이나, 하나님을 가리켜 영혼이 안식을 취할 수 있는 포구(浦口)라는 아우구스티누스의 표현을 생각해보면 그런 추론이 가능하다. 사람이 정신적으로 발달하기 위해서는 흔들리지 않는 고정점이 필요하다. 그렇지만 오방식 교수는 머튼의 "참된 나"를 찾는 삶이 아직 완결되지 않았다고 강조한다. 그의 죽음이 너무 느닷없이 다가왔던 탓도 있지만, "참된 나"를 찾는 작업은 본래 "신-인"(God-Man)이 되는 끝없는 작업이기 때문이다.

코로나19를 비롯해 환경 파괴, 빈부격차, 무분별한 핵무기 개발, 새로운 헤게모니를 둘러싼 국가 간의 갈등과 같은 현대 사회의 여러 문제는 현대인들을 향해 "참된 나"를 돌아보라고 촉구하는 목소리일지도 모른다. 인류는 지금 "참된 나"를 살고 있는가? 아니면 운전할 줄도 모르면서 트럭을 몰다가 죽을 뻔했던 머튼의 모습처럼, 우리도 무면허 상태로 고속도로를 질주하고 있지는 않은가? 『토머스 머튼 이야기』는 현대인들에게 "참된 나"로서의 삶을 회복해야 한다는 메시지를 전한다.

김성민 월정분석심리연구원장

이 책은 20세기 최고의 영성가이자 수도자인 토머스 머튼에 대해 한국 영성 신학자가 집필한 전기적 연구서다. 토머스 머튼은 감리교적 배경에서 자라 가톨릭으로 개종했지만 16세기 종교개혁 이후 개신교가 상실한 수도원 전통과 영성 함양 전통 및 그리스도와의 연합을 갈망하는 신비주의 영성에 대한 관심을 재점화시킨 인물이다. 그의 개종이나 회심 과정에 영향을 끼친 인물과 사상의 면면을 보면, 신구교의 갈등이나 이질성이 느껴지기보다는 기독교의 위대하고 풍성한 유산에 대한 감사가 넘침을 확인할 수 있다. 그리스도인들은 개신교가 16세기에 시작된 새로운 기독교라는 생각을 버리고 자신이 주 예수 그리스도로부터 시작된 참되고 통전적인 기독교 신앙 유산의 상속자라는 의식을 가져야 한다. 토머스 머튼은 개신교를 버리고 가톨릭으로 넘어간 사람이 아니라 신구교가 공히 계승하고 상속해야 할 위대한 기독교 신앙의 유산을 재발견하고 그에 감격한 그리스도인이다. 저자는 이 책을 통해 토머스 머튼을 단지 가톨릭이라는 좁은 관점에서 보지 않고 기독교의 위대한 영성 신학 전통의 빛 아래서 재조명하고 있다. 그리스도인은 성령의 일회적 감화나 감동을 받아 성자나 성인으로 탈바꿈할 수 없다. 또한 예수를 주라고 고백하는 순간 바로 천국으로 직행하지 않는다. 이 땅에 오래 살면서 영성 훈련의 여러 단계를 거치고 자신의 죄와 원죄성과 치열하게 직면하여 싸워감으로써 그리스도의 형상을 이루는 도상의 존재다. 책이 참 따뜻하고 잘 읽힌다.

『칠층산』에 대한 요약 논의 또한 친절하고 섬세한 이 책의 특징이다. 자신의 죄성과 진솔하게 대면하는 정직한 그리스도인이라면 머튼의 고뇌와 간구에 쉽게 공명할 수 있을 것이다. 신구교 분리 이전 시대의 기독교 신앙 전통까지 품고 그 안에서 자라고자 하는 모든 진지한 성도에게 일독을 권한다.

김회권 숭실대학교 기독교학과 구약학 교수

토머스 머튼은 자전적 저서인 『칠층산』을 통해 한 명의 평범한 무신론자가 그리스도인으로 회심하기까지의 여정을 전한다. 그는 이 여정을 예수 그리스도를 향한 지속적인 응답이자 성령의 인도에 따라 자기-변형을 이루는 과정으로 이해한다.

그리스도인의 삶은 그리스도 안에 온전히 머무는 데 그 목적이 있다. 동시에 그 머무름으로 얻은 성령의 은총을 세상 모든 피조물과 나눌 의무가 있다. 그렇기 때문에 그리스도인은 "행동하는 관상가"여야 한다. 예수 그리스도와 일치되는 삶을 살았던 토머스 머튼은 20세기를 대표하는 행동하는 관상가였다. 그러나 그도 우리처럼 미숙함 가운데 이 여정을 시작했다.

오방식 교수의 『토머스 머튼 이야기』는 머튼의 인생 초반부와 과도기를 다룬다. 무신론자였고 방탕한 학창 시절을 보냈던 머튼이 엄률 시토회에 속하는 트라피스트 수도회의 수도자가 되는 과정을 따라가다 보면 우리의 영적 여정을 돌아보게 된다. 저자는 이 극적 여정을 회심, 트라피스트 수도 성소에 영향을 준 가정적 배경과 심리적인 요인들, 만났던 좋은 사람들과 읽었던 책들의 영향, 다양한 영적 체험 등의 측면에서 접근함으로써 독자들이 머튼의 인생을 입체적이고 다면적으로 그려볼 수 있도록 돕는다.

또한 저자는 머튼의 초기 수도 생활에 대한 내용을 심도 있게 서술한다. 머튼은 트라피스트 수도원 입회 전부터 수도원에서 고행하는 삶을 가장 이상적인 천국에서의 삶이라고 여겼다. "하느님의 가난한 형제들"은 독방에 숨겨진 만나 곧 하느님의 현존이라는 무한한 양식, 힘, 은밀한 영광을 마음속으로 맛본다. 그들은 하느님에 대한 두려움이라는 감미로운 환희를 경험하기도 하는데 이는 하느님의 실존과 처음으로 내밀하게 접촉하는 순간이자 이 세상에서 체험되는 천국의 시작이다. 수도원 입회 후 그는 다른 사람과 달리 고행과 엄격한 삶을 택한 것에 대해 영웅적인 우월감을 경험했으며, 세상으로부터 물러나 보속과 대속의 삶을 살아가는 자신을 보며 극도의 행복을 느꼈다. 그는 전통에 입각한 수도자의 수행에 따라 예수 그리스도와의 친밀한 관계를 추구하기 위해 노력했으며 수도원의 규율을 엄격히 준수했다.

머튼은 수도원 울타리 안에서 일상의 영적 훈련을 하면서 관상적으로 깨어나게 된다. 처음에는 수도 생활이 초자연적인 신적 은총을 얻기 위한 완벽한 길을 보여줄 것이라고 믿었으나, 그리스도와의 내적 만남이 깊어질수록 생각이 바뀌었다. 하늘에서 땅으로 내려오는 시간이 필요했던 것이다.

　신혼과 같은 시기가 지난 1940년대 후반부터 머튼은 자신이 자연과 초자연적 은총 사이의 괴리에 갇혀 있다는 것을 자각하게 된다. 그런 과정을 통해 원래 품고 있던 이상주의를 해체하고 재구성한다. 1940년대 후반에 머튼은 자신의 우울함에 대해 다음과 같이 회고한다. "내일이면 내가 겟세마니 수도원에 입회한 지 8년이 되는 해다. 내가 8년 전 세속 시민으로서의 정체성을 버렸다고 생각했을 때보다 내 정체성이 더 모호해진 느낌이 든다." 그는 무엇 때문에 자신의 정체성이 더 모호해졌다고 생각했을까? 『토머스 머튼 이야기』의 저자가 언급하고 있듯이 머튼은 1) 작가와 관상가(또는 세속과 수도원) 사이에서, 2) 카르투시오 수도자(Carthusians)와 시토회 수도자(Cistercians) 즉 독수도자적 삶과 공동체적 삶 사이에서 자신의 정체성이 충돌하고 있다고 여겼다. 하지만 그는 이 문제를 해결하기 위해 분투하는 과정에서 관상적 체험을 하면서 두 가지 선택지를 뛰어넘는 새로운 영적 의식이 내면에서 깨어나는 것을 느낀다.

　머튼의 삶에서 종신 서원은 영적 여정의 완성이 아닌 새로운 시작이었다. 머튼이 『칠층산』 마지막 대목에서 "이것이 책의 마지막이지만 여정의 끝은 아니다"라고 남긴 것처럼, 『토머스 머튼 이야기』의 저자는 앞으로도 계속 될 머튼의 여정을 언급하면서 머튼 이야기를 마무리한다. "인생 전반부의 이야기가 없다면 위대한 관상가 머튼도 없었다"는 저자의 주장처럼 본격적으로 펼쳐질 성숙한 머튼 이야기의 기초가 되는 이 책이 사람들에게 널리 읽히기를 희망한다.

박재찬 안셀모　성 베네딕도회 왜관 수도원 신부

왜 또 하나의 전기가 필요한가? 일평생 머튼을 연구 대상과 영적 지도자로 삼고 살아온 오방식 교수의 저서인 『토머스 머튼 이야기』를 받아들자마자 이런 생각이 떠올랐다. 머튼 자신이 직접 쓴 『칠층산』이라는 자전적 기록이 1948년에 출간된 이래 많은 사랑을 받았고 그것을 통해 토머스 머튼의 생애가 대중들에게 널리 알려졌는데 또 다른 전기가 군이 필요한지 의문이 들었던 것이다. 당사자보다 자신의 생애를 더 잘 아는 사람이 누가 있겠는가? 그렇다면 『토머스 머튼 이야기』에는 머튼에 대해 밝혀지지 않은 새로운 내용이 담겨 있는 것일까?

　물론 책을 읽어보면 저자의 의도가 바로 드러날 것이라는 확신이 있었다. 머튼에 대한 저자의 사랑과 조예가 얼마나 깊은지를 익히 알기 때문이다. 그러나 책의 내용을 확인하기 전에 두 책의 제목에서 떠오르는 단상이 있었다. 『칠층산』은 제목만으로 책의 내용을 추론하기 어렵다. "칠층산"이 단테의 『신곡』에서 영적 여정을 상징적으로 묘사하는 연옥의 산을 일컫는 단어라는 사실을 알더라도, 그 책이 머튼의 자전적인 이야기임을 미리 알기는 어렵다. 그래서 오방식 교수의 『토머스 머튼 이야기』와 머튼의 『칠층산』은 일부 겹치는 부분이 있을지라도 방향성과 내용에서 분명한 차이를 보일 것이라는 확신이 들었다.

　『칠층산』을 읽어본 사람들은 그 책이 단순히 한 사람의 인생을 연대기적인 사건이나 이야기의 모음으로 전하려는 것이 아님을 알게 된다. 다시 말하면 머튼의 『칠층산』은 크로노스적인 사건의 배열이 아닌 카이로스적인 시각을 통해 "바로 그때" 하나님이 어떻게 개입하셨는지를 전해주는 해석학적 전기라고 할 수 있다. 머튼은 대학 시절 브라마차리로부터 아우구스티누스의 『고백록』을 소개받았다. 『칠층산』에서 그 이야기를 언급한 것을 보면 그가 『고백록』으로부터 심대한 영향을 받았음을 쉽게 짐작할 수 있다. 따라서 『칠층산』의 서술 형식 역시 『고백록』의 영향을 받았을 것이라는 추정을 해본다. 이런 의미에서 풀턴 쉰(Fulton J. Sheen) 주교가 『칠층산』을 아우구스티누스가 쓴 『고백록』의 20세기판이라고 평가한 것은 자연스러운 일로 여겨진다.

　머튼은 삶의 사건을 선택적으로 취함으로써 『칠층산』의 이야기를 풀어낸다. 그는 인생의 수많은 사건 중 하나님의 계시적인 사건으로 보이는, 즉 "바로 그때"에 해당하는 사건들을 중심으로 『칠층산』을 구성하였다. 그 관점에 들어맞지 않는다고 여긴 이야기들은 배제되었을 가능성이 크다. 더욱이 이 책은 머튼의 자발적인 의도라기보다는 트라피스트 수도원장의 강권에 의해 집필되기 시작했으며, 그 결과 영적 여정의 한 모델을 제시하고자 하는 교육적 의도에 비해 역사적인 객관성이 상대적으로 덜 강조되었을 수도 있다.

　반면 『토머스 머튼 이야기』는 제목 그대로 머튼의 생애를 객관적으로 소상하게 담으려는 의도가 있었던 것 같다. 그런 차원에서 두 작품을 비교해보면 이렇다. 『칠층산』은 머튼의 영적 여정을 거시적 관점에서 바라보면서 제목이 암시하듯이 인생의 산봉우리라고 할 수 있는 사건들을 이어서 하나의 이야기를 만들어간다. 그런데 봉우리는 골짜기를 전제하지 않으면 반쪽일 수밖에 없다. 봉우리와 골짜기는 한 쌍이 될 때 비로소 완성의 의미를 지닌다. 저자는 이 점을 놓치지 않았다. 『토머스 머튼 이야기』는 보다 미시적 관점을 관통하면서 골짜기로부터 이미 시작된 하나님의 이야기를 보여주고자 한다. 머튼이 『칠층산』 곳곳에서 언급하는 대로 골짜기와 같은 그의 생애가 얼핏 보기에는 버려짐, 가두어짐, 어두움으로 점철되어 있지만, 하나님께서는 모든 과정 속에서 머튼을 온전한 삶으로 빚어가고 계셨다. 저자는 머튼의 인생에서 벌어진 일들을 하나하나 살펴봄으로써 보이지 않는 골짜기에서 역동적이고 가시적으로 활동하는 하나님의 세심한 손길을 조명한다.

　토머스 머튼이 걸어간 영적 여정의 핵심은 "자기를 찾아서"다. 그는 현대인들이 자기(self)를 잃어버림으로써 하나님을 잃어버리게 되었다고 본다. 머튼이 살면서 지나친 골짜기와 봉우리 모두 자기를 찾는 여정에 속한다. 저자는 머튼의 반항과 타락, 극한적인 은둔과 침묵을 자기를 찾아가는 몸부림으로 보고 여정의 모든 순간을 세밀하게 전한다. 머튼의 방향과 목표는 분명했다. 그는 평생에 걸쳐 자기 자신이 되어서 하나님을 만나고, 동시에 역설적으로 찾은 자기를 다시 포기하고 잃어버림으로써 하나님과의 완전한 관상적 상태에 이르고자 했다. 그렇기 때문에 맹종에 가까울 만큼 수도원 장상을 향한 순명에 충실했으며 지치지 않고 끊임없이 완전한 고독을 추구했다. 극한의 고독에 대한 갈망은 자기 세계를 구축하려는 의지가 아니라 진정으로 자기를 부인하고 하나님이 전부임을 완전하게 실재화하려는 결단에서 나왔다. 그런 영적 여정은 머튼 자신도 인식하지 못한 어린 시절부터 시작되었다. 하나님이 그의 삶의 모든 여정을 미리 계획하신 것이다. 저자는 이 점을 중시하면서 머튼의 자전적 이야기를 전개한다. 『토머스 머튼 이야기』는 또 하나의 머튼 전기라기보다는 『칠층산』에 이어진 작품이자 발전적인 머튼 이야기다. 우리는 이 이야기를 통해 머튼이 그렇게 갈망했던 하나님과의 완전한 일치의 여정, 즉 "나는 아무것도 아니요, 하나님 당신이 전부입니다"라는 치열한 영적 여정의 체취를 맛볼 수 있다. 머튼은 평생 진지한 영적 투쟁을 통해 수많은 작품을 쏟아냈다. 『토머스 머튼 이야기』의 저자가 녹여낸 머튼의 여정을 함께하다 보면 머튼이 관상가이자 그리스도인으로서 삶과 작품을 통해 보여준 신실함과 진정성에 감복하게 된다.

유해룡 모새골공동체교회 담임목사

토머스 머튼 이야기

토머스 머튼 이야기

출생에서 종신 서원까지

오방식 지음

새물결플러스

차례

미국에서의 학창 시절(1935-1940)

회심

성소

겟세마니에서

종신 서원

머튼에 대한 사람들의 관심

나는 유학 시절에 국제 토머스 머튼 학회(International Thomas Merton Society)를 비롯해 크고 작은 여러 머튼 관련 모임에 참석했다. 머튼 해석과 관련된 중요한 인물들로부터 그들이 직접 경험한 머튼에 대한 이야기를 들었던 기억이 아직도 생생하다. 그중 제일 먼저 떠오르는 사람은 트라피스트 수도자이자 머튼의 개인 비서였던 패트릭 하트(Patrick Hart)다. 그는 내가 장로교 목사인 것을 알고 머튼이 『통회하는 한 방관자의 생각』(*Conjectures of a Guilty Bystander*)이라는 책의 제목을 짓는 과정에서 1부의 명칭인 "바르트의 꿈"을 선택하려고 했다는 이야기를 들려주었다.

    캘리포니아 샌타바버라에 있는 민주제도 연구소(Center for Democratic Institutions) 부소장인 윌버 페리(Wilbur E. Ferry)도 생각난다. 그는 여러 차례 머튼을 직접 만난 적이 있으며 머튼이 수도원에서 지내느라 편지 왕래가 자유롭지 못한 상황에서도 85회에 걸쳐 개인 편지를 주고받으면서 깊은 우정을 나눴다. 또한 그는 머튼의 『냉전 편지』(*Cold War Letters*)를 등사하여 배포하기도 했으며, 머튼이 봉쇄 수도원 안에 머무는 동안 당대 현안들을 이해하는 데 도움이 될 만한 중요한 책들을 구입하여 지속적으로 보내주었다. 머튼 국제 학회에서 만난 페리는 가장 좋아하는 머튼의 책으로 『요나의 표징』(*The Sign of Jonas*)을 꼽았다. 그 이후로 나에게는 큰 의미가 없었던 그 책이 완전히 다르게 느껴졌다. 인권, 정치, 반전, 평화 운동 활동가로 알려진 그의 이력을 고려하면 그런 주제에 대한 성숙한 이해와 통찰이 담긴 『통회하는 한 방관자의 생각』과 같은 책에 더 큰 흥미를 느낄 것이라고 생각했는데, 예상과 달리 고독 속에서 하나님을 찾는 순수 관상을 향한 머튼의 갈망이 강하게 나타나는 『요나의 표징』을 가장 좋아한다는 설명을 듣고 큰 인상을 받았다. 그는 행동이 관상에서 흘러나와야 한다는 머튼의 말을 실제로 실천하는 인물이었다. 그와의 만남에서 경험한 신비로움과 놀라움이 지금도 생생하다.

또 한 사람이 기억난다. 장대한 기골에 하관을 덮은 흰 수염을 뽐내며 나를 향해 "My brother!"라고 외치는 바실 페닝턴(Basil Pennington)이다. 그는 기도와 관상에 대한 글뿐만 아니라 머튼에 관한 책과 논문을 다수 저술한 트라피스트 수도자다. 페닝턴은 내가 머튼의 소망을 주제로 박사 학위 논문을 쓴다는 얘기를 듣고 자신은 평생 머튼을 읽고 공부했지만 그런 주제를 생각하지 못했다면서 나를 크게 격려해주었다. 머튼 학회에서는 이처럼 머튼과 개인적으로 특별한 인연을 맺은 사람들과의 소중한 만남이 풍성히 이어졌다.

2년마다 나흘에 걸쳐 열리는 국제 토머스 머튼 학회에는 여느 학회와 확연히 다른 점이 하나 있다. 이곳에는 학자와 종교인 외에도 다양한 배경과 분야에서 일하는 사람들이 모여 머튼에 대한 관심을 공유하며 축제를 벌인다. 수도자, 일반 성직자, 평신도, 젊은 대학생뿐만 아니라 그리스도교의 다양한 종파를 비롯하여 제도권 교회 밖에서 영적 삶을 추구하는 사람들이 모인다. 또한 철학자, 영문학자, 심리학자와 같은 다양한 분야의 학자와 더불어 예술가, 사회 활동가들도 함께한다. 이들은 각자 서로 다른 머튼의 모습을 떠올리며 이야기를 나누고 작품을 공유한다.

머튼에 대한 나의 관심

내가 머튼에게 관심을 갖게 된 시기는 1980년대 후반이었다. 사회 전체가 군부 독재의 강력한 영향력 아래에 있었고 친구들끼리 모이면 온통 나라에 대한 이야기만 나누던 상황에서 관상 수도자로서 사회적 이슈에 적극적으로 관여했던 머튼의 이야기는 젊은 신학생의 관심을 즉각적으로 끌어당겼다. 그가 말하는 관상과 행동이 일치된 삶이 신비롭게 보였으며 당대 현안들에 대한 그의 관상적인 시각이 큰 도전으로 다가왔다. 나는 대학원 논문을 쓰면서 당시 내가 "수직적인 영성"으로 표현했던 "관상"과 "수평적인 영성"으로 일컬은 "행동"의 일치를 이루어낸 통전적인 영성의 모델로 디트리히 본회퍼와 머튼을 다뤘고, 그 일을 계기로 머튼에 관심을 갖게 되었다. 그러나 그때까지만 해도 머튼을 전문적으로 연구하게 되리라고는 생각하지 못했다.

유학 시절 초기에 내가 집중적으로 연구했던 주제 중 하나는 신앙의 개성화(individuation)였다. 한국교회 안에서 성장하여 목사가 되기까지 내 자신을 교회 밖에서 객관적으로 바라볼 기회가 단 한 번도 없었는데, 유학을 통해 소중한 성찰의 시간이 주어졌다. 나는 첫 학기 어느 주말 오후에 조용히 홀로 있다가 충격적일 만큼 피폐해진 내 영혼을 보게 되었다. 신학대학원에 다니면서 거의 매주 금요일 철야기도를 하고 매일 새벽기도를 하면서 살았는데 왜 내 영혼의 모습이 이러한지를 생각하며 기도하는 가운데, 교회 공동체가 바라는 이상적인 목회자가 되기 위해 무진 애를 쓰면서도 내 영혼을 돌보는 데는 매우 소홀했음을 인지하게 되었다. 이를 계기로 타지에서 홀로 있다는 외로움에 힘들어하기보다 주님께서 그리스도 안의 진정한 나 됨으로 부르셨음을 깨닫게 되었고, 이후 신앙의 개성화에 본격적으로 관심을 갖게 되었다.

자기(self)라는 주제는 심리학이나 철학에서 오랫동안 중요하게 다뤄진 개념이다. 머튼은 그런 자기의 개념을 그리스도교 영성의 중심 주제로 가져왔다. 또한 자기는 머튼의 글 전체에 나타나는 핵심 개념이기도 하다. 머튼에게 하나님을 찾아가는 여정은 진정한 자기 자신이 되어가는 여정, 즉 하나님 안에서 진정한 자기를 찾아가는 영적 여정의 메타포였다.

머튼의 제자이자 정신과 의사로서 제네시 수도원(The Abbey of the Genesee)의 원장을 역임한 존 유데스 뱀버거(John Eudes Bamberger) 신부의 평가에 따르면 머튼은 신앙의 개성화를 가장 잘 이룬 인물 중 하나다. 그는 "머튼이 어떤 수도자였는가"라는 질문에 대해 "성소"(聖召, vocation)[1]의 문제 곧 하나님의 부르심과 그것에 대한 응답을 언급하면서 머튼은 확실히 수도자로서의 "부르심"을 신실하게 살아간 인물이라고 말한다.[2] 이어서 머튼이 제도권 수도회에서 "전형적으로 가장 훌륭한" 수도자였다고 단언

---

1 문자적으로 각자를 향한 하나님의 부르심을 뜻한다. 좁은 의미로는 하나님의 특별한 부르심을 강조하는 사제 성소와 수도 성소, 사목(목회) 생활로의 부르심을, 넓은 의미로는 결혼 생활, 세상에서의 직업 등 모든 사람을 향한 고유한 삶의 방식으로의 부르심을 말한다. 토머스 머튼은 수도원이 아닌 일상의 삶에서 하나님과의 진정한 연합(관상)의 삶이 가능함을 강조하는데, 이는 성소에 대한 전통적인 계층적 관념을 극복하는 데 기여했다.

2 John Eudes Bamberger, "The Monk," *Thomas Merton, Monk* (New York: Sheed and Ward, 1974), 40-42.

하기는 어렵지만 하나님이 바라시는 진정한 자기 자신이 되었다는 점에서 볼 때 머튼처럼 훌륭하게 고유한 자기가 된 인물은 없을 것이라고 역설한다. 이런 머튼의 자기 개념은 나의 초기 관심인 신앙의 개성화를 묘사해주는 언어가 되었다.

본격적으로 머튼 연구를 시작하면서 저명한 머튼 학자인 윌리엄 섀넌(William H. Shannon)과 크리스틴 보첸(Christine M. Bochen)을 만났다. 나는 그분들의 지도를 받으며 머튼을 더욱 깊이 이해하게 되었다. 나의 학위 과정 연구 주제는 머튼의 관상에서 시작하여 소망으로 이어졌다. 관상은 실재하는 모든 존재 속에서 절대적 실재이신 하나님을 깨닫는 것이다. 또한 관상이 하나님의 현존을 체험하며 그분 안에 있는 현실을 그대로 경험하여 보는 현재에 대한 것이라면, 소망은 미래에 대한 것이다. 머튼은 아무리 깊은 하나님 체험(관상)이라 할지라도 한계가 있다고 여기고 항상 더 크고 진정한 하나님을 갈망했다. 그는 사회 비평 및 교회와 수도원 갱신에 있어서 아무리 이상적인 현실로 보일지라도 결코 거기에 만족하거나 타협하지 않는 소망 의식을 품은 채로 끊임없이 오늘의 현실에 도전함으로써 새로운 나라를 꿈꾸며 그려내고 외치는 그리스도의 제자였다. 나는 그렇게 학위를 마치고 한국으로 돌아온 이후 한국교회와 사회 현실 속에서 머튼을 읽고 나누는 모임을 갖고 있다.

왜 머튼 이야기를 새로 써야 하나?

트라피스트 수도자이자 사회비평가였던 토머스 머튼의 생애는 크게 두 부분으로 나뉜다. 전반부는 출생 후 성장 시기를 거쳐 잠시 교수 생활을 하다가 트라피스트 수도원에 들어가기까지이며(1915년 1월 31일-1941년 12월 9일), 후반부는 26세에 수도원에 입회한 후 갑작스럽게 죽음을 맞이할 때까지 수도자로서 살아간 27년간의 삶이다(1941년 12월 10일-1968년 12월 10일).

『토머스 머튼 이야기』는 머튼이 성장하여 트라피스트 수도자가 된 후 겟세마니 수도원에서 종신 서원을 할 때(1947년 3월 18일)까지의 일을 다루고 있으며, 머튼이 남긴 다양한 형식의 자전적인 글을 통해 그의 생애와 내면의 생각 등을 살펴본다. 그중 핵심 자료를 꼽는다면 단연 『칠층산』(*The Seven Storey Mountain*)과 『요나의 표징』(*The Sign of Jonas*)이라 하겠다.[3] 어떻게 보면 이 책은 머튼의 『칠층산』을 필자의 관점에서 읽고 해석한 것이다. 이 책이 머튼의 주요 작품에서 그의 인생 전반부 이야기를 가져온 것이라면, 혹자는 이런 단순 반복적인 작업이 왜 필요한지 의문을 제기할 수도 있다.

---

3   머튼의 전반기 생애에 관한 글을 쓰기 위해 마이클 모트의 방대한 *The Seven Mountains of Thomas Merton*, 머튼 전기의 결정판으로 평가받는 윌리엄 섀넌의 *The Silent Lamp*, 머튼의 어린 시절에 대한 소중한 정보를 담고 있는 모니카 펄롱의 *Merton: A Biography* 외에도 머튼의 생애를 다룬 거의 모든 책들을 고찰했으나, 결국 머튼이 직접 쓴 『칠층산』과 『요나의 표징』을 주요 자료로 삼았다. 이 책에서는 『칠층산』과 『요나의 표징』의 전반부에 해당하는 머튼의 초기 생애(종신 서원 전까지)를 다룬다. Michael Mott, *The Seven Mountains of Thomas Merton* (Boston, MA: Houghton Mifflin, 1984); Monica Furlong, *Merton: A Biography* (San Francisco: Harper & Row, 1980); William H. Shannon, 오방식 역, 『고요한 등불』(서울: 은성, 2009).

하지만 이 책은 머튼의 인생 전반부에 있었던 사건들을 단순히 반복적으로 나열한 것이 아니다. 나는 머튼의 생애 전반부에 숨겨진 보석 같은 가치가 제대로 소개될 필요가 있다고 보았다. 이것이 머튼의 생애를 다룬 본서의 저술 목적이자 독특성이라 하겠다. 따라서 나는 왜 『토머스 머튼 이야기』를 쓰는지, 이 책을 통해 나누고자 하는 내용의 핵심이 무엇인지를 우선 밝히고자 한다.

첫째, 『토머스 머튼 이야기』는 『칠층산』보다 훨씬 통합적인 시각으로, 즉 머튼의 전 생애에 걸친 발달을 이해하는 측면에서 그의 인생 전반부를 살펴본다. 『칠층산』을 저술한 머튼의 시각은 1940년대의 가톨릭교회와 수도원 분위기 속에 뿌리를 두고 있다. 즉 『칠층산』은 머튼이 수도 생활을 시작한 지 얼마 지나지 않은 시점에 수도자로서의 삶에 대한 열정이 뜨거운 젊은 수도자의 관점에서 자기 과거를 바라보며 쓴 이야기다. 이제 수도자가 된 지 얼마 되지 않은 머튼이 바라본 과거는 자기중심적인 이기심과 죄악으로 가득 찬 어둠이었다. 비록 은총의 시각에서 자신의 생애를 바라보고 있다고 할지라도 젊은 수도자 머튼의 눈에 비친 과거는 제거하고 뽑아내야 할 쓴 뿌리이자 분리해내야 할 검은 어둠이었다.

확실히 수도원 생활 초기의 머튼은 자신의 과거를 독립적인 관점으로 바라본다. 머튼은 『칠층산』에서 그의 지난 삶을 회고하면서 옳고 그른 것을 확실하게 "가르고" 있다. 세상에서 살다가 회심을 경험하고 겟세마니 수도원에 들어온 머튼은 이전과는 완전히 다른 새로운 삶을 추구하게 되었다. 이런 독립적인 삶을 위해 그는 세상에서 익숙하게 해왔던 일들을 중지해야만 했고, 따라서 이 과정에서 탄생한 『칠층산』에 표현된 그의 과거는 단호히 거절해야 하는 부정적인 것으로 묘사된다.

그러나 인생 후반부의 머튼은 과거에 대한 분리적인 관점을 초월한다. 그 시절 머튼의 삶과 작품에서 확연히 드러나는 것은 "비분리적 관점"이다. 인생 후반부에 접어든 머튼에게 거짓 자기로서 살아온 세월들을 비롯해 종교적 "죄"로 구분되는 것들, 본능과 욕망, "인간적" 요소 등은 더 이상 제거해야 할 흉측한 괴물이 아니다. 그 모든 것은 오히려 하나님을 찾는 간절한 외침이며, 하나님이 아닌 것으로 결코 충족될 수 없는 깊은 갈증의 왜곡된 표현이다. 궁극적으로는 참 자기와 거짓 자기가 재해석되고 "하나님의 은총" 안에서 모든 것이 새롭게 경험된다. 이 책은 이런 관점을 갖고 머튼의 인생 전반부를 살핀다. 따라서 머튼의 전 생애와 연대기적 변천을 전체적으로 포괄하는 가운데 『칠층산』의 관점을 고려하면 이 책을 읽어나가는 데 큰 도움이 될 것이다.

둘째, 『토머스 머튼 이야기』는 독자들이 『칠층산』을 읽을 때 놓치기 쉬운 부분들, 즉 매우 중요하지만 가볍게 넘어가기 쉬운 부분들을 세심히 짚어가면서 머튼이 자기 인생을 어떻게 바라보는지를 보여줄 것이다. 예를 들어 이 책에서 주목하는 프리바 부부, 모드 이모할머니, 외할아버지인 사무엘 젠킨스와 같은 인물들 및 머튼이 어린 시절에 살았던 장소들은 기존 전기에서 거의 다루어지지 않는다. 이런 부분들은 회심이나 수도 성소를 중심으로 머튼의 생애를 살피다 보면 그냥 지나쳐 버리기 쉽다. 그런데 『칠층산』을 읽으면 여기 언급된 인물들만큼 머튼이 많은 지면을 할애하여 그들의 사람됨과 자신과의 크고 작은 만남의 과정에 대해 상세히 다룬 사람들이 없다. 또한 그들의 죽음을 아파하는 마음에 대해 머튼 자신의 언급 외에 주목하여 들여다본 책도 전혀 없다. 『토머스 머튼 이야기』는 머튼의 인생 전반부의 배경이 되었던 장소들과 더불어 그와 옷깃만 스친 것처럼 짧게 만났지만『칠층산』에서 길게 회상할 만큼 심오한 영향을 미쳤던 여러 인물들에 대한 머튼의 경험과 회상을 주목하면서 이 모든 것을 통해 하나님이 어떻게 머튼을 형성해가셨는지를 살펴볼 것이다.

셋째,『토머스 머튼 이야기』는『칠층산』을 통해 머튼이 중점적으로 이야기하고자 했던 바를 제삼자의 관점에서 총체적으로 재구성하여 명료하게 제시할 것이다. 하나님은 은총을 통해 머튼을 하나님의 사람으로 만들어가신다. 이런 관점으로 살펴보면『칠층산』은 회심과 수도 성소에,『요나의 표징』 전반부는 진정한 관상의 삶에 대한 문제와 종신 서원에 초점을 맞춘다.『토머스 머튼 이야기』는 이 주요 사건들과 관련된 머튼의 내적·외적 변화를 면밀히 살피면서 그가 걸어간 여정을 조명하여 제시할 것이다.

왜 머튼의 인생 전반부의 이야기를 쓰는가?

이 책『토머스 머튼 이야기』는 처음에 머튼 입문서를 쓰고자 하는 계획에서 시작했다. 머튼 입문서를 저술하기 위해 책을 세 파트로 구분하여 (1) 간략한 머튼의 생애, (2) 핵심 사상, (3) 주요 작품 소개로 구상했다. 그러다 생애를 다룬 부분이 입문서로는 길게 여겨져 생애를 따로 떼어내어 펴내려 했는데, 머튼의 생애 자체도 방대하여『토머스 머튼 이야기』에서는 머튼의 인생 전반부로 제한했다. 그러나 단순히 분량이 많고 내용이 방대하기 때문에 반씩 나눈 것은 아니다. 머튼의 생애 전반부 자체가 갖는 놀라운 가치 때문에 그렇게 하였다. 이는 머튼을 읽으면 읽을수록 강하게 다가오는 확신이다. 혹자는 어린 머튼의 성장기가 단순한 방황기이자 초보적 신앙 수준에 불과하다고 여길지도 모르겠다. 또한 회심 이후에도 관습적인 신앙 생활 수준을 보이고 트라피스트 수도원에 입회한 이후에도 성(聖)과 속(俗)에 대한 이분법적인 사고의 틀을 가진, 아직 충분히 성숙하지 못한 머튼의 인생 전반부 모습을 연구하는 것이 과연 가치가 있는 일인지 의문을 가질 수 있다. 아니면 머튼의 미성숙한 어린 시절의 모습은 간단한 정보로 파악하고, 그 이후 성숙해진 머튼의 삶과 사상 및 활동에 집중하여 주목하는 것이 머튼의 생애 탐구에 충분하다고 여길 수도 있다.

물론 머튼이 인생 후반부에 남긴 글에 드러나는 관상적인 삶의 경험과 다양한 장르로 표현된 아름다운 영적 작품들의 가치는 매우 크다. 머튼의 심오한 관상 체험에서 나온 영적 통찰과 지혜는 오늘날 하나님을 향한 자기 고유의 여정을 걷고자 하는 사람들에게 끊임없는 영감과 도전을 준다. 그의 삶이 우리에게 주는 자극은 개인의 영성 생활에만 국한되지 않는다. 머튼은 그리스도교 관상가이자 사회비평가로서 교회와 사회, 과학기술과 문화, 생태 등 많은 영역에 적극적으로 참여함으로써 현대 영성의 새로운 길을 열었으며, 그가 남긴 공헌은 지금도 지대한 영향을 미치고 있다.

그러나 머튼에 관한 글을 통해 그의 변화와 성장을 지속적으로 탐구하다 보면 머튼의 인생 전반부가 후반부만큼이나 중요하다는 것을 깨닫게 된다. 나는 『토머스 머튼 이야기』에서 소개하는 그의 삶의 시기가 중요한 이유로 세 가지를 꼽고 싶다. 첫째, 머튼의 인생 전반부에 나타나는 어두움은 보물과 같다. 둘째, 머튼의 전반부가 있으므로 후반부가 가능했다. 셋째, 『토머스 머튼 이야기』는 우리의 삶을 은총의 관점에서 바라보고 기억하는 참된 해석의 틀을 보여준다.

첫째, 머튼의 인생 전반부에 나타나는 어둠은 보물이다.

머튼의 인생 전반부에 드리워진 어둠은 보물이다. 초기 청년기까지 머튼의 삶을 색으로 표현하자면 검회색이 가장 적합할 정도로 그의 인생 여정은 어두웠다. 6세에 어머니를 잃고, 16세에 아버지마저 여읜 머튼은 『칠층산』에서 외로움, 버려짐, 상처, 방황, 반항, 바닥, 심지어 죽음과 같은 단어를 통해 자기 마음과 삶의 현실을 표현한다. 신앙심도 없고 행복한 종교 생활을 누려본 경험도 거의 없는 상태로 상처와 아픔을 안고 방황한 그런 시간이 무슨 가치가 있을까? 사람들은 보통 어둠을 대할 때 하나님의 부재 또는 불행과 실패의 상징이라고 여기고, 어둠 자체를 없애려고 하거나 그곳에서 빠져나오는 데만 집착한다. 보통 어둠은 행복이나 아름다움과 어떤 연관성도 없는 것이라고 인식하기 때문이다.

하지만 나이가 들어 성숙해진 머튼은 이전과는 완전히 다른 시각으로 어둠을 바라보게 된다. 머튼에 따르면 그리스도께서 당신의 것으로 취하신 인성의 아름다움은 인간의 연약함, 한계, 실패가 드러나는 지점인 어둠 안에 숨겨져 있다. 그는 "한 사람 한 사람 안에서, 가장 그 사람다움에서, 가장 인간적임에서 그리스도의 아름다움"[4]을 볼 수 있다고 말한다. 이런 시각에서 본다면 인간의 연약함과 한계로 인한 모든 어둠의 경험들은 하나님 안에서 내가 나다워질 수 있게 만드는 요소이자 그리스도가 육화하신

---

4 Thomas Merton, 김해경 역, 『토머스 머튼의 단상: 통회하는 한 방관자의 생각』(서울: 바오로딸, 2013), 380.

이유가 된다. 따라서 어둠으로 가득해 보이는 머튼의 인생 전반부에 그리스도가 육화하셨으며, 하나님은 그 어둠을 통해 그리스도 안에서 머튼이라는 신비로운 존재를 빚으신 것이다.

둘째, 머튼의 인생 전반부가 있으므로 후반부가 가능했다.

인생 후반부에 드러나는 머튼의 위대성은 성숙과 변화의 결과라 할 수 있다. 인생 전반부의 경험이 변형의 원료가 되어 성숙과 변화가 이루어진 셈이다. 이것이 바로 그의 인생 전반부를 제대로 보지 않고는 후반부의 성숙한 모습을 통합적으로 이해할 수 없는 이유다. 성숙한 머튼은 어느 날 한순간에 만들어져 나온 인물이 아니다. 인간 발달과 신앙 성장을 연구하는 여러 학자들은 머튼의 인격과 신앙이 발달해가는 과정을 다양한 시각에서 조명한다.[5] 서로 다른 시각을 갖고 머튼의 성장을 설명하지만, 모든 해석에

---

5 월터 콘은 피아제의 인지 발달, 콜버그의 도덕성 발달, 에릭슨의 정서 발달, 키건의 자기 (self) 발달, 파울러의 신앙 발달을 로너건의 회심 이론으로 통합하여 머튼의 회심(변화) 을 전체적으로 분석한다. 엘레나 말리츠는 끝없는 변화의 여정의 관점에서, 바실 페닝턴 은 자유의 관점에서 머튼의 생애를 조명한다. 수잔 주에르처는 애니어그램으로, 로버트 왈 드론은 융의 관점에서, 멜빈 매튜스는 머튼의 꿈에 대한 분석을 통해 그의 인격과 생애와 성장을 분석하였다. Walter E. Conn, *Christian Conversion: A Developmental Interpretation of Autonomy and Surrender*. (New York/Mahwah: Paulist Press, 1986); Walter E. Conn, *Desiring Self, The: Rooting Pastoral Counseling and Spiritual Direction in Self-Transcendence* (New York/Mahwah: Paulist Press, 1998); Elena Malits, *The Solitary Explorer: Thomas Merton's Transforming Journey.* (New York: Harper & Row, 1980); M. Basil Pennington, *Thomas Merton, Brother Monk: The Quest for True Freedom* (New York: Harper & Row, 1987); Suzanne Zuercher, *Merton : an Enneagram Profile.* (Notre Dame, Ind. : Ave Maria

는 공통적으로 머튼의 인생 전반부와 후반부 사이의 연결성이 드러난다.

머튼의 성숙 과정은 특별히 어린 시절의 경험과 밀접한 관계가 있다. 이를 잘 보여주는 대표적인 예가 1966년 봄에 수술을 받은 그를 돌보던 젊은 간호사와 잠시 사랑에 빠졌던 일이다. 수도자인 머튼의 그런 행동을 해석하는 다양한 시각이 있다. 개인적으로 나는 이 사건이 1960년대라는 특수한 시대 상황 속에서 은수자 생활을 갓 시작한 사람에게 일어난 일임을 고려해야 한다는 폴 피어슨(Paul Pearson) 박사의 견해에 동의한다. 성 안토니우스가 경험했듯이 은수 생활을 시작할 때 유혹이 오는데, 머튼이 경험한 것은 바로 그런 종류의 유혹이라는 것이다. 또한 머튼은 그 유혹을 확실하게 해결하였는데, 그 확실한 해결을 보여주는 것이 바로 그해 가을 수도원장에 의해 은수자로 종신 서원을 한 일이다.

그런데 이 유혹이 무엇이고, 어디에서 왔으며, 어떻게 해결되었는지를 살필 때 반드시 머튼의 인생 전반부를 고려해야 한다. 그렇지 않으면 우리는 이 사건을 위대한 수도자의 불미스러운 스캔들이나 일탈 정도로 치부해버리기 쉽다. 머튼은 어린 나이에 어머니를 잃고 난 후 어느 여성과도 진정한 사랑의 관계를 맺지 못했다. 게다가 그가 대학교 1학년 때 케임브리지에서 가진 여성들과의 만남은 그의 여성상을 더욱 왜곡시켰을 것이다.[6]

머튼은 수도자로 살아가는 동안 하나님의 사랑을 체험하면서 왜곡된

Press, 1996); Robert G. Waldron, *Thomas Merton in Search of His Soul: A Jungian Perspective* (Notre Dame, IN : Ave Maria Press, 1994); Robert G. Waldron, *The Wounded Heart of Thomas Merton* (New York: Paulist Press, 2011); Melvyn Matthews, *The Hidden Journey: Reflections on a Dream* (New York: HarperCollins Publishers, 1989).

6 융은 남성 정신의 여성적 측면을 아니마(anima), 여성 정신의 남성적 측면을 아니무스(animus)라고 부른다.

자신의 여성상이 회복되어가는 것을 심오하게 경험했다. 프라버브(Proverb, 잠언)라는 자기 이름을 부끄러워하는 유대인 소녀가 등장하고 그 이름은 전혀 부끄러운 것이 아니라고 소녀에게 말해주는 머튼의 꿈은 그의 발달하는 아니마의 모습을 보여준다. 하나님의 여성성을 매우 심오하게 표현하는 산문시 「하기아 소피아」(Hagia Sophia)에서 머튼은 더욱 성장한 아니마를 만난다. 「하기아 소피아」는 그런 성숙한 아니마와의 통합이 없다면 흘러나올 수 없는 시이자 고백이다. 머튼은 꿈에 흑인 성모를 만나 큰 사랑으로 서로를 껴안는 체험을 하기도 한다. 이처럼 기도와 무의식적인 차원에서 아니마와 통합을 이루어간 머튼이 한 간호사와 아주 짧은 기간 사랑에 빠지는 일이 발생한다. 이는 하나님과의 깊은 사랑 안에서 계속해서 성숙의 여정을 걸었던 머튼이 아직 해결하지 못한 부분을 다루고 통합할 수 있게 해준다. 간호사와의 사랑이 완전한 회복과 통합에 대한 저항인가, 여전히 남아있는 미성숙의 나타남인가, 아니면 은수 생활 초기의 유혹인가에 관해 다양한 해석이 가능하다. 하지만 이를 바라보는 거의 모든 이가 공통적으로 인정하는 바는 마음의 감정과 에너지들이 순식간에 머튼을 완전히 휘어 감고 흔들었음에도 불구하고, 머튼은 이것을 마냥 외부로 투사하며 자신의 감정에 빠진 것이 아니라 진지하게 성찰하며 하나님을 향해 걸어가고 숨겨진 자신을 통합하는 새로운 자기됨의 길을 걸어갔다는 것이다.

머튼의 수도 생활 초기와 후기는 확실히 구별된다. 만약 머튼의 영성과 삶이 『칠층산』에서 멈췄다면 당시에는 큰 관심을 끌었을지 몰라도 20세기 후반을 대표하는 그리스도교 영성 지도자로 자리매김하지는 못했을 것이다. 그가 『칠층산』을 저술하던 시기에는 자신의 어둠을 부정적인 시각으로 바라보는 경향이 있었다. 하지만 이 책에서는 훗날 성숙한 머튼이 자기 삶을 반추하면서 모든 것을 은총으로 여긴 통합적인 시각을 통해 그의 인생 전반부를 제시하고자 한다. 즉 머튼의 판단적인 시각이 아니라 그의 인생 전반부를 있는 그대로 보여줌으로써 이후 아름다운 성장으로 열매 맺은 그의 삶을 통합적으로 이해하는 데 중요한 발판을 놓을 것이다.

셋째, 은총의 시각은 삶을 해석하는 참된 틀이다.

머튼은 자신의 삶을 어떻게 바라보는가? 머튼의 기억 방식(자기의 삶-어둠을 기억하는 방식)은 은총의 시각이다. 그는 「자서전」(*The Biography*)이라는 시를 통해 빛보다 어둠, 사랑보다 외로움이 많았던 인생 전반부의 어둠 속에서도 하나님께서 언제나 자신과 함께하셨다고 고백한다. 모종의 거룩한 순간, 즉 행복감을 느끼며 어떤 것을 성취하고 거룩한 장소를 방문하며 종교 생활을 실천했던 순간만이 아니라 매 순간 자신과 함께, 자신이 머물렀던 모든 곳에 하나님께서 현존하셨음을 고백한다. 심지어 그는 자신이 하나님을 모르고 죄 가운데 있을 때도 그 자리에 여전히 자신과 함께 계셨던 하나님을 찬미한다. 당시 하나님은 머튼과 함께 계시면서 머튼을 바라보기만 하신 것이 아니었다. 그분은 머튼이 그분 안에서 모든 것을 발견하는 은총의 시각을 갖고 은혜의 자리에 설 수 있도록 매 순간 애쓰셨다. 이 사실을 깨달은 머튼은 『칠층산』에서 다음과 같이 고백한다. "나의 자비가 이 목적을 위해 너를 창조하여 너를 프라드에서 버뮤다로, 생탕토넹으로, 오캄으로,…성 보나벤투라 대학으로, 그리고 겟세마니에서 수고하는 이 가난한 자들의 시토 수도원으로 데리고 왔느니라."[7]

『토머스 머튼 이야기』는 머튼이 외적으로 상실의 아픈 상처와 외로움으로 어둠 가운데서 살아가는 것 같은 순간에도 그의 삶에 여전히 하나님의 자비의 빛이 비치고 있었다는 사실과 더불어 하나님께서 어떻게 머튼을 자유와 구원의 길로 이끌어 가셨는지를 보여준다. 더 나아가 『토머스 머튼 이야기』는 오늘 우리에게도 머튼에게 주어진 것과 동일한 은총이 주어지고 있음을 가르쳐준다. 우리는 머튼의 이야기를 통해 상처와 아픔으로 물든 과거의 기억에 매여 자유하지 못하고 현존하시는 하나님을 보지 못하는 우리 삶을 새롭게 바라볼 수 있을 것이다. 머튼이 그랬던 것처럼 짙은 어둠과 같은 상황에서도 여전히 비치는 하나님의 은총의 빛을 보고 자신의 삶을 하나님의 섭리의 역사로 다시 바라볼 수 있게 될 것이다. 또한 이 책은 우리가 우리 자신을 알되 하나님의 시각으로 삶을 바라보면서 그분 안에서 진정한 자신이 되어가는 여정을 제대로 걸어갈 수 있도록 도울 것이다.

---

7   Thomas Merton, 정진석 역, 『칠층산』(서울: 바오로딸, 2009), 849.

출생과 어린 시절

(1915-1925)

머튼의 뿌리

사진 1. 1909년 뉴질랜드 크라이스트처치에 모인 머튼의 친가 가족들. 할아버지 알프레드 머튼(뒷줄 왼쪽에서 두 번째), 아버지 오웬 머튼(아랫줄 왼쪽에서 첫 번째), 할머니 거트루드 한나 머튼(아랫줄 왼쪽에서 두 번째), 고모 아그네스 거트루드 머튼(중앙)

토머스 머튼의 아버지 오웬 머튼(Owen Heathcote Grierson Merton, 1887년 5월 14일-1931년 1월 18일)은 뉴질랜드 출신의 수채화가다. 할아버지인 알프레드 머튼 (Alfred Merton)은 고향 뉴질랜드 크라이스트처치에 있는 학교(Christ's College)에서 교편을 잡으면서 크라이스트처치 교회의 오르간 연주자로 활동하기도 한 유명한 음악가였다(참조. 토머스 머튼 가문 가계도). 그는 거트루드 한나 그리어슨(Gertrude Hannah Grierson)과의 사이에 네 명의 딸과 두 명의 아들을 두었다. 오웬은 알프레드 머튼의 두 번째 자녀이자 큰 아들이다. 그는 어려서부터 뉴질랜드를 떠나 프랑스, 영국, 미국 등지에서 미술을 공부한 후 그림을 그리며 홀로 생활했다. 오웬은 결혼 이후 유럽과 미국에서 생활했기 때문에, 머튼 역시 뉴질랜드의 조부모와 친척들을 볼 기회가 거의 없었다.[1]

---

1 머튼이 네 살 되던 해인 1919년 7월에 뉴질랜드에 살던 할머니가 키트(Kit) 고모와 함께 뉴

머튼의 아버지 오웬은 어린 시절부터 그
림과 음악에 남다른 소질을 나타냈다. 그는
9-13세의 남자아이들이 다니는 크라이스
츠 칼리지(Christ's College)에서 처음으로 미술
을 배웠고 1903년에는 명문 예술학교인 캔터
베리 예술학교(The Canterbury College School of
Art)로 진학했다. 그는 런던에서 2년간 미술을
공부한 뒤 뉴질랜드로 돌아와 몇 차례 개인 전
시회를 열었다. 1909년에는 다시 영국으로 건
너가 일링 예술 학교(Ealing Art School)에 등록

사진 2. 아버지 오웬 머튼
(1887-1931)

하여 찰스 하베마에트(Charles von Havermaet)를 사사(師事)하였으며, 이듬
해에 영국 왕립 예술가 협회(Royal Society of British Artists)의 회원으로 선출
되었다. 또한 그해 9월에 파리로 건너가 퍼시벌 튜더-하트(Percyval Tudor-
Hart)가 세운 예술학원에서 그의 지도를 받았다.

머튼의 어머니 루스 젠킨스(Ruth Calvert Jenkins, 1887년-1921년 10월 3일)
는 미국 오하이오주 제네스빌 출신이다. 그녀의 유일한 형제인 남동생 해
롤드 젠킨스(Harold Brewster Jenkins)는 2년 후인 1889년에 태어났다. 머튼
의 외할아버지 사무엘 애덤 젠킨스(Samuel Adams Jenkins, 1862-1936)와 외
할머니 마사 볼드윈(Martha Baldwin)은 1898년에 소녀 루스를 데리고 필라
델피아로 이주했지만, 일 년도 채 안 되어 뉴욕 맨해튼으로 옮겨가 그곳에

욕 플러싱에 살던 머튼 가족을 방문하여 몇 주간을 함께 머물렀다. 이후 1961년 11월에 머
튼은 수도원 게스트하우스에서 키트 고모(Agnes Gertrude Stonehewer Merton)의 뜻밖의
방문을 받는다. Michael Mott, *The Seven Mountains of Thomas Merton*, 4.

정착했고, 1913년에는 롱 아일랜드의 더글라스톤(Douglaston)에 집을 지었다. 뉴욕에 온 외할아버지는 그로셋 앤드 던랩(Grosset and Dunlap)에서 편집장으로 일하며 출판업에 종사했다.

루스는 부모님의 아낌없는 경제적 후원 속에서 원하는 교육을 마음껏 받으며 자랐으며, 매사추세츠의 브래포드 아카데미(Braford Academy, 현재 Bradford College)에서 예술을 전공하고, 1909년에 탁월한 성적으로 학교를 졸업했다. 학교 연감에는 "최상으로 총명하고", "최상으로 예술적이며", "유머 감각이 매우 탁월한" 학생으로서 급우들을 즐겁게 해주기 위해 춤을 추며 연극도 하고 학교 교지에 직접 쓴 시, 이야기, 사건 기사를 실은 탁월한 재능을 가진 소녀로 소개되고 있다. 예술을 더 공부하고 싶었던 루스는 졸업 후 프랑스로 유학을 떠난다.

오웬과 루스의 만남

예술에 대한 열정이 대단했던 오웬과 루스는 각자 모국을 떠나 프랑스로 유학을 와서 퍼시벌 튜더-하트가 세운 예술학원(L'Ecole National des Arts Decoratifs)에 등록했다. 이 학교는 미술과 다른 예술 분야가 잘 연계된 교육 과정으로 정평이 나 있었다. 음악가 가문에서 태어난 오웬은 화가면서 피아니스트기도 했다. 루스 역시 시각 예술뿐만 아니라 무용에도 상당한 재능과 관심을 가지고 있었다.

같은 학교에서 미술 공부를 하던 두 사람은 1911년에 만나 사랑에 빠진 후 행복한 교제를 시작했다. 오웬은 매우 수줍어하면서도 자의식이 강하고 예의 바른 사람으로 잘 알려져 있었다. 모델들 사이의 평판도 좋았고 그의 그림 실력에 대한 학교의 평가도 좋았다. 그는 아틀리에의 경비원과 모델 고용 책임자로 일하면서 학비를 벌었다.[2]

루스는 가냘프고 여윈 체격에 섬세한 표정을 지녔지만 매사에 진지했으며 어떤 일이든 빈틈없이 철저하게 마무리해야 만족하는 성격을 가진 학생이었다. 그녀는 자기가 원하는 미술이 어떤 것인지를 분명히 알았고, 그것을 익히기 위해 부단히 노력했다. 그래서 학교에서 제시하는 학과과정을 수동적으로 따라가지 않고 한 선생님에게 편지를 써서 자신이 무엇을 배우고 싶은지 명확히 밝히기도 했다. 실내 장식과 디자인에 관심이 많았던 루스는 파리에 거주하는 미국인들의 아파트를 장식해주는 아르바이트를 하면서 여분의 돈을 벌었다. 그녀는 자신의 직업을 적는 란에 "실내장식가"라고 쓰기도 했다.[3]

루스는 여행을 즐겼다. 특별히 프랑스 문화를 익히고 풍경을 감상하는 것을 좋아했다. 또한 프랑스에 대한 애정을 가지고 언어뿐만 아니라 프랑스 요리에 관한 예술까지 배웠다. 루스는 미국 요리 잡지(American Cookery)에 프랑스의 가사(housekeeping)에 대

사진 3. 어머니 루스 젠킨스 머튼
(1887-1921)

2　Michael Mott, *The Seven Mountains of Thomas Merton*, 5-6.

3　Ibid., 6.

한 글을 기고하기도 했다.[4]

1914년 파리의 퍼시벌 튜더-하트 예술학원이 영국 런던으로 이전했다. 오웬과 루스도 함께 런던으로 건너가서 곧바로 결혼을 했다. 원래부터 영국 국교회 신자였던 오웬과 부모님이 미국 성공회 신자였던 루스는 1914년 4월 7일 런던 소호에 있는 성 안나 교회(St. Anne's Church)에서 성공회 예전으로 결혼예식을 올렸다.

신혼여행에서 돌아온 부부는 배를 타고 프랑스로 건너가 스페인과 접경한 프랑스 남부 프라드에 정착했다. 산촌인 프라드는 풍광이 아름답고 생활비가 적게 들어 화가들에게 매력적인 곳이었다.

1914년 6월, 오웬과 루스는 프라드에서 전망이 좋고 최상의 조명이 갖춰진 4층 건물의 3-4층을 빌렸다. 1층에는 와인 가게가 들어와 있었다. 제일 볕이 잘 드

사진 4. 머튼의 백일을 사흘 앞둔 날
프라드의 한 제과점 앞에 선 오웬과 루스 부부

는 꼭대기 방은 화실로 삼기에 적절했다. 그들은 그곳에 가구를 들여놓고 캔버스를 구석에 쌓아서 아주 훌륭한 화실을 마련했다. 집 안에는 유화와 물감 냄새가 가득했다.

그해 여름 부부는 집에 머물기보다는 프라드의 북쪽 모리틱(Molitg) 마을 근처에 자리를 잡고 같은 예술학교 출신 친구가 결혼 선물로 준 텐

---

4   Monica Furlong, *Merton: A Biography* (San Francisco: Harper & Row, 1980), 7-8.

트에서 야영을 하면서 그곳 경관을 화폭에 담으며 여름을 보냈다. 루스는 큼직한 파라솔 아래서, 오웬은 뙤약볕 아래서, 카니구 계곡 건너편 산비탈에 있는 수도원을 바라보며 자연 풍경을 그렸다. 그곳에는 폐허가 된 옛 수도원 건물들이 많았다. 그리고 같은 해 8월 3일에 제1차 세계대전이 발발했다.

출생과 유아 세례

1914년 여름이 끝나갈 무렵 부부는 아이를 임신한 사실을 알았다. 오웬은 아기가 사용할 가구를 만들어 집에 들여놓았다. 아기의 성격 형성을 위한 최고의 환경을 만들고 싶었던 루스는 아기를 위해 집을 꾸미고, 빌릴 수 있는 모든 육아책을 찾아 읽었다. 그들은 그렇게 사랑의 첫 열매로 태어날 아이를 만날 날을 손꼽아 기다렸다.

드디어 1915년 1월 31일 밤 9시 30분경 파란 눈에 불그레한 갈색 머리카락을 지닌 아기가 2kg의 몸무게로 태어났다. 하지만 머튼은 『칠층산』을 시작하면서 자신이 태어났을 때의 상황을 설명하지 않는다. 부모님으로부터 들은 이야기가 없어서 그랬는지 모르겠지만, 태어났을 당시 상황이나 신체적인 모습 및 부모님의 반응 등에 대해 전혀 기록하지 않았다.[5] 설

---

5 감사하게도 어머니 루스는 머튼의 성장 과정에서 눈에 띄는 모든 점을 전부 기록으로 남겨놓았다. 우리는 어머니의 시각으로 전해주는 머튼의 모습을 생생하게 그려낼 수 있다. 그런데 그녀는 유독 머튼이 태어났을 당시 상황이나 출산 순간에 느꼈을 법한 부모의 마음에 대

사진 5. 머튼이 태어난 당시 집의 모습

령 그런 이야기를 들었다 하더라도 머튼은 그에 관해 자세히 설명하지 않았을 것이다. 자신에 대한 어떤 객관적인 정보나 사실을 전하기 위해 자서전을 쓴 것이 아니었기 때문이다. 머튼은 오로지 수도자의 시각으로 자신이 영성적 차원에서 어떤 모습으로 이 세상에 태어났는지를 밝힌다. 머튼은 자신이 "하나님의 모습을 따라 본성은 자유로우나 세상 모습의 영향을 받아 횡포와 이기심의 노예"로 이 땅에 태어났다고 밝힌다. 하나님의 형상으로 지음을 받았으나 거짓 자기의 모습으로 자기중심적인 삶을 살아가는 자아를 바라본 것이다. 물론 이는 머튼 개인의 문제는 아니었다. 그의 눈에 비친 이 세상은 하나님을 사랑하면서도 미워하는 인간들, 하나님을 사랑하도록 태어났으면서도 공포와 절망적인 자기모순에 허덕이며 사는

사진 6. 머튼이 태어난 집의 변하지 않은 현재 모습

해서는 전혀 기록해놓지 않았다. 머튼의 전기 작가 마이클 모트의 추측에 따르면 아마도 저체중으로 태어난 머튼이 건강하게 생존할 수 있을지 심히 우려하고 걱정하여 기록을 하지 않은 것 같다.

인간들로 가득 차 있었다.[6] 머튼은 나중에 상당히 긍정적인 인간 이해를 갖게 되지만 수도원 생활 초기에는 아우구스티누스와 비슷한 부정적인 시각을 견지했고 그중 많은 부분이 회심 이전의 삶의 경험과 큰 관련이 있을 것으로 추정된다.

부부는 시청에 가서 톰 머튼(Tom Feverel Merton)이라는 이름으로 출생 신고를 했다. 톰은 머튼의 대부인 톰 베넷(Thom Izod Bennett)에서 따왔다. 루스는 토머스(Thomas)라는 이름이 싫어서 톰(Tom)으로 정했다. 그런데 정확히 언제부터인지 알 수 없으나 톰 머튼이 아닌 토머스 머튼으로 바뀌었고, 오캄 학교 시절에는 토머스라는 이름을 정식으로 쓰고 있었다.[7]

사진 7. 아버지 오웬과
신생아 시절의 머튼

머튼은 1915년 12월에 프라드의 한 성공회 교회에서 유아 세례를 받았다. 이때 뉴질랜드 출신 내과 전문의이자 아버지의 어린 시절 학교(Christ's College) 친구였으며 결혼식에서 신랑 들러리 역할을 했던 톰 베넷(Thom Izod

---

6 Thomas Merton, 정진석 역, 『칠층산』, 31.

7 이와 관련하여 루이빌 벨라민 대학교에 있는 토머스 머튼 센터의 총책임자인 폴 피어슨 박사에게 직접 문의를 했으나, Tom에서 Thomas로 바뀐 정확한 시점을 알 수 없다고 말해주었다. 이름이 바뀐 시점을 특정할 수는 없으나, 언제 그것이 각각 다르게 표기되는지는 알 수 있다. 오캄 학교, 케임브리지 대학교, 컬럼비아 대학교의 서류에는 Thomas Merton으로 기록되어 있으며, 1938년에 미국 시민권자가 되기 위해 제출한 신청 서류에는 Tom Merton으로 되어 있다. 미국 시민권을 획득하여 1951년 6월 26일에 받은 시민권 증서에는 Thomas Merton으로 되어 있다. 1941년 수도원 입회 시에는 Thomas James Merton이라고 기록한다. James는 견진성사 때 받은 세례명이다(William H. Shannon, Christine M. Bochen, Patrick F. O'Connell, *The Thomas Merton Encyclopedia* [New York: Orbis Books 2006], v).

Bennett)이 런던에서 건너왔다. 베넷 박사는 머튼의 유아 세례 때 대부가 되어 주었을 뿐만 아니라 의사로서 머튼의 할례를 집도했다.[8]

유아기

사진 8. 어머니 루스가 찍은
어린 머튼의 모습

누군가의 도움 없이 유아기 때의 모습을 기억해낼 수 있는 사람은 없다. 머튼도 마찬가지다. 다행히 그의 어머니 루스는 머튼이 만 2세가 될 때까지 관찰한 성장 과정을 *Tom's Book*에 상세히 기록해두었다.[9]

루스가 *Tom's Book*에 남긴 머튼에 대한 묘사를 다 열거할 수는 없지만[10] 우리는 그 책을 통해 당시 머튼의 모습과 특징을 충분히 추측해볼 수 있다.

---

8   Michael Mott, *The Seven Mountains of Thomas Merton*, 8.

9   루스는 이 책을 뉴질랜드에 있는 머튼의 할머니에게 보냈다. 그 책에는 아기의 몸무게를 비롯해 발달 상황(언제 처음으로 머리를 들고, 웃고, 스스로 앉고, 이가 나고, 기어 다니기 시작했는지 등)과 생후 열 달까지 모유 수유를 했다는 내용이 적혀 있었다. 그녀는 어머니로서 아기의 영양 섭취와 위생 및 정신 훈련에도 큰 관심을 기울였으며, 육아에 도움을 주는 최신 잡지도 읽었다. Monica Furlong, *Merton: A Biography*, 3.

10   여기서 머튼의 유아기는 Monica Furlong의 *Merton: A Biography*(*Tom's Book*을 주 자료로 사용하여 유아기를 제시하고 있음)와 *The Thomas Merton Encyclopedia*에 실린 항목 "Tom's Book"을 주로 참고하여 요약 정리하였음을 밝힌다.

머튼은 유아기 때부터 자기 주변을 골똘히 바라보며 능동적으로 반응하는 건강하고 활동적이며 똑똑한 아기였다. 그는 가만히 있기보다는 발을 차고 손을 흔드는 등 활동성이 강했다. 머튼은 1월 31일에 태어났는데, 생후 두 달이 되기 전에 처음으로 미소를 지었고 침대에서 몸을 뒤집을 수 있었다. 침대에 엎어 누이면 짧은 두 다리를 움직여 똑바로 누웠다. 줄에 장난감 공을 매달아 눈앞에 놓아주면 "아예~"라고 반응하며 공을 치곤 했다.

머튼은 태어난 지 만 4개월이 되기도 전에 엄마 아빠의 손가락을 잡고 일어서기를 좋아했다. 집 밖으로 데리고 나가면 유모차의 쿠션을 의지하고 앉아 주위를 유심히 둘러보았다. 머튼의 모습을 지켜본 한 나이 든 시골 농부는 "이 아기는 모든 것을 주목하는구나!"라고 감탄했다. 머튼은 자기를 향한 사람들의 관심에 반응했다. 자녀에 대한 어머니의 수사적 표현일 수도 있지만, 루스는 머튼이 3개월 때 "꽃을 바라보며 꽃에게 말했다"고 전한다.

사진 9. 프라드의 모습을 담은 오웬 머튼의 수채화, <Prades>, 1915-16

9개월이 된 머튼은 누군가 이름을 불러주면 기뻐하면서 격한 반응을 보였고, 다리 위를 지날 때는 강을 보기 위해 유모차에서 일어서기도 했다. 색깔을 인식할 수 있게 되자 풍경과 아버지의 그림 및 작업 도구들을 보면서 손을 흔들거나 특별한 반응을 보였다. 온 가족이 프랑스를 떠나기 전에는 "풍경을 향해 손을 흔들며", "아~ 색깔!"이라 외치고 울었다.[11] 머튼은 10개월 만에 젖을 떼고, 만 1세가 되자 걷기 시작했다.

1916년에 만 1세가 된 머튼은 가족들 앞에 책을 가져와서는 그 책이 어떤 동물에 관한 책인지를 구분하며 즐거워했다. 어린 머튼은 책을 가지고 노는 일은 좋아했지만 장난감에는 전혀 흥미를 느끼지 않았다. 그는 책에 그려진 그림들을 몇 시간씩 보면서 아는 그림들을 확인하고 책 읽는 시늉을 했다. 책을 손에 들 때는 거꾸로 들지 않고 항상 바르게 들었다.

또한 머튼은 다른 아이들, 강, 꽃, 나무, 새, 동물들을 즐겨 관찰했다. 특별히 더글라스톤의 외조부모 집에 있는 두 마리 개와 고양이들과 노는 것을 매우 좋아했다. 비가 오고 바람이 불면 손을 내밀어 자연을 느껴보면서 소리를 흉내 내기도 했다.

사진 10. 어머니 루스가 찍은 머튼과 동생 존의 모습

출생 직후 과연 살아남을 수 있을지 염려가 될 정도로 저체중이었던 머튼은 만 2세가 될 즈음엔 몸무게가 13.6kg, 키는 84.36cm가 되었으며, 치아는 16개까지 났다. 모든 면에서 평균 이상의 발육 상태였다.

무엇보다 놀라운 것은 2세가 될 무렵 이미 500개 정도의 영어 단어를

---

11   William H. Shannon, Christine M. Bochen, Patrick F. O'Connell, *The Thomas Merton Encyclopedia*, 490.

알고 있었다는 점이다. 어머니 루스는 그중 약 160개를 *Tom's Book*에 적고 있는데, 대부분 새 이름이었다.

머튼은 남을 흉내 내는 재주를 갖고 있었는데, 특별히 전화기를 붙들고 할머니 흉내를 내곤 했다. 혼자 노래 부르는 것도 좋아해서 영어뿐만 아니라 때때로 프랑스어로 노래를 부르기도 했다. 머튼은 어머니 루스가 불러주는 노래를 듣는 것도 매우 좋아했다. 그래서 루스는 머튼을 목욕시키거나 옷을 입힐 때마다 항상 영어나 프랑스어로 된 동요를 불러주어야 했다. 이처럼 유아기 머튼은 남다른 관찰력, 자연 친화적인 성향, 탁월한 언어적 감각을 갖고 있었다.

프라드에서 뉴욕으로

머튼이 태어나기 몇 달 전에 제1차 세계대전이 시작되었다. 비록 프라드는 전선에서 꽤 멀리 떨어져 있었지만, 이 프랑스의 산골 마을에도 전쟁 분위기가 확연히 감돌았다. 총을 든 군인들이 거리를 지나다녔고 젊은이들이 징집되었다. 프랑스에 거주하는 외국인들도 프랑스 군대의 징집 대상이 되었으며, 그곳에서 태어난 외국인 자녀도 프랑스 국적자로 등록되어야 했다. 존 크리스탈(John Chrystal)이라는 군인 장교가 머튼 가족이 사는 집을 방문하여 아버지 오웬의 신원을 확인하고 사진을 찍어갔다. 오웬은 언제 프랑스 군인으로 징발되어 전선으로 나갈지 모르는 상황에 처했다.

전쟁 중에 외국인으로서 프랑스에 거주하기는 쉽지 않았다. 오웬은 그림을 그렸지만 전쟁으로 인해 판로가 완전히 막혀 돈을 벌 수 없게 되자, 피아노를 연주하거나 친구들의 채소밭에서 일하고 농산물을 받아 생계를 유지해갔다.

심각한 재정적 어려움을 겪는 와중에 신변을 걱정하는 가족들의 권유를 받은 머튼의 가족은 1916년 8월 15일에 프랑스를 떠나 루스의 양친이 있는 미국 뉴욕으로 건너왔다. 겨우 한 살밖에 안 된 머튼은 세상에서 어떤 일이 벌어지고 있는지 전혀 알지 못했다. 갑판에 설치된 대포를 보면서 승객들은 항해 중 U보트의 공격을 받을지도 모른다는 불안을 느꼈다. 긴 항해 끝에 마침내 머튼 가족이 탄 배는 전쟁의 위협이 없는 뉴욕에 무사히 도착했다.

머튼 가족은 뉴욕 롱아일랜드의 더글라스톤에 있는 외조부모 집에 머물렀지만, 오래 지나지 않아 그곳에서 8km가량 떨어진 퀸즈의 플러싱에 자리한 집 한 채를 세를 내고 얻었다. 당시만 해도 시골이었던 퀸즈의 그 집은 매우 낡아서 곧 쓰러질 것처럼 보였지만 그래도 큰 소나무 두세 그루가 함께 있는 매우 운치 있는 장소였다. 위층과 아래층에 총 네 개의 방이 있었는데 그중 두 개는 벽장보다 약간 큰 크기의 아주 작은 집이었다.

뉴욕에 정착한 젊은 화가 부부의 현실은 녹록지 못했다. 예쁘고 전망 좋은 집을 구했지만, 내부는 아주 작고 낡았으며 가구들은 빈약했다. 가진 돈이 없어서 좋은 것을 집에 들여놓지도 못했고 살림은 매우 가난했다. 그러나 캔버스, 물감, 페인트만큼은 항상 넉넉히 온 사방에 널려 있었다.

화가인 아버지는 가난했지만 항상 에너지가 넘쳤으며 독립심이 강했다. 그는 세상의 기준에서 보면 이상주의자였겠으나, 실제로는 단순 소박하고 구체적이며 현실적인 꿈을 가진 사람이었다. 그는 프랑스의 적당한 곳에 정착하여 집을 짓고 가족을 부양하며 좋아하는 그림을 그리면서 평화롭게 살아가기만을 원했다.

어머니 루스는 결혼 후에도 그림에 대한 열망을 포기하지 않고 프랑스의 시골 풍경들을 그렸다. 하지만 미국으로 건너온 후에는 어려운 가정형편 때문에 그림 그리는 일에 집중할 수 없었다. 그럼에도 불구하고 집안 장식과 어린 머튼의 사진에는 그녀의 예술가적인 안목이 뚜렷하게 드러난다. 무엇보다 그녀가 있는 집안에는 늘 쾌활하고 명랑한 말소리와 웃음소리가 끊이지 않았다.[12]

또한 그녀는 자녀 교육에 심혈을 기울였다. 그녀는 머튼이 개성적이고 독창적인 생각을 지닌 아이로 성장해서 부르주아지의 공통적인 생활 양식과 군중 노선에 휩쓸리지 않는 독립적인 인격을 가진 사람이 되길 원했다. 그녀는 어떤 잡지에서 읽은 진보적 지도 방침에 따라 조그만 책장과 칠판을 준비하여 머튼을 집에서 교육시켰다. 이 교육 방법은 현대 아동들을 진보적인 방침 속에서 자유롭게 교육함으로써 10세가 되기 전에 꼬마 대학생이 되도록 하는 것이었다. 하지만 머튼의 회고에 따르면 그는 어머니의 독특한 교육 방식과 어린 시절에 좋아했던 책들의 영향을 받아 복종을 거부하는 반항아가 되었고 그 결과 구속받지 않는 자유와 방랑을 갈망하게 되었다고 한다. 이어서 자신을 혹독하게 교육했던 어머니를 회상하면서, 5세 때 자신이 which라는 단어의 철자가 wich라고 완강하게 고집하며 h를 h로 발음하지 않는다는 이유로 일찍부터 잠자리로 쫓겨났던 억울한 경험

---

12 Thomas Merton, 정진석 역, 『칠층산』, 35.

을 털어놓는다.[13]

아버지 오웬은 미국으로 건너온 이후에도 열정적으로 작품 활동을 이어 나갔다. 뉴욕의 부두를 담은 스케치와 수채화를 그렸고, 가까운 이웃이자 화가인 브리슨 버로우스(Burroughs)의 도움으로 플러싱에서 전시회를 열었다. 그러나 형편이 나아질 조짐은 보이지 않았다. 외할아버지는 답답해하며 어떻게든 머튼 가족을 돕고 싶어 했지만, 자존심이 강했던 루스와 오웬은 어떤 도움도 받으려고 하지 않았다.

오웬은 전쟁이 지속되는 동안 정원사로도 일했다. 예술가적인 솜씨 덕분에 일거리가 많았다. 그는 단순히 정원을 돌보는 수준을 넘어서 동네 부잣집들의 정원을 예술적으로 설계해주고 능숙하게 나무를 심어 가꿨다. 그는 그림 그리는 것만큼이나 정원을 돌보는 일을 좋아했다. 오웬은 또한 집 근처의 시온교회에서 오르간을 치고, 베이사이드 마을의 작은 극장에서 매일 밤 피아노를 연주하기도 했다.[14]

어린 시절

제1차 세계대전이 끝나기 일주일 전인 1918년 11월 2일에 머튼의 동생 존 폴(John Paul Merton, 1918-1943)이 태어났다. 존 폴은 아주 조용하고 보채는

---

13 Ibid., 42, 46-47.
14 Ibid., 52-53.

일이 없어서 주위 사람들에게 많은 사랑을 받았다. 머튼은 남동생을 조용한 아이, 언제나 "눈에 띄지 않는 추진력과 박력"을 지닌 아이, 천성이 겸손하고 애정이 넘치는 아이로 기억한다. 머튼은 집에서 동생과 함께 노래를 들으며 저녁노을이 곱게 물드는 풍경을 바라보곤 했다.

머튼은 어린 시절 "재크"라는 공상의 친구가 있었다. 같이 놀 또래 친구들이 없었던 그는 주로 공상의 친구와 노는 상상 속에 파묻혀 있었다. 때로 너무 심심한 나머지 집 주인인 더건 씨의 술집에서 당구 치는 어른들을 구경하다가 혼이 나기도 했다.

1920년에 5세가 된 머튼은 읽고 쓰고 그릴 줄 알았다. 그는 소나무 아래에 담요를 깔고 앉거나 풀밭에 그냥 앉아서 보이는 대로 아무것이나 그렸다. 주로 배를 그렸는데, 여러 개의 굴뚝과 수백 개의 현

사진 11. 1919년 뉴질랜드에서 플러싱을 방문한 친할머니와 함께 한 오웬, 머튼(4세), 존 폴(9개월)

창이 있는 여객선, 거기에 톱니처럼 넘실거리는 파도와 V자 모양의 갈매기를 그리곤 했다.

책 읽기를 즐겼던 머튼은 어린 시절 지리책을 가장 좋아했다. 그는 지도를 펼쳐놓고 감옥 놀이(Prisoner's Base)라는 게임을 즐겼다. 죄수로 감옥에 갇혔다가 탈출하는 상상을 하면서 아무에게도 구속받지 않는 "방랑 생활"을 염원했다. 머튼이 두 번째로 좋아한 책은 『그리스의 영웅들』이었다. 이 전집은 어린 머튼이 혼자 읽기에는 벅찬 것이어서 아버지가 대신 큰 소리

로 읽어주었다. 머튼은 어린 시절 이런 독서를 통해 막연하게나마 종교와 철학의 단편적인 지식을 쌓았고, 이 지식들은 그의 의식 속에 깊이 뿌리를 내렸다. 머튼은 이 경험들이 하나의 사상 체계를 이룸으로써 자신을 복종을 거부하는 반항아 또는 자유로운 세계를 갈망하는 사람으로 만들었다고 술회한다.

어린 시절의 공상 속 친구였던 "재크", 책 읽기, 지도와 함께 하는 상상 놀이 등 머튼의 어린 시절을 수놓는 이런 단어들은 그가 처했던 환경과 내적 지향을 보여준다. 발달적 관점에서 볼 때 어린 시절은 상상의 시절인데, 머튼의 경험은 그의 외적 환경과 내적 반응이 매우 긴밀하게 연결되는 특성을 보인다. 함께 놀기에는 동생이 너무 어렸고 또래 친구들도

사진 12. 동생 존 폴과 함께 있는 머튼

없는 상황에서 외로움을 느낀 머튼은 상상의 세계로 진입함으로써 이런 환경에 민감하게 반응했다.

그런가 하면 상상의 내용은 그의 내적 갈망을 대변한다. 지리책, 지도, 감옥 놀이, 방랑 생활과 같은 단어들은 머튼의 일생을 이끌어가는 주요 동력이 되는 자유에 대한 갈망을 드러낸다. 성장하면서 자유에 대한 감각이 깊어지고 정화됨에 따라 그는 점점 더 진정한 의미의 자유를 갈망하게 된다.

가정에서의 신앙 교육

머튼의 아버지 오웬 머튼은 영국 국교회의 영향을 깊이 받은 신앙 환경 속에서 성장했다. 하지만 성인이 되어서는 예배 참석뿐만 아니라 신실한 종교 생활을 하지 않았다. 어머니 루스도 부모님을 따라 미국 성공회 교회에 다녔으나 성장해서는 퀘이커 교도가 되었다. 그녀는 종종 주일에 열리는 퀘이커 신도들의 모임에 참석했지만, 자녀들을 교회로 데려가지는 않았다. 머튼은 부모님과 함께 교회에 가서 예배를 드린 기억이 없다고 말한다.

머튼은 성공회 신자였던 아버지의 뜻을 따라 성공회 교회에서 유아 세례를 받았는데, 이후 이 일에 대해 이렇게 말한다. "프라드에서 나를 씻은 세례의 물은 비꼬이고 있던 나의 본성이나 박쥐처럼 내 영혼에 매달려 있는 악마들한테서 나를 구출할 만한 힘이 없었던 것 같다."[15] 이는 유아 세례를 받았음에도 불구하고 어떤 변화도 없이 자기중심적인 삶을 영위하던 자기 모습을 비판적으로 바라본 것이다. 동시에 『칠층산』을 쓰던 당시에 가톨릭교회만이 진정한 교회라고 믿었던 그의 편협한 사고를 반영하는 문장이기도 하다.

머튼은 가정에서 체계적이고 정규적인 신앙 교육을 받지 못했다. 그는 수도자가 된 이후에 부모님의 종교 교육관을 다음과 같이 반추한다. "자기 아이들이 과오를 범하거나 비겁하고 추한 인간이 될까 봐 소심증에 걸릴 정도로 신경을 곤두세우던 나의 부모가 정작 종교 교육에 대해서는 그토

---

15 Ibid., 36.

록 무관심했다는 점이 이해가 안 된다.…우리는 플러싱에 있는 교회에 한 번도 간 적이 없었다."[16] 어머니 루스의 종교 교육관은 더욱 특이했다. 그녀는 자녀들이 지성적인 성장을 이루는 데 당시 제도적인 교회의 도움을 받을 수 없다고 확신했고, 그 결과 어린아이에게 제도적인 종교 교육을 하는 일은 중요하지 않다고 생각했다. 적어도 종교에 대해서는 어디까지나 자녀들이 스스로 알아서 하도록 놔두자는 것이 루스의 교육 방침이었다.[17]

반면에 아버지는 열성적으로 종교 활동을 하지는 않았으나 머튼에게 주기도문을 가르쳐주기도 했고 종종 그를 교회로 데려갔다. 머튼이 5세가 되었을 무렵 뉴질랜드의 친할머니가 왔다. 할머니는 머튼이 아버지로부터 배운 "주기도문"을 잘 기억하지 못하는 것을 보고 친절하게 기도문을 가르쳐주었다. 그날 이후로 주기도문을 계속 바치지는 않았지만 다시는 잊어버리지 않았다. 머튼은 어른이 되어서도 할머니로부터 주기도문을 배웠다는 사실을 기억하고 있었다.

1920년 부활 주일에 집에 있던 머튼은 그날따라 들판을 지나 아주 크게 들려오는 교회 종소리를 들었다. 갑자기 머리 위에 있는 새들이 일제히 노래하기 시작했다. 교회의 종소리와 새들의 노랫소리를 들은 머튼은 기뻐하며 아버지에게 물었다. "아버지, 새들도 모두 교회에 가나 봐요. 왜 우리는 교회에 안 가죠?"[18]라고 물었다. 아버지는 날이 늦어 교회에 못 가지만 다음 주일에 갈 거라고 답했다. 그러나 아버지는 다음 주일에도 머튼을 교

16　Ibid., 45.

17　Ibid., 36, 45.

18　1920년 부활 주일에 어린 머튼은 교회에 가고 싶은 열망을 아버지에게 강력히 표현한다. "새들이 다 교회에 있어요."(Thomas Merton, *The Seven Storey Mountain*, 11 [『칠층산』, 45–46]).

회로 데려가지 않았다. 머튼은 어느 일요일에 아버지가 자신을 퀘이커 교회로 데려가서 그곳의 색다른 분위기를 설명해준 일을 기억한다.

머튼의 아버지는 부인이 죽기 직전인 1921년에 더글라스톤에 있는 성공회 소속 시온교회에서 오르간 반주자로 일했다. 비록 짧은 기간이었지만 머튼은 아버지를 따라 매 주일 교회에 나갔다. 이 시기에 머튼은 신앙보다는 제대 뒤편 위쪽에 있는 스테인드글라스에 그려진 닻과 제대 위의 촛불을 바라보는 일에 더 관심이 있었다. 머튼은 "닻이 그려져 있던 스테인드글라스"를 보면서 온 세상을 떠돌아다니고 싶은 충동을 느꼈다. 어린 머튼이 본 그 닻은 "넓은 바다, 여행, 모험, 인간적 영웅심의 무한한 가능성, 자신이 영웅이 되는 환상"을 상징했다. 원래 닻은 영원한 희망을 뜻하는 종교적 상징으로서 실제로는 하나님께 대한 무한한 신뢰를 의미하는데, 어린 머튼에게는 정반대의 상징으로 와닿았던 모양이다.[19] 어린아이가 "닻"을 보면서 영웅이 되어 온 세상을 떠돌아다니는 상상을 하는 것은 자연스럽고 정상적인 일이다. 그런데 왜 머튼은 젊은 수도자가 되어 『칠층산』을 쓰면서 이것을 신앙과 정반대가 되는 상징으로 바라보았을까? 추측건대 아마도 젊은 수도자로서 어린 시절을 참회하며 돌아보았을 때 자신 안에 이미 거짓 자기의 씨앗이 자라나고 있음을 보았기 때문인 것 같다.

머튼은 교회를 다니는 일이 그런대로 즐거웠다고 회상한다. "사람들은 교회에서 나오면서 꼭 해야 할 일을 했다는 안도감과 흐뭇함을 느끼는

---

19 Ibid., 52. 인생 후반부의 머튼은 『칠층산』 저작시에 드러난 젊은 머튼보다 넓고 통합적인 관점을 갖춘 인물로 보인다. 젊은 수도자 머튼은 닻을 종교적 상징의 반대에 있는 욕망의 상징으로 보았지만, 성숙해진 머튼은 어릴 적 "닻 경험"의 동일한 상징을 "신적 자유를 향한 내적 동경"으로 해석했다.

것 같았다."[20] 그러면서 그는 비록 어린 시절에 체계적인 신앙 교육을 받지 못했지만 종교에 대해 어느 정도나마 알게 된 것을 다행스럽게 여긴다.

부모님의 예술과 삶

부모의 존재와 삶은 자녀의 성장에 지대한 영향을 미친다. 오웬과 루스의 경우도 마찬가지다. 우리는 아버지와 어머니에 대한 머튼의 회상을 통해 그들이 머튼에게 미친 영향을 가늠해볼 수 있다. 머튼은 아버지가 "세잔처럼 그림을 그렸으며 남부 프랑스의 풍경을 사랑했다"[21]고 말한다. 또한 아버지의 그림에 나타난 세계관에 관해 "건전하고 단단하게 균형이 잡혀 있었다. 그의 마음은 정연한 질서와 여러 집단의 상호 관련과 피조물마다 각자 개성을 뚜렷이 드러내는 온갖 상황에 대한 경외심으로 가득 차 있었다. 그의 세계관은 종교적이며 깨끗했다. 아버지의 그림에는 꾸밈이나 수다스러운 해설이 없었다"[22]고 회상한다.

머튼은 아버지를 "매우 훌륭한 예술가"[23], "예외적으로 지적인 솔직함을 지닌 성실하고 순결한 지성의 소유자", "경이로운 정신과 대단한 재능 및 넓은 마음을 지닌 사람"으로 기억한다.[24] 오웬의 예술을 특집으로 다룬

---

20   Ibid., 53.
21   Ibid., 32.
22   Ibid., 32.
23   Ibid., 32.
24   Jim Forest, 심정순 역, 『지혜로운 삶』(서울: 분도출판사, 1994), 22.

뉴질랜드의 한 예술 계간지(Art in New Zealand, 1930년 6월호)에서 제임스 쉘리는 그의 미술에 대한 열정과 헌신을 다음과 같이 평한다. "오웬 머튼 같은 사람에게 예술은 가지고 노는 부드러운 놀이의 대상이 아니라 숭배하는 열정, 그 에너지의 마지막 남은 힘까지 모조리 강요하는 '학대하는 여신'이 된다."[25]

오웬은 로저 프라이 같은 대가의 호평을 받았으며, 미술가로서 주목과 존경을 얻었다. 그의 작품은 훌륭한 그림을 수집하길 좋아하는 상류사회 인사들 사이에서 인기를 끌었다.[26] 미국 플러싱, 버뮤다, 뉴욕에서 전시회를 열었고, 특히 뉴욕에서는 그의 작품을 높이 평가하는 평론이 신문에 실리기도 했다.[27] 또한 프랑스 남부와 아프리카 알제리에서도 작품 활동을 펼쳤고, 1925년 3월에는 런던 레스터(Leicester) 갤러리에서 열린 전시회를 통해 예술가로서의 독창성을 인정받고 큰 성공을 거뒀다.[28]

머튼의 부모는 예술 외의 세상일이나 사람들의 관심사에는 신경을 쓰지 않았다. 그들은 검소한 생활을 영위하면서 반전(反戰)에 대해서만큼은 철저한 신념을 가지고 있었고,[29] 오로지 예술에만 관심을 두었다. 머튼은 자신이 아버지에게서 "사물을 바로 보는 태도와 고결한 성품"을, 어머니로부터는 "고요함과 다재다능한 성품"을 물려받았다고 말한다. 부모님으로부터 높은 안목과 무언가를 즐기고 표현해내는 훌륭한 능력을 이어받은

---

25 William Shannon, 오방식 역, 『토머스 머튼: 생애와 작품』(서울: 은성, 2005), 33. 제임스 쉘리에 대해서는 1930년대 뉴질랜드의 계간지 작가였다는 사실 외에 확인된 바가 없다.

26 Thomas Merton, 정진석 역, 『칠층산』, 82.

27 Ibid., 41, 66.

28 William Shannon, 오방식 역, 『고요한 등불』, 80.

29 Jim Forest, 심정순 역, 『지혜로운 삶』, 20.

것이다. 그는 자신이 이런 부모님 아래서 이 세상의 표준이 아니라 가문의 고결한 사상을 따라 세상의 임금만큼이나 이 땅에서 가장 부유한 아이로 태어났다고 말한다.[30]

모든 것을 소유하고 체험하며 그 경험을 연구하고 그에 대해 이야기할 수 있다면 인간은 행복해진다. 머튼은 행복의 충분조건이 이렇게 정의된다면 자신이야말로 세상에서 가장 행복한 자로서 젖먹이 때부터 지금까지 "영적 백만장자"였다고 말한다. 비록 어렵고 가난한 형편이었지만 부모님처럼 내적으로 부요한 자로서 모든 것을 누리며 가장 행복하게 살아가는 사람이었다는 의미다. 머튼은 진정한 행복이 초자연적인 은혜에 달려 있다고 여겼다. 그러면서 자신이 만약 행복을 그저 자연적인 문제로 치부했다면 어른이 되어서 트라피스트 수도회에 절대로 입회하지 않았을 것이라고 말한다.[31]

어머니의 죽음

오웬과 루스가 다시 프랑스로 돌아갈 것을 심각하게 고려하고 있을 때였다. 루스가 몸이 아파서 검진을 받았는데 위암이라는 진단을 받았다. 그녀는 뉴욕시의 벨리뷰(Bellevue) 병원에 입원했다. 어른들은 머튼에게 어머니

30   Thomas Merton, 정진석 역, 『칠층산』, 33.
31   Ibid., 33.

의 병이나 죽음에 관해 어떤 이야기도 하지 않았다. 어린 머튼이 모든 사실을 아는 것이 좋지 않다고 여긴 그녀의 뜻 때문이었다. 루스는 머튼이 티 없이 순수하고 낙천적인 아이로 자라길 바랐다. 그래서 머튼은 병원에 입원하여 누워 있는 어머니의 모습을 한 번도 보지 못했다. 그녀의 병세가 악화되자 머튼은 더글라스톤에 있는 외조부모의 집으로 거처를 옮겨야 했다. 그는 더글라스톤에 머무는 것을 좋아했다. 그곳에는 마음대로 행동해도 꾸중하는 사람이 없었다. 먹을 것도 많았고 같이 놀 수 있는 개와 고양이도 있었다. 어머니와 함께 있지 못해도 어머니를 그리워하며 슬퍼하지는 않았다.

그런데 루스의 병세가 급속도로 악화되었고 그녀는 결국 1921년 10월 3일에 세상을 떠났다. 아직 어린 아들에게 죽어가는 모습을 보이지 않으려 노력했던 그녀는 죽기 직전 자신의 죽음을 알리는 편지를 남겼다. 머튼은 어느 날 가족들과 함께 어머니가 입원한 병원을 방문했지만, 병원에 들어가지 못하고 홀로 차 안에 남아 어머니가 자기에게 남긴 편지를 반복해서 읽었다. 어린 나이였지만 머튼은 그 글을 읽으면서 무슨 일이 일어나고 있는지를 분명히 짐작할 수 있었다. 어머니는 편지에 자기가 죽게 되어 다시는 머튼을 보지 못하게 되었다고 적었다. 그렇게 어머니의 죽음을 알게 된 머튼은 감당하기 어려운 슬픔과 절망이 밀려오는 것을 느꼈다.

나는 집 뒤뜰에 있는 단풍나무 아래에서 그 편지를 읽고 또 읽고 해서 결국 무슨 뜻인지 알아내고야 말았다. 그러자 감당하기 어려운 슬픔과 절망이 무겁게 밀려왔다. 그것은 엉엉 소리 내어 울어버릴 수 있는 어린아이의 슬픔이 아니었다. 몹시 당혹스럽고 침통한 어른의 슬픔이었다. 그만큼 어린아이에게 어울리지 않고 자연스럽지 못한, 견디기 힘든 것이었다. 내가 이렇게 어른처럼 슬픔을 느끼게 된 것은 그 큰 사건을 혼자서 곰곰이 추리하여 사실을 알게 되었기 때문이라고 생각된다.[32]

아버지와 외할아버지를 비롯한 식구들이 병원 밖으로 나왔을 때 머튼은 아무 질문을 할 필요가 없었다. 그들은 슬픔으로 몸을 제대로 가누지 못했다. 더글라스톤의 집에 도착하자마자 아버지는 방으로 들어가 창가에 기대어 울었다. 외할머니는 어머니가 소녀 시절에 쓰던 방에서 흐느껴 울었다. 이틀 후에 그녀가 생전에 밝힌 뜻에 따라 화장을 거행할 때도 머튼은 차 안에 남아 있었다.

　머튼이 들려주는 어머니의 죽음에 관한 이야기는 매우 간결하다. 아버지나 하나밖에 없는 동생이 죽었을 때와 비교하면 어머니의 죽음에 대해서는 단지 어머니가 전해준 편지를 읽으며 그에 대한 사실을 알아내고 어른의 슬픔을 느꼈다고 할 뿐 나머지는 전부 당시 상황에 대한 사실적인 묘사뿐이다. 이야기의 분량도 적지만 심지어 어머니의 죽음을 애도하는 마음도 표현되어 있지 않다. 나이가 너무 어려 죽음의 의미를 제대로 파악하지 못한 탓일까? 아니면 너무 어린 나이에 사별을 경험한 탓에 성인이 되어도 어머니의 죽음에 얽힌 이야기가 잘 기억나지 않아 많은 내용을 쓰지 못한 것일까? 하지만 우리는 어머니가 죽던 날의 풍경 묘사를 통해 머튼의 심정을 느껴볼 수 있다. 머튼은 그날 운전사와 함께 병원 주차장에 세워진 차 안에서 머물며 바라본 하늘과 병원의 풍경을 놀라우리만큼 상세

---

32 Ibid., 55.

56　토머스 머튼 이야기

히 표현한다.

> 자동차는 매연으로 검게 그을린 벽돌 건물로 둘러싸인 병원 안뜰에 서 있었
> 다. 한쪽 구석에는 지붕이 낮은 창고가 길게 이어졌는데 지붕에서 빗방울이
> 떨어지고 있었다. 우리는 말없이 그 빗방울이 자동차 위로 떨어지는 소리를
> 듣고 있었다. 하늘은 안개와 연기로 자욱했고, 병원과 가스 공장의 느글거리
> 는 냄새가 자동차의 퀴퀴한 냄새와 뒤섞여 코를 찔렀다.[33]

6살 어린 소년이 경험한 그날의 분위기와 풍경이 너무나도 생생하게 느껴
진다. 훗날 어른이 되어 자서전을 쓰는데 어떻게 어린 날의 기억을 이토록
상세히 기억하여 묘사할 수 있었는지 감탄의 마음이 든다. 자동차 위로 떨
어지는 빗방울 소리, 안개와 연기로 자욱한 하늘, 매연으로 검게 그을린 건
물, 코를 찔렀던 가스 공장의 느글거리는 냄새와 자동차의 퀴퀴한 냄새까
지 머튼이 기억하는 그날의 모습은 바로 엊그제의 경험처럼 생생하고 사
실적이라는 느낌이 든다. 나아가 그날에 대한 섬세한 표현들은 객관적인
사실 그 이상으로, 어머니가 죽던 날 어린 머튼이 느꼈던 그의 마음을 보여
준다. 이를 통해 머튼이 어머니의 죽음에 대해서 짧게 쓰고 있는 까닭은 기
억이 잘 나지 않기 때문이 아니라 어린 머튼이 충분히 다루어낼 수 없었던
큰 어둠이었기 때문이라는 사실을 알 수 있다. 실제로 어머니의 죽음은 이
어지는 머튼의 삶에서 어린 시절뿐만 아니라 성인이 되어서도 지대한 영
향을 미친다. 머튼은 겨우 여섯 살 때 어머니를 잃었기 때문에 어머니가 어

---

33 Ibid., 57.

떤 분인지 잘 알지는 못했지만, 그에게 어머니는 자녀에 대한 헌신과 애정이 크면서도 엄한 인상을 가진 분이었다. 이런 머튼의 생각은 1961년 겟세마니 수도원을 방문했던 키트 고모를 통해 확인할 수 있었다. 어머니는 머튼의 교육을 위해 때로 혹독한 모습을 보이기도 했지만, 가족들에게 안정감을 주는 존재였다.[34]

머튼이 어떻게 어머니의 죽음을 받아들였으며, 그것이 머튼의 삶에 어떤 형태로 지속적인 영향을 미쳤는지, 그가 어머니의 이른 죽음으로 인해 생겨난 부재를 어떻게 치유해나갔고, 그 모든 경험을 어떤 방식으로 통합하여 성숙한 인격으로 자라갔는지를 주의 깊게 살피는 것은 머튼의 생애를 추적하는 데 매우 중요하다. 어머니의 갑작스런 죽음은 어린 머튼에게 당장 엄청난 슬픔과 혼란을 가져다주었다.

방황의 시작: 외롭고 절망적인 유년 시절

어머니의 죽음 이후 불안정한 삶을 살게 된 머튼은 외로운 소년이 되었다. 아버지는 오로지 그림 그리는 일에만 몰두했다.[35] 아내를 보내고 한곳에

---

34 William Shannon, 오방식 역, 『토머스 머튼: 생애와 작품』, 32.
35 젊은 시절 머튼의 방황은 유년 시절의 상실 경험, 불안정한 삶의 여건, 그로 인한 깊은 외로움과 직접적으로 연관되어 있다. 그의 방황은 내면의 외로움과 공허함을 해갈하기 위한 몸부림으로 볼 수 있다. 그러나 외로움이 그의 독특한 개인적 경험과 환경에서만 비롯되었다고 볼 수는 없다. 외로움은 인류의 보편적이고 근원적인 경험이기 때문이다. 머튼은 이를 보다 생생하게 경험하였기 때문에 그의 방황이 오히려 진리에 대한 갈망을 강화시킨 은총의 통로라고 볼 수 있는 것이다. 『칠층산』에는 하나님의 은총의 빛 안에서 젊은 시절의 방황을

머무를 필요가 없어진 오웬은 원하는 그림 소재와 착상을 얻을 수 있는 장소를 찾아 다녔다. 머튼은 얼마간 아버지와 떨어져 있으면서 더글라스톤에서 학교를 다니다가 2학년이 되었다.

사진 13. 버뮤다에서 오웬 머튼이 그린 수채화,
<St. Georges, Bermuda>, 1922.
어머니가 돌아가신 이후 머튼은 아버지가 그림을
그리러 가는 곳을 따라다니곤 했다.

그러던 어느 날 아버지가 머튼을 데리러 왔다. 머튼도 아버지를 따라다닐 수 있을 만큼 성장했다. 그는 아버지를 따라 거처를 옮겨 다니면서 그곳에 있는 학교에 나갔다. 머튼이 맨 처음 아버지를 따라간 곳은 케이프커드와 프로빈스타운이었다.[36] 첫 여행 이후 아버지는 머튼을 다시 더글라스톤의 외조부모에게 맡겼고 그곳 학교에 다시 들어갔다. 하지만 더글라스톤에서의 학교생활은 오래가지 않았다.

아버지는 그림 그리기에 좋은 장소를 발견하여 다시 머튼을 데리고 떠났다. 이번에 가게 된 곳은 버뮤다였다. 당시 버뮤다는 큰 호텔과 골프장도 없는 한적한 섬이었다. 모든 것이 낯설었지만 친근감이 드는 곳이었다. 머튼은 이 새로운 장소에 금방 익숙해졌다. 그리고 이 시기의 삶에 대해 다음

돌이켜보는 머튼의 모습이 드러난다. 반면 머튼이 인생 후반부에 집필한 자료를 보면 그 경험을 자신 안으로 완전히 받아들여 진정한 내적 통합을 이루어냈음을 알 수 있다.

36 이 여행에서 학교를 다녔다는 기록은 찾아볼 수 없다. 왜냐하면 여름방학 기간이었기 때문이다.

과 같이 회고한다. "어린 시절에는 거의 달마다 생활 환경이 바뀌었다. 여기서 무슨 의미를 찾기는 불가능했다." 이어서 머튼은 어린 시절에 대해 계속 말한다. "학교에 갈 때도 있었지만 가지 못한 때가 더 많았다. 아버지와 함께 살다가, 갑자기 낯선 사람들과 살면서 아버지와는 가끔 만나기도 했다. 사람들은 우리 생활 속으로 들어왔다가 갑자기 저 밖으로 사라져버렸다. 이 친구들과 사귀었다가 금방 저 친구들과 사귀어야 했다. 하여간 모든 것이 항상 변했고 나는 그것을 모두 받아들였다."[37] 우리는 머튼의 이 마음 아픈 회고를 통해 6-7세에 불과한 어린 소년의 삶이 어떤 모습이었을지를 짐작해볼 수 있다. 어머니를 잃은 아이가 한적한 섬에서 아버지도 없이 홀로 낯선 사람들과 함께 지내는 것이 얼마나 힘들었을까? 그것도 장소를 옮겨 다니며 끊임없이 새로운 사람들과 지내야 했던 그의 어린 시절은 무한한 외로움과 쓸쓸함 가운데 황량한 광야를 통과하는 것 같은 시간이었다.

에블린 스콧과의 갈등

오웬은 1922년에 머튼을 데리고 버뮤다에 체류하던 중 소설가 에블린 스콧(Evelyn Scott)과 사랑에 빠진다. 그녀는 당시 화가인 시릴 케이-스콧(Cyril Kay-Scott)과 결혼하여 아들 크라이튼(Creighton)을 두고 있었다. 그녀의 남편인 케이-스콧이 그녀와 오웬의 관계를 온화한 마음으로 용납했다는 기

---

37 Thomas Merton, 정진석 역, 『칠층산』, 64.

록이 있는 데다가 오웬과 헤어지고 나서 곧바로 다른 남성과 재혼한 것을 보면 아마도 그녀는 남편과 이미 소원한 관계였던 것으로 보인다. 오웬은 에블린 스콧과 결혼하기를 원했다. 그러나 머튼은 아버지가 다른 여인과 사랑에 빠진 것에 분노하며 그녀를 끔찍하게 싫어했다. 오웬과 에블린 스콧 간의 관계는 상당 기간 지속되었다. 에블린 스콧은 어머니에 대한 기억으로 인해 자신을 거부하는 어린 머튼을 대면하고는 그와의 갈등을 불평하면서 오웬에게 소리쳤다. "나는 저 아이의 엄마가 아주 끔찍해요. 그녀가 너무 싫어요. 당신, 내 말을 듣고 있어요?"[38]

외조부모와 함께 지낸 세월

오웬은 홀로 다니거나 큰아들 머튼을 데리고 다니며 그림을 그렸다. 어린 아들 존 폴은 데리고 다닐 수가 없었다.[39] 시간이 지나갈수록 머튼 역시 동생과 함께 외조부모네 집에 머물러야 했다. 아

사진 14. 머튼(맨 왼쪽)과 머튼의 외할머니

---

38   William Shannon, 오방식 역, 『고요한 등불』, 72-73, 80-82.
39   William Shannon, 오방식 역, 『토머스 머튼: 생애와 작품』, 32.

버지가 그림을 그리고 전시회를 열기 위해 세계 여러 곳을 돌아다녀야 했기 때문이다. 이로부터 수십 년이 지나고 겟세마니 수도원의 은수자가 된 머튼은 어머니의 사망 이후의 시절에 대해 다음과 같이 기록한다. "오늘 미사를 마치고 나는 어머니가 죽고난 이후 아버지가 프랑스와 알제리에 있었던 7세부터 10세 즈음의 나의 유년기가 얼마나 절망적이었는지를 깨달았다. 아버지가 와서 나를 프랑스로 데려갔을 때는 그것이 얼마나 큰 의미였는지 몰랐다. 그 일은 정말로 나를 구원했다."[40] 은수자의 삶을 살고 있던 어느 날 머튼은 미사를 마치고 문득 어린 시절의 자기 모습을 보게 되었다. 그때의 경험으로 인해 내면 깊은 곳에 오랫동안 숨겨져 있던 감정을 느끼게 된 것이었다. 그리고 그 감정과 함께 매우 외롭고 절망적이었던 과거가 떠올랐다. 어머니는 세상을 떠났고 아버지마저 곁에 없었다. 그 와중에 외조부모의 품을 떠나 아는 사람도 없고 말도 모르는 프랑스로 가야 한다는 아버지의 말은 머튼을 더 깊은 절망의 나락으로 떨어뜨리는 청천벽력과도 같은 선언이었다. 하지만 훗날 머튼은 당시 자신이 전혀 볼 수도 깨달을 수도 없었던 하나님의 은총과 구원의 손길이 자기 가족을 프랑스로 이끌어 갔다고 고백한다.[41] 이처럼 과거의 어두운 삶에 대한 직면과 재해석은 은총의 경험으로 바뀌어 머튼의 내면의 깊은 샘이 되어 주었다.

오웬은 좋은 아버지와 저명한 화가라는 두 가지 역할을 잘 조화시키지 못했고, 종종 미술에 대한 야망이 가정보다 앞서 어린 머튼에게 절망감을 안겨주었다.[42] 당시에는 정확히 깨닫지 못했더라도 머튼의 유년기는 분

---

40   William Shannon, 오방식 역, 『토머스 머튼: 생애와 작품』, 33.
41   Thomas Merton, 정진석 역, 『칠층산』, 84.
42   William Shannon, 오방식 역, 『토머스 머튼: 생애와 작품』, 33.

명 상실과 절망의 연속이었을 것이다.

　머튼은 외할아버지의 사무실을 즐겨 찾았다. 외할아버지가 일하던 그로셋 앤드 던랩 출판사는 1923년 당시 최고로 번영을 누리고 있었다. 그는 영화를 매우 사랑한 나머지 가족의 종교처럼 여겼다.[43] 당시 롱 아일랜드는 할리우드에 견줄 만한 영화 제작의 중심지였고, 외할아버지는 인기 있는 영화의 사진첩을 만들어 큰돈을 벌었다. 그의 출판사는 인기 소설을 비롯해 어린이용 책들을 전문으로 내놓았다. 『톰 스위프트와 그의 전기 장치들』, 『로버트 소년들』, 『제리 토드』 등이 그곳에서 출판되었다. 머튼은 외할아버지의 일터에 따라가 어린이용 책들로 가득 차 있는 열람실의 안락의자에 파묻혀 온종일 책을 읽었다.

　외조부모는 종교적인 사람들이 아니었다. 프로테스탄트 신자였지만 어느 교파에 속해 있는지는 불분명했다. 머튼은 그들과 오랫동안 함께 살면서도 그들이 교회 예배에 참석하는 것을 본 적이 없었다.[44] 비록 활발한 종교 생활을 하지는 않았지만 성공회 교파에 속한 집 근처 시온교회에 헌금을 보내는 것으로 보아 그들은 미국 성공회 신자였다. 그리고 외할아버지는 유대교와 가톨릭교회를 매우 싫어했다. 그는 가톨릭과 연관성이 있어 보이는 모든 것을 죄악으로 여기고 통렬히 비난하거나 적개심을 드러내곤 했다. 머튼의 외할아버지에게 가톨릭이란 온갖 부정과 부도덕의 상징이었다.[45] 머튼도 이런 외할아버지의 영향을 받아 회심 이전까지 가톨릭교회에 대한 편견을 마음 한구석에 품고 있었다.

43　Thomas Merton, 정진석 역, 『칠층산』, 67-70, Jim Forest, 심정순 역, 『지혜로운 삶』, 24.

44　Thomas Merton, 정진석 역, 『칠층산』, 76.

45　Ibid., 78-79.

사랑과 책임 사이에서 고뇌하는 오웬

오웬과 에블린 스콧의 관계는 3년이나 지속되었다. 둘은 결혼을 위해 이야기를 나누면서 그들 사이에 많은 장애물이 있음을 깨달았고 관계를 더 이상 진척시키지 못했다. 둘이 한 가정을 이루는 데 핵심적인 방해물은 바로 어린 머튼의 극심한 반대였다.

　　그러던 가운데 정확히 어떤 질병이었는지에 대한 기록은 없지만, 오웬은 1924년 말 알제리에서 중병을 얻어 거의 죽을 지경에 처한다. 죽음이 무엇인지 충분히 이해할 만큼 자란 머튼은 외할머니로부터 아버지가 타지에서 죽어간다는 소식을 듣고 큰 충격을 받는다. 의식을 잃고 헛소리를 하며 사경을 헤매던 오웬은 다행히 차차 기운을 차리기 시작했다. 그후 1925년 3월에 런던에서 그림 전시회를 열고 큰 성공을 거둔다. 『맨체스터 가디언』의 한 논평자는 오웬의 작품을 두고 "주제에 대한 굉장히 세밀한 이해"를 가진 "독창적인 작품"이라고 평했다. 또 다른 비평가는 이렇게 말했다. "그는 구경꾼들의 시선을 공간의 깊이 속으로 이끌었는데…그것은 그의 붓놀림이 힘차고 세련되었다기보다는 손대지 않은 지면을 굉장히 잘 사용했기 때문이다.…도구의 간결함은 마지막 지점까지 이어진다. 그러나 그 그림은 전체적으로 만족스럽다. 누구도 그 위에 덧칠을 하고 싶지 않을 것이다. 이런 즉각적인 특징들은 보자마자 매력을 준다."[46]

　　유명한 갤러리에서 성공적인 전시회를 마친 오웬은 인생에서 매우 중

46　William Shannon, 오방식 역, 『고요한 등불』, 80.

대한 결정을 내려야 했다. 피할 수 없는 사안이었지만 오랫동안 미적거리며 제대로 직면하지 못한 문제를 정리해야 할 시점에 이른 것이다. 바로 에블린과의 결혼 문제였다. 오웬은 처음부터 선택지가 하나밖에 없음을 잘 알고 있었다. 에블린과 결혼을 하면 머튼의 외가로부터 재정적인 도움을 받을 수 없게 되고 결국 경제적인 어려움을 겪게 될 것이다. 반면 에블린과의 관계를 청산하면 젠킨스 가족의 지원을 받으며 계속 그림을 그릴 수 있다. 재정적인 지원과 더불어 에블린에 대한 머튼의 지속적인 반감이 결정적인 문제로 작용했다. 오웬은 신뢰하는 한 친구에게 다음과 같은 편지를 썼다.

> 에블린과 함께 사느냐 아니면 결혼하느냐의 문제와 아이들 문제를 타협시킬 수 없다는 것을 나는 압니다. 톰의 질투와 대립은 굉장히 커다란 문제였습니다. 아이들로부터 떠나는 것을 제외하고는 선택의 여지가 없었습니다. 그러면 나는 앞으로 밤마다 굉장히 후회하게 될 것입니다.…이제 나는 에블린과 함께했던 지난 18개월 동안 극도로 히스테리적인 상태에 있었다는 것을 압니다.…어쨌든 내가 뉴욕에 도착했을 때 나는 그 상황을 결코 해결할 수 없음을 깨닫게 되었습니다.[47]

---

47 D.A.Callard, *Pretty Good for a Woman: The Enigmas of Evelyn Scott* (New York: W. W. Norton & Company, 1985), 93-94; William Shannon, 오방식 역, 『고요한 등불』, 81-82.

프랑스에서의 학창 시절

(1925-1928)

프랑스로의 귀환

고민 끝에 에블린과 결별한 오웬은 비록 자신이 원했던 결론은 아니지만 중대하고 골치 아픈 사안이 일단락되었다는 안도감을 느꼈다. 오웬은 1925년 여름에 뉴욕의 가족들에게로 돌아오지만 그곳에 오래 머물 생각은 없었다. 그는 프랑스에 살 집을 지은 후 머튼과 존 폴을 차례대로 데리고 갈 계획을 갖고 있었다.

이상하게 보이는 수염을 기른 채 어느 날 갑자기 여행에서 돌아온 오웬은 머튼에게 함께 프랑스로 떠날 것이라고 말했다. 머튼은 깜짝 놀라면서 무엇 때문에 프랑스로 가야 하는지를 물었고 오웬은 떠나야 하는 이유를 차근차근 일러주었다. 하지만 열 살짜리 소년 머튼은 아버지의 말을 하나도 알아듣지 못했다. 그는 더글라스톤을 떠나야 한다는 이야기 자체를 듣고 싶지 않았다.

머튼은 어머니가 세상을 떠난 후 외조부모의 집에서 처음으로 안정감을 느꼈다. 그래서 그곳을 떠나고 싶은 마음이 전혀 없었다. 어머니를 보내고 거처를 계속 옮겨 다니면서 반복적으로 새로운 사람을 만나고 헤어지는 환경 속에서 지내다가, 진정으로 자신을 사랑하고 보호해주는 외조부모의 품에서 겨우 안정감을 느꼈는데, 다시 잘 모르는 세상으로 들어가야 하는 현실을 도저히 받아들일 수 없었다. 아무리 반대를 해도 소용이 없음을 안 머튼은 결국 울음보를 터트렸다.[1] 아버지는 머튼을 달래며 지금 당장 떠

---

[1] 머튼은 아버지가 밝힌 프랑스 이주 계획이 너무 싫었다. 외조부모의 집에 2년 정도를 살면

나지 않겠다고 약속했으나 프랑스로 갈 계획을 바꾸지는 않았다. 프랑스의 성 루이 축일인 1925년 8월 25일에 오웬은 큰아들 머튼만 데리고 프랑스를 향해 떠났다.[2]

머튼은 후일 수도자의 시각으로 "내가 태어난 땅 프랑스로 되돌아간 것은 내가 속하는 세계의 지적·영적 생명의 샘으로 돌아온 것"[3]이라고 말하며 프랑스 귀환에 의미를 부여한다. 그는 프랑스에서 태어난 사실을 기뻐하며 너무 늦기 전에 잠시나마 자신을 그곳으로 다시 데려다주신 하나님께 감사를 드린다.[4]

생탕토냉

머튼 가족이 새로 정착한 장소는 프랑스 남부의 생탕토냉(St. Antonin)이었다. 중세의 모습을 그대로 잘 보존하고 있는 그 마을은 로마 시대에 순교당한 성 안토니우스에 의해 매우 이른 시기부터 그리스도교 신앙이 들어와 있던 곳이었다.

머튼의 눈에 비친 마을의 모습은 다음과 같았다. "미궁처럼 꼬불꼬불한 좁은 길에 13세기에 지어진 것으로 보이는 집들이 쓰러질 듯한 낡은 모

서 학교 친구들도 생기고 나름 정서적인 안정감을 누리는 상황에서 다시 새로운 장소로 옮겨가야 한다는 말을 들은 머튼은 아버지와 격한 논쟁을 하고 눈물을 흘렸다.
2   Thomas Merton, 정진석 역, 『칠층산』, 84.
3   Ibid., 86.
4   Ibid., 87.

습으로 서 있었다. 그런데도 중세의 모습이 남아 있었다. 다만 길거리에 북적거리는 인파와 번화한 상점과 직공들의 모습이 보이지 않고 중세 특유의 환락가 소음이 들리지 않는다는 점이 다를 뿐, 길을 걷다 보면 중세에 살고 있는 듯한 착각이 들었다."[5] 마을의 중심에는 성당이 있었고, 매일 세 번 삼종기도 시간을 알리는 종소리가 마을 너머까지 울려 퍼졌다. 마을 어

디서라도 조금 높은 곳에 오르면 중앙에 있는 성당을 볼 수 있었다. 옛 마을, 집, 거리, 야산과 절벽, 강, 수목들, 이 모든 것이 머튼의 정신을 한곳으로 집중시켰다. 거리도 하나같이 마을의 중심인 성당을 향해 뚫려 있었다. 어느 곳에서 보든지 마을의 중심은 높은 뾰족 종탑이 있는 성당이었다.

사진 15. 생탕토냉의 모습을 담은
오웬 머튼의 수채화, <St. Antonin>

이 시기에 머튼은 교회에 다니지 않았다. 그런데 어떻게 20여 년의 세월이 흐른 후에도 성당을 중심으로 세워진 생탕토냉에 대한 인상을

이토록 상세히 묘사할 수 있는가? 생탕토냉을 떠난 이후에는 다시 그곳을 방문하지 못했음에도 불구하고 방금 본 것처럼 생생하고 상세하게 마을의 모습을 그려내고 있다. 이를 보면 이곳에서의 삶이 어린 머튼에게 진한 인

---

5   Ibid., 97.

상을 남겼다는 것을 알 수 있다.

『칠층산』은 머튼이 어떻게 생탕토냉을 기억하는지를 말해준다. "풍경
전체가 성당과 하늘을 향한
뾰족탑이 나란히 서 있어서
'바로 이것이 모든 피조물의
의미입니다. 사람들이 우리
를 이용하여 하나님을 알아
뵙고 그분의 영광을 찬미하
기 위한 목적만을 위해 우리
가 만들어졌습니다'라고 말

사진 16. 생탕토냉의 모습

하는 것 같았다."[6] 머튼은 그 시절 그리스도가 누구인지 또 그분이 하나님
이라는 사실도 몰랐지만 "자신의 의향과는 상관없이 무의식적으로라도 관
상가가 될 수밖에 없는 환경 속에서 산다는 것이 얼마나 큰 은혜인가"라고
말한다.[7] 머튼은 아직 자신이 구체적으로 인식하지는 못하지만 생탕토냉
을 통해 이미 하나님 안에서의 삶, 근원을 향한 내면의 여정을 시작하고 있
었다. 이런 맥락에서 윌리엄 섀넌은 머튼에게 생탕토냉은 하나님의 임재의
장소였다고 한다.[8]

이는 머튼이 프랑스에서의 삶을 적은 글의 제목을 "박물관의 성모님"
이라고 이름 붙인 것과도 상당한 관련이 있어 보인다. "박물관의 성모님"
은 아버지가 작품의 영감을 얻기 위해 지방을 돌아다녔을 때 머튼이 들렀

---

6   Ibid., 99.
7   Ibid., 99.
8   William Shannon, 오방식 역, 『고요한 등불』, 96.

던 많은 교회와 수도원들을 지칭하는 것이라고도 추측된다. 비록 많은 수가 파괴되어 있었지만, 머튼은 그 교회와 수도원 유적들을 유심히 감상했다. 머튼은 그것들을 통해 살아계신 하나님을 만나지는 못했지만 마치 박물관의 성모님을 감상할 때와 같은 거룩한 분위기를 충분히 느낄 수 있었다. 성모님은 영적 세계의 근원을 상징하며 육체적, 영적으로 머튼이 어디에서 왔는지를 나타낸다고 볼 수 있다. 동시에 박물관의 성모님은 머튼이 아무것도 자각하지 못하던 어린 시절부터 하나님께서 이미 그의 삶에 은총의 빛을 비추고 계셨음을 보여준다.[9]

머튼은 『칠층산』에서 자신이 태어난 땅인 프랑스를 열광적으로 찬양한다.

> 프랑스여, 나는 너의 땅에서 태어난 것을 기뻐한다. 그리고 너무 늦기 전에 잠시나마 하나님이 나를 너에게 도로 데려다주신 것을 기뻐한다.…나는 프랑스를 발견했다. 내가 어느 땅에 속해 있다면 정말로 내가 속한 땅은 바로 여기라고 하고 싶을 정도로 마음에 드는 프랑스를 발견했다. 서류상으로서가 아니라 지리적 출생지로서의 프랑스야말로 어김없이 내가 속한 땅임을 발견한 것이다.[10]

오웬은 마을 변두리의 라콩다민 광장에 있는 3층 아파트에 세를 얻었다. 그리고 가족이 살 집을 짓기 위해 보네트 계곡 서쪽 편을 막고 있는 산기슭

---

9   Thomas Merton, *The Seven Storey Mountain*, 31 (『칠층산』, 48).

10   Thomas Merton, 정진석 역, 『칠층산』, 87-88.

의 경사 낮은 곳에 자리한 작은 땅을 샀다. 언덕을 계속 올라가면 산꼭대기에, 지금은 버려진, 갈보리라는 이름의 자그마한 예배당이 있었다. 예전에는 마을에서 그곳까지 십자가의 길 14처를 설치하기도 했다. 오웬은 건축할 집의 설

사진 17. 오웬 머튼이 생탕토냉에 지은 집. 두 아들과 함께 살기 위해 지었으나 살아보지는 못했다.

계도를 그렸으며, 일꾼들은 땅을 파고 수맥 탐지기로 물길을 찾아내어 우물 자리를 잡았다. 그는 두 아들을 위해 우물 가까이에 포플러나무 두 그루를 심었다.

오웬은 집 건축을 준비하면서도 그림 그리기에 좋은 소재들을 찾아다녔다. 생탕토냉과 코르드 마을뿐만 아니라 남쪽 평화지대의 알비에까지 갔다. 각 마을의 모습은 달랐으나 어느 마을이든 성당이 그 마을의 중심에 있었다. 머튼은 그림을 그리는 아버지와 동행하면서 한때는 번성했으나 이제는 폐허가 된 문화를 많이 접할 수 있었다. "옛 성당들을 수도 없이 드나들면서 폐허가 된 경당이나 수도원에 널려 있는 돌이나 덤불에 발이 걸려 넘어지기도 했다."[11] 하지만 다음 해 여름까지도 아버지는 집 건축을 시작하지 못했다.

머튼은 1926년 여름까지 열심히 프랑스어를 배웠다. 머튼의 프랑스어

---

11 Ibid., 101.

선생님은 그가 언어에 천재적인 재능을 가졌다고 칭찬했다. 생탕토냉의 토박이이자 머튼의 학교 친구인 조르주 리니에르(Georges Linières)는 "당시 프랑스어를 가르쳤던 가뇨(M. Gagnot) 선생님은 머튼이 지금껏 가르쳤던 학생 중 최고의 학생이라고 생각했다"고 말한다.[12]

　프랑스어를 충분히 익힌 머튼은 그해 겨울 프랑스의 멋진 곳을 소개한 책들을 구입하여 즐겁게 읽었다. 그는 특히 크리스마스 때 외할아버지가 보내준 돈으로 산 『프랑스 나라』라는 책을 좋아했다. 세 권으로 된 책에 실린 유려한 대성당과 옛 수도원 및 위엄을 뿜어내는 성곽과 마을을 비롯한 유명한 문화 유적은 어린 머튼의 눈에 너무도 아름다워 보였다. 머튼은 클뤼니 유적지와 고대 카르투시오 수도원 건물들을 눈여겨보았다. 그는 고대 수도원을 보면서 대체 어떤 사람들이 이곳의 독방에서 살았는지 무척 궁금해졌다. 하지만 아직 나이가 어리고 수도원에 대해 실제적인 경험도 없는 터라, 책을 읽으면서도 수도 성소나 규칙에 대해서는 별로 궁금하지 않았다. 하지만 그 책이 소개하는 아름답고 성스러운 장소에 찾아가서 외딴 계곡의 공기를 마시며 침묵에 귀 기울이고 싶은 마음은 간절했다.[13]

12　William Shannon, 오방식 역, 『고요한 등불』, 91.
13　Thomas Merton, 정진석 역, 『칠층산』, 110-11.

외조부모 및 동생 존 폴과 함께 한 유럽 여행

1926년 여름이 되자 미국의 외조부모와 동생 존 폴이 두 달간 함께 유럽을 여행하기 위해 찾아왔다. 원래는 러시아와 스페인을 거쳐 스코틀랜드와 콘스탄티노플까지 돌아볼 계획이었으나 가족들의 설득으로 영국, 스위스, 프랑스만 관광하기로 했다. 그들은 영국 여행을 마치고 도버 해협을 건너와 파리에서 오웬과 머튼을 만나 함께 스위스를 여행하고 싶어 했다.

오웬은 그들의 갑작스러운 방문으로 괴로워했다. 여름 내내 그림을 그리는 일에 집중할 생각이었고 게다가 집 건축을 위해 해야 할 일들도 산더미처럼 쌓여 있었다. 무엇보다도 그는 소란스러운 여행을 좋아하지 않았다. 하지만 손자들을 향한 외조부모의 진정한 사랑과 너그러운 배려를 잘 알고 있었기 때문에 함께 프랑스와 스위스를 여행하기로 했다.

오웬과 머튼은 뉴욕에서 온 가족을 만나기 위해 파리로 갔다. 그들은 파리에서 가장 비싼 콘티넨털 호텔에 머물고 있었다. 오웬과 머튼은 호텔 방에 들어선 순간 매우 고달픈 여행이 될 것임을 직감했다. 호텔 방은 짐 가방으로 가득했다. 외할머니와 존 폴은 본격적인 여행을 시작하지도 않았는데 벌써 지쳐서 꼼짝도 하려 하지 않았다. 그들의 얼굴에는 피곤과 불만의 기색이 역력했다.

이런 상황에서 가족 여행이 시작되었다. 오늘날처럼 승용차를 빌려 짐을 차에 싣고 움직이는 것이 아니라, 16개나 되는 짐 가방을 직접 들고 기차, 택시, 호텔 버스를 갈아타며 이동해야 했다.

"첫날은 그래도 그다지 나쁘지 않았다. 아직 프랑스 땅에 있었기 때문이었다. 우리는 디종을 잠깐 구경한 후에 기차를 타고 브장송을 거쳐 바젤로 갔다. 그러나 스위스에 들어서자 모든 것이 달라졌다. 어쩐지 스위스는 몹시 지루한 곳으로 느껴졌다. 아버지도 그곳이 마음에 안 드는 모양이었다.…사실 아버지가 이번 원정에서 얻어낸 유일한 즐거움은 파리의 재즈 음악회였다.[14]" 스위스 여행은 몹시 지루하고 재미없었다. "유람선도 케이블카도 재미없었고 산꼭대기나 산 아래나 호숫가나 우거진 곳에서도 그저 시달리는 귀찮은 느낌뿐이었다."[15] 머튼 가족은 스위스에서 만사를 제쳐놓고 미술관을 찾았으나 만족스러운 곳은 없었다. 프랑스로 돌아와 아비뇽에 도착해서는 모두 교황 궁전을 보러 갔지만 머튼은 홀로 호텔에 남아 『타잔』(Tarzan of the Apes)을 끝까지 다 읽었다.

　머튼은 20년이 흐른 후 힘들고 지루하게 여겨졌던 이 가족 여행을 돌아보며, 아버지 오웬이 두 아들을 따로 불러내어 함께 보냈던 시간을 회상한다. 한번은 파리에 머물 때 아버지와 단둘이 렉스 영화관에를 찾아가 「상하이 고속철도」(Shanghai Express)를 보았고, 아버지와 동생과 함께 간 디종의 음악 가게에서는 아버지의 피아노 연주를 들었다.

　스위스와 프랑스 여행을 마치고 생탕토냉으로 와서는 한 달을 같이 지냈다. 뉴욕 대도시에 익숙한 외할아버지는 생탕토냉의 적막함이 지루해서 일찍 떠나기를 원했으나 외할머니의 만류로 원래 계획한 시간만큼 머물렀다.

　머튼 가족의 유럽 여행은 어떤 특별한 경험도 없어 보이고, 가족 간의

14　Ibid., 116-117.
15　Ibid., 118.

달달한 사랑이나 큰 웃음도 없는 그저 무미건조하고 지루한 여행처럼 보인다. 하지만 세월이 흐른 후 머튼과 존 폴에게는 매우 의미가 있는 여행으로 기억되었을 것이다. 머튼 가족은 그 이후로 다시는 가족 전체가 함께하는 여행의 시간을 갖지 못했다. 무엇보다 존 폴에게는 건강한 아버지의 마지막 모습을 이 여행에서 본 셈이 되었다. 폴은 아버지 오웬이 뇌종양으로 임종을 맞이하게 되었을 때에야 영국으로 건너와 아버지를 가까이서 지켜볼 수 있었다.

몽토방의 학교, 리세 앵그르

1926년 10월에 오웬은 머튼을 생탕토넹에서 멀지 않은 몽토방(Montauban)에 있는 리세 앵그르(Lycée Ingress)라는 학교로 보냈다. 머튼은 청색 교복을 입고 학교로 향하는 기차를 탔다. 그는 프랑스어를 유창하게 할 수 있었지만, 등교 첫날부터 아이들에게 둘러싸여 심한 봉변을 당했다. 그는 자기를 빙 둘러서서 싸늘하게 노려보는 총총한 눈길에 완전히 기가 눌려서 아이들이 퍼붓는 맹렬한 질문에 한마디도 답하지 못했다. 아이들은 당황하여 침묵하는 머튼을 발로 차고 떠밀면서 온갖 욕설을 퍼부었다. 머튼은 처음 며칠 동안 계속해서 이런 곤욕과 놀림을 당했다.[16]

이곳은 머튼에게 생탕토넹처럼 행복한 장소가 아니었다. 생탕토넹에

---

16   Ibid., 122-23.

사진 18. 몽토방의 리세 앵그르

서 사귄 친구들은 노동자와 농부의 아이들로서 천사같지는 않았어도 단순하고 상냥한 학생들이었다면, 리세 앵그르의 아이들은 달랐다. 대부분이 부유한 가정 출신으로서 학교 밖에서 따로 만나면 유순하고 인정 많은 남부 프랑스 소년처럼 보였겠지만 중학교라는 감옥에 4-500명씩 수용된 순간 작은 마귀 집단으로 바뀌었다. 머튼은 거칠게 자신을 괴롭히는 아이들과 어울리기가 힘들었다. 그는 외로움을 견디지 못하고 일요일마다 빌누벨 역에서 아침 5시 30분에 떠나는 새벽 기차를 타고 집에 가곤 했다. 그때마다 아버지에게 지겨운 학교를 그만두게 해달라고 졸랐으나 허사였다. 머튼은 『게슈타포와의 논쟁』(*My Argument with the Gestapo*)에서 현재 시제를 사용하여 이때의 기억을 생생하게 서술한다.

나는 리세에 있는 복도의 차가운 벽이 두렵다. 나는 놀이터에 있는 자갈이 두렵고 봄에 핀 아카시아꽃의 메스꺼운 냄새가 두렵다. 나는 내 무릎까지 올라오는 물이 두려운데, 왜냐하면 무릎까지 물에 젖으면 그들이 작살로 무릎을 찌를 것이기 때문이다. 나는 담장 너머 먼 마을에서 울리는 귀에 거슬리는 교회 종소리가 두렵다. 나는 비가 두려운데, 그 비는 겨우내 내려서 강을 범람시키고, 다리 밑에서 물이 빠른 속도로 흐르게 하며, 다리의 아치를 잠기게 하

고, 나무와 죽은 가축들을 떠내려가게 하기 때문이다.[17]

머튼은 이 시기의 감정을 다음과 같이 묘사한다. "나는 난생 처음 고립감과 허무함, 그리고 버려짐의 고통을 알게 되었다." 윌리엄 섀넌은 이런 머튼의 감정과 느낌을 보면서 생탕토냉이 "현존의 장소"였다면

사진 19. 리세 앵그르에서 찍은 학급 사진.
맨 뒷줄 첫 번째가 머튼이다

리세 앵그르는 "어둠과 부재의 장소"[18]였다고 말한다. 또한 머튼은 "모든 악이 몽토방 리세 앵그르 국립 중학교 안에 있었다"[19]고 표현한다.

그래도 두 달쯤 지나자 학교생활에 그런대로 익숙해졌다.[20] 처음에는 지내기 힘들었지만 머튼은 곧 그곳에 적응하였으며 바르고 재치가 있는 지성적인 아이들과 어울리기 시작했다. 소설가가 되어야겠다는 생각을 품기 시작한 것도 그때였다.[21] 머튼은 친구들과 함께 미친 듯이 소설을 썼으며, 각자 쓴 작품을 비평하는 문학 클럽의 회원이 되었다.[22] 머튼은 거기서 두 개의 소설을 썼고, 몽토방에 오기 전 생탕토냉에서 쓴 소설 하나도 마무

---

17   Thomas Merton, *My Argument with the Gestapo* (Garden City, NY: Doubleday, 1967), 5; William Shannon, 오방식 역, 『고요한 등불』, 95.

18   Ibid., 96.

19   Thomas Merton, 정진석 역, 『칠층산』, 127.

20   Ibid., 123.

21   Jim Forest, 심정순 역, 『지혜로운 삶』, 28.

22   Thomas Merton, 정진석 역, 『칠층산』, 128.

리 지었다. 이는 그의 인생을 통틀어 가장 잘할 수 있는 일을 하기 시작했다는 점에서 결정적인 사건이라 할 수 있다. 이때부터 머튼은 문자로 된 언어를 사용하여 삶의 경험을 내면화하고 그것을 표현해내기 시작했다.[23]

집에 가지 않는 일요일에는 가톨릭 미사나 개신교 예배에 참석하지 않는 아이들과 함께 학교에 남아 있었다. 머튼은 공부방에 앉아 쥘 베른(19세기 프랑스 소설가) 또는 러디어드 키플링(19세기 인도 태생의 영국 작가)의 소설을 읽었다. 얼마 지나지 않아 아버지는 학교로 찾아와 머튼이 몇몇 아이들과 함께 종교를 담당하던 개신교 목사로부터 종교 교육을 받을 수 있도록 주선했다. 그다음 주일부터 머튼과 친구들은 학교 채플에 모여서 성경의 비유를 가르쳐주는 목사님의 말씀을 들었다. 머튼은 비록 그 시간에 특별히 큰 영적 감명을 받지는 못했지만 좋은 도덕적 교훈을 얻었다고 인정한다. 머튼은 『칠층산』을 쓰면서 종교 교육이 절실히 필요했던 나이에 그 정도의 교육을 받은 것도 감사한 일이라고 밝힌다.[24]

또한 그는 『칠층산』에서 자신이 어린 시절에 받은 종교나 윤리 교육 중 진정한 가치가 있는 것은 아버지 오웬에게서 배운 내용이 유일하다고 회상한다. 그것은 아버지가 계획했던 체계적인 가르침이 아니라 일상에서 자연스럽게 이야기를 들으며 얻은 내용들이었다. 오웬은 어떤 목적의식을 가지고 머튼에게 종교를 가르치는 법이 없었다. 어떤 생각이 떠오르면 자연스럽게 머튼에게 이야기를 들려주었고 머튼은 그것을 소중하게 받아들였다. 머튼은 아버지가 우연히 들려준 성경 이야기를 언급하면서 잊으려

---

23 William Shannon, 오방식 역, 『고요한 등불』, 97.

24 Thomas Merton, 정진석 역, 『칠층산』, 130.

해도 결코 잊을 수 없는 이야기였다고 말한다.

> 아버지가 우연히 들려준 이야기는 잊으려 해도 잊을 수가 없다. 아버지는 베드로가 그리스도를 배반했던 일, 닭이 울자 베드로가 밖으로 나가서 통곡했던 일을 나에게 이야기해주었다.…우리가 콩다민 광장(과거의 형벌 선고 법정)에 있는 아파트에 세 들어 살 때 홀에서 우연히 한 이야기인지도 모르겠다. 나는 베드로가 밖으로 나가서 통곡하는 장면이 생생하게 머릿속에 떠올랐고, 그 장면은 지금까지 잊히지 않는다.[25]

뮈라의 프리바 부부

1926년 겨울, 리세 앵그르에서 한 학기를 마친 머튼은 아버지와 함께 프랑스 중부 산악 지대에 있는 뮈라(Murat)로 갔다. 둘은 눈 쌓인 모습이 멋진 그곳에서 성탄절 휴가를 보내고 싶었다. 뮈라는 오베르뉴(Auvergne) 캉탈(Cantal)에 자리한 가톨릭 마을로서 울창한 산림으로 둘러싸인 산골 마을이었다. 그들은 마을 밖 가파른 산비탈에 위치한 작은 농장에 있는 프리바 부부(the Privats)의 집에서 머물 예정이었다. 오웬은 기차를 타고 가는 길에 그들이 머물게 될 집주인 부부에 대한 이야기를 해주었다. 머튼은 『칠층산』에 짧게 스쳐간 인연에 대한 기록을 많이 남겼는데, 유독 프리바 부

---

25   Ibid., 131-33.

부와의 만남에 대한 이야기를 길게 서술했다. 기억에 남을 만한 특별한 일이 있었던 것도 아닌데 그 부부에 대해 자세히 기록한 것을 보면 그들이 어린 머튼에게 얼마나 깊은 인상을 남겼는지 알 수 있다. 그들은 이후 머튼의 삶에도 겉으로 드러나 보이지는 않지만 상당히 큰 영향을 주었다.

머튼의 눈에 비친 프리바 부부는 특이해 보였다. 160cm가 채 안 되는 키의 프리바 씨는 11살밖에 안 된 머튼보다도 작았다. 하지만 머튼은 부부에게 참된 존경심을 느꼈다. 비록 교회가 시성한 성인은 아닐지언정 머튼에게는 성인처럼 보였다. 그들은 매우 온순하고 부지런했으며, 진지한 눈빛을 갖고 있었고, 지혜롭고 평화로우면서도 엄숙한 분위기가 배어나오는 사람들이었다. 머튼은 그들을 생각할 때면 항상 친절함, 선함, 평화로움, 단순함, 따뜻한 애정이 떠오르며 성물을 대하는 그들의 경건한 침묵을 추억하게 된다고 술회한다. 그는 오랜 시간이 지난 후에도 착하고 친절한 그들의 인상을 생생하게 기억하고 있었다. 프리바 부부는 영혼에 깊은 믿음과 사랑(애덕)을 품고 있었다. 또한 하나님을 모든 삶의 중심에 두고 행동함으로써 진정으로 하나님과 가까이 사는 사람의 모습이 어떤 것인지를 여실히 보여주었다.[26]

일찍 어머니를 여의는 바람에 따뜻한 가정을 경험해보지 못했던 머튼은 프리바 부부를 보면서 깊은 인상을 받았다. 다음 해 여름에도 머튼은 파리로 떠나야 했던 아버지와 떨어져 그들과 함께 몇 주를 보냈다. 그는 애정을 갖고 자신을 돌봐주었던 프리바 부부에 대해 다음과 같이 기록한다.

---

26 Ibid., 136-37.

나는 그 몇 주간을 평생 잊을 수 없다. 그곳에서 맛본 버터와 우유, 그리고 프리바 부부가 나에게 쏟아부은 애정은 세월이 갈수록 더욱 깊이 가슴에 새겨진다. 나는 그들이 내게 보여준 친절과 보살핌 이상의 은혜를 입고 있다. 그들은 마치 자식에게 하듯이 단호하고도 자연스런 친밀감을 보이며 선을 베풀었으며 섬세하게 나를 배려해주었다.

나는 어릴 때부터 몹시 까다로운 아이였다. 나는 과도하게 지배적인 타인의 애정을 본능적으로 거부하는 경향이 있었다. 항상 깔끔하고 자유롭기를 바라는 이 뿌리 깊은 성향은 참으로 초자연적인 사람과 같이 있을 때만 누그러지고 평온해질 수 있었다. 이 때문에 나는 프리바 부부가 나에게 기울여준 사랑을 기뻐하면서 나도 그들 못지않은 사랑을 드리려고 했다. 그 사랑은 사람을 화나게 하거나 소유하지 않는다. 전시 효과를 노려 상대방을 구속하거나 이해관계의 올가미로 발목을 옭아매려하지도 않는다.[27]

머튼은 이 부부로부터 얼마나 큰 은혜를 입었는지를 말하면서 그들은 "내게 신앙이 없는 것을 그렇게도 진정으로 걱정"해주었으며 "내가 이렇게 개종과 수도 성소의 은총을 입게 된 것"[28]은 그들의 기도 덕분이라고 강조한다.

시간이 지난 후 머튼은 왜 자신이 그곳에서 아버지와 떨어져 홀로 여름을 보내야 했는지 알게 되었다. 그는 프리바 부부의 집에서 휴가를 보냈다고 생각했지만 배경은 따로 있었다. 사실 머튼은 결핵에 걸렸는데 그것

27　Ibid., 138-39.

28　Ibid., 142.

을 발견한 생탕토냉의 한 의사가 그 사실을 오웬에게 알려주었던 것이다. 머튼은 이전 겨울에도 열병을 앓은 후 상당히 몸이 쇠약해져 있는 상태였다. 오웬은 아들이 건강을 회복하기 위해서는 휴식이 필요하다고 생각해서 그를 사랑으로 돌봐줄 수 있는 신뢰할 만한 사람을 찾았는데, 그들이 바로 프리바 부부였다.[29] 그들은 머튼이 건강을 회복하고 정신적인 안정감을 느낄 수 있도록 정성을 다했다. 머튼의 영혼까지 걱정해주었던 그들은 머튼에게 사랑의 화신과도 같은 존재가 되었다.

프랑스를 떠나는 머튼

1928년에 머튼은 13세가 되었다. 프랑스에 온 지 거의 3년이 지났고, 아버지가 구상한 새집도 거의 다 완성되어 이젠 들어가 살기만 하면 되었다. 그 집은 중세풍의 창문이 달린 큰 방과 거대한 벽난로를 갖춘 아름답고 튼튼한 집이었다. 내부에는 2층 침실로 이르는 돌계단이 있었고 살기에 편리하도록 잘 꾸며졌다. 집 정원은 아버지가 특히 정성을 많이 쏟은 곳이었다. 이렇게 생탕토냉의 집이 거의 다 완성되었음에도 불구하고 아버지가 집에 있는 시간은 점점 줄어들었고 이에 따라 머튼은 그토록 싫어하는 리세 앵그르에 계속 머물러 있어야 했다. 오웬은 애당초 프랑스에서 살 목적으로 집을 멋있게 지어놓았지만, 화가로서의 활동을 고려하면 영국이 훨씬 더

---

29 Michael Mott, *The Seven Mountains of Thomas Merton*, 37-38.

유리할 것이라고 판단했던 것이다.[30]

전시회를 위해 런던으로 떠났던 오웬은 그해 5월에 불쑥 머튼의 학교로 찾아왔다. 아버지가 "어서 짐을 꾸려라. 우리는 영국으로 떠난다"라고 말했을 때 머튼은 뛸 듯이 기뻤다. 리세 앙그르를 떠나게 된다는 소식을 들은 것은 감옥에서 구출되는 것 같은 엄청난 자유의 경험이었다. 그것은 여태껏 아버지가 구상했던 여러 가지 중에 가장 위대한 일이었다.[31] 손을 묶고 있는 사슬이 풀리고 눈에 보이지 않는 어떤 은혜로운 힘이 나타나 머튼을 가두었던 감옥 문을 활짝 열어주는 것 같았다. "감옥의 벽 돌담에 비치는 햇살이 얼마나 찬란하던지! 내가 그때 그 학교를 벗어나게 된 것은 하나님의 섭리임을 확신한다."[32]

머튼은 학교 친구들과 작별하면서 조금도 섭섭하거나 슬프지 않았다. 오히려 그는 작별하는 친구들 앞에서 의기양양하게 히죽거리면서 잔인한 기쁨을 맛보았다. 그는 자신과 아버지가 탄 마차의 말발굽 소리가 자유를 외치는 소리로 들렸다고 말하면서, 리세 앙그르를 떠날 때 얼마나 기쁘고 흥분되었는지를 밝힌다. 또한 프랑스에서 영국으로 건너가던 13세 때의 일을 떠올리면서 마치 손에 묶였던 사슬이 풀리고 감옥에서 해방되어 나오는 느낌이었다고 말한다. "거리의 흰 먼지 속에 울려 퍼지는 마차의 경쾌한 말발굽 소리! 먼지투성이 집들의 뿌연 담벼락에 메아리치는 신나는 말발굽 소리! 자유, 자유, 자유라는 소리가 거리에 가득 울려 퍼졌다."[33] 그

---

30   Ibid., 39-40.
31   Ibid., 40.
32   Thomas Merton, 정진석 역, 『칠층산』, 144-45.
33   Ibid., 145.

가 프랑스를 떠나며 느낀 유일한 아쉬움은 아버지가 지은 집에서 단 하루
도 살아보지 못했다는 것뿐이었다.

영국에서의 학창 시절

(1928-1934)

모드 이모할머니

영국에 도착한 오웬과 머튼은 런던 외곽 일링(Ealing) 칼톤가 18번지에 있는 오웬의 이모 모드 메리 피어스(Maud Mary Pearce)와 벤자민 C. 피어스(Benjamin C. Pearce)의 집으로 갔다. 모드의 남편 벤자민은 터스턴 하우스 준비 학교(Turston House Preparatory School)에서 근무하다가 은퇴한 교장이었다. 모드는 오웬의 어머니의 여동생으로서 머튼에게는 이모할머니였다. 그녀는 오웬과 머튼을 환영해주었고, 머튼도 할머니를 좋아했다. 그는 이모할머니가 천사 같은 사람이라고 생각했다. 모드는 나이가 많고 유행이 지난 옷을 입고 있었지만, 호리호리한 몸매에 조용하고 온화하며 명랑하고 재치가 넘쳤다. 특히 맑고 다정한 눈빛에 마치 빅토리아 시대의 소녀와 같은 느낌을 갖고 있어서 머튼의 "마음에 꼭 드는 사람"이었다.[1]

모드는 서리(Surrey)에 있는 소년들의 기숙 학교인 리플리 코트(Ripley Court)가 머튼이 다닐 학교로 적당하다고 여겼다. 그녀는 학교에 갈 준비를 해야 한다면서 머튼을 데리고 가게가 몰려 있는 옥스퍼드 거리로 나갔다. 길을 따라 걸으면서 둘은 머튼의 장래에 대해 진지한 대화를 나눴다.

"우리 톰은 장래에 대해서 생각해보았는지 궁금하구나." 머튼의 대답을 기다리면서 할머니는 부드럽고 다정한 눈으로 그를 향해 윙크를 했다. 머튼은 장래에 무엇을 하고 싶은지에 대한 생각이 없는 것은 아니었으나 막상 소설가가 되고 싶다고 말하기에는 무언가 망설여져서 돌려서 되물었

---

1   Ibid., 148.

다. "글을 쓴다는 것은 누구에게나 좋은 직업이겠지요?" "물론이지. 글을 쓰는 것은 아주 좋은 직업이야! 그런데 무슨 글을 쓰고 싶다는 거지?" "소설을 썼으면 좋겠다고 생각했어요." 모드 할머니는 진심으로 고개를 끄덕여 주었다. "언젠가는 톰이 그 일을 잘 해낼 거다. 그런데 작가로서 성공하기가 무척 어렵다는 것도 잘 알고 있겠지?" "알아요." "그래, 그러니까 이렇게 하는 건 어떨까? 다른 직업을 갖고 있으면서 글을 쓸 여유를 찾는 것 말이다. 소설가들은 가끔 그렇게 시작한단다." "난 신문 기자가 되어 신문에 글을 쓸 생각이에요." "좋은 생각이지. 그 일을 하려면 어학 실력이 좋아야 할 테고, 너라면 외국 특파원도 문제없겠구나." "그러면 틈틈이 좋은 글도 쓸 수 있겠죠?" "물론 쓸 수 있고말고. 너는 얼마든지 잘 할 수 있을 거야."

모드는 어린 머튼을 진심으로 격려하고 어떤 편견이나 선입견 없이 지지해주었다. 머튼은 후에 보나벤투라 대학교 교수가 되었을 때 쓴 한 일기에서 "모드 이모할머니가 돌봐주신 덕분에 나는 오캄에도, 케임브리지에도 갈 수 있었다"[2]라고 기록했다. 그는 케임브리지에 다니던 1933년 11월에 모드 할머니가 돌아가셨다는 소식을 접하고 자신의 어린 시절이 함께 땅에 묻히는 것 같은 충격을 받았다.[3]

머튼이 『칠층산』에서 프리바 부부와 모드 이모할머니에 대해 긴 기록을 남긴 데는 나름 분명한 이유가 있었을 것이다. 어머니의 죽음 이후에 뿌리 없는 나무처럼 흔들리고 방황하던 어린 머튼은 자기 마음과 삶에 내주

2　Thomas Merton, 류해욱 역, 『토머스 머튼의 시간』(서울: 바오로딸, 1999), 66.

3　Thomas Merton, 정진석 역, 『칠층산』, 266-67.

하신 하나님의 자비의 손길처럼 한없이 따뜻하고 편견 없는 사랑으로 자기를 돌보아주었던 소중한 사람들에 대한 마음의 기억을 자서전에 적는다.

어느 면에서 보면 그들은 머튼의 인생에서 순간 지나가는 인연들이었다. 오랜 세월이 흐른 후 긴 인생을 돌아보며 자신의 소중한 삶의 이야기를 짧은 지면에 쓸 때 그들은 지나쳐도 무방해 보이는 평범한 사람들이다. 하지만 그들에 대한 머튼의 기억은 남다르다. 머튼은 오늘의 자기를 있게 해준 인생의 중요한 만남들을 감사하는 마음으로 소중히 기억하고 있다. 누구든지 각자의 인생에도 현재의 내가 있게 하는 데 기여한 숨겨진 인연들이 있을 것이다.

어머니가 세상을 떠난 이후 화가였던 아버지는 어린 머튼을 데리고 여기저기 돌아다녔다. 머튼은 잦은 이사로 인해 수시로 바뀌는 환경 속에서 늘 낯선 사람들 틈에 둘러싸여 있어야 했다. 아버지가 머튼과 늘 함께할 수도 없는 노릇이었다. 어린 나이에 머튼은 외로움과 소외를 느끼며 적응하기 위해 홀로 몸부림을 쳐야만 했다. 머튼에게는 어린 시절에 받아야하는 충분한 사랑의 돌봄과 건강한 성장을 위해 마땅히 필요한 어린아이로서의 경험들이 있어야 했는데, 그는 늘 예상치 못하게 수시로 변화하는 환경 속에서 수많은 결핍을 경험할 수밖에 없었다. 이런 결핍은 인격 성장은 물론 훗날 하나님과의 만남과 친밀한 관계 형성에도 상당한 영향을 미치게 되었다. 이처럼 외로운 삶을 살아가던 어린 머튼을 한없는 자애로움과 따뜻함으로 대해준 소중한 사람들과의 만남은 비록 짧았지만 그의 인격과 삶에 영원히 지워지지 않을 사랑의 흔적을 남겨주었다.

머튼은 주중에는 리플리 코트에 다니고, 주말에는 웨스트 호슬리의 페어라운에 사는 고모 그윈(Gwyn)의 가족들과 함께 시간을 보냈다. 어린 사촌 동생들은 머튼의 방문을 매주 손꼽아 기다렸다. 머튼은 어린 사촌들과 게임을 하거나 이야기책 또는 자신이 직접 쓴 이야기를 읽어 주곤 했다. 이에 관해 미국 루이빌의 토머스 머튼 센터의 책임자로 있던 로버트 대기 박사가 들려준 이야기가 있다. 그는 페어라운을 방문해 머튼이 어릴 때 쓴 이야기책을 간직하고 있다는 머튼의 사촌 한 명을 만나서 그 책이 실제로 머튼이 쓴 글임을 확인했다고 한다. 또한 머튼이 사촌 동생들에게 읽어주었던 책은 『유령의 성』과 『위니 더 푸』였다고 한다.[4]

리플리 코트 (1928년 여름 학기 후반부-1929년 봄 학기)

머튼은 영국의 리플리 코트에서 중학교 과정을 밟았다. 리플리 코트에는 모드 이모할머니의 남편 벤자민의 제수인 피어스 부인(Mrs. Pearce)이 교장으로 재직하고 있었다. 피어스 부인은 선생님으로서 어린 학생들의 교육에 대해 분명한 생각을 가지고 있었다. 그녀는 자신의 시누이인 모드를 통해 머튼의 꿈이 기자라는 이야기를 듣고 그가 오웬과 같은 아마추어적인 예술가가 될지도 모른다는 우려를 제기하며 경제적으로나 사회적으로 탄탄하고 전망 있는 분야로 진출할 것을 아주 강력하게 추천했다.[5]

머튼은 여름 학기가 끝나갈 무렵 리플리 학교의 입학 허가를 받았다.

---

4   William Shannon, 오방식 역, 『토머스 머튼: 생애와 작품』, 36.
5   Thomas Merton, 정진석 역, 『칠층산』, 151-152, Furlong, *Merton: A Biography*, 28-29.

사진 20. 리플리 코트

교장이었던 피어스 부인은 머튼의 꿈이 마음에 들지 않았고 그가 프랑스에서 교육받았다는 것도 탐탁스럽지 않았으나 어쨌든 학생으로 받아주었다. 피어스 부인은 그가 라틴어를 전혀 하지 못한다는 사실을 알고 초급 라틴어 과정을 수강하도록 했다. 머튼은 어린 꼬마들 틈에 끼어서 초급 라틴어를 공부하는 창피를 당해야 했다. 그러나 리세 앵그르에서 감옥 같은 학교생활을 경험해본 머튼에게 리플리 코트는 즐거운 곳이었다.

> 느릅나무가 우거진 그늘 아래 부드러운 푸른 잔디가 깔린 널따란 크리켓 운동장에서 공을 칠 차례를 기다리는 것도 기뻤고, 버터나 잼이 듬뿍 발린 커다란 빵이 나오는 간식 시간을 기다리는 것도 신났다. 게다가 아서 코난 도일 경의 작품을 들을 수 있는 시간도 있었다. 몽토방에서 수난을 겪은 나에게는 이 모든 것이 지나친 사치이자 평화였다.[6]

리플리 코트에서의 생활은 외롭고 힘들었던 리세 앵그르의 생활과는 달리 행복한 경험으로 가득했다. 머튼은 전혀 해보지 못했던 새로운 일들을 해

---

6 Thomas Merton, 정진석 역, 『칠층산』, 152-53.

보게 되었다. 이곳 학생들은 저녁에 찬송가를 부르며, 『천로역정』의 일부를 크게 소리 내어 읽었고, 잠자리에 들기 전 함께 무릎을 꿇고 기도하며, 식사 전에 감사 기도를 드렸다. 머튼에게는 완전히 새로운 경험이었다. 주일에는 모든 학생들이 검은 이튼식 양복에 하얀 이튼식 깃을 착용하고 근처에 있는 성공회 교회로 가서 줄을 맞춰 앉아 예배를 드리곤 했다.[7] 그는 처음으로 규칙적인 종교 생활을 하게 된 것이다.

> 나는 이 학교에서 비로소 처음으로 자기 전 침대 옆에서 자연스럽게 무릎 꿇는 것을 보았다. 식사 전에 기도를 바친 다음에야 식탁에 앉는 것도 처음이었다. 내 생각에 그후 2년 동안은 나도 성실한 종교인이었던 것 같다. 나는 행복하고 평안했다.[8]

1929년 부활절 방학을 맞아 머튼은 아버지와 함께 캔터베리로 갔다. 아버지는 주로 고요한 대성당 경내에서 그림을 그렸고, 머튼은 근처를 산책했다. 방학이 끝나고 머튼은 다시 리플리 코트로, 아버지는 프랑스로 돌아갔다.

여름 학기가 끝날 무렵 학교 크리켓 팀이 더스틴 학교와의 시합을 위해 일링에 가게 되었다. 머튼은 기록 계원으로 팀 일원이 되어 원정 경기에 동행했다. 이는 시합을 하는 운동장이 모드 할머니 집에서 내려다 볼 수 있을 만큼 가까운 거리에 있었고 머튼의 아버지가 그 집에서 투병을 하고 있

---

7 Ibid., 153; William Shannon, 오방식 역, 『토머스 머튼: 생애와 작품』, 37; Furlong, *Merton: A Biography*, 29.

8 Thomas Merton, 정진석 역, 『칠층산』, 154.

었기 때문에 그가 간식 시간을 활용해 아버지를 만나게 해주려는 학교의 배려였다. 오웬은 머튼에게 병명을 말해주지는 않았지만 고통이 심해 몸을 움직이는 것조차 힘들어하고 있었다.

1929년 여름을 맞아 몸이 좀 회복되었다고 생각한 오웬은 머튼과 함께 스코틀랜드 애버딘셔(Aberdeenshire)에 있는 인슈(Insch)로 떠났다. 옛 친구가 그곳에 와서 휴양하라고 초대했기 때문이다. 그러나 오웬은 긴 기차 여행 끝에 너무 지쳐서, 막상 그곳에 도착했을 때는 말이 거의 없었다. 도착하여 처음 며칠 동안 거의 방 안에서만 지내다가 식사할 때만 내려왔다. 실제로는 병세가 나아지지 않았던 것이다.

스코틀랜드에 도착한 지 며칠만에 몸이 극도로 쇠약해진 오웬은 급히 런던으로 돌아가 미들섹스(Middlesex) 병원에 입원했다. 머튼은 오웬을 따라가지 않고 여름 동안 스코틀랜드에 남아 있기로 했다. 머튼은 그 집의 두 조카딸과 함께 마구간을 청소하고 일이 다 끝나면 말을 타면서 시간을 보냈다. 이런 일들을 전혀 해보지 않은 머튼에게는 힘든 일과였다. 그는 점점 마구간과 조랑말에 대한 흥미를 잃게 되어 조카딸들과도 멀어져 버렸고, 즐겨 할 만한 일이 하나도 없는 상태로 쓸쓸한 나날을 보내야 했다.

그해 여름은 아주 길고 지루했다. 머튼의 마음은 외롭고 심란했다. 그는 주로 홀로 나무 그늘에 앉아 책을 읽었으며, 말을 타지 못하는 것에 대한 은근한 반발로 자전거를 빌려 타고 시외로 나가거나 시골길을 걸으며 시간을 보냈다. 런던에 있는 아버지의 병세는 날로 악화되었다.

하루는 머튼이 집에 혼자 있는데 수수께끼 같은 전보가 왔다. "뉴욕 항구에 들어가고 있다. 모두 잘 있다." 아버지에게서 온 전보가 분명했다. 런던에 입원해 있는 아버지가 뉴욕 항구에 들어가고 있다니? 수화기를 내려놓자마자 맥이 빠졌다. 그는 당황하여 빈집 안을 계속 서성이다가 결국 가죽 의자에 털썩 주저앉아버렸다. "그곳에는 아무도 없었다. 커다란 집에 아무도 없었다. 그 어둡고 불쾌한 방에 꼼짝도 하지 않고 멍청하게 앉아 있자니 갑자기 내가 혼자라는 생각이 사방에서 엄습해왔다. 집도 없고, 가족도 없고, 나라도 없고, 아버지도 없고, 친구도 없고, 나 자신의 내적 평화나 신념이나 빛이나 깨달음도 없고, 하나님도 없고, 천당도 없고, 은총도 없고, 하여간에 아무것도 없다."[9]

머튼은 아버지의 병세가 위독하다는 소식을 듣고 급히 일링의 모드 할머니 집으로 돌아왔다. 머튼은 벤자민 할아버지로부터 아버지의 뇌에 악성 종양이 생겼다는 말을 들었다. 6세에 어머니를 잃고 이제 고작 14세밖에 되지 않았는데 아버지마저 잃게 될 처지가 된 것이다.[10]

리플리 코트에서 머튼이 세운 목표 중 하나는 명문 사립학교 장학생에 선발되는 것이었다. 머튼은 장학생 선발 시험에 대비해서 라틴어를 열심히 공부했다. 이모할아버지는 은퇴한 교장다운 전문적인 안목으로 지원할 학교들을 제안해주었다. 그는 머튼이 라틴어를 늦게 시작했기 때문에, 이튼(Eton), 해로우(Harrow), 윈체스터(Winchester)와 같은 명문 학교에서 장학금을 받을 수 있을 만큼 높은 라틴어 점수를 얻기는 어려울 것이라고 판단했다. 그래서 상대적으로 잘 알려지지는 않았어도 전통과 역사가 있는 오캄 학교를 추천했다. 최근에 교장의 노력으로 더욱 발전하고 있는 학교라는 말도 보태주었다. 모든 사정을 훤히 꿰뚫고 있는 할아버지의 설명을

9   Ibid., 『칠층산』, 166.
10   William Shannon, 오방식 역, 『토머스 머튼: 생애와 작품』, 38.

듣고 할머니 역시 "오캄 학교는 네 마음에 꼭 들 게다"라고 말하며 머튼을 격려해주었다.[11]

오캄 학교(1929년 가을 학기–1933년 2월 1일)

1929년 14세가 된 머튼은 그해 8월 오캄(Oakham) 학교에 입학했다. 이 학교는 작은 사립학교였지만 1584년 엘리자베스 여왕으로부터 왕립 허가를 받아 설립된, 영국에서 가장 오래된 학교 중 하나였다. 머튼은 3년간 기숙사에서 거주하면서 고등학교 과정을 마쳤다. 오캄에서 보낸 시간은 그의 인생에서 매우 중대한 시기였다. 머튼은 이 성장의 시기를 다음과 같이 회상한다.

> 나의 운명은 문화가 침체된 이 한적한 고장의 떼 까마귀가 우글거리는 나무 아래서 3년 반을 살면서 장래를 준비하도록 되어 있었다. 3년 반은 짧은 세월이었다. 그러나 갈색 펠트 모자에 트렁크 하나와 볼품없는 나무 상자를 들고 왔던, 수줍고 착하게 보이지만 내적으로는 불행한 열네 살짜리 소년을 아주 딴 사람으로 바꾸어놓기에는 충분한 세월이었다.[12]

---

11 ibid., 158.
12 Thomas Merton, *The Seven Storey Mountain*, 68(『칠층산』, 159–60).

오캄에서 머튼은 권위나 체계에 순응하기보다 자기 뜻에 따라 주관적이고 주도적인 행동을 해나갔고, 이로 인해 선생님으로부터 "제법 반항아"(Something of a Rebel)[13]와 같다는 평가를 얻기도 했다.[14]

그림 21. 오캄 학교

그곳에서 머튼은 뛰어나고 명석한 학생으로 인정받았다. 교장이었던 프랑크 C. 도허티(Frank C. Doherty)는 그의 비범한 능력을 높이 평가하여 고전 연구 수업의 정규 과정 외에도 현대 언어와 문학을 추가로 공부할 수 있도록 허락해주었다. 라틴어와 그리스어는 학교의 정규 과목이었지만, 프랑스어, 독일어, 이탈리아어 등은 그렇지 않았기 때문에 학교에서는 머튼이 교장의 지도 아래 그 과목들을 스스로 공부할 수 있도록 배려해주었다.[15] 게다가 도허티 교장은 머튼이 케임브리지 대학교의 장학생이 될 수 있도록 주선함으로써 그의 인생에 결정적인 영향력을 끼친 첫 번째 선생님이 되었다.[16] 머튼은 오캄에서 변해가는 자신의 모습을 본다.

---

13 "그는 동료들 가운데 다소 전설적인 인물이었으며 분명히 어느 정도 반항아였다." 이는 1942년 3월 3일에 영국 미들랜드의 오캄 학교 교장인 탈봇 그리피스(G. Talbot Griffith)가 남긴 말이다. 이 내용은 영국 노틀담의 가톨릭 주교를 통해 겟세마니 성모수도회 대수도원장에게 전달된 편지의 일부분이다(『토머스 머튼: 생애와 작품』, 17).

14 Ibid., 38-40.

15 Michael Mott, *The Seven Mountains of Thomas Merton*, 56.

16 William Shannon, 오방식 역, 『고요한 등불』, 114.

1930년 내가 열다섯 살이 되었을 때, 확고한 독립적 사상에 의해 여러 가지 지성적 반항의 징조가 나타났다.…어떤 일이든지 다른 이들의 간섭을 받아들이지 않고 순수한 나 자신의 길로만 나가야 한다고 주장하는 내적 힘을 느낀 것이다.…스코틀랜드에서는 억압되었던 본능이 점점 드러나 내가 받는 수모를 상대편도 똑같이 받도록 분풀이를 했고, 내 마음에 들지 않는 것이면 덮어놓고 저항했다. 나는 내 주장대로 했고 나 자신의 길을 갔다.[17]

머튼은 교내 활동에도 열심히 참여했는데, 학교 신문인『오캄 사람들』(The Oakhamian)에서 처음에는 기자로 나중에는 편집장으로 활동하였다. 또한 히블(the Heebul Club)이라는 클럽을 만들어 회장을 맡기도 했다. 비록 이

사진 22. 오캄 럭비팀과 함께 한 머튼

클럽의 목적이 정확히 무엇이었는지를 기억하여 말해준 사람은 없으나, 머튼은 클럽을 위해 많은 에너지를 쏟았다. 오캄 학생들은 일요일을 제외하고 매일 오후에 운동을 했다. 가을에는 럭비, 봄에는 육상, 여름에는 크리켓을 즐겼는데, 그가 오캄의 럭비팀 멤버들과 찍은 사진이 현재까지 남아 있다. 그곳에 있는 동안 머튼은 무엇보다도 영문학에 대한 관심을 크게 발전시켰다.

---

17 Thomas Merton, 정진석 역,『칠층산』, 176.

그는 윌리엄 블레이크(William Blake), 데이빗 허버트 로렌스(David Herbert Richards Lawrence), 제임스 조이스(James Augustine Aloysius Joyce), 어니스트 헤밍웨이(Ernest Hemingway), 에벌린 워(Evelyn Waugh)와 같은 작가들을 좋아했다.

오캄에서의 가족 상봉

1930년 6월 오캄에서의 첫해가 끝나갈 무렵 외조부모와 동생 존 폴이 머튼을 만나러 왔다. 외할아버지는 크라운 호텔방 두 개를 빌렸는데 머튼을 한 방으로 따로 불러 앞으로의 계획뿐만 아니라 재정 지원 문제에 대해 허심탄회하게 대화를 나누고 싶어했다. 외할아버지는 현재 잘나가는 사업체를 갖고 있고 수입도 괜찮지만 미래가 어떻게 될지 모르니 자신에게 무슨 일이 일어나더라도 머튼 형제를 위해 학비와 함께 적어도 가까운 장래를 대비할 수 있는 충분한 돈이 마련될 보험을 만들어주겠다고 말했다. 머튼의 아버지인 오웬이 경제적으로 항상 불안정했고 현재 병세가 악화되고 있으며 자신도 이제는 나이가 많아졌기 때문에, 엄마를 일찍 여읜 어린 외손자들의 불투명한 미래를 걱정하여 적어도 재정적인 면에서 안전장치를 마련해주고 싶은 외할아버지의 마음이었다. 그는 손자들에게 유산으로 물려주려던 돈을 보험증서에 투자함으로써 매해 정해진 돈을 손자들이 수령하도록 했다. 그는 계약 내용이 적혀 있는 문서 한 장을 머튼에게 주며 말했다. "자, 이젠 다 됐다. 이제부터 내게 무슨 일이 일어나든지 너희 일은 알아서 처리하거라. 앞으로 몇 해는 아무런 걱정을 할 필요가 없을 게다."[18]

머튼의 아버지는 점점 쇠약해졌다. 하지만 아이러니하게도 그해에 미술가로서 주목할 만한 인정을 받게 된다. 『뉴질랜드 아트』(*Art in New Zealand*)라는 계간지에서 한 호의 전체 지면을 헌정하여 그의 작품들을 소개했지만, 그는 그것을 알아볼 수조차 없을 정도로 병세가 악화되었다.[19] 아버지가 있는 곳에서 멀리 떨어진 학교에 다니는 바람에 머튼은 한동안 아버지를 보지 못했다. 오캄에서 보낸 첫해 동안 아버지를 거의 볼 수 없었던 그는 외조부모와 동생 존 폴과 함께 아버지를 방문했다. 머튼은 여러 차례 수술을 받고 극도로 쇠약해진 아버지를 보는 순간 충격을 받았다. 아버지의 부은 얼굴, 흐릿한 눈, 무엇보다도 무시무시한 모습으로 튀어나와 있는 이마의 종양을 본 그는 아버지가 오래 살 수 없다는 것을 직감했다.

> 나는 걷잡을 수 없는 슬픔이 산처럼 밀려와 엉엉 울어버렸다. 눈물이 한없이 흘러나왔다. 더 이상 아무 말도 할 수 없었다. 나는 담요에 얼굴을 묻고 울었다. 불쌍한 아버지도 함께 울었다. 다른 사람들은 곁에 조용히 서 있을 뿐이었다. 뼈를 쪼개는 아픔이었다. 우리는 완전히 속수무책이었다. 할 수 있는 일이 아무것도 없었다.…그렇게 기막힌 고통이 어디 또 있겠는가? 나뿐만 아니라 우리 가족 어느 누구도 그 고통을 벗어날 길이 없었다. 도저히 어떻게 할 수 없는 아픔이었다. 동물처럼 고통을 받아들여야 했다.[20]

---

18   Ibid., 104.

19   William Shannon, 오방식 역, 『고요한 등불』, 121.

20   Thomas Merton, 정진석 역, 『칠층산』, 187-88.

머튼은 죽어가는 아버지를 위해 아무것도 할 수 없었다. 머튼은 무력감을 느끼며 누구도 도울 수 없는 인간 고통의 가혹한 현실을 뼈저리게 경험했다. 사람들은 극도로 고통스러운 상황을 마주하게 되면 다양한 모습으로 고통에 대처한다. 흔히 가능하다면 고통을 피하려고 시도하지만 결국 아무리 발버둥을 쳐도 더 이상 피하지 못하는 막다른 골목에 이르게 된다. 고통이 자신을 상하지 못하도록 마취되는 편을 택하는 사람도 있지만, 누구든 어느 정도의 고통을 당할 수밖에 없다. 고통을 피하려고 애쓸수록 더 심한 고통을 당하게 된다.[21] 머튼은 인간이 고통에서 벗어나지 못하는 이유에 대해 고통의 원천이 자신의 존재 자체에 있기 때문이라고 강조한다. "그리고 그 고통은 지극히 사소하고 보잘것없는 것에서 오는 까닭에 그 누구도 이해할 수 없는 나만의 것이 되어버린다. 자신의 존재 자체가 바로 자기 고통의 주체요 원천이다."[22] 6세에 어머니를 잃고 이제 아버지까지 영원히 잃게 될 15세 소년에게 고통에 대한 성숙한 이해와 대처를 기대한다는 것은 무리다. 머튼 가족은 점점 소멸해가는 아버지의 생명을 보며 마치 말 못 하는 동물처럼 고통을 받아야만 했다.

머튼은 이 와중에도 죽음의 고통을 완전히 다르게 대하는 한 사람을 보았다. 그와 미국에서 온 가족들은 여름 내내 매주 한두 번씩 아버지를 방문했는데, 어느 날 경이롭다고 말할 만큼 놀랍고 신비로운 것을 발견하였다. 머튼은 작은 종잇장에 그린 아버지의 그림들이 침대 위에 널려 있는 것을 보았다. 그것은 작은 키에 수염이 자란 엄격한 얼굴을 하고 후광을 달고

---

21 Ibid., 188.

22 Ibid., 188-89.

있는 비잔틴풍의 성인들을 스케치한 그림이었다. 그 그림을 보며 머튼은 가족 가운데 이렇다 할 신앙을 가진 사람은 아버지뿐이며, 아버지는 상상할 수 없는 고통을 겪고 있는 상황에서도 그것을 단순히 숙명으로 간주하고 체념하는 것이 아니라 고통의 뜻을 깨닫고자 노력함으로써 그 고통이 선이 되도록 이끌어 영혼을 완성시킬 빛을 주시는 하나님께 나아가고 있음을 희미하게나마 알게 되었다.[23] 물론 그것을 온전히 깨닫기까지는 오랜 세월이 걸렸다.

머튼은 머지않아 아버지를 잃게 될 것임을 알았다. 오웬은 비록 집에 오래 머물지는 못했지만 두 아들을 향해 깊은 사랑과 관심을 가지고 있었다는 것을 머튼은 알고 있었다. 이때 머튼의 나이는 겨우 15세였다.[24]

날로 병세가 악화되는 가운데 오웬은 그의 어린 시절 학교 친구이자 런던에서 내과 의사로 일하고 있는 톰 이조 베넷(Tom Izod Bennett)의 보살핌을 받고 있었다. 베넷은 최선을 다해 오웬을 돌보았지만 회복될 가망이 전혀 없었다. 오웬의 병으로 인해 머튼 가족은 톰 베넷과 계속 연락을 주고 받으며 지냈다. 머튼의 외할아버지는 베넷에게 좋은 인상을 받았고 그가 머튼을 위한 좋은 역할 모델이 될 수 있겠다고 생각했다. 그래서 톰 베넷에게 오웬의 사후에 머튼의 보호자가 되어달라고 요청했고, 베넷은 그것을 받아들였다. 1930년 여름 어느 날 머튼의 외할아버지와 베넷 사이에 이루어진 이 결정은 머튼의 삶에 직접적인 영향을 미치기 시작했다. 이제 머튼은 연휴가 되면 모드 할머니네나 고모네 집이 아닌 톰 베넷의 아파트에

---

23 Ibid., 189-90.
24 William Shannon, 오방식 역, 『토머스 머튼: 생애와 작품』, 41.

서 지내야 했다. 외할아버지는 이런 변화를 반겼다. 별로 탐탁치 않은 머튼의 친가로부터 손자를 떼어놓을 수 있을 뿐만 아니라 신뢰할만한 인물에게 손자를 맡겼다는 안도감을 느꼈기 때문이다. 머튼도 이런 변화를 기뻐했다.

이는 연휴 때 머무는 장소가 바뀐 것 이상의 변화였다. 머튼은 이제껏 모드 할머니를 통해 경험한 빅토리아풍의 단정한 세계에서 벗어나 세련되고 국제적인 취향을 갖춘 세계로 발을 들이게 되었다.

아버지의 죽음

머튼이 만 16세가 채 되기도 전인 1931년 1월 18일에 그의 아버지 오웬 머튼이 뇌종양으로 세상을 떠났다. 어느 날 아침 교장실로 불려간 머튼은 아버지의 죽음을 알리는 전보를 건네받았다. 이는 어머니의 죽음과는 또 다른 경험이었다. 완전히 고아가 된 기분이었다. 어머니를 일찍 여읜 머튼에게 아버지는 아주 특별하고 소중한 존재였다.

아버지는 훌륭한 정신뿐 아니라 뛰어난 재능과 관대한 마음을 지닌 사람이었다. 나를 세상에 태어나게 해주고 키워주었으며 내 영혼의 세계도 다듬어주었다. 그분이야말로 내가 지금까지 이 세상에서 가장 사랑하고 존경하던 분이자

가장 깊은 인연으로 맺어진 내 육친이었다.[25]

아버지를 보낸 후 두어 달 동안 어린 머튼은 슬픔과 침울함에 빠져 있었다. 하지만 그 슬픔이 가시면서 머튼은 전혀 예상하지 못했던 마음이 올라오는 것을 경험하게 된다.

> 아버지의 죽음은 두어 달 동안 나를 슬픔과 침울 속에 잠기게 했다. 그러나 서서히 극복할 수 있게 되었다. 슬픔이 가시자 나는 내 의지가 하고 싶은 대로 하지 못하도록 방해했던 모든 것을 완전히 벗어버렸음을 느꼈다. 나는 내가 자유롭다고 생각했다. 그리고 내 자신의 감옥이 얼마나 무서운 곳인가를 알아내는 데 몇 년이나 걸렸다.[26]

아버지를 잃은 슬픔에서 벗어나기 시작한 머튼은 이상한 독립심과 저항감을 느꼈다. 당시 그에게 신앙은 별 의미가 없던 터라 그는 오로지 모든 통제와 억압으로부터 완전히 벗어나 자유로운 영혼으로 살아가고 싶을 뿐이었다. 하고 싶은 것을 맘껏 하지 못하도록 방해했던 의지로부터 완전히 벗어난 것 같았다. 그는 타인과 하나님으로부터 완전히 독립된 자유인이 되었다고 느꼈다. 『칠층산』의 초고에 포함되어 있었으나 출판되지 못하고 누락된 부분에는 당시 그가 어떤 종류의 자유를 경험하고 싶었는지에 대해 적혀 있다.

---

25 Thomas Merton, 정진석 역, 『칠층산』, 192.
26 Ibid., 193-94.

나는 내가 자유롭다고 상상했다. 그리고 스스로 가두어 놓았던 소름 끼치는 속박을 발견하기까지 5-6년이 더 지나야 했다. 하지만 이제 어쨌든 학교 규칙의 구속을 제외하고 나를 매우 힘들게 했던 고립감과 독립심은 내가 나의 주인이라는 것을 확신할 때까지 내 안에서 자라났다. 그리고 나를 조종하는 것뿐만 아니라 나에게 하는 충고라는 모든 형식을 경멸했고, 심지어 나의 대부인 톰의 제안까지도 내가 동의할 수 있는 한에서만 조심스럽게 받아들이기로 했다.[27]

이 시기의 머튼의 생각을 풀어놓은 것을 보면 어린 시절을 성찰하면서 자신의 어리석음을 인정하고 있는 수도자의 언어임을 알 수 있다. 한편 매우 모진 평가가 이어진다.

나의 메마른 영혼의 딱딱한 껍질이 드디어 내가 겨우 발을 들여놓았던 적이 있는 종교 세계의 문까지 완전히 닫아버렸다. 먼지만 쌓여 있던 이 텅 빈 신전에 어느 하나님이고 발붙일 자리는 없었다.…그리하여 나는 완전한 20세기의 사람이 되었다. 이제 나는 내가 살고 있는 이 세상에 속하게 되었다. 나는 나 자신의 비정한 시대, 독가스와 원자탄 시대의 참다운 시민이 되었다. 묵시록의 문지방에 사는 사람, 혈관이 독으로 가득 찬 사람, 죽음 속에 사는 사람이 되었다.[28]

머튼은 성장하면서 그림 그릴 지역을 찾아다니며 그림을 그려야 했던 화

---

27   『칠충산』의 미출판 원본; William Shannon, 오방식 역, 『고요한 등불』, 122.
28   Thomas Merton, 정진석 역, 『칠충산』, 194.

가 아버지와 항상 함께 지낼 수는 없었다. 비록 어린 아들과 늘 함께 있어주지는 못했지만 아버지 오웬은 어린 머튼을 사랑으로 지켜주고 돌보아주는 울타리와 같은 존재였다. 아버지 오웬이 어떻게 머튼을 양육했든 그는 어린 머튼이 좋아하고 존경하며 따랐던 인물이었으며, 그는 자신의 형편과 능력의 한계는 있었으나 나름대로 최선을 다해 어린 머튼을 교육하고자 했다. 아버지의 죽음으로 인해 아버지라는 영원한 사랑의 울타리가 머튼에게서 사라져버렸다. 또한 아버지의 죽음은 머튼에게 자신이 마땅히 지켜야 할 규율 같은 것이 사라지는 것으로도 작용했다. 머튼은 아버지의 죽음으로 자신은 이제 누구의 간섭이나 제재를 받을 필요가 전혀 없는 존재가 되었다고 생각했다. 그는 이것을 자신이 바라왔던 자유로운 삶으로 여겼다. 상실로 아파하던 마음의 슬픔이 가시면서, 머튼은 이상한 반항심과 함께 제한 없는 자유를 만끽하는 삶을 살고 싶다는 마음이 들었다. 나중에 수도자 머튼은 이 시기에 경험했던 상당한 반항심과 공허감을 『칠층산』에서 자세히 드러내는데, 아버지가 세상을 떠난 그 시기에 과연 얼마나 책에 쓴 것처럼 실제로 그런 저항감을 자각했을지에 대해 질문이 생긴다. 이후 머튼이 스스로 밝히듯이 머튼 안에 그런 마음이 있었던 것은 분명하지만 그 시기에는 자각조차 하지 못한 채 그런 반항심과 공허감에 휘둘렸을 수 있다. 어느 면에서 인생의 사춘기를 제대로 겪은 것이다. 어린 머튼은 마음이 가는 대로 아무런 규제 없는 방종의 삶을 살기 시작하면서, 읽고 싶은 책을 읽고 가고 싶은 곳을 여행하며 자신이 원하는 것을 무엇이든지 시도해보았다. 하지만 머튼은 아직까지는 오캄에 속해 있었다. 그는 여전히 준수해야 할 엄한 규칙을 가진 오랜 전통의 영국 사립 고등학교의 학생이었다.

미국 여행

1931년 여름 학기가 끝났을 때, 머튼은 외조부모로부터 미국으로 오라는 연락을 받았다. 그는 1925년에 아버지 오웬과 함께 프랑스로 떠난 이후로는 미국을 한 번도 방문한 적이 없었기에 매우 기뻤다. 머튼은 새 양복을 맞춰 입고 배에서 예쁜 아가씨를 만나 사랑에 빠지는 행운을 기대하며 들뜬 마음으로 뉴욕행 배에 올랐다. 열흘이나 걸리는 긴 여행이었다.

승선 첫날 머튼은 가장 번잡한 갑판 위에 나와 앉아 대학교 장학생 선발 시험의 필수 과목인 괴테와 실러의 편지 모음을 읽었다. 여행 중에 머튼은 자신보다 어려 보이는 한 여인을 만나 바로 사랑에 빠졌는데, 알고 보니 이 여인은 머튼보다 나이가 갑절 정도나 많았다. 캘리포니아 태생이라는 그 여인은 자그맣고 섬세한 도자기 인형처럼 보였다. 솔직 대담한 그녀의 매력에 완전히 빠져든 머튼은 자신의 이상과 야망을 털어놓았고 그녀의 과거에 대한 이야기도 들었다. 마침내 머튼은 그녀에게 불멸의 사랑을 선언했다. 머튼은 자신이 그녀 외에는 누구도 사랑하지 않겠고 사랑할 수도 없으며, 그런 일은 불가능하다고 생각했다.

어린 머튼의 사랑 고백을 들은 여인은 이렇게 말했다. "너는 네가 무슨 말을 하고 있는지조차 모르는 거야. 그럴 수는 없어. 우린 결코 다시 만나지 못할 거야." 나중에 수도자가 된 머튼은 그때 그녀가 했던 말의 뜻을 이렇게 해석한다. "너는 멋있는 애야. 사람들이 너를 바보처럼 여기게 만드는 그 어린 티를 빨리 벗어버리고 어서 자라거라."[29] 순진한 사랑의 고백이 단번에 거절당하는 경험을 한 머튼은 오랫동안 잠이 오지 않았다. 온 가족이 머튼을 환영하기 위해 선창에 나와 있었으나 머튼의 마음은 여전히 진정되지 못했고, 그의 침울한 마음은 며칠 동안이나 지속되어 외할머니에게 큰 걱정거리를 안겨주었다.

머튼은 뉴욕에서 영화를 보거나 목적도 없이 길거리를 방황하면서 사람들을 구경했다. 그렇지 않으면 조용히 독서를 했다. 머튼은 외할아버지가 일하는 출판사에서 잡지 외에 자신이 좋아하는 훌륭한 작가들의 책들도 출판한다는 사실을 알고 날아갈 듯이 기뻤다. 그는 부모를 잃은 손자를 안타까운 마음으로 품어주는 외조부모의 사랑을 듬뿍 받으면서, 헤밍웨이, 올더스 헉슬리, D. H. 로렌스 같은 작가의 책을 비롯하여 많은 책을 탐독했다. 그는 T. S. 엘리엇의 시를 비롯해 둔스 스코투스의 신학에 관한 책과 다양한 소설까지 섭렵했다. 비록 기억에 남을 만한 특별한 경험을 하지는 못했지만, 자기를 진정으로 사랑해주는 외조부모, 외삼촌, 동생과 함께 한 달 반을 보내면서 다시 활기를 회복했다. 머튼은 외할아버지가 발라흐 양복점에서 사준 어깨에 심이 박힌, 갱들이 입는 모양의 양복을 입고 다시 영국으로 돌아왔다.

---

29   Ibid., 205.

반항아 머튼

새 학기 시작에 맞춰 오캄으로 돌아온 머튼은 그곳에 있는 모든 사람 가운데 인생을 좀 아는 사람은 자기뿐이라는 생각을 갖게 되었다.[30] 머튼은 그해 교지에 "영혼 없는 도시"(The City without a Soul)라는 제목으로 마치 뉴욕을 다 아는 사람인 것처럼 그곳을 묘사하는 냉소적인 글을 기고하였다.

> 뉴욕은 아름답기도 하고 끔찍하기도 하다. 뉴욕은 거대하기도 하고 믿을 수 없기도 하다. 뉴욕은 강철과 콘크리트의 도시이며 영화 궁전과 풍선껌의 도시이고 대량 생산과 간이식당의 도시이자 무허가 술집과 탄산음료 회사의 도시다.…그곳은 마천루의 도시 그리고 시리얼 아침의 도시다. 그곳은 영혼이 없는 도시다.[31]

고학년이 된 머튼은 하지 윙(Hodge Wing) 기숙사의 학생 대표로 뽑혀 푹신한 쿠션의 안락의자까지 갖춘 큼직한 공부방을 갖게 되었다. 그는 신문에서 오려낸 영화배우의 사진 대신 마네, 반 고흐, 세잔의 모조 그림 또는 로마 미술관에 있는 그리스 로마식 비너스 사진을 벽에 붙였다.

1931년 가을에는 교지의 공동 편집장이 되었다. 그는 교지를 편집하면서 T. S. 엘리엇을 읽고 둔스 스코투스를 비롯한 철학자들의 책들을 탐

---

30   Ibid., 210.

31   William Shannon, 오방식 역, 『고요한 등불』, 131.

독하면서 친구들과 정치와 종교에 대한 논쟁을 벌였다. 하루는 대부에게 철학에 대해 더 공부하고 싶다고 이야기했지만, 그의 대부는 철학보다 더 큰 낭비는 없으니 그런 계획을 단념하라고 말했다. 하지만 머튼은 그의 충고를 무시하고 계속 철학책을 읽었다.

머튼은 또한 토론반에서 실력을 뽐내며 주요 멤버로 활약했다. 그러나 그의 뛰어난 토론 실력에도 불구하고 그가 속한 팀은 자주 졌다. 주제에 대한 입장을 고를 때마다 독립적인 생각을 가진 머튼이 인기 없는 쪽을 선택했기 때문이다. 한 가지 예로 1931년 11월 21일에 벌어진 토론회를 보자. 이 토론은 "영국 사립학교는 구식이다"라는 주제로 오캄의 남녀공학의 문제를 토론 대상으로 삼았는데, 당시 영국 사립학교가 남녀공학이 된다는 것은 상상도 할 수 없는 금기였다. 그런데도 머튼은 남녀공학을 지지하는 입장을 택했고 결국 그의 팀은 졌다. 한번은 당시 영국 정부에 저항하는 모한다스 간디(Mohandas Ghandi)를 주제로 다뤘다. 때마침 비폭력과 효율적인 시민 불복종 운동을 전개하던 간디가 인도에 대한 내정 자치 협상을 위해 런던으로 왔다. 머튼은 영국 외무부에서 일하고자 하는 목표를 가지고 있었음에도 불구하고 철저하게 간디를 옹호하면서 인도인에게도 나라를 스스로 다스릴 권리가 있다는 주장을 펼쳤다.[32]

1932년에 17세가 된 머튼은 부활절 연휴를 이용해 독일로 도보여행을 떠났다. 머튼은 여행을 하는 동안 스피노자를 이해하고자 하는 목표를 세우고 그의 책과 소설책 몇 권을 가지고 갔는데, 어느 순간 스피노자보다 소설가들을 이해하는 일이 훨씬 빠르겠다는 깨달음을 얻고 소설에만 전념

---

32   Ibid., 132.

했다. 소설을 읽으면서 스피노자보다 D. H. 로렌스가 훨씬 매력적이라고 생각했다. 그는 영국으로 돌아가는 길에 외할아버지 가족이 머물고 있는 파리에 들러 소설책 몇 권을 더 사서 오캄 학교로 돌아왔다.

아버지의 죽음을 겪은 사춘기의 고아 소년은 이제 아무것도 믿지 못하는 무신론자와 다를 바 없는 사람이 되었다.

내 기억으로는 그해 학교 예배 시간에 사도신경을 바칠 때면 으레 나의 신조대로 "나는 아무것도 믿지 않는다"라고 선언하기 위해 고의로 입술을 굳게 다물곤 했다. 실제로 나는 하나님에 대한 확실한 믿음을 인간의 의견과 권위, 팸플릿과 신문, 또는 내가 제대로 이해하지도 못하고 언제나 흔들리고 변하는 서로 모순된 의견들의 막연하고 불확실한 믿음과 바꾸기를 바랄 정도였다. 나는 하나님을 믿는 이들에게 당시 내 영혼의 상태가 어떠했는지를 조금이라도 알려주고 싶은 마음이 간절하다.…하여간 한마디로 말해서 그때 내 영혼은 죽어 있었다. 백지이자 무였다. 초자연적 면에 관한 한 내 영혼은 텅 비어 있는, 이를 테면 영적 진공 상태였다.[33]

이처럼 머튼의 마음속에는 아버지의 죽음으로 인한 슬픔과 절망적인 현실에 대한 분노로 가득했다. 그는 엄청난 치통과 패혈증으로 의심되는 증상으로 인해 고통을 받으며 죽음까지 생각하게 된다. 그는 탈진하여 거의 마비된 상태로 누워 있으면서 죽음이 눈앞에 바짝 다가왔다고 여기고 다음과 같이 생각했다.

33　Thomas Merton, 정진석 역, 『칠층산』, 220-21.

"올 테면 와라. 상관없다"라는 식으로 버텼다.…마음속에는 묘한 교만과 비뚤어진 심보(내가 고통을 당해야 하는 것은 삶의 탓이니까 그 삶을 경멸하고 증오한다는 것을 보여주고, 삶에 대한 복수로 죽어버리겠다는 그런 심보)가 자리하고 있었다.…"만일 내가 죽어야 한다면 그게 어쨌다는 것인가? 걱정할 게 뭔가? 죽으라지, 그러면 다 끝날 텐데"라고 생각했을 뿐이다.[34]

나중에 수도자가 되어서는 그때 자신이 마음이 어땠는지를 회상하면서 오늘날 신앙인들이 타인의 이런 아픔에 얼마나 둔감한가를 지적한다.

신앙이 있는 사람들, 하나님을 사랑하며 삶이 무엇이고 죽음이 무엇인지를 알며 인간이 불사불멸의 영혼을 가지고 있다는 말의 의미를 아는 사람들은 신앙도 없고 자기 영혼을 팽개쳐버린 사람들의 마음이 어떤지를 모른다. 신앙인들은 어떤 사람이 양심의 가책 없이 자포자기하여 스스로 죽을 수 있다는 말을 해도 이해하지 못한다. 그러나 그때 내가 죽으려고 했던 것처럼 그렇게 죽는 이가 세상에 너무도 많다는 것을 알아야 한다.[35]

17세의 머튼은 우울하고 혼란스러웠다. 그는 광활한 바다 위에 떠 있는 배처럼 어느 방향으로 나아가야 할지를 몰랐다.

---

34 Ibid., 219-20.
35 Ibid., 220.

브룩 힐로 가는 길

냉소와 반항심이 자리 잡은 머튼의 마음속에는 또 다른 갈망이 꿈틀거리고 있었다. 윌리엄 섀넌은 머튼이 쓴 미간행 소설 『도버 해협』에서 고독의 매력에 빠지기 시작한 소년 머튼의 모습을 조명한다. 오캄 학교 뒤편에는 브룩 힐(Brook Hill)이라고 불리는 언덕이 있었는데, 머튼은 그곳을 고독의 장소로 삼고 자주 그 언덕길을 올랐다. 깊은 내적 아픔은 머튼에게 저항과 회피적 삶에 대한 갈망을 불러일으킨 동시에 영적 갈망의 촉매제가 되기도 했다.

나는 브룩 힐의 꼭대기에 혼자 있으면서 어느 누구와도 말할 필요가 없고… 어느 누구의 말도 들을 필요가 없는 상태를 좋아했다. 나는 어떤 것도 기다리지 않고 혹은 어떤 것도 찾지 않고 혹은 어떤 것도 기대하지 않고 단순히 넓은 계곡을 바라보면서 거리를 가로지르는 빛의 변화를 살피고 하늘의 변화를 지켜보며 몇 시간씩 앉아 있거나 산책하곤 했다.

때때로 나는 그 위에 올라가서 책을 읽었다. 한번은 시험을 앞두고 나무 밑 손수레 위에서 베르길리우스(Virgil)에 대한 공부를 하려고 했다. 그랬다면 아마도 시험을 통과하는 데 도움이 되었겠지만, 대부분의 시간 동안 나는 계곡을 바라보고만 있었다. 가끔씩 한두 시간 동안 나무 밑에 앉아 종이와 펜을 가지고 그림을 그렸다. 그러나 대부분 그냥 그곳에 머물거나 근처를 산책하며 생각에 잠겼다. 만일 내가 원했다면 목소리를 높여 노래를 불렀을 수도 있었다. 그것을 비웃거나 빈정댈 사람도 없었다.

무엇보다도 나는 초겨울날 언덕에서 본 일몰을 기억한다. 하늘에는 암 청회색의 구름이 줄지어 있었고 태양을 흩뜨리는 부드럽고 옅은 심홍색의 아지랑이가 서쪽을 가득 메우고 있었다. 태양의 중앙부에 있는 붉은 얼룩은 계곡이 어두워지는 동안 그곳에 오래도록 머물러 있었다. 마을에서 서리로 뒤덮인 짚 위로 연기가 퍼져가고 있었으며, 차갑고 조용한 공기 속에서 벌거벗은 가지들은 나무에 매달려 있었다. 그리고 나면 당신은 앞에서 크게 울려 퍼지는 돌길 위의 발자국 소리와 함께 계곡의 어둠을 지나 집으로 걸어갔을 것이다.

그런 겨울의 어느 날, 특별히 일요일에 내가 읽었던 블레이크(Blake)나 셸리(Shelly) 혹은 셰익스피어(Shakespeare)나 페트라르카(Petrarch)를 생각하며 혹은 내가 되고 싶은 것과 하고 싶은 것들을 생각하며 항상 그곳에 올랐다.[36]

비록 머튼은 어떤 제도적인 종교에도 정착하기를 거부했지만 그가 그것을 인식했든 하지 못했든 영혼의 내적 활동들을 느꼈던 것만큼은 분명해보인다. 윌리엄 섀넌은 "브룩 힐로 가는 길은 내적 여정의 '거룩한 길'로 가는 길이 아니었을까"라고 추측한다.[37]

고독에 대한 매력을 느끼는 것과 더불어 이 시기에 머튼은 윌리엄 블레이크에게서 큰 감명을 받는다. 그는 아버지를 잃은 슬픔을 잊기 위해 독

---

36 William Shannon, 오방식 역, 『고요한 등불』, 138-39.
37 Ibid., 137-39. 위의 몇 개의 인용문은 머튼이 쓴 미간행 소설 『도버 해협』에 실린 문구를 재인용한 것이다.

서를 하면서 특별히 열 살 때 아버지가 소개해준 윌리엄 블레이크의 시에 크게 매료되었다. 블레이크의 비유가 담고 있는 깊이와 힘을 완전히 이해할 수는 없었지만, 머튼은 그의 글을 읽으며 감동을 받았다. 형식과 위선에 대해 철저하게 반항하면서 자기 삶을 증오하다시피 하던 시기에 누군가를 진심으로 동경하고 그를 통해 선함을 바라볼 수 있게 된 것은 눈여겨볼만한 일이다. 머튼은 왜 블레이크의 매력에 빠져들게 되었을까? 그는 우선 블레이크의 뛰어난 예술적 재능에 큰 감명을 받았고, 더 나아가 종교의 겉만을 드러내는 바리새인 같은 종교성에 대해서는 확실히 거부하면서도 선(goodness)을 보여주는 블레이크의 분명한 태도에 매료되었다. 이는 이후 컬럼비아 대학교에서 방황을 하며 참 진리의 길을 찾던 머튼이 그리스도교 신앙으로 나아가는 데 중요한 경험이 된다. 윌리엄 블레이크는 산산조각난 머튼의 삶을 다시 제자리로 되돌리는 데 결정적인 역할을 했다.[38]

하나님의 섭리는 내 영혼 안에 믿음과 사랑을 일깨우기 위해 블레이크를 이용하셨다.···블레이크를 통해 어느 날 비록 굽은 길을 통해서지만 오직 하나의 참 교회에 이르렀고 하나님의 아들 예수 그리스도를 통해 오직 한 분 살아계신 하나님께 이르렀다는 사실은 인정해야 한다.[39]

---

38 머튼은 블레이크에 매료되었다. 그는 블레이크의 글이 어렵고 이상하며 때로는 거칠다고 생각했지만, 수많은 그룹에서 신앙이라고 말하는 바리새인 같은 종교성을 거부한 블레이크의 태도 및 분명한 선, 신앙, 예술적 재능에 감명을 받았다. 블레이크는 머튼을 종교적 회심으로 이끄는 데 큰 역할을 했고, 머튼은 1939년 컬럼비아 대학교 석사 학위 논문의 주제로 블레이크를 선택한다(『고요한 등불』, 124). 윌리엄 블레이크에 대한 머튼의 연구와 그가 머튼에게 미친 영향에 대한 간략한 소개는 컬럼비아 대학교 시절의 머튼에 관한 이야기에 나온다.

39 Thomas Merton, 정진석 역, 『칠층산』, 199-200.

머튼은 1932년 가을 학기가 시작될 무렵 케임브리지 대학교의 클레어 칼리지로부터 합격 통지를 받았으며 그해 12월에 오캄 학교를 졸업했다.

로마 여행 중 경험한 심미적 회심

오캄을 졸업한 머튼은 마침내 어른의 자유를 얻었다고 생각했다. 그는 손을 뻗치기만 하면 원하는 것을 모두 잡을 수 있다고 여겼다.[40] 1933년 1월 31일, 머튼의 대부는 카페 앙글레에서 샴페인을 터트리며 머튼의 18세 생일을 축하해주었고, 그 자리에서 유럽을 여행할 수 있는 표와 돈을 건넸다. 생일 바로 다음 날 머튼은 "어른의 자유"를 만끽하기 위해 이탈리아로 떠났다.

그런데 예기치 않은 문제가 발생했다. 아비뇽에 도착한 머튼은 여비가 부족한 것을 알게 되었다. 그는 대부에게 돈을 부탁하는 편지를 보냈고, 며칠 후에 돈과 함께 규모 없이 행동하는 머튼을 심하게 책망하는 대부의 답장을 받았다. 대부는 머튼이 그동안 저지른 잘못까지 모두 끄집어내어 그를 심하게 꾸짖었다. 머튼은 이때 매우 심한 수치스러움을 느꼈다고 고백한다.[41]

---

40 Ibid., 230.

41 Thomas Merton, *The Seven Storey Mountain*, 103. 한국 번역판에는 머튼이 대부의 편지를 받아보고 수치심을 느꼈다는 표현이 누락되어 있다(참조. 『칠층산』, 231).

나는 그때야(한 달간 마음껏 자유를 누린 다음에) 처음으로 나의 욕구가 결코 절대적일 수 없다는 사실을 알았다. 내 욕구는 다른 사람의 욕구와 어긋날 수 있기 때문에 마땅히 조정하거나 조절해야 한다는 사실을 깨닫는 데 오랜 시간이 걸렸다.[42]

머튼은 태어나서 처음으로 자신의 욕구가 절대적일 수 없음을 인식하게 되었다. 하지만 대부의 편지는 머튼으로 하여금 방종이 참된 자유와는 다르다는 사실을 진정으로 깨닫게 하기보다는 오히려 강한 수치심을 유발시켰다. 이는 참 자유에 대한 그의 자각과 열망이 아직 차오르지 않았음을 말해준다. 그는 여전히 거짓 자기의 노예로서 방종에 대한 애착에 머물러 있었다. 이를 반영이라도 하듯 머튼은 그날 밤 꿈에서 감옥에 갇힌 자기 모습을 본다.

게다가 로마를 여행하는 도중 팔꿈치에 난 큰 종기로 고생을 하는 와중에 심한 치통을 앓고 고열에 시달렸다. 고된 병치레를 하면서 머튼은 자신이 추구한 자유의 결과가 얼마나 비참한지를 실감하게 되었다.

그렇게도 오랫동안 소망했던 자유를 마음껏 누릴 수 있는 상황인데도 내 모양은 그 꼴이었다. 이제 세상은 내 것이다. 나는 그것을 얼마나 동경했던가! 그런데 나한테 남은 것은 행복이나 만족과는 너무나 거리가 먼 비참함뿐이었다. 쾌락에 대한 애착은 그 본성 자체로 자멸하고 좌절로 끝나게 마련이다.[43]

---

42 Thomas Merton, 정진석 역, 『칠층산』, 231.
43 Ibid., 235-36.

머튼은 자신이 좋아하는 것을 실천함으로써 그토록 원하던 자유를 마음껏 만끽하고자 했지만, 그렇게 해도 반드시 진정한 기쁨과 행복에 이르지 못한다는 것을 알게 되었다. 머튼의 자유는 방종이었다. 그는 방종이 오히려 인간을 더 큰 욕망의 사슬로 묶어서 깊은 환상의 삶으로 밀어넣는다는 사실을 깨닫기 시작했다.

그런데 이때 머튼은 예상치 못한 영적 경험을 하게 된다. 머튼은 고전학을 공부하게 될 학생으로서 폐허가 된 로마 제국 시대의 유적들과 박물관, 도서관, 서점 등을 구경하면서 머릿속으로 고대 로마를 재건해보고 싶었다. 그래서 낮에는 주로 이런 장소들을 방문하고 저녁에는 소설을 읽으며 고대 로마의 모습을 상상해보았다. 하지만 그는 곧 폐허가 된 신전들 대신에 오래된 교회들을 찾아다니게 되었다. 포럼이나 콜로세움과 같은 과거의 웅장한 건축물이 아닌 고대 로마 교회의 비잔틴 모자이크를 보고 뜻밖의 매력에 빠졌기 때문이다. "나는 비잔틴 모자이크에 매혹되었다. 그래서 같은 시기에 건축되고 모자이크가 있는 성당들을 모조리 찾아다녔다. 그러

사진 23. 성 고스마와 다미아노 성당의 비잔틴 모자이크

"그것은 암청색 하늘을 배경으로 그리스도께서 심판하러 오시는 그 발치에 구름이 점점이 있고 그 사이로 불이 엿보이는 광경을 묘사한 모자이크였다. 이 모자이크를 발견한 나는 큰 충격을 받았다. 멋도 없는 데다 음탕하고 시시한 로마 제국의 조각품들이 판을 쳤던 이곳에서 어떻게 이토록 영적 생명력 및 진실성과 힘이 충만한 천재적 예술, 진지하고 생동감 넘치며 웅변적이고 힘찬 예술이 나왔을까?"

다 보니 나도 모르는 사이에 순례자가 되어 있었다."[44]

머튼이 본 수많은 모자이크들은 사람들이 그리스도라고 부르는 분을 표현하고 있었다. 그는 이렇게 말한다. "나는 그것을 자세히 보았고 오랫동안 거기서 눈을 뗄 수가 없었다. 작품의 디자인과 신비로움, 또한 거기서 배어 나오는 놀라운 진지함과 단순함이 나를 매료시켰다.[45] 또한 그는 자신이 의식하지도 않고 일부러 의도하지도 않은 채로 로마의 모든 성전을 방문하면서 진정한 순례자의 마음을 갖게 되었다고 고백한다. "이것은 썩 올바른 동기는 아니었지만 그렇다고 그릇된 동기도 아니었다."[46] 본래 계획과는 달리 성당으로 발걸음을 옮기게 된 머튼의 여정에는 성령의 이끌림이 드러난다. 그는 비록 완전하지는 않지만 내면의 열망을 통해 영원에로의 이끌림을 경험하고 있다. 로마에서의 "의도치 않은" 여정은 그것을 보여주는 좋은 예가 된다.

머튼은 자신을 순례자로 생각했을까? 당시에는 자신이 순례자라고 생각하지 못했을 것이다. 순례자라는 말은 수도자가 된 머튼의 회고적 표현이다. 그는 지금껏 교회나 학교에서 배워왔던 교리보다 벽화와 교회의 그림을 통해 그리스도에 대해 훨씬 더 많은 것을 알게 되었다. 이는 관상가로서의 잠재성을 엿볼 수 있는 놀라운 장면이다. 간접이 아닌 직접, 연구가 아닌 경험, 직관적이고 비이원적인 경험이 관상 경험의 핵심이라면, 예술

---

44 Thomas Merton, *The Seven Storey Mountain*, 108(『칠층산』, 241). 머튼이 당시 방문했던 곳에는 성 고스마와 다미아노, 산타 마리아 마기오레, 산타 사비나, 라테라노, 산타 코스탄차 성당들이 포함되어 있다.

45 Thomas Merton, *The Labyrinth*, 178(이는 머튼이 대학 시절에 쓴 미 출간 도서로서 뉴욕주 올리안에 있는 The Friedsam Library of St. Bonaventura University에 소장되어 있다); William Shannon, 오방식 역, 『고요한 등불』, 147.

46 Thomas Merton, 정진석 역, 『칠층산』, 241-42.

특히 머튼이 좋아했던 그림에 대한 진정성 있는 경험은 상당 부분 비이원적인 경험이라 할 수 있다. 이런 모습은 관상가로서의 그의 자질을 잘 보여준다.

> 생전 처음으로 나는 그리스도라고 하는 사람이 누구인가를 조금씩 알기 시작했다. 그것은 막연했으나 그리스도에 대한 참된 지식이었고 어떤 의미에서는 내가 알고 인정한 이상으로 참된 것이었다. 그 로마 여행은 그리스도에 대한 나의 개념이 형성된 계기였다. 지금은 나의 하나님이자 임금으로 계시면서 내 삶을 차지하고 다스리고 계시는 이 그리스도를 로마에서 처음으로 만난 것이다. 이분이 바로 묵시록의 그리스도시며, 순교자들의 그리스도이자 교부들의 그리스도시다. 이분이 성 요한과 성바오로와 성 아우구스티노와 성 예로니모와 모든 교부들의 그리스도시며 사막에 머물던 교부들의 그리스도시다.[47]

머튼은 벽화에 그려진 그리스도를 보며 세상의 구세주시자 심판자이신 그분에 대한 고대 예술가들의 사랑을 어느 정도 인정할 수 있었다. 이는 그가 로마에서 얻은 영적 경험의 중요한 특징이다. 예술가의 아들인 머튼은 건축, 예술, 성당의 분위기, 곧 심미적인 아름다움을 경험함으로써 예술가들이 작품을 통해 표현하는 그리스도에 대해 진지한 관심을 갖게 된 것이다. 머튼은 그리스도라고 하는 사람이 누구인지를 알아보기 위해 생전 처음으로 직접 성경을 사서 읽기 시작했다.[48] 그는 좋아하던 책들을 옆으로 밀쳐

---

47 Thomas Merton, *The Seven Storey Mountain*, 109(『칠층산』, 242-43).

48 Thomas Merton, 정진석 역, 『칠층산』, 245.

두고 성경을 탐독했다. 옛 성당과 모자이크에 대한 사랑도 날로 커져갔다. 그는 더 이상 단순히 예술적인 안목을 충족시키기 위한 목적으로 성당을 방문하지 않게 되었다. 이제는 성당을 찾아다니면서 그곳에 그려진 그리스도를 찾아다니는 순례자가 되었다.

그가 특별히 애착을 느낀 장소는 "쇠사슬에 묶인 성 베드로 기념 성당"이었다. 그곳에서 머튼은 사슬에 매인 사도 베드로와 자신을 동일시하였다. 베드로를 결박한 사슬보다 훨씬 더 무겁고 무서운 사슬에 묶여 있는 자신을 보게 된 것이다. 세상에 속해 있던 젊은 순례자 머튼은 자신이 사슬에 묶인 죄수와 같은 상태지만 분명히 이 거룩한 장소에 속해 있다는 것을 확신했다. "나는 내가 거기에 속해 있다는, 즉 나의 이성적 본성은 하나님의 성당에서만 충족될 수 있는 심원한 소망과 필요로 가득 차 있다는 깊고 강력한 확신을 갖게 되었다."[49] 이 소속감은 머튼에게 내적 평화를 가져다주었다. 그는 거룩한 장소에 머물면서 그곳에 속해 있다는 느낌을 받는 것이 좋았다. 머튼은 지금까지 어디에서도 경험해보지 못한 깊은 평화를 경험했다. 그런 소속감과 평화를 느끼면서 자신의 마음이 오직 이곳에서만 충족될 수 있다는 확신을 갖게 되었지만, 아직 회개에 이른 것은 아니었다.

> 그러나 그때까지만 해도 내 의지에는 깊은 움직임이 없었고, 개종이라고 할 만한 변화도 전혀 없었다. 내 본성을 결박하고 있는 윤리적 부패의 무쇠 같은 폭군은 끄떡도 않은 채 나를 여전히 억누르고 있었다. 그러나 때는 오게 되어

---

49 Ibid., 245-46.

있었다. 내가 굳이 설명할 필요도 없이 기이한 방법으로 다가왔다.[50]

하나님의 은총은 마치 도둑처럼 전혀 예기치 않은 때 정말 기이한 방법으로 침입해 들어온다. 머튼은 회개의 경험을 다음과 같이 묘사한다.

나는 내 방에 있었다. 밤이었고 불이 켜져 있었다. 그때 갑자기 돌아가신 지 1년 넘은 아버지가 내 곁에 있다는 느낌이 들었다. 그 느낌이 어쩌나 생생했는지 아버지가 내 팔을 툭 치고 말을 거는 것 같아 소스라치게 놀랐다. 그러나 이 놀람은 순식간에 사라져버렸다. 나는 여전히 혼자였다. 불이 깜빡였다. 그 순간 내 안에 어떤 변화가 일어난 것을 느꼈다. 찰나와 같은 바로 그때 나는 형용할 수 없는 강렬한 빛을 통해 비참하고 부패한 내 영혼의 깊은 곳을 들여다 볼 수 있었다. 몸이 부들부들 떨렸고 곧바로 그 비참함을 벗어나야 한다는 강력한 항거와 함께 해방과 자유에 대한 진지한 갈망이 생전 처음으로 힘차게 솟구쳐 올라왔다. 돌이켜보면 그때 나는 처음으로 진정한 기도, 즉 입술과 지성과 상상으로 드러나는 것이 아닌 생명과 존재의 밑바탕에서 우러나는 기도, 어둠 속에 숨어 계신 하나님께서 오시어 나의 의지를 속박하고 있는 이 무서운 것들로부터 풀어달라고 간청하는 기도를 바치기 시작했던 것이다. 기도와 함께 눈물이 걷잡을 수 없이 흘렀고, 그 눈물은 나를 위로해주었다. 그러는 동안 내 방에 아버지가 있다는 생생한 느낌은 없어졌지만 나는 아버지를 내 정신 안에 모시고 아버지와 이야기를 나눴고 아버지를 중개자로 삼아 하

---

50   Ibid., 247.

나님께 말씀을 여쭙고 있었다.[51]

머튼의 회개는 세 단계로 묘사되고 있다. 첫째, 그는 죽은 아버지가 옆에 있는 것 같은 느낌을 받았다. 그가 정확히 무엇을 보고 들었는지는 말할 수 없다. 하지만 이 경험이 그를 회심으로 이끄는 발단이 된 특별한 영적 경험이었음은 분명하다. 둘째, 죽은 아버지의 현존을 느끼면서 자신의 부패한 영혼으로부터 벗어나고 싶은 강렬한 열망을 경험했다. 셋째, 처음으로 진정한 기도, 즉 입술과 지성 및 상상으로 드러나는 것이 아닌 생명과 존재의 밑바탕에서 우러나는 기도를 바치게 되었다.

　다음날 머튼은 교회로 가서 통회의 마음으로 무릎을 꿇고 주기도문을 천천히 암송하였다.[52] 이는 머튼에게 매우 특별한 경험이었다. 그는 여태껏 기도를 하기 위해 성당이나 교회를 찾아간 적이 없었다. "나는 도미니코 회원들이 관리하는 성녀 사비나 성당으로 갔다. 무릎을 꿇고 하나님께 기도드리는 것 외에는 다른 뜻이 없었다. 이것은 격투 끝의 항복, 굴복, 개종에 해당하는 결정적 체험이었다."[53] 머튼은 기도를 하면서 마음의 평화를 느꼈다.[54] 이는 지금까지 전혀 경험해보지 못한 새로운 기쁨이었다.

51　Ibid., 247-48.
52　다음날 교회로 가기 전 봄 햇살을 받으며 아벤티노 언덕에 오른 머튼은 영혼이 참회로 부서져 내리는 것을 경험했다. 종기를 째고 완전히 고름을 짜낸 뒤처럼 고통스러웠지만 시원하고 개운해짐을 느꼈다. 그것은 진정한 통회였다. 머튼은 곧바로 예배당으로 가서 무릎을 꿇고 눈물을 흘리며 주기도문을 바치기 시작했다. 주기도문을 한 번 바치는데 반 시간 이상이나 걸렸다. 그 기도가 얼마나 간절하고 열렬했으면 그렇게 긴 시간이 소요되었을까!(Ibid., 249-50)
53　Ibid., 250.
54　William Shannon, 오방식 역, 『고요한 등불』, 152.

로마 여행이 끝나갈 즈음 머튼은 성 바오로 성당에 들른 후 낡고 작은 버스를 타고 시골길을 올라가 테베레강 남쪽의 계곡에 있는 트레 폰타네 (Tre Fontane, 세 개의 샘이라는 뜻으로 사도 바울이 순교했을 때 잘린 머리가 세 번 튀어 닿은 자리에 샘이 생겼다는 일화에서 유래된 이름)에 자리한 트라피스트 수도원에 갔다. 그는 오후 내내 혼자 유칼립투스 밑을 서성거리면서 트라피스트 수도자가 되면 참 좋을 것 같다고 생각했다.[55] 어떻게 보면 한낱 백일몽에 불과한 허황된 꿈이었다. 수도적인 삶에 대한 순수한 갈망도 아니었고, 그렇게 될 가능성도 전혀 없었다. 머튼은 트라피스트 수도자들이 침묵을 지킨다는 것 외에는 그들이 어떤 사람들이며 무엇을 하는지에 대해 아는 것이 전혀 없었다. 훗날 머튼은 당시 트라피스트 수도자가 되고 싶다는 그 마음은 거룩한 성소라기보다 낭만적인 꿈이었다고 말한다. 성 바오로 성당으로 되돌아오는 버스에서 잘 아는 미국 전문학교 학생과 그의 어머니를 만난 머튼은 그들과 수도원에 관해 이야기를 나누면서 "수도자가 되고 싶다"고 이야기했다.[56] 이는 로마에서의 영적 경험이 학생인 머튼에게 얼마나 크게 작용했는지를 말해준다.

머튼을 회심에 이르게 한 로마에서의 "영적 경험"이 정확히 무엇이었는지 분명하게 말할 수는 없지만, 그의 고백에 따르면 그것은 "정말로 크나큰 은총"[57]이었다. 하지만 로마에서 얻은 그의 종교적 각성은 금방 시들어버렸다. 머튼은 시카고에서 세계 박람회가 열리는 동안 "파리의 거리"라는 스트립쇼에 큰 소리로 손님을 끌어모으는 호객꾼 노릇을 하기도 했고,

---

55   Thomas Merton, 정진석 역, 『칠층산』, 252.

56   Ibid., 252-53.

57   Ibid., 249.

뉴욕으로 돌아온 후에는 아버지의 옛 친구 레지날드 마시와 함께 저속한 해학극을 구경하고 맨해튼과 코니섬 곳곳을 돌아다녔다. 만약 머튼이 로마에서 체험했던 은총에 곧바로 응답하는 삶을 살아갔다면, 그의 삶은 어떻게 전개되었을까? 머튼은 이에 대해 다음과 같이 고백한다. "만약 그때 내가 그 은총을 철저히 따라 살았다면, 이후 나의 삶은 아주 달라졌을 것이고 훨씬 덜 비참했을 것이다." 그러나 머튼의 눈물과 회개의 삶은 그리 오래 지속되지 못했다.[58] 아마도 머튼은 영적인 "일미"를 맛보았으나 다음 단계의 삶으로 넘어갈 만한 영적·정신적 준비가 되어 있지 않았기 때문에 다시 본래의 삶으로 돌아가게 되었을 것이다. 내적 여정을 위한 준비가 전혀 되어 있지 않은 채로 과거의 삶의 형태에 여전히 집착하게 된 머튼은 아이러니하게도 은총을 경험한 후에 예전보다 더 큰 방황을 겪는다. 그는 뉴욕으로 가면서 로마에서 산 성경을 짐 속에 챙겨 넣었지만 더 이상 펼쳐보지 않았다.

케임브리지 대학교

로마와 미국 여행을 마친 머튼은 1933년 10월 영국 케임브리지 대학교의 클레어 칼리지에 입학한다. 케임브리지 대학교는 영국 최고의 상아탑으로서 세계의 지성들이 모여 학문을 연마하는 곳이다. 런던에서 북쪽으

---

58 Jim Forest, 심정순 역, 『지혜로운 삶』, 42; Thomas Merton, 정진석 역, 『칠층산』, 258-59.

로 80km 떨어진 캠 강가에 자리한 케임브리지 대학교의 캠퍼스는 잘 가꾸어진 정원과 뱃놀이를 즐기는 사람들, 최상의 도서관, 중세 대학 가운을 입은 교수들과 학구열에 불타는 젊은이들, 거룩하고 웅장한 성당에서 흘러나오는 성가, 수백 년이나 된 건축물들이 어우러져 고풍스러움과 아름다움을 뽐내고 있었다.

사람들은 어떤 것을 바라볼 때 서로 비슷하게 느끼고 생각하는 면도 있지만, 모든 이가 동일한 경험을 하는 것은 아니다. 비록 같은 것을 보더라도 사람마다 서로 다른 경험과 생각, 느낌을 갖는다. 대부분의 사람들은 케임브리지를 꿈과 학문을 성취할 수 있는 최고의 장으로 보지만, 머튼은 『칠층산』에서 케임브리지를 부패의 악취가 만연한 곳이라고 표현한다. 그는 케임브리지에서의 자신의 삶을 맹목적 욕구가 왕성한 자기 자신이 썩은 과일을 덥석 삼킨 것에 비유한다.[59] 이는 이제 겨우 열여덟 살 나이에 정화되지 않은 욕구를 가진 젊은 머튼의 삶이 얼마나 무분별하며 무질서하고 자유분방했는지를 머튼 스스로 생생하게 표현하는 것이다.

『칠층산』에서 드러나는 머튼의 관점은 다분히 이분법적이다. 이런 이분법적 사고는 머튼이 어린 시절의 방황을 바라보는 시각이었을 뿐만 아니라 초기 수도원 생활에 대해 가졌던 내적 태도이기도 하다. 이는 욕구 자체를 악으로 보고 억압하거나 변화시키려는 모습으로 나타났다. 그러나 인간의 욕구 자체는 하나님의 선물로 주어진 것이며, 그런 면에서 그 자체보다는 그것을 억압, 정죄, 제거하려는 태도로 인해 문제가 생긴다. 인생 후반부에 머튼이 역설하는 내적(참) 자기는 이런 선악으로 구분된 자기가 아니라

---

59   Thomas Merton, 정진석 역, 『칠층산』, 261.

하나님 안에 있는 그 대로의 자기다. 머튼은『새 명상의 씨』와 같은 후반기 작품에서 내적 자기뿐만 아니라 외적(거짓) 자기마저도 하나님의 긍휼 안에 있는 것으로

사진 24. 케임브리지 대학교의 클레어 칼리지

바라볼 줄 아는 비이원적이고 성숙한 자기 이해와 접근을 드러낸다.

클레어 칼리지의 신입생들은 원칙적으로 기숙사 생활을 할 수 없게 되어 있었기 때문에 각자 알아서 머물 집을 구해야 했다. 머튼은 오캄 동창 자토와 함께 한 집에 딸린 방을 구했다. 학문에 전념하기보다 인생을 마음껏 즐기고 싶었던 머튼은 오캄 친구들과 똘똘 뭉쳐서 이집 저집을 다니며 시간을 보냈으며, 그해 가을 휴전 기념일까지 200명에 달하는 새 친구들을 만났다. 그는 친구들과 함께 여인숙이나 술집에서 대부분의 시간을 보냈다. 또한 프로이트를 읽으며 성적인 금욕은 건강에 좋지 않다고 생각했다. 그와 친구들은 "붉은 암소"라는 주점에서 많은 시간을 보냈는데, "격돌 만찬" 때 행패를 부리며 소란을 피운 일로 적지 않은 친구들이 퇴학을 당하기도 했다.

케임브리지에서의 첫해가 끝나기도 전에 머튼은 하숙집 주인이 가장 싫어하는 사람이 되어 있었다. 실제로 하숙집 주인이 머튼을 제일 싫어했는지를 확인할 수는 없다. 그저 케임브리지에서의 삶이 얼마나 부패했었는지를 강조하는 그의 표현이라고 여기면 된다. 기억 속에 묻힐 만큼 오래된

"정신적 폼페이의 추한 유적"과 같은 자신의 과거를 파헤쳐 모든 것을 다 들춰내는 것은, 영혼 안에 남아 영적 생명력을 짓뭉개버리고 하나님께서 남겨 놓은 신적 자유의 모습을 파괴하는 작은 움직임까지 찾아 떨쳐내려는 그의 노력이었다.[60]

케임브리지에서의 머튼의 생활상을 상세히 알 수는 없지만, 그가 음주와 흡연 및 이성과의 만남에 상당한 시간을 허비했다는 것은 분명하다. 10대 후반이라는 나이를 고려하면 이해할 수 있는 모습이다. 이런 자유방임의 모습은 일찍 부모를 잃고 충분한 사랑과 돌봄을 받지 못하여 지속적인 외로움에 시달리면서 기본 욕구들이 충족되지 못한 채 왜곡되어 나타난 현상으로 볼 수 있다. 또는 오랜 기간의 엄격한 기숙 생활에서 벗어나 통제와 규제가 없이 거의 방종에 가까운 자유를 마음껏 누리게 된 젊은 대학생의 무절제한 모습일지도 모른다.

그의 무절제한 삶의 단면을 상상해볼 수 있는 사건 중 하나는 그가 1939년에 집필한 자전적 소설 『미로』에서 밝힌 "한밤중의 파티"다. 이는 아직도 가장 큰 미스터리로 남아 있는 사건 중 하나로서 1933년 11월 14일 밤에 열린 파티에서 있었던 일이다. 파티의 자세한 장면은 한때 『미로』의 원본에는 포함되어 있었지만 삭제된 이후로는 아무도 그 정확한 내용을 알지 못한다. 유일한 실마리는 『미로』의 출판업자를 찾던 머튼의 저작 대리인 나오미 버튼 스톤(Naomi Burton Stone)이 원작을 읽고 머튼의 전기 작가 마이클 모트에게 전해준 이야기뿐이다. 그날 케임브리지 대학교에서

---

60 초기 수도자 시절 머튼의 영적 과제는 "독립, 떠남, 정화"였다. 이는 그의 인생 후반부에 이뤄질 통합을 위한 밑거름이 된다.

는 학생들이 만취한 거친 파티가 열렸는데, 그곳에서 한 학생이 자발적으로 십자가에 못 박혔다고 한다. "모두들 술에 취한 아수라장 속에서 십자가에 못 박히는 흉내를 내는 사람이 있었는데 진짜에 가까워 보일 정도로 모든 상황이 통제 불능이었다."[61] 그 사람은 과연 누구였을까? 확실하지는 않으나 정황상 머튼이었을 가능성이 높다.

1938년에 머튼은 미국 영주권을 신청하면서 미국 귀화 신고를 위한 제1 구비 서류 (Declaration of Intention)에 명확한 신체적 특징을 기입하고 서명해야 했는데, 그는 이 문서에 자신의 오른쪽 손바닥에 상처가 있다고 기록했다. 1951년 6월 26일에 제출한 귀화 문서(Naturalization papers)에도 오른쪽 손바닥에 상처가 있다고 적혀 있다. 나오미 버튼 스톤은 1960년대 초반에 머튼의 오른쪽 손바닥에 있는 상처를 보고 어떻게 생긴 것인지 묻자, 머튼이 사고로 인한 것이라고 얼버무리며 급히 대화의 주제를 바꾼 적이 있다고 전한다.[62]

『미로』에서 머튼은 케임브리지에서의 삶을 몰락의 밤에 비유한다. "한밤중의 파티"는 한계 없는 무절제의 깊은 수렁에 빠져 방황하던 머튼의 모습을 보여준다. 윌리엄 섀넌은 머튼이 이 거친 파티에서 벌어진 이야기를 수동태로 표현하면서 모든 일이 자기 통제 밖에서 일어난 것처럼 기술한

61　Michael Mott, *The Seven Mountains of Thomas Merton*, 78.
62　William Shannon, 오방식 역, 『고요한 등불』, 159-60.

점을 지적한다. "이른 10월부터 그해를 밤으로만 채우기로 이미 결정했다. 그해는 그렇게 일찍부터 밤으로 잠수하기 시작했다."[63] 이처럼 밤이 머튼을 완전히 덮쳐버렸고, 그는 밤으로만 이어지는 어두운 삶을 케임브리지에서 살아갔다.

　　당시 머튼의 무절제한 삶은 나중에 미혼모가 그의 아이를 낳아 길렀다는 설로 이어진다. 이 주장이 문서로 처음 제기된 것은 바실 페닝턴이 『토머스 머튼, 형제 수도승』이라는 책을 출간하면서부터다. 페닝턴에 따르면 머튼은 『칠층산』을 쓸 때 이런 사실을 밝혔는데 두 명의 검열관 중 안토니 신부는 자서전에 수용할 만한 내용이라고 받아들였으나, 가브리엘 신부는 수도자가 입회 전에 아이를 낳았다는 사실을 신자들이 알게 되면 신앙적으로 도움이 되지 않을 것이라고 여겨 그 내용을 누락시켰다는 것이다.[64] 윌리엄 섀넌이 집필한 머튼의 전기인 『고요한 등불』을 보면 페닝턴의 주장을 거의 의심 없이 받아들이는 듯하다. 반면 영국 출신 학자이면서 미국 루이빌에 있는 토머스 머튼 센터(Thomas Merton Center)의 디렉터인 폴 피어슨(Paul Pearson) 박사는 이런 주장을 인정하지 않는다. 그는 머튼의 아이를 낳았다는 여인이 실제로 나타난 적이 없으며 아이에 대해서도 전혀 알려진 바가 없다고 말한다. 머튼은 대학 졸업 후 얼마 지나지 않은 1940년대 후반에 세계적으로 널리 알려졌기 때문에, 실제로 그들이 존재했다면 금방 드러날 수밖에 없는 상황이었다. 또한 런던 폭격 때 이들 모자가 죽었을 것이라는 추정도 있지만, 그에 대한 확실한 증거는 없다.

63　Thomas Merton, *The Labyrinth*; William Shannon, 오방식 역, 『고요한 등불』, 160.
64　M. Basil Pennington, *Thomas Merton: Brother Monk,* (New York: Harper & Row, 1987), Xi-Xii.

머튼의 방탕한 생활을 알게 된 대부는 날카로운 조언을 담은 편지를 몇 차례 보냈지만 전혀 달라지지 않는 머튼의 모습에 격노해서 머튼을 런던으로 호출했다. 머튼이 대부를 만나 보낸 15-20분은 그의 평생에 가장 고통스럽고 괴로운 시간이었다. 그 후로 여러 달이 지났지만 머튼의 상태는 바뀌지 않았다. 두 학기를 마치고 뉴욕에서 여름을 보내는 동안 그는 대부로부터 편지를 받았다. 편지에는 영국 외교관이 되려는 목표를 포기하는 것이 어떻겠느냐는 권유와 더불어 그렇게 한다면 케임브리지에서 공부할 필요가 없으니 시간과 돈을 낭비하지 말고 미국에 그냥 머무는 편이 좋지 않겠냐는 내용이 담겨 있었다. 결국 머튼은 대부의 조언을 받아들여 케임브리지에서의 수학을 포기하고 외조부모가 살고 있는 미국으로 건너오게 되었다.[65]

케임브리지 대학교에서 머튼은 세상의 쾌락에 탐닉하면서 영적·도덕적 밤을 맞이했고, 학문적으로도 완전히 바닥까지 떨어져 몰락의 길을 걷고 있었다. 그런데 이제 그곳에 더 머물지 못하고 미국으로 쫓겨나다시피 했으니 인생의 가장 밑바닥에 떨어진 것이다. 과연 이런 머튼에게 어떤 희망찬 미래를 기대할 수 있을까? 머튼 자신도 자기 앞에 무엇이 놓여 있는지, 자신의 미래가 어떻게 전개될지 전혀 알지 못했다. 머튼은 『칠층산』에서 영국을 떠나던 날을 기억하며 다음과 같이 기도한다.

주님, 한때는 당신 딸이었던 영국이라는 섬을 제가 떠나던 날 밤, 제가 알지도 못하고 느낄 수도 없었으나 당신 사랑은 저와 함께 있었습니다. 그리고 제 배

---

65 Thomas Merton, 정진석 역, 『칠층산』, 273-76.

앞에 바다를 마련하시어 다른 나라로 가는 길을 열어주신 것은 저를 위해 기도해주신 당신의 사랑이었습니다.

저는 제가 어디로 가는지 잘 몰랐고, 뉴욕에 도착했을 때도 장차 제가 무슨 일을 할 것인지 몰랐습니다. 그러나 당신은 저보다 더 명백하게 제 미래를 아셨고, 제 배 앞에 바다를 터놓아 제가 꿈도 꾸지 못한 곳에, 당신이 그때 벌써 제 구원과 피난처와 집이 되도록 마련하고 계시던 그곳에 저를 데려다주셨습니다. 그리고 제가 하나님도, 사랑도, 자비도 없다고 여겼을 때, 당신은 저를 하나님의 사랑과 자비 속으로 인도하셨고, 제가 전혀 모르는 사이에 하나님 얼굴의 비밀 속에 저를 숨겨줄 집으로 데려다주고 계셨습니다.[66]

우리의 삶에 역사하는 하나님의 섭리는 언제나 인간의 생각과 지혜를 넘어선다. 머튼은 당시 "몰락과 그로 인한 추방"으로만 보였던 미국행의 순간을 회상하며 역설적으로 이미 역사하고 계시던 "하나님의 인도와 지극한 사랑"을 발견한다.

케임브리지를 떠난 일은 놀라운 축복이 되었다. 1934년 5월에 머튼은 배를 타고 도버 해협을 건넜다. 이는 지리적으로 영국에서 미국으로, 유럽에서 아메리카 대륙으로 이동했다는 사실 이상의 의미를 갖는다. 섀넌의 분석에 따르면 머튼이 도버 성(Dover Castle)을 지난 일은 지금까지 살아왔던 모든 장소와 삶의 상징을 뒤로 하고 심리적으로 새로운 차원의 삶으로 나아가는 것과 같다.[67] 그해 6월에 머튼은 뉴욕항에 도착하여 외가 친척들

---

66 Ibid., 284.
67 William Shannon, 오방식 역, 『고요한 등불』, 163.

의 따뜻한 환영을 받았다.

　돌이켜 보면 머튼이 케임브리지에서 헛되이 시간을 보낸 것만은 아니었다. 그는 그곳에서 불로우(Edward Bullough) 교수의 강의를 통해 단테의 『신곡』을 접하게 되었다. 그는 단테의 작품을 공부하게 된 것이 "케임브리지에서 얻은 가장 큰 은혜"였다고 고백한다.[68] 머튼은 『신곡』을 읽으면서 고통스러운 과정을 거쳐 천당으로 올라가는 연옥의 칠층산에 주목했고, 거기에 착안하여 후일 자서전 제목을 『칠층산』이라고 정한다.

　하지만 『신곡』에서 일종의 미학적 감흥을 얻었다고 해서 곧바로 단테의 이념을 윤리에 적용하거나 영성적으로 칠층산 등정을 시작하지는 않았다. 오히려 머튼은 자유의지를 가지고 회개로 나아간 것이 아니라, 하나님의 사랑의 불로만 태워 버릴 수 있는 소위 칠죄종(七罪宗)[69]이라는 일곱 겹의 옹고집으로 결함투성이가 되어 자기 안에 완고하게 도사리고 있었다. 그는 그 정화의 불길을 피하면서 애덕이 마음을 건드리지 못하도록 전력을 기울이며, 침투할 수 없는 이기주의로 난공불락의 성벽을 쌓는 삶을 살았다고 고백한다.[70]

68　Thomas Merton, 정진석 역, 『칠층산』, 269.

69　칠죄종은 라틴어로 *septem peccata capitalia* 또는 *septem peccata mortalia*인데 교만, 인색, 음욕, 분노, 탐욕, 질투, 게으름을 뜻한다.

70　Ibid., 269-70.

미국에서의 학창 시절

(1935-1940)

컬럼비아 대학교

사진 26. 컬럼비아 대학교

1935년 1월에 20세가 된 머튼은 미국 뉴욕의 컬럼비아 대학교에 영문학 전공으로 입학했다. 그는 케임브리지 대학교에서 이수한 학점을 인정받아 2학년부터 시작할 수 있었다.[1] 이 학교는 방황하던 머튼의 인생을 완전히 바꾸어 놓았다. 컬럼비아 대학교에서 머튼이 경험한 찬란한 빛은 케임브리지 대학교에서 그를 압도했던 내면의 어둠을 없애주었다. "하나님의 빛 아래서, 우리는 빛을 볼 것이다"라는 컬럼비아 대학교의 표어는 마치 머튼의 마음과 삶에서 일어난 변화를 표현하는 듯하다. 그곳은 머튼으로 하여금 진정한 자기 자신을 자각함으로써 기존의 생의 목표와는 전혀 다른 인생의 길을 찾아 나서도록 만든 은총의 장소가 되었다. 그 순간에는 알아차릴 수 없었지만 놀라운 하나님의 은총이 머튼 안에서 역사하고 있었다. 머튼은 이 시절에 받은 은총을 다음과 같이 묘사한다.

그곳에 다니던 수년 동안 나는 나의 정신을 파괴하는 수많은 오류를 저질렀

---

1 William Shannon, 오방식 역, 『고요한 등불』, 166.

다. 그러나 다행히 그 속에서 나는 이곳이 좋다는 것을 배웠다. 그렇지 않았더라면 메디슨 가에서 삶을 끝마쳐 버렸을지도 모른다. 컬럼비아는 저 눈부신 직업들의 하나를 내게 준비시켜준 대신 하나의 것을 영원히 치료해주었다. 컬럼비아는 나로 하여금 세계의 중심가에 적응하게 하는 대신, 반쯤 의식을 가진 채 촌락으로 느릿느릿 향해 가는 것을 좋아하게 하였다. 촌락에서 나는 가끔씩 정신을 차리고 배우기를 계속했다.[2]

이어서 그는 컬럼비아 대학교에서 무엇을 얻었는지 말한다.

내가 컬럼비아에 대해 언제나 가지고 있는 가장 좋은 인상은 학교가 나를 기꺼이 도서관, 교실, 유명한 교수들 속으로 풀어놓았고, 내가 좋아하는 것을 좋아하도록 내버려 두었다는 것이다. 나는 블레이크, 토마스 아퀴나스, 아우구스티누스, 에카르트, 쿠마하라스와미, 트라헤른, 홉킨스, 마리탱, 가톨릭교회의 성사로 회전 당구 기계처럼 번쩍거리다가 학교를 마쳤다.[3]

회전 당구 기계라는 표현은 머튼이 이 시절을 얼마나 행복하고 복된 기간으로 여겼는지를 상징적으로 잘 보여준다. 그러나 이런 변화는 어느 한순간에 갑자기 이루어진 것이 아니다. 머튼은 『칠층산』에서 컬럼비아 대학교에서의 경험을 말하기 시작하면서 그 이전의 삶에 관한 자기 성찰을 풀어

2 Thomas Merton, 위미숙 역, 『양심, 자유 그리고 침묵』(서울: 자유문학사, 1992), 20; Thomas Merton, ed. by Naomi Burton Stone and Patrick Hart, *Love and Living* (New York: Farrar, Straus & Giroux, 1979; New York: Harcourt/HBJ Book, 1985), 11–12.

3 Thomas Merton, *Love and Living*, 13

놓는다.

> 나는 정말 너무 비참했고, 내 괴상하고 막연한 이기적 쾌락주의가 너무나 큰 잘못이라는 것이 명백해졌다. 케임브리지에서 지낸 1년을 깊이 반성하지 않더라도 나의 환상적 쾌락과 향락의 꿈은 어처구니없는 미친 짓이었고, 내가 손을 댄 모든 것이 이미 재로 변했으며, 나는 극단적으로 불쾌한 자, 즉 무익하고 자기중심적이며 방탕하고 나약하며 결단력과 자제력도 없는 감각적이고 음탕하며 교만한 자로 변해버렸다. 나는 쓰레기였다. 거울 속에 비친 내 얼굴마저 보기 싫었다. 내가 이 모든 것의 이유를 스스로 따졌을 때 그 바탕은 잘 준비되어 있었다. 내 정신은 벌써 나의 영적 감옥을 벗어날 수 있는 열린 문인 듯한 것을 향하고 있었다."[4]

머튼은 컬럼비아에 입학할 당시 자기 모습이 "괴상하고 막연한 이기적 쾌락주의의 노예"와 같았다고 말하면서, 자신의 영적, 심리적 상태를 "노예 이미지"로 묘사한다. 케임브리지에서 좇았던 "환상적 쾌락과 향락"은 그를 우울한 "영적 감옥"에 가두어버렸다.

우리는 『칠층산』을 읽으면서 컬럼비아 대학교에 오기 전까지의 삶에 대한 이런 반추가 젊은 수도자 머튼에 의해 이루어지고 있다는 사실을 염두에 두어야 한다. 『칠층산』의 현대 독자인 우리는 대학교에 갓 입학한 머튼이 자기 자신에 대해 어떻게 느끼고 생각했는지를 쉽게 짐작할 수 없다. 그러나 "거울 속에 비친 자신의 얼굴마저 보기 싫어했다"는 표현을 통해

---

4   Thomas Merton, 정진석 역, 『칠층산』, 288.

그의 자기 인식이 어땠는지를 추측해볼 수 있다.

머튼은 자기 미움과 연민에 깊이 빠져서 극단적으로 자기를 증오하고 있었다. 인간은 삶을 호와 불호로 나누고, 불호하는 부분을 증오의 대상으로 삼기 쉽다. 젊은 머튼의 자기 증오는 싫어하는 부분에 집착함으로써 발생하는 자기 미움에서 출발하고 있다. 자기 미움은 다른 한편으로 자기 연민을 불러일으킨다. 이런 자기 미움과 자기 연민의 모순된 양가감정이 극대화된 것이 당시 머튼이 느꼈던 "자기 증오"였을 것이다.

컬럼비아에서 머튼은 이기적이고 쾌락을 좇는 삶이 헛되고 무의미하다는 사실을 분명히 깨닫게 된다. 하지만 이를 깨달았다고 해서 자신의 존재와 삶을 획기적으로 바꾸어줄 대안으로서 그리스도교 신앙을 받아들인 것은 아니다. 그는 쾌락주의에 대한 자성 끝에 "즉각 실천에 옮길 새 종교"로서 공산주의에 관심을 갖게 되고, 그해 여름에는 그 사상에 매료된 사람들과 어울리게 된다.

그는 이 시기에 "영적 감옥"에서 어떻게 벗어나려 했는지, 왜 자신이 공산주의에 관심을 갖게 되었는지, 그때 작용했던 영적·심리적인 역동이 무엇인지를 진솔하게 술회한다.

따라서 나의 전체 영적 조건을 경제사와 계급 투쟁에 반영하여 평가하는 것은 당연한 일이었다. 다시 말해 내가 도달한 결론은 내가 불행한 이유의 근원이 나 자신이 아닌 내가 살고 있는 사회에 있다는 것이다. 나는 지금의 "나"라는 인물, 케임브리지에 있었던 "나"라는 인물, 내가 스스로 형성한 인격 등을 고찰하였다. 그리고 내가 시대와 사회와 계급의 산물임을 충분히 명백하게 보았다. 나는 내가 살고 있는 유물론적 세기의 이기주의와 무책임성에 의해 부

화된 산물이다.[5]

젊은 머튼은 케임브리지에서 보낸 밤의 생활을 돌아보며 윤리적 개종에 진지한 관심을 갖게 된다. 또한 자본주의에 대한 맹렬한 비판과 함께 공산주의 운동에 대한 관심을 키워갔다. 그는 로마 이래 "자본주의 사회만큼 값싸고 비열하고 흉측한 색욕과 허영이 만발한 곳은 없었으며, 자본주의 사회에서는 돈을 위해 어떤 악도 서슴지 않는다"고 여겼다. 표면적으로는 자본주의 사회의 폐단으로 인해 공산주의에 관심을 갖게 된 것처럼 보였지만, 그가 『칠층산』을 통해 밝힌 내면의 동기는 이와 달랐다.

> 그런데 이때 내가 잘못 본 것은 여기서 내 나이와 계급은 단지 부수적 부분에 불과하다는 점이다. 그것들은 나의 이기심과 교만 및 기타의 죄에 20세기 고유의 나약하고 거드름을 피우는 경솔이라는 특수한 성격을 첨부시켰다. 그러나 오직 표면만 그러했을 뿐 그 껍질을 벗겨보면 그것은 옛날부터 똑같은 탐욕과 색욕 및 자애심, 즉 어느 시대와 계급에나 있는, 학술 용어로는 "세속"이라고 하는 무성한 썩은 덤불 속에 번식된 세 가지 욕정이었다.[6]

당시 머튼은 자기 문제의 표면만 봤을 뿐 문제의 뿌리까지는 제대로 보지 못했다. 그러나 훗날 『칠층산』에서 자신이 내면의 영적 문제를 외부 사회에 투사했음을 솔직히 인정한다. 머튼은 1930년대 공산주의 운동이 문제

---

5   Ibid., 289-90.
6   Ibid., 290.

의 근원을 개인이 아닌 사회 환경에서 찾는 특징이 있었다고 지적한다. 그가 공산주의 운동에 관심을 보인 일도 겉으로는 사회의 구조나 계급 또는 환경의 문제에 관심을 표명하는 것처럼 보이지만, 실제로는 자기 내면의 이기심과 탐욕을 사회 구조에 투사해서 자기 대신 사회를 비난하고자 한 것이다. 즉 사회가 지배적이고 탐욕적이므로 사회 구성원 역시 그 영향을 받아 탐욕적인 삶을 살아갈 수밖에 없으므로, 비난받아야 하는 대상은 자신이 아닌 사회라는 뜻이다. 머튼 안에는 자기가 정말 싫어하는 모습들이 있었는데 이런 자기 증오와 내면의 동기를 보면서도 회개를 통해 진정한 변화를 추구하기는커녕, 내면의 요소를 외부에 투사하여 사회구조적인 변혁을 외치는 공산주의자들과 어울렸던 것이다. 이것은 그가 공산주의 운동에 잠시나마 관심을 갖게 된 근본 동기가 실제로는 사회적 약자들에 대한 긍휼보다는 잘못된 자기애였음을 말해준다.

여기에 두 개의 다른 머튼의 목소리가 나타난다. 첫 번째 목소리는 자신의 인격과 가치 판단의 기준이 사회의 영향에 의해 형성되었다는 내면의 소리다. 머튼은 자신이 겪은 불행이 현대 자본주의 사회의 폐단 때문이라고 여긴다. 그러면서 자신의 존재를 현대 물질사회의 산물로 여기며 진정한 변화를 회피한다. 두 번째 목소리는 자기 증오를 직면하지 않고 사회를 비난하는 자기중심적이고 무책임한 젊은 머튼을 비판하고 해석하는 수도자 머튼의 소리다. 수도자 머튼은 과거에 자신이 취약한 환경에서 성장했다는 사실을 부정하지 않으면서도 그런 현대 사회의 영향은 단지 부차적이었다고 말한다.

머튼의 이기주의와 교만이 자라나는 데 결정적인 역할을 한 것은 바로 그의 내면에 도사리고 있는 탐욕, 색욕, 자기애였다. 이는 시대와 계층에 관계없이 인간이라면 누구나 갖고 있는 측면으로서, 수도원 생활 초기의 머튼은 삶의 외면적 현상뿐만 아니라 내면적 실체와 그 동기까지 성찰하였다. 이런 성찰을 할 수 있었던 이유는 "혁명적 은총" 덕분이었으며, 이렇게 은총을 통해 발견된 내면의 동기는 그가 해결해야 할 영성적 과제이기도 했다. 머튼은 『칠층산』에서 과거 자신의 투사 현상과 자기 왜곡의 근본적인 원인을 반추하면서, 모든 문제의 껍질을 벗겨보면 영구한 인간 본성(시대와 계급을 막론하고 인간 내면의 무성한 썩은 덤불 속에 번식한 세 가지 욕정인 탐욕, 색욕, 자기애)이 모든 개인과 사회 문제의 뿌리에 도사리고 있음을 강조한다.[7]

　그는 컬럼비아 대학교에서 공산주의 운동에 기웃거리던 때를 회상하면서 "인류를 위한 선행을 하려는 내 영감은 애초부터 매우 연약하고 추상적이었다. 나는 여전히 이 세상의 단 한 사람 곧 나 자신을 위해 선행을 하는 데 관심이 있었다"고 말한다. 이런 그의 회심은 내적으로 자기 자신에 대한 책임감을 가지고 스스로를 비판함으로써 내면을 근본적으로 새롭게 한 것이라기보다는 모든 관심을 외부로 돌리고 외적으로 부과된 공산주의라는 원칙을 그대로 받아들인 결과다. 하지만 "어쨌든 이 회심은, 비록 잠시였지만, 자기중심적 쾌락의 삶이란 막다른 종점이라는 인식의 시작이었다"고 말한다.[8]

　그는 자신도 모르는 사이에 친구들과 어울리는 대학 생활을 점점 참을 수 없는 지경에 이른다. 머튼의 일상은 분주했다. 그는 학교 공부 외에

7　Ibid., 290.

8　Walter E. Conn, *Christian Conversion* (Eugene, Oregon: Wipf & Stock Pub, 2006), 163.

도 문학, 방송, 스포츠 등의 동아리 활동에도 열심히 참여하였으며 부유한 가정의 자녀에게 라틴어를 가르치기도 했다. 밤이 되면 친구들과 시끄러운 술집에서 말없이 함께 앉은 채 날이 새도록 재즈 음악을 감상하곤 했다. 이런 행동들이 대죄는 아니었지만, 머튼은 점점 자신의 삶에 환멸과 수치심을 느꼈다. 밤을 새고 새벽에 집으로 돌아갈 때면 "건강하고 맑은 정신, 맑은 눈망울과 뚜렷하고 건전한 목표를 지니고" 일터로 나가는 노동자들과 마주치곤 했다. 그럴 때면 머튼은 갑자기 엄습하는 수치심과 절망감을 느끼며 한없이 우울해졌다.[9]

머튼이 경험하는 이런 환멸과 수치심 및 절망감과 우울감은 그의 내면이 어느 곳을 향하고 있는지를 파악하는 데 도움을 준다. 젊은 대학생 머튼은 내적으로 한없이 우울해 보였지만, 그의 마음속에 새로운 삶을 향한 열망이 숨겨져 있었으며 그것이 은밀하면서도 점점 크게 자라나고 있었음을 보여준다. 머튼이 자신에 대해 환멸감과 수치감을 느낀다면 그것은 최소한 아직도 윤리적 생활을 할 수 있는 희미한 능력이 있음을 입증하는 것이다. 그러나 동시에 머튼은 이것이 영적으로 죽은 자신의 상태를 은폐해 버릴 수도 있음을 인식했다.[10] 그는 자신이 윤리적으로뿐만 아니라 영적으로도 어떤 상태에 있는지를 점점 더 명확하게 인식해갔다.

그리스 신화에서 하데스의 지하 왕국은 어떤 영웅도 들어가기를 꺼려하는 곳으로서, 비록 내려가기를 시도하더라도 실제로 그곳을 제대로 경험하기는 너무 힘들다. 또한 거기에 들어간 자는 누구든 쉽게 빠져나오지

---

9   Thomas Merton, 정진석 역, 『칠층산』, 339.

10   Ibid., 339.

도 못한다. 만약 그곳에 들어갔던 영웅이 자신의 과업을 성취하고 하데스를 빠져나오게 되면 그는 진짜 영웅이 된다. 이는 우리의 삶에 중요한 가르침을 준다. 진짜 영웅이 되는 조건이 하데스를 제대로 경험하는 것이듯, 진정한 자기실현을 위해서도 자신의 어둠을 제대로 경험하는 것이 필요하다는 것이다.

머튼의 케임브리지는 그의 인생의 하데스였다. 아버지의 죽음 이후로 갑자기 덮쳐오기 시작한 인생의 밤이 케임브리지에서는 더 이상 내려갈 수 없고 앞을 내다볼 수도 없는 완전한 몰락의 밤이 되었고, 이와 더불어 자신에 대한 절망을 느낀 머튼은 도덕적, 정신적, 영적, 환경적으로도 완전한 하데스를 경험하게 되었다.

머튼은 컬럼비아 대학교에서 자신의 삶을 진지하게 성찰하게 되면서 비로소 자신이 얼마나 깊은 어둠에 갇혀 있는지를 점차 깨달아간다. 머튼은 그 어둠에서 빠져나오기를 진실로 갈망하면서 케임브리지에서와는 완전히 다른 학교생활을 하지만, 그의 밤은 더욱 깊어져만 갔다. 머튼은 자신이 확실히 밤의 상태 가운데 있었음을 고백한다. "나는 이미 오래전부터 영적 죽음의 상태였다."[11]

---

11 Ibid., 339.

외조부모의 죽음

끝없는 어둠 속에 있는 머튼을 더 깊고 어두
운 수렁으로 밀어 넣은 중대한 사건이 발생했
다. 그것은 바로 외조부모의 갑작스러운 죽음
이었다. 머튼의 인생에서 외할아버지와 외할
머니는 매우 특별한 존재였다. 그들은 우리에
게 널리 알려진 관상가 머튼과는 다른 가치관
을 가진 사람들이었다. 머튼의 외할아버지는
개척자 정신을 가지고 경쟁이 치열한 뉴욕 상

사진 27. 머튼의 외할아버지

업 사회에서 성공을 거둔 입지전적인 인물이었다. 그는 이상적인 미국인
의 전형으로 평가받았던 두 사람, 즉 무성 영화 시대의 최고 배우이자 영화
제작자였던 더글라스 페어뱅크스(Douglas Fairbanks)와 미국의 연인으로 불
리던 캐나다 출신 여배우 메리 픽포드(Mary Pickford)를 숭배했다. 외할아버
지는 그들을 보면서 세상 사람들이 지녀야 할 "아름다움과 재치, 웅장함과
우아함과 올바름, 용기와 사랑, 쾌활함과 부드러움 같은 모든 덕목은 물론
도덕심, 진리, 정의, 명예, 신심, 성실, 열정, 신뢰, 시민의식, 패기"를 모두
갖췄다고 평가하였으며, 그들처럼 "부부간에 찬란하고 단순하며 진지하고
경건하며 충실한 사랑과 헌신"을 다하는 삶을 살고자 했다.[12]

머튼의 외조부모는 오하이오의 작은 도시 제인스빌에서 태어나 필라

12　Ibid., 71.

델피아를 거쳐 뉴욕에 정착했다. 부부는 더글라스와 메리를 모델로 삼고 자신들의 삶에서 나름의 성공을 성취했다. 외할아버지는 고액의 임금을 받으며 그로셋 앤드 던랩 출판사에서 일했고, 경제공황에도 크게 타격받지 않을 만큼 탄탄한 경제력을 갖췄다. 두 자녀인 루스와 해롤드는 부모의 아낌없는 후원 속에서 원하는 교육을 마음껏 받으며 성장했다. 외조부모의 너그러운 후원과 지지는 머튼 형제에게까지 이어졌다. 만약 이들이 머튼의 삶에 존재하지 않았거나 큰 영향을 주지 못했다면 그의 인생은 어떻게 전개되었을까? 그랬다면 과연 머튼이라는 한 그루의 나무가 땅에 뿌리를 내리고 은총 안에서 고유한 인생을 펼쳐나갈 수 있었을까?

머튼은 프랑스로 가게 된 이후에도 방학이나 휴가 때면 대서양을 건너 외조부모의 집에 와서 머물렀다. 케임브리지 대학교를 중퇴한 머튼은 미국으로 건너와서 더글라스톤에 있는 외조부모의 집에서 대학 생활을 하게 되었다. 외할아버지가 죽기 전 2년 동안 그들은 아주 가까워졌다. 외할아버지는 머튼과 같이 식사를 하면서 자신의 고충을 털어놓기도 하고, 머튼의 장래에 대해 이야기를 나누곤 했다. 그렇게 친밀했던 외할아버지 사무엘 젠킨스는 1936년 10월 27일 뉴욕의 늦가을이 시작되는 시기에 심장마비로 갑작스럽게 세상을 떠났다. 지리학 답사가 있어서 필라델피아에 다녀온 머튼은 아침에 여느 때처럼 아파하는 할아버지를 보면서 감기에 걸리셨다고 생각했는데, 그날 오후에 할아버지가 돌아가셨다는 소식을 들은 것이다. 머튼은 할아버지의 마지막을 이렇게 회상한다. "외할아버지는 우리가 예측도 못하는 사이에 주무시는 동안 별안간 우리를 떠나버리셨다."[13]

---

13   Ibid., 341.

외할아버지의 사망 소식을 들은 머튼은 서둘러 집으로 갔다. 집에 도착한 머튼은 외할아버지의 침실로 가서 창문을 닫고 침대 옆에 무릎을 꿇은 후 외할아버지에 대한 사랑으로 기도했다. 머튼은 이제까지 어느 죽음을 보아도 기도한 적이 없었고 기도할 의향마저 없었지만, 이번에는 자발적으로 기도를 드렸다.

외할아버지를 보낸 지 얼마 되지 않아 외할머니도 시름시름 앓기 시작했다. 처음에는 넘어져서 팔이 부러졌는데 잠시 나아지는 듯 보였으나 점차 허리가 굽고 말수가 줄어들면서 얼굴이 야위어갔다. 머튼은 아무 말도 하지 못한 채로 자기를 응시하는 외할머니 앞에서 다시 기도를 바쳤다. "외할머니를 만드신 분이시여, 외할머니를 계속 살게 해주소서." 어떤 면에서는 돌아가시는 편이 더 나았지만, 머튼은 생명이 확실하고 유일한 선이라고 믿었기 때문에 생명 자체이신 분께 기도를 바친 것이다. 그러면서도 여전히 자신은 아무것도 믿지 않는다고 생각했다. 외할머니는 말도 하지 못하고 침대를 벗어날 수도 없었지만 생각보다 오래 사시다가 이듬해 8월 세상을 떠났다.

머튼은 어린 나이에 부모님의 죽음을 경험해야 했다. 부모님의 죽음은 어린 머튼을 쓰나미(tsunami)처럼 흔들었지만, 그런 흔들림 가운데서도 머튼이 견고하게 설 수 있었던 이유는 외조부모님의 존재와 그들의 변함없는 따뜻한 사랑 때문이었다. 머튼의 외조부모가 죽는 순간까지 외손자 머튼에게 베풀어준 너그러운 사랑과 따뜻한 돌봄 및 가장 가까운 가족으로서 변함없이 제공해준 인간적인 안정감과 재정적인 후원은 머튼의 인생에 너무나 소중한 자산이자 그를 항상 지키고 보호해주는 울타리였다. 유별나게 머튼을 아껴주었던 외할아버지는 무조건적 사랑으로 그를 지켜주고 지탱해준 세상의 유일한 버팀목 같은 존재였다.

외할아버지가 돌아가시자 머튼의 몸과 마음이 모두 무너져내렸다. 머튼은 자신의 몸이 병들었다고 느꼈다. 신체적으로 가장 원기왕성해야 할 20세의 나이임에도 불구하고 크로스컨트리 경기 후 탈진해버렸다. 그는 평상시에 얼마든지 쉽게 해낼 수 있는 경기에서 완전한 탈진을 경험한 순간을 이렇게 기술한다. 경기가 끝나자 "곧장 쓰러져 땅바닥에 누운 채…얼마나 괴로웠는지 사람들이 쳐다보는 것도 개의치 않았다.…나는 몸이 진정될 때까지 가만히 누워 있었다."[14]

이것 말고도 머튼의 몸에 또 다른 변화가 나타났다. 그는 거의 일 년 동안 지독한 현기증에 시달렸다. 외할머니의 장례식을 마치고 얼마 지나지 않아 더글라스톤으로 가는 기차 안에서 갑자기 평형 감각이 사라지고 끝없는 공허의 심연으로 빠져들어가는 듯한 현기증을 느꼈다. 신선한 공기를 마시기 위해 기차 난간에 서 있으려고 했으나 무릎이 심하게 떨리는 바람에 기차 밑으로 떨어질 것 같아서 다시 안으로 들어와 벽에 기대어 섰다. 그런데도 증상이 멈추지 않았다. 그날 이후로도 "현기증이 심해서 롱아일랜드로 가는 기차만 보면 입을 딱 벌리고 있는 아즈텍족(멕시코 원주민)의 불타는 신처럼 느껴져서 무서움에 몸을 움츠리게 되는 버릇"이 생겨났다.[15]

기차 안에서 고통스러운 증상을 겪은 머튼은 펜실베이니아 역에서 급히 내려 길 건너에 있는 호텔 방에 들어가 의사를 불렀다. 의사는 머튼의 심장 소리를 확인하고 혈압을 재어보더니 그가 상당히 과민한 상태라고 진

---

14   Ibid., 345.
15   Ibid., 377.

단하면서 현재 하는 일을 좀 줄이고 충분한 휴식을 취하라고 제안했다. 그는 호텔 침대에 누워서도 머릿속에서 쉴 새 없이 들려오는 고동 소리 때문에 잠을 잘 수가 없었다. 눈을 감고 있기도 힘들고, 그렇다고 눈을 제대로 뜰 수도 없었다. 일어서자니 어지럽고 창문을 보니 마룻바닥으로 내려앉을 것 같은 두려움이 몰려왔다. 어지럼증이 너무 심해 잠을 제대로 잘 수 없던 머튼은 의사의 만류를 뿌리치고 호텔을 나왔다. 그는 신경 쇠약에 걸린 것은 아닌지 염려하며 겨우 집으로 돌아왔다.

머튼은 설상가상으로 위염까지 얻게 되었다. 의사들은 머튼에게 약을 지어주면서 식이요법을 위한 규정식을 정해주었다. 머튼은 규정식 덕분에 음식에 대해 많은 지식을 얻었지만, 오히려 여느 현대인들처럼 건강을 잃어버릴지 모른다는 두려움에 시달리면서 무엇을 먹고 먹지 말아야 하는가에 대해 지나치게 신경을 쓰게 되었다.

우리는 머튼에게 원인을 알 수 없는 심리적, 신체적 고통이 갑작스럽게 찾아온 이유를 생각해볼 필요가 있다. 머튼에게 특별했던 조부모님의 연속적인 죽음 때문에 신경 쇠약에 걸린 것일까? 컬럼비아 대학교에서의 과중한 학업과 문학도로서의 혈기왕성한 여러 활동들로 인한 과로일까? 위궤양으로 병이 악화되어 몸이 극도로 쇠약해진 탓일까? 정확히 무엇 때문에 머튼이 갑자기 쇠약해졌는지는 명확히 말할 수 없고, 머튼 자신도 그 이유를 단정적으로 밝히지 않는다.[16] 하지만 머튼은 『칠층산』에서 이 시기의 자기 문제에 놓여 있던 아주 중요한 근원을 밝힌다. 머튼은 이전에는 인지하지 못했던 엄청난 공포에 의해 완전히 지배당하는 삶을 살아가고 있

---

16   Jim Forest, *Living with Wisdom: A Life of Thomas Merton*, 48.

었다. 이 공포는 머튼이 새롭게 경험하는 공포인 것 같지만 사실 그것은 전혀 새로운 것이 아니었다. 그것은 머튼에게 아주 오래전부터 있었던 두려움인데, 머튼은 자신의 마지막 안전대라고 믿었던 외조부모님의 죽음으로 인해 그 실체를 경험하게 된 것이다. 머튼은 이 세상에 자기를 사랑으로 지켜줄 사람이 아무도 없다는 사실을 깨닫게 되었고, 오직 나 홀로라는 의식과 함께 내면의 어두운 그림자를 대면해야 했다. 이제 머튼은 의식적으로나 무의식적으로 자신을 어지럽게 만드는 그 엄청난 두려움에 맞서 생명을 건 싸움을 해야 했다. 머튼은 거의 1년가량을 막연한 공포 가운데 시달렸다고 고백한다.

값싼 프로메테우스

기댈 수 있는 안전대가 없어지자 머튼을 둘러싸고 있던 두려움이 세상을 향한 집착으로 모습을 드러내기 시작했다. 머튼은 『칠층산』에서 외할아버지를 보내고 앓던 자신의 모습을 "현대 사회의 진정한 자녀(노예)"로 묘사한다. 그는 이 두려움이 자기 안에 늘 존재해온 측면, 즉 교만과 색욕의 거울과 같다고 말한다. "나는 뒤집힌 동전의 뒷면을 보게 된 것뿐이었다. 나는 값싼 프로메테우스가 되어 일 년가량 내 내장을 파먹고 있는 독수리를 보아야 했다."[17] 여기서 독수리는 두려움을 상징한다. 프로메테우스는 독수

---

17   Thomas Merton, 정진석 역, 『칠층산』, 349-50.

리에게 간이 파먹히는 동시에 그 광경을 매일 자신의 눈으로 목격해야 하는 이중고를 겪는다. 머튼 역시 1년 정도 영적 감옥에 갇혀 독수리가 자기 속을 파먹는 것과 같은 끔찍한 고통을 당했다. 머튼은 자신을 값싼 프로메테우스로 묘사한다. 왜냐하면 자신이 인류의 유익이 아닌 자기 욕망을 추구하다가 갇혀 버렸기 때문이다. 그러나 이 두려움이 도리어 구원의 기회를 제공했다고 말한다.

> 나는 이 막다른 골목에서 진퇴유곡의 절망에 빠진 내 꼴을 보기 위해서 정말 멀리서 뛰어왔다. 그러나 내 힘만으로는 이럴 수도 저럴 수도 없는 번민이 나를 재빨리 무릎 꿇게 했다. 바로 이 낭패가 나를 구원하는 기회가 되었다.[18]

머튼의 독수리는 그의 내면을 쪼아대면서 내적 자기가 깨어나는 길을 예비한다. 그는 "부질없는 걱정에 완전히 사로잡혀 진정으로 중요한 것을 심려하거나 이해할 수조차 없게" 되었지만, 그의 가장 깊은 두려움은 진정한 영적 상태를 보는 눈을 열어주었다. 19세의 머튼은 과거의 잘못 및 내면의 어둠과 혼란을 사회에 투사함으로써 내면의 소리를 회피하였지만, 22세의 머튼은 완전한 무(無)가 되거나 모든 것을 상실할지도 모르는 두려움을 직면하면서 진정한 자기 자신의 모습을 깨닫는 길로 나아가게 된다. 그는 완전히 빈털터리가 된 자신의 모습을 본다.

> 나는 마침내 현대 세계의 노예가 되어버렸다. 부질없는 걱정에 완전히 사로잡

---

18 Ibid., 353.

혀 진정으로 중요한 것을 심려하거나 이해할 수조차 없게 된 것이다. 오캄을 떠나 온갖 쾌락과 향락을 샅샅이 찾아 탈취하리라고 으스대면서 이 세상에 발을 들여놓은 지 겨우 4년밖에 안 됐는데 이 꼴이 되었다. 내가 의도했던 대로 다 해놓고 보니 빈털터리가 되고 오장육부가 몽땅 털린 셈이다. 이 얼마나 어처구니없는 일인가! 나를 채운답시고 한 일이 도리어 나를 텅 비게 했으니 사물을 움켜잡는다는 것이 만사를 잃는 꼴이었다. 나는 쾌락과 향락에 탐닉함으로써 실의와 번민과 공포만을 얻었다.[19]

값싼 프로메테우스가 된 머튼은 완전한 빈털터리가 되어서야 비로소 깊은 곳에서 울려 나오는 내적 음성을 듣게 되었다.

---

19   Ibid., 350–51.

회
심

마크 반 도렌

1935년 봄, 컬럼비아 대학교에서의 첫 학기를 맞이한 머튼은 18세기 영국 문학 강의에서 영문학자 마크 반 도렌(Mark Van Doren)[1] 교수를 처음 만난다. 반 도렌 교수는 미국의 저명한 시인으로서 1920년부터 1959년까지 컬럼비아 대학교에서 영문학을 가르쳤다. 순수한 문학 정신과 문학도의 바른 자세를 강조한 그는 문학을 공부하는 젊은 머튼에게 결정적인 영향을 미쳤다. 그는 교수로서 자신의 능력을 과시하지 않고 오로지 문학에만 집중함으로써 학생들에게 책 읽는 법, 나쁜 책과 좋은 책을 분별하는 법, 표절 작품과 진정한 원작을 분간하는 법 등을 명확히 가르쳐주었다.

그는 자신의 사상을 학생들에게 억지로 주입시키고 획일적인 답변을 강요함으로써 특정 생각의 울타리에서 벗어나지 못하도록 조장하는 그런 교수가 아니었다. 오히려 자신의 핵심적 관심사와 접근 방식을 학생들에게 명확히 전달해줌으로써 학생들이 그것을 발판으로 삼아 고유한 관심사를 발견할 수 있도록 도와주었다. 학생들은 반 도렌 교수가 던진 질문에 애써 대답하는 가운데 중요한 깨달음을 얻게 되었다. "그는 질문을 통해 학생들 안에 있는 것을 끌어내는 기술을 갖고 있었다. 그의 강의는 학생들 안에 있는 것을 끌어내어 그들의 정신이 스스로 명시적 이념을 산출하도록 도움

---

1 헨리 나우웬은 머튼을 겟세마니 수도원으로 이끈 중요한 요인으로 책, 사람, 사건들을 꼽으면서, 특히 반 도렌 교수의 강의가 머튼의 풍부한 생각과 감정에 질서를 부여해주었다고 평가한다(Henri Nouwen, 김기석 역, 『기도의 사람 토머스 머튼』[서울: 청림출판, 2008], 64).

으로써 글자 그대로 '교육'이 무엇인지를 보여 주었다."[2]

사진 28. 마크 반 도렌

1945년 5월 22일에 반 도렌 교수의 친구들과 제자들이 모여 그를 위한 저녁 만찬을 열었다. 참석자들은 반 도렌이 자신에게 어떤 존재인지에 대해 이야기를 나눴고, 사정상 참석하지 못한 사람들은 서신을 통해 마음을 전달했다. 봉쇄 수도원에 머물고 있던 머튼이 보낸 편지의 일부가 그 자리에서 낭독되었다.

> 1935년에 제가 선생님을 만났었던 것은 정말 특별한 행운이었습니다. 선생님은 시와 영문학이라 불리는 것들을 이용해서 사람들의 찬탄을 받으려고 하지 않았습니다. 오히려 사람들이 시와 좋은 글과 진리를 감탄하고 이해할 수 있도록 선생님의 재능을 사용하셨습니다.[3]

머튼은 반 도렌 교수의 영문학 강의에 대해 이렇게 술회한다.

> 이것은 내가 대학에서 들은 최상의 강의로서 나에게 여러 유익을 주었다. 내가 인생, 죽음, 시간, 사랑, 슬픔, 두려움, 지혜, 고통, 영원과 같이 인간에게 진정으로 근본적인 것들에 대해 참으로 뜻깊은 말을 들은 유일한 장소는 그곳

---

2   Thomas Merton, 정진석 역, 『칠층산』, 303.

3   Thomas Merton, ed. by Robert Daggy, *The Road to Joy: Letters to New and Old Friends* (New York: Farrar. Straus. Giroux, 1989), 18-19.

뿐이었다.…단순하면서도 예민하고 근본적으로 스콜라 학파적이면서도 뚜렷하게 그리스도교적이 아니었던 마크 반 도렌 교수는 명석하고 감성적이며 공평무사한 인생관을 제시함으로써 학생들 마음속에 건전하고 항구하며 창조적인 인생의 모습을 심어주었다. 이 강의가 없었더라면 나는 기차를 타고 컬럼비아까지 다니기를 단념했을지도 모른다.[4]

마크 반 도렌은 머튼에게 문학 이상을 가르쳐준 인물이었다. 컬럼비아에 왔을 때 머튼은 한동안 좋아했던 문학과 시가 부질없는 탐미주의와 도피철학으로 인간을 유도한다고 여기고 대신 사회학, 경제학, 역사학 과목들을 주로 수강하고자 했다. 그런데 우연한 기회에 반 도렌 교수의 강의를 듣다가 문학에 다시 푹 빠져들게 되었다.

회심의 관점에서 머튼을 집중적으로 연구한 월터 콘은 그의 회심의 과정에서 가장 중요한 영향을 준 인물로 마크 반 도렌을 꼽는다.[5] 당시 머튼은 매우 냉소적이었으며 사물과 세상에 대해 부정적인 시각을 갖고 있었는데, 반 도렌 교수와의 만남을 계기로 열린 마음을 갖고 진지하게 진리를 추구하는 구도자가 될 수 있는 마음의 토양을 갈고 닦게 된다. 머튼이 『칠층산』에서 밝힌 바에 따르면 마크 반 도렌의 맑은 정신은 "사물의 본질을 꿰뚫어 봄으로써 우연성과 외양의 껍데기 속에 들어 있는 존재와 실체를 조명할 수 있는 능력이 있었고, 이런 의미에서 그의 기질은 철저하게 스콜라적이었다." 그의 진지하고 성실한 지성과 객관적 정직성은 머튼으로

4　Thomas Merton, 정진석 역, 『칠층산』, 379-80.

5　Walter E. Conn, *Christian Conversion*, 179.

하여금 스콜라 철학의 좋은 씨를 옥토의 마음으로 받아들일 수 있도록 준비시켜주었다.[6]

마크 반 도렌은 어떤 종교나 신앙을 갖고 있지 않았지만, 머튼에게 스콜라 철학의 본질적 정신과 목적을 진정성 있게 나타내 보여준 세례 요한과 같은 인물이었다. 세례 요한이 예수께로 가는 통로가 되었듯이 도렌 교수는 머튼이 진리의 길로 들어서는 데 결정적 역할을 했다. 그는 진리와 본질을 찾아가는 진정한 구도자로서 흠모할만한 인품을 가진 존재였다.

머튼이 수도자가 된 이후에도 그들의 관계는 지속되었다. 머튼이 겟세마니 수도원에 들어간 후에도 반 도렌 교수는 몇 차례나 그를 만나러 왔다. 그는 머튼으로부터 전해받은 시 원고를 뉴욕으로 가져와서 뉴 디렉션스(New Directions) 출판사에 근무하는 제임스 로린(James Laughlin)을 설득하여 출판하기도 했다. 그 시집이 바로 머튼의 첫 출판 책자인 『30편의 시』(Thirty Poems)다.

1968년 12월 11일에 반 도렌 교수는 겟세마니 수도원장 플래비언 신부(Fr. Flavian, Thomas Burns)가 보낸 전보를 받는다. "방콕에서 머튼 신부님이 죽었다는 안타까운 소식을 전해드립니다." 이를 받은 반 도렌 교수는 다음과 같이 응답한다. "너무나 끔찍하고 안타까운 소식입니다. 그의 죽음에 관한 소식을 전해주셔서 진심으로 감사드립니다. 머튼은 오늘 우리 시대에, 아니 모든 시대를 통틀어 가장 위대한 인물 가운데 한 사람입니다. 나는 내 생애가 마치는 그날까지 그를 애도할 것입니다."[7]

6　Thomas Merton, 정진석 역, 『칠층산』, 303-4.
7　Thomas Merton, *Road to Joy*, 55.

로버트 랙스

머튼은 컬럼비아 대학교에서 훌륭한 스승들과 에드워드 라이스(Edward Rice), 세이무어 프리드굿(Seymour Freedgood), 로버트 깁니(Robert Gibney)와 같은 좋은 친구들을 많이 만났다. 그중 머튼의 인생 여정에서 빼놓을 수 없는 아주 중요한 인물이 바로 동갑내기 친구인 로버트 랙스(Robert Lax)다. 머튼과 랙스는 마크 반 도렌 교수의 셰익스피어 강의에서 처음 만났다. 로버트 랙스는 유대인 혈통으로서 1915년 11월 30일에 뉴욕 올리안에서 태어났으며 뉴욕에서 자랐다. 그는 머튼이 컬럼비아 대학교에 다니는 동안 가장 가깝게 지낸 친구였다.

머튼은 1935년부터 컬럼비아의 교내 잡지인 『제스터』에 만화와 자신의 이야기를 기고하기 시작했으며, 랙스는 『제스터』에 기고된 시들 중 최상의 시를 썼다. 머튼은 랙스의 시에 감탄했고, 랙스는 머튼의 이야기에 끌렸다. 『제스터』의 편집장이었던 허브 제이쿱슨은 두 사람을 소개해주겠다고 약속했고, 둘은 만나자마자 절친한 사이가 되었다. 머튼은 컬럼비아 시절에 그들과 함께 보낸 시간을 다음과 같이 회상한다.

그해 말에 나는 『제스터』의 미술편집인으로서 자부심을 지닐 몇 가지 이유가 있다고 생각했다. 편집인인 로버트 랙스와 편집국장인 랠프 톨레다노까지, 우리는 잘 어울렸기 때문이다. 다음 해에도 『제스터』는 인기가 좋았다. 톨레다노의 뛰어난 편집 솜씨와 랙스의 뛰어난 기사, 그리고 내 기발한 착상이 잘 어울리는 까닭이었다. 그 기발함이 약간 지나칠 때는 인기가 떨어지기도 했다.

그러나 진짜로 기발한 것은 대부분 랙스와 로버트 집니의 작품들이었다. 이것은 퍼날드관 꼭대기 층에 있는 그들의 방에서 새벽 4시에 떠오른 착상들이었다.[8]

사진 29. 컬럼비아 제스터

랙스는 문학적인 관심을 갖고 함께 잡지를 만든 파트너였을 뿐만 아니라 인간적으로도 친한 벗으로서 머튼이 오랜 방황에서 벗어나 진정한 자신이 되는 길로 나아가는 데 결정적인 역할을 했다.[9] 머튼은 유대인이었던 랙스를 회상하면서 햄릿과 엘리야를 합쳐놓은 것 같은 인물이라고 말한다. 그는 강력한 예언자이면서도 적절한 격정과 섬세한 직관력을 갖추고 있었다. 그는 신경과민 환자는 아니었으나 이야기를 시작하기 전에 불안하게 몸을 움직이곤 했다. 하지만 젊은 랙스의 내면은 한결같이 굳건했다. 머튼은 그 굳건함의 비결이 자연적이며 본능적인 영성과 살아계신 하나님에 대한 타고난 지향 때문이라고 생각했다. 머튼이 보기에 랙스는 자신이 얼마나 관상적인 줄 깨닫지 못하고 있을 뿐 타고난 관상가였다. 물질적 안정을 중요하게 여기는 사람들이 물질적 불안정을 두려워하지 않는 사람들을 무의식적으로 존경하듯이, 실제로 랙스를 향해 "지나치게 비현실적인" 인물이라고 나무라는 사람들조차도 실상은 랙스를 존경하는 경

---

8   Thomas Merton, 정진석 역, 『칠층산』, 334-35.
9   그들이 처음 만났을 때 랙스와 머튼은 둘 다 가톨릭 신자가 아니었다.

향이 있었다.[10]

　세례를 받은 지 얼마 지나지 않은 1939년 어느 봄날 저녁에 머튼은 랙스와 6번가를 산책하며 대화를 나누다가 평생 잊을 수 없는 영혼의 경험을 하게 되었다. 이야기를 나누던 중 랙스가 느닷없이 머튼을 향해 돌아서며 물었다. "좌우간 자네는 무엇이 되겠다는 건가?" "모르겠는걸, 글쎄, 훌륭한 가톨릭 신자가 되고 싶다고 해두지." 랙스는 머튼의 대답을 용인하지 않았다. "자네는 성인이 되고 싶다고 말했어야 해." "성인이라니!" 머튼은 딴 세상 얘기 같은 그의 말에 충격을 받았다. "내가 어떻게 성인이 된다는 건가?" "바람으로써." 랙스의 간단한 대답에 머튼은 이렇게 말했다. "난 성인이 될 수 없어. 난 성인이 될 수 없단 말이야!" 그러자 랙스가 다시 말했다. "성인이 되기 위해 필요한 것은 오직 성인이 되기를 바라는 것뿐이야. 자네가 하나님께 동의하기만 하면, 그분이 자네를 창조했을 때 바라셨던 그 모습으로 만드신다는 것을 자네는 믿지 않나? 자네가 해야 할 일은 그것을 바라는 것뿐이야."

　머튼은 다음 날 마크 반 도렌 교수를 찾아갔다. "랙스가 그러는데 사람이 성인이 되기 위해 필요한 일은 그렇게 되기를 바라는 것뿐이라고 합니다." "물론이지요." 반 도렌 교수 역시 간단히 대답했다.[11] 랙스는 머튼에게 성인이 되고자 하는 열망을 품게 해줬고, 성인이란 어떤 존재인지를 알려주었으며, 성인이 되기 위해서는 오직 그렇게 되기를 간절히 바라는 열망을 품기만 하면 된다고 말해주었다. 랙스는 이처럼 하나님께 이르는

10　Ibid., 380-81.
11　Ibid., 492-94.

구체적인 영적 여정을 알려줌으로써 머튼의 눈을 뜨게 해준 영혼의 친구였다.

1939년 여름을 맞아 머튼은 랙스와 또 다른 친구인 에드 라이스와 함께 뉴욕 남서부에 위치한 올리안의 한 별장에 머문다. 그들은 랙스의 매형이었던 벤지 마커스가 소유한 큰 별장에서 먹고 마시면서 읽고 쓰고, 예술이나 문학 또는 유럽의 전쟁 등에 관해 떠들어대다가 재즈를 감상하며 시간을 보냈다. 그러면서 누가 세기의 위대한 소설을 남길 것인가

사진 30. 머튼이 친구들과 여름 휴가를 보낸 벤지 마커스의 별장

를 놓고 내기하면서 타자기를 두들겨댔다. 『미로』는 바로 이때 머튼이 쓴 소설이다. 그는 〈칠층산〉에서 이 컬럼비아 대학교 시기를 회고하면서 종종 랙스의 어머니가 갖다준 건강한 음식을 먹었다고 말하는데, 이는 당시 머튼과 랙스가 얼마나 가까운 사이였는지를 보여준다.

보나벤투라 대학교에서 교수로 일하고 있던 머튼에게 고난 주간을 이용해 겟세마니 수도원에서 피정을 해보라고 권유한 사람도 랙스였다. 또한 랙스는 머튼이 20대 중반 몇 차례에 걸쳐 인생의 중요한 선택을 할 때마다 늘 가까이에서 적절한 조언을 해주기도 했다. 머튼이 마크 반 도렌 교수, 다니엘 월쉬 교수, 브라마차리 등에 관심을 가지게 된 계기도 바로 랙스를 통해서였다.

랙스는 머튼이 수도원에 들어간 후에도 몇 차례나 그를 만나러 왔고,

1949년 5월에 머튼이 사제로 서품을 받을 때도 수도원에 찾아왔다. 랙스와 머튼의 우정은 일평생 지속되었다. 머튼이 수도자가 되어 개인적인 접촉을 자주 할 수 없을 때도 그들은 서신을 통해 교류했으며, 그렇게 주고받은 편지(1962-1967)가 나중에 책으로 출판되었다.[12] 1962년에는 랙스도 그리스의 한 섬에서 은수자가 되었다.

에티엔 질송

1937년 2월, 머튼은 5번가에 있는 스크리브너 서점에서 에티엔 질송(Etienne Gilson)의 『중세 철학의 정신』(The Spirit of Medieval Philosophy)이라는 책을 발견한다. 이 책은 에티엔 질송이 1930년에서 1932년까지 애버딘 대학교(University of Aberdeen)에서 진행했던 기포드 강연(The Gifford Lectures) 시리즈를 묶은 것이었다. 머튼은 마침 프랑스 중세 문학 강의를 들어야 했기 때문에 그 책을 통해 시대 배경을 익힐 수 있겠다고 생각했다. 그는 책의 제목을 보면서 10대 초반 프랑스에 머무는 동안 좋아했던 수도원, 성당, 생탕토냉에 대한 기억을 떠올렸다. 또한 책의 저자가 20세기의 대표적인 중세 철학자 중 한 사람이라는 것을 알고 이 책을 통해 그의 정체와 인품에 대해서도 알 수 있을 것이라는 기대감을 가졌다.

---

12 Thomas Merton and Robert Lax, *A Catch of Anti-letters* (Kansas City, MO: Sheed, Andrews & McMeel, 1978).

머튼은 대부를 통해 접하게 된 런던의 문화적 분위기 덕분에 어니스트 헤밍웨이(Ernest Hemingway), 제임스 조이스(James Joyce), D. H. 로렌스(D.H. Lawrence), 에벌린 워(Evelyn Waugh), 셀린느(Celine) 같은 작가들의 세계관과 지식에 대해서도 잘 알고 있었다. 그런 머튼을 더 깊은 수준의 지식

으로 이끈 두 권의 책이 있었는데, 하나는 질송의 『중세 철학의 정신』이었고 다른 하나는 올더스 헉슬리의 『목적과 수단』이었다.[13]

머튼은 집으로 가는 기차 안에서 책을 읽다가 첫 장에서 "니힐 옵스타트(nihil obstat, 오류 없음) 임프리마투르(imprimatur, 출판 허가)"라는 작은 라틴어 활자

사진 31. 에티엔 질송

를 발견했다. 그 문구는 보통 가톨릭 계통의 책 중 교리에 부합하는 내용을 다루고 있는 책에 주어지는 공식적인 인쇄 허가 문구다. 기껏 구입한 책이 가톨릭 관련 서적이라는 것을 알게 된 머튼은 사기를 당했다는 생각에 명치에 칼이 꽂히는 것 같은 분노를 느꼈다. 당시 머튼은 "임프리마투르"라는 문구를 보고 가톨릭교회의 "정신 지배, 반대자들에 대한 처벌, 교리에 대한 강제"[14]를 떠올렸다. 가톨릭 사제들이 책의 성격과 내용을 샅샅이 검열한 후에 인쇄 허가를 내리는 모습에서 종교 재판을 연상한 머튼은 공포감을 느꼈다.[15] 당시 머튼은 가톨릭 문화에 대해서는 경외심을 갖고 있었지만, 제도적인 가톨릭교회를 향해서는 두려움과 저항심을 품고 있었다.

---

13   Henri Nouwen, 김기석 역, 『기도의 사람 토머스 머튼』, 54.

14   Thomas Merton, 정진석 역, 『칠층산』, 361–62; Jim Forest, 심정순 역, 『지혜로운 삶』, 59.

15   Thomas Merton, 정진석 역, 『칠층산』, 363.

그는 『중세 철학의 정신』이 가톨릭 철학서인 줄도 모른 채 그저 훌륭한 중세 철학서를 찾아냈다고 생각했는데 실제로는 가톨릭 교리를 다룬 것임을 알고 순간 책을 창 밖으로 던져버리고 싶은 충동을 느꼈지만 그 유혹을 이겨내고 독서를 시작했다. 결과적으로 그 책은 머튼의 삶을 혁명적으로 바꿔 놓았다. 머튼은 질송의 책을 읽으면서 하나님에 대한 완전히 새로운 개념을 발견하게 된다. 그전까지 머튼은 그리스도인들이 믿는 하나님에 관한 올바른 개념을 인식하지 못하고 있었다. 젊은 머튼에게 하나님이란 인간의 소망과 갈구 및 이상이 투사된 존재에 불과했다. 그는 하나님을 그저 요란스럽고 극적이며 격정적인 존재 또는 알쏭달쏭하고 질투심이 강한 숨어 있는 존재 정도로 여기고 있었다. 하지만 그는 질송의 글을 읽으면서 "하나님의 자존성(*aseitas*)" 즉 "그 자체로 존재하는 하나님"에 대한 개념을 깨닫게 되었다.

> 자존성(*aseitas*)은 원인이 전혀 없이 (그 자체에 기인한 것도 아니고) 그 자체의 능력으로 절대적으로 존재하는 존재의 권능을 뜻한다. 그 본성 자체가 존재하도록 되어 있다는 것 외에는 달리 설명할 수 없다. 이런 존재는 오직 하나밖에 없다. 곧 하나님이다. 하나님은 그 자체(*a se*)로 존재한다. 하나님은 존재 자체다. "나는 스스로 있는 자니라"(*Ego sum qui sum*). 자존성은 하나님이 "외부의 만물에 대해서뿐 아니라 내부의 모든 것에 대해서도 완전한 자립"이어야 함을 뜻한다.[16]

---

16   Ibid., 364-65.

머튼은 이 책을 통해 "나는 스스로 있는 자니라"는 하나님의 말씀에 대해 인간 이성이 이해할 수 있는 것은 오직 한 가지뿐임을 깨달았다. 그것은 "하나님은 존재하는 순수 현실유"(God is the pure act of existing)라는 사실이다. 이 말은 오직 하나님께만 적용될 수 있는 그분의 속성을 나타내는데, 머튼은 이 한 단어로부터 하나님에 대한 완전히 새로운 개념을 발견했다. 바로 하나님은 이 세상에 존재하는 모든 것 가운데 가장 위대하고 가장 뛰어난 존재로서, 하나의 어떤 대상으로서의 존재가 아니라(not a Being) 존재 자체(being itself)이심을 깨닫게 된 것이다.[17]

이제 머튼에게 하나님은 그 존재를 증명할 필요가 없는 살아 있는 현존으로서, 인간의 어떤 이념이나 이미지를 통해 올바로 표현할 수 없는 존재가 되었다. 질송의 이런 하나님에 대한 개념은 젊은 지성인인 머튼의 정신세계에 코페르니쿠스적 전환을 가져왔다. 머튼은 이를 통해 가톨릭 신앙이 과학 이전 시대의 모호하고 미신적인 유물이 아니라는 사실을 깨닫고 하나님의 존재를 지적으로 받아들일 수 있게 되었다.

더 나아가 머튼은 이런 하나님 개념을 말하는 "가톨릭 철학과 신앙에 대한 무한한 존경심"을 갖게 되었다. 이처럼 이성적으로 하나님을 이해하

---

17 머튼은 질송이 전반적으로 살펴본 유(有, 전반적으로 본 존재[ens in genere]의 추상적 개념 [the abstract notion of being in general]과 무한유(無限有, 일체의 개념을 초월하는 하나님 이라는 구체적이며 실재적인 무한한 존재[ens infinitum])의 개념을 통해 "감각적인 이미지 일체의 개념을 초월하는 순수현실의 절대적 현실유로서의 하나님"(the concrete and real Infinite Being, Who, Himself, transcends all our conceptions)을 깨달을 수 있게 되었다(『칠 층산』, 366). 또한 머튼은 존재 자체로서의 하나님은 데카르트 철학의 코기토(the Cartesian cogito)나 니체의 허무주의(Nietzschean nihilism)보다 우선하며 훨씬 과격하다는 것을 알 게 된다(Robert Inchausti, *Thomas Merton's American Prophecy* [New York: SUNY Press, 1998], 15).

고 받아들이게 된 머튼의 지적 회심은 하나님을 향한 그의 내적 여정을 시작하게 만든 결정적 계기가 되었다. 그는 하나님에 대해 진지하게 생각하게 되면서부터 그분을 향한 열망과 교회에 가고 싶은 소망이 마음속에서 절실하게 일어나는 것을 경험했다.[18]

그는 곧 더글라스톤의 시온교회를 떠올렸다. 시온교회는 어릴 적 한때 오르간 연주자로 일하던 아버지를 따라 머튼 자신도 가본 적이 있는 미국 성공회 소속 교회다. 그는 시온교회의 주일 미사에 참석하기 시작했다. 성인이 된 머튼이 의지를 가지고 예배(미사)를 드리기 위해 교회를 찾았다는 사실은 그의 신앙 여정에 아주 놀라운 변화가 일어났음을 뜻한다. 그가 시온교회를 찾은 이유는 아주 분명했다. 어린 시절 다녔던 교회라는 이유도 있었지만, 더 근본적으로는 이제 막 느끼기 시작한 신앙의 필요성과 영혼의 갈망을 그 교회가 충족시켜줄 수 있는지를 확인해보고 싶었기 때문이다.[19]

그곳에 가보니 아담한 흰색 건물이 있었고 뜰에는 쥐엄나무가 가득했다. 머튼은 창문을 통해 햇빛이 쏟아져 들어오는 성당 안에 앉아서 상쾌함을 느꼈다. 사도신경을 낭송하는 순서에서는 아직 자신의 신앙고백이 깊은 마음에서 우러나오고 있지 않음을 인지하면서도, 언젠가는 이를 진정으로 믿게 하실 하나님의 은총을 기원하면서 다른 신자들과 함께 일어서서 사도신경을 낭송했다.

당시 시온교회의 주임 신부는 레스터 라일리 신부(Dr. Lester Riley)였다.

---

18   Thomas Merton, 정진석 역, 『칠층산』, 369-70.
19   Ibid., 371.

그는 신학박사였지만 현대 문학에도 관심이 많았다. 그는 D. H. 로렌스에 대해서도 잘 알고 있었다. 머튼은 라일리 신부와 지성의 문제 및 현대 문학에 관해 많은 이야기를 나눴지만 큰 흥미를 느끼지 못했다. 왜냐하면 신부나 목사와의 대화에서 기대했던 것들을 얻지 못했기 때문이다. 머튼은 라일리 신부와 하나님이나 신앙에 대해 이야기를 나누고 싶었으나, 정작 신부의 관심은 다른 데 있었다.

라일리 신부는 자신이 최신 문학 작품들을 빠짐없이 읽고 있다고 말했지만, 문학도인 머튼이 볼 때 그다지 높은 식견을 갖고 있지는 않았다. 라일리 신부는 현대 문학에서 높이 평가되는 것들을 좋아하지 않았고 이해하지도 못했다. 사실 그 누구도 신부에게 문학에 대한 평가나 이야기를 기대하거나 요구하지 않았다. 그럼에도 불구하고 그는 신도들 앞에서 종교나 하나님보다는 현대 문학과 정치에 대한 이야기를 즐겨 했다.

심지어 강단에 서서 자신은 교리의 대부분을 믿지 않는다고 시인하면서 삼위일체 교리를 우습게 여기고, 그리스도의 강생 교리는 중세기에 꾸며낸 이상한 개념으로서 상식 있는 사람에게는 어림도 없는 것이라고 주장하기까지 했다.[20] 머튼은 질송을 통해 흥미를 느끼게 된 하나님에 관해 신학적으로 깊이 있는 내용을 듣고 싶었지만 교회나 신부를 통해 그런 경험을 하지 못했던 것이다. "나는 교리를 듣고 싶었는데, 나에게 교리나 그들이 믿고 있는 바에 대해 말해주는 사람은 아무도 없었다."[21]

---

20   Ibid., 373.

21   Thomas Merton, *Run to the Mountain: The Journal of Thomas Merton*, 374; 참조. Jim Forest, 심정순 역, 『지혜로운 삶』, 60-61.

올더스 헉슬리

사진 32. 올더스 헉슬리

머튼은 질송을 통해 하나님의 존재에 대해 확실한 개념을 갖게 되었다. 하나님에 대한 개념을 지적으로 받아들임으로써 그분의 존재를 인정하게 된 것이다. 하지만 하나님에 대한 개념을 받아들이는 것과 살아계신 하나님께서 실제로 우리의 삶에 역사하시도록 허용하는 것은 엄연히 다르다. 다시 말해 완전함으로 존재하시는 하나님을 철학자들의 설명을 통해 지적으로 받아들이는 것과, 아브라함과 이삭과 야곱의 하나님 그리고 예수 그리스도 안에서 인간과 직접 소통하시며 삶 가운데 살아 역사하시는 하나님을 받아들이는 것은 완전히 다른 차원의 일이다.[22] 머튼은 『중세 철학의 정신』을 읽고 하나님에 관한 기독교적인 개념이 참으로 건실하다는 사실을 깨달았으나, 인식 이상으로는 한 걸음도 진보하지 못했다. 이런 상황에서 올더스 헉슬리(Aldous Huxley)는 머튼이 한 걸음 더 나아가 질송을 통해 지성으로써 받아들인 하나님을 가슴으로 받아들이도록 하는 데 결정적인 역할을 했다.

1937년 6월에 머튼은 더글라스톤 웨스트 114번가에 있는 방을 얻었다. 방세로 일주일에 7달러 50센트를 내야 했다. 그해 11월에는 대학 친구 로버트 랙스의 제안으로 올더스 헉슬리가 쓴 『목적과 수단』(*Ends and Means*)

---

22 William Shannon, 오방식 역, 『고요한 등불』, 181.

이라는 책을 사서 읽었다. 헉슬리는 머튼이 열예닐곱 살부터 좋아하던 작가였다. 그의 조부인 T. H. 헉슬리는 유명한 생물학자이자 불가지론자였으며, 아버지인 레너드 헉슬리는 전기 작가이자 문인이었다. 올더스 헉슬리는 불가지론자였던 할아버지에다가 생물학자인 동생을 가족으로 두었지만, 결국 개종을 하여 신비주의를 설파하는 사람이 되었다. 하지만 개종과정에서 공개적 신앙고백을 강조하는 옥스퍼드 그룹과는 다른 노선을 걸었다. 헉슬리는 그들과 달리 그리스도교 신비 문학과 동양 신비 문학을 깊이 연구하여, 이것들이 꿈과 마술이나 허풍을 한데 모은 문학이 아니라 참되고 진지한 내용을 담은 진리임을 강조했다. 헉슬리는 동서양 신비주의에 나타나는 진리들이 초자연적 질서의 울타리를 벗어나 구체적 체험으로 존재한다고 생각했다. 그에게 신비주의는 윤리적 생명력의 직접적 원천으로서 우리의 눈앞에 존재하며 기도, 신앙, 해탈, 사랑을 통해 쉽게 도달할 수 있는 것이라고 여겼다.[23]

머튼은 헉슬리의 책을 읽으면서 신비주의와 금욕주의를 처음으로 접하게 되었고,[24] 사람이 들짐승과 구별되는 삶을 살고자 한다면 기도와 금욕 수련을 통해 영혼을 해방해야 한다는 그의 주장에 동의하게 된다. 머튼은 헉슬리가 수덕(금욕)의 중요성을 깨닫게 해줌으로써 자신에게 영향을 주었다고 말한다.

"금욕 수덕! 내가 이런 생각을 했다는 것 자체가 내 정신의 완전한 혁명이었

---

23 Thomas Merton, 정진석 역, 『칠층산』, 388–89.
24 Ibid., 392.

다. 내가 지금껏 생각한 고행은 왜곡되고 불의한 사회로 미친 듯 파고들어간 자들의 징그러운 자학이자 피학대를 뜻하는 단어였다. 육체의 욕구를 부정할 뿐만 아니라 아예 말살하는 고행 수련을 실천한다는 것은 정말 당치도 않은 생각이다."[25]

헉슬리는 수덕을 통한 육체의 부정이 행위 자체에 목적이 있는 절대적인 것이 아니라, 인간 본성과 사회와 세계를 파괴하고야 마는 육체의 노예 상태에서 자유롭게 해방되어 참 자아를 찾기 위한 것임을 보여주려고 했다.

머튼은 헉슬리의 책을 읽으면서 오로지 금욕수련을 통해서만이 하나님이 지으신 우리 영혼의 본래 모습을 되찾고 살아계신 그분을 발견할 수 있다는 사실을 깨닫게 되었다.[26] 그가 헉슬리를 통해 깨달은 금욕수련의 효용이란 다름아닌 "애착으로부터의 자유"다. 집착하던 것으로부터 자유해져야 오히려 "참 자유를 좇을 자유"가 순차적으로 가능해진다는 뜻이다.

머튼은 또한 헉슬리의 『목적과 수단』에 담긴 반전에 대한 내용을 읽으면서 전쟁에 대한 증오심을 품게 되었고, 기도, 금욕, 극기, 고행을 통해 자신의 비참함과 세계의 위기를 극복할 수 있다고 여겼다. 이런 방법을 통해 진정한 자유와 초연이 가능한 영적 삶을 살아야만 폭력 없는 사회를 만들 수 있다는 생각에 이른 것이다.

이처럼 헉슬리를 통해 동양 신비주의에 관심을 갖게 된 머튼은 도서관을 샅샅이 뒤지기 시작했다. 1937년 말에서 1938년 초에 이르는 겨울

---

25   Ibid., 389-90.

26   Henri Nouwen, 김기석 역, 『기도의 사람 토머스 머튼』, 56.

동안 머튼은 더글라스톤의 널찍한 거실에 앉아 몇백 권이나 되는 신기한 동양 문헌을 읽으며 시간을 보냈다.

브라마차리

사진 33. 브라마차리

그해 머튼은 인도에서 온 힌두교 수도자 브라마차리를 만나게 된다. 그는 5년 전 시카고 세계박람회와 함께 개최된 "세계 종교 회의"에 참석하기 위해 인도 콜카타의 한 선원(禪院)에 의해 파송되어 미국으로 건너왔다. 하지만 브라마차리가 도착했을 때 회의는 이미 끝난 상태였다. 이후 그는 미국에 계속 머물며 시카고 대학교에서 철학 박사 학위를 받았다. 브라마차리는 시카고에서 만난 세이무어 프리드굿의 아내 헬렌 프리드굿의 초청으로 롱 아일랜드를 방문한다. 1938년 6월 머튼은 세이무어 프리드굿, 로버트 랙스와 함께 뉴욕 중앙역에서 황색 터번을 쓰고 운동화를 신은 브라마차리를 만났다. 머튼은 브라마차리와 몇 주간을 함께 지내면서 많은 대화를 나눴고, 브라마차리는 머튼의 내면에 하나님께 중심을 둔 삶을 살아갈 가능성이 있는 것을 알아보았다. 시간이 지남에 따라 둘은 서로를 잘 알게 되었다.

브라마차리는 머튼과 가까워진 후에도 자신의 종교와 신앙을 그에게 강요하지 않았고, 이에 머튼은 큰 감동을 받았다. 기껏해야 부수적인 예배

형식 몇 가지를 설명했는데, 그마저도 아주 친해진 후의 일이었다. 머튼이 브라마차리에게 동양의 신비 작품에 대해 묻자 그는 머튼에게 중요한 충고를 해주었다. "그리스도인이 쓴 아름다운 신비주의 서적이 많습니다. 성 아우구스티누스의 『고백록』과 토마스 아 켐피스의 『그리스도를 본받아(준수성범)』는 꼭 읽어야 합니다.…그래요, 그 책들을 꼭 읽어야 합니다."[27] 머튼은 『칠층산』에서 이 순간을 회고하면서 하나님께서 브라마차리를 저 멀리 인도에서 이곳까지 오게 하신 이유 중 하나는 아마도 자신에게 이 말을 해주기 위함인 것 같다고 말한다. 브라마차리가 하나님이 머튼에게 주신 특별한 은총의 선물이라고 여긴 그의 생각이 잘 드러나는 부분이다.

머튼은 헉슬리의 『목적과 수단』을 읽은 이후 인간의 영혼을 높은 차원으로 고양하는 신비주의에 대해 큰 관심을 갖게 되었으나 그리스도교 전통에는 신비주의가 전혀 없다고 간주하고는 짧은 기간이나마 동양의 신비주의 서적에 눈을 돌렸다. 그런 상황에서 힌두교 수도자로부터 그리스도교 전통의 신비주의와 신비가들, 특히 성 아우구스티누스와 토마스 아 켐피스로 돌아가야 한다는 말을 듣게 된 것이다.

---

27 Thomas Merton, 정진석 역, 『칠층산』, 413-14.

윌리엄 블레이크

머튼은 1938년 초에 컬럼비아 대학교에서 문학 학사 과정을 마치고 동 대학교 대학원 영문학과에 진학했다. 머튼은 석사 논문의 주제로 18세기 시인이자 신비가인 윌리엄 블레이크의 자연과 예술을 선택했다. 그는 어려서부터 블레이크를 좋아했다. 열 살 때 블레이크를 좋아했던 아버지의 영향을 받아 블레이크의 글을 즐겨 읽기 시작했다. 머튼은 자신이 윌리엄 블레이크를 사랑하게 된 것이야말로 하나님의 은총이라고 고백한다.[28]

　블레이크의 비유는 머튼에게 놀라운 경탄과 감동을 안겨주었다. 그는 블레이크의 시를 정성 들여 탐독했다. 머튼은 『칠층산』에서 1931년 봄 어느 일요일에 홀로 언덕에 앉아 오후 내내 윌리엄 블레이크에 대한 생각에 빠졌던 기억을 떠올린다. 그는 산꼭대기의 목장 울타리 계단에 앉아 산과 넓은 계곡을 바라보면서 블레이크가 도대체 어떤 인물이고, 그가 어떤 위치에 있으며, 그가 믿는 것은 무엇이고, 그가 말하고자 하는 것은 무엇인지에 관해 깊이 사색했다.[29]

　16세 때 머튼은 블레이크가 다른 낭만주의자들처럼 자신을 위해 욕망과 자연적 에너지를 찬미하는 줄 알았다. 그러나 머지않아 이것이 엄청난 오해였음을 깨달았다. 블레이크가 찬미하는 것은 인간의 자연적 사랑이나 능력이 아니었다. 그는 인간의 자연적 사랑과 능력이 신비 체험이라는 정

28　Ibid., 195.
29　Ibid., 196.

화의 불로 제련되어 변형되는 것을 높이 평가했으며, 믿음과 사랑과 소망을 통해 당대 이성주의자들이 추구한 물질주의적, 통속적, 세속적 이상으로부터 철두철미하게 정화되길 원했다.[30]

블레이크는 볼테르와 루소 및 그들의 추종자들이 주장하는 모든 것을 미워하고 배척했다. 모든 유물론적 자연신론과 18세기의 추상적 자연 종교, 19세기의 불가지론, 현대의 공통된 태도 대부분을 지긋지긋하게 싫어했다.[31] 결국 블레이크는 초자연의 차원 및 신비주의를 거부하는 자들과 입장을 달리했으며, 동시에 현존하시는 하나님 안에 있는 피조물을 단지 이성과 과학적인 안목으로만 바라보는 입장도 철저히 거부했다. "윌리엄 블레이크와 같은 성스러운 천재와 가까워졌다는 것이 얼마나 큰 은혜였던가!…유일한 삶의 길은 하나님의 현존으로 가득한 세계에서 사는 것임을 그해 초가을에 깨닫게 되었다."[32] 머튼은 블레이크를 당대의 작가들과 비교한다.

블레이크를 18세기 말의 다른 작가들처럼 여기는 것은 당치 않은 일이다. 나는 그렇게 보지 않을 것이다. 블레이크의 엄청난 천재성과 영적 불길에 비하면 다른 작가들은 자만에 빠진 수다스럽고 보잘것없는 인물들이다! 기타 낭만주의자들의 영감이란 그야말로 시시한 히스테리에 지나지 않는다. 보기 드문 창의력을 지닌 S. T. 콜리지마저도 고작 예술가이자 상상가이며 작가였을

30 Thomas Merton, 정진석 역, 『칠층산』, 423-24. 오히려 블레이크야말로 진정성 있는 영적인 일을 말한다는 것을 의미한다.

31 Ibid., 197.

32 Ibid., 397, 399.

뿐 통찰가나 예언자는 될 수 없었다.

위대한 낭만주의 작가들은 블레이크보다 더 재치 있는 단어를 구사한다. 블레이크는 철자를 틀리게 쓰는 일이 있을 정도다. 그러나 그의 깊디깊은 영감은 그를 위대한 시인으로 만들었다. 셸리가 평생에 걸쳐 쓴 것보다 더 훌륭한 시를, 블레이크는 겨우 열두 살 때 썼다. 그것은 그가 런던 남쪽 들판 어느 나무 아래에 서 있는 엘리야를 보고 쓴 것이라고 나는 생각한다.[33]

머튼의 석사 논문은 예술의 모든 문자주의, 자연주의, 좁은 고전적 사실주의에 반항한 블레이크를 다뤘다. 그는 블레이크가 이해하기 어렵고 모호하다는 사실을 인정한다. 또한 블레이크가 신앙을 하나님께 이르는 완전한 길이라고 추천하지도 않는다. 머튼이 보기에 블레이크는 하나님의 은총 덕분에 무언가를 고발하기 위해 사용하는 미치광이 같은 상징에 오염되지 않은 순수한 신앙의 모습으로 서 있는데, 그것은 그가 "너무나 착하고 거룩한 사람이었으며, 진실된 신앙을 갖고 하나님에 대해 강력하고 신실한 사랑을 보였기" 때문에 가능한 일이었다. 머튼은 블레이크가 자신에게 미친 영향력을 한 문장으로 명쾌하게 표현한다. "하나님의 섭리는 내 영혼 안에 있는 믿음과 사랑을 일깨우기 위해 블레이크를 이용하셨다."[34] 그 말의 의미인즉슨 자신이 어느 날 한 굽은 길, 즉 사람들이 볼 때 정통이라고 보기 힘든 블레이크를 통해 "오직 하나의 참 교회"에 닿았고, "하나님의 아들 예수 그리스도를 통해 오직 한 분 살아계신 하나님께" 이르게 되었다는

---

33   Ibid., 397-98.
34   Ibid., 199.

뜻이다.[35] 머튼은 블레이크에 대한 논문으로 영문학 석사 학위를 받은 후 곧바로 박사 과정에 진학해서 계속 영문학을 공부할 예정이었다.

자크 마리탱

머튼은 윌리엄 블레이크의 자연과 예술을 주제로 석사 학위 논문을 쓰면서 특별히 종교와 예술의 관계에 주목하였다. 그 과정에서 어려서부터 좋아하던 블레이크를 그리스도교의 관점으로 이해할 수 있도록 도운 인물은 신토마스주의 철학자 자크 마리탱(Jacques Maritain)이었다. 머튼은 블레이크의 사상을 파악하기 위해 토마스 아퀴나스의 심미적 개념을 사용하였는데, 특별히 마리탱의 아퀴나스에 대한 해석의 도움을 받았다. 그는 최고 경지에 이른 예술가의 체험은 신비적 체험과 견줄 수 있음을 깨달았다. 또한 예술가는 절정을 체험함으로써 자신이 관상하는 대상과 일종의 정서적인 동일시(affective identification with the object contemplated)를 실현하게 되고, 그 결과 토마스 학파가 "동본성적(同本性的, Connatural) 인식"이라고 일컫는 실재에 대한 직관적 인식(intuitive perception of reality)을 갖게 된다고 보았다.[36] 머튼이 보기에 예술은 감각적 쾌락을 재생시키거나 정서를 자극하여 일시적인 감흥을 유발하는 것 이상의 기능을 했다. 예술은 관상이나 인간이 지

---

35   Ibid., 199-200.
36   Ibid., 422-23.

닌 최고의 기능들이 활동한 결과로 이루어지는 것이다.

에티엔 질송이 머튼에게 "하나님" 개념을 소개했다면, 자크 마리탱은 "덕행"(virtue)을 알게 함으로써 그가 신앙의 삶을 살아갈 수 있도록 도왔다.[37] 머튼은 덕행이라는 단어가 근세 수백 년 동안 라틴 국가에서 큰 멸시와 조롱을 받아왔음을 발견하였다. 그런데 신토마스주의 철학자 마리탱이 스콜라 철학을 사용해 덕행의 논리를 전개하고 이를 예술에까지 적용하여 "실천적 지성의 덕행"이라 일컬었다. 인간의 상처는 영혼이 하나님과 일치됨으로써 치유를 받는다. 머튼이 보기에 마리탱이 이해한 그리스도교의 덕행은 하나님과 사랑의 일치를 지향하는 길이다. 이는 덕행을 실천함으로써 자동적으로 하나님과 일치되는 것이 아니라, 하나님과 일치를 지향하는 항구적인 습성을 갖고 신앙인의 삶을 사는 것이 절대적으로 중요하다는 논리다. 질송을 통해 그리스도교의 하나님 개념을 깨닫기 전에는 무절제한 방종의 삶을 살았고 하나님 개념을 지적으로 받아들인 이후에도 큰 변화가 없는 삶을 살았던 머튼에게, 마리탱의 덕행 개념은 새로운 차원의 신앙과 삶에 대한 도전을 제시했다. 머튼은 마리탱을 통해 "올바른 덕행의 개념"(sane conception of virtue)을 터득하게 된 것이다. "덕행 없이는 행복이 있을 수 없다. 덕행은 행복을 획득할 수 있는 힘이기 때문이다. 덕행 없이는 기쁨이 있을 수 없다. 덕행은 인간의 자연적 정력을 조정하고 조절하여 조화와 완성과 평행을 지향케 함으로써 마침내 인간 본성이 하나님과 일치

---

37 컬럼비아 대학교 석사 학위 논문 "윌리엄 블레이크의 자연과 예술"을 쓰면서, 머튼은 신토마스주의 철학자 자크 마리탱이 쓴 『예술과 스콜라주의』의 도움을 얻었다. 머튼은 이 책에서 자크 마리탱의 미학 이론(aesthetic theory)을 발견하였는데, 이는 머튼으로 하여금 블레이크를 정통적인 그리스도교 범주로 확실히 해석할 수 있도록 도움을 주었다.

하여 영원한 평화를 얻도록 하는 습성인 까닭이다."[38]

머튼은 1939년에 마리탱이 진행한 "가톨릭 행동"에 대한 강연 모임에서 그를 직접 만난다. 같이 강연에 참석한 다니엘 월쉬 교수의 소개로 마리탱과 몇 마디 대화를 나눈 머튼은 이후에도 마리탱과 지속적으로 서신을 주고받았으며, 나중에는 마리탱이 머튼을 만나러 수도원을 방문할 정도로 가까운 관계가 되었다. 머튼은 질송과 마리탱의 영향을 받아 가톨릭교회로 회심하게 되었다고 말한다.[39] 머튼은 마리탱과 오랫동안 서신을 주고받으면서 관상, 고난, 죽음, 바티칸 제2공의회로 인한 교회의 변화, 폭력, 전쟁, 핵무기의 다량 생산 등과 같은 사회 문제에 관해 생각을 나눴다.

머튼은 훗날 『토머스 머튼의 단상: 통회하는 한 방관자의 생각』에서 그리스도인으로서의 덕행 실천을 강조하면서 마리탱의 "그리스도인의 실천적인 무신론"을 언급한다. 특히 오늘날 많은 그리스도인들이 신앙을 가졌다고 하나 복음을 부정하고 복음에 따른 덕행을 제대로 실천하지 않는 모습—가난한 사람들을 멸시하며 자기 이익을 위협하는 것에만 분개하고, 자기 재산과 명망만 챙기면서 온갖 종류의 부정도 망설이지 않으며, 시대의 비극에는 무관심한 채로 오직 권력과 성공에만 관심을 갖는 것—을 통칭하여 "그리스도인의 실천적인 무신론"이라고 신랄하게 비판한다.[40] 한마디로 마리탱은 실천적인 신학을 추구하는 신학자 겸 철학자로서 머튼이 그리스도교 신앙을 지성적으로 받아들이는 것을 넘어 그리스도를 따르는

Ibid., 426.

39 Thomas Merton, *The Courage for Truth* (New York: Farrar,Straus,Giroux, 1993), 22.

40 Thomas Merton, 김해경 역, 『토머스 머튼의 단상: 통회하는 한 방관자의 생각』(서울: 바오로딸, 2013), 429.

토머스 머튼 이야기

신앙의 삶을 살 수 있도록 이끌어 준 중요한 인물이라고 할 수 있다.

결정적 회심의 순간

머튼이 질송의 『중세 철학의 정신』을 읽은 후로 1년 반이라는 세월이 흘렀다. 머튼은 하나님을 지성적으로 수락했을 뿐만 아니라 마음으로도 갈망하게 되었다. 아니 갈망하게 되었을 뿐만 아니라 이를 효과적으로 달성하기 위해 필요한 수단을 취하기 시작했다. 그것은 하나님께 그리고 하나님을 섬기는 일에 자신을 온전히 봉헌하는 삶을 살고자 원하기 시작한 것이었다. 머튼은 그런 생각이 애매하고 막연해 보였다. 자신이 윤리 도덕의 차원에서 가장 기본이 되는 것조차 제대로 지키지 못하면서 하나님과의 신비적인 일치를 꿈꾸고 그분께 완전히 봉헌하는 삶을 살기 바란다는 점에서 자기가 품은 이상이 너무나 어리석고 비현실적인 것으로 여겨졌다. 그럼에도 불구하고 머튼은 그 목표가 그리스도인들에게 있어서 실제적으로 실현 가능한 것이며 자기도 그것을 충분히 달성할 수 있다고 굳게 믿었다. 머튼은 하나님께 나아가기 위해 그분께서 바라신다고 생각되는 것이면 무엇이든 즉각 실천에 옮길 태세를 갖추어 나가기 시작했다.[41]

　1937년 7월에 머튼은 더글라스톤에 있는 외조부모의 집을 떠나 서쪽 114번가에 있는 집으로 이사를 갔다. 그는 새로 집을 얻은 지 얼마 되지 않

41　Thomas Merton, 정진석 역, 『칠층산』, 426-27.

아서 올리안으로 여행을 떠났다. 하지만 일주일 만에 뉴욕으로 돌아왔다. 뉴욕 롱 아일랜드에는 일요일마다 만나 데이트를 하는 여자 친구가 있었고 석사 논문도 써야 했기 때문에 계속 여가를 즐기기에는 마음이 너무 초조했기 때문이다.

8월 어느 날 머튼은 주말에 어느 교회든지 나가고 싶다는 소망이 점점 커져서, 여자 친구에게 전화를 걸어 롱아일랜드로 그녀를 만나러 가지 않겠다고 한 후 생전 처음으로 가톨릭 미사에 나가기로 작정했다. 정말 그것은 난생처음 있는 일이었다. 머튼은 지금까지 유럽과 로마에서 수없이 많은 가톨릭 성당들을 드나들었다. 그러나 미사에는 단 한 번도 참례한 적이 없었다. 머튼은 상당한 세월이 흘러 『칠층산』을 쓸 때도 그날의 그 강력했던 느낌을 앞으로도 쉽사리 잊지 못할 것이라고 고백한다. 그는 자신 안에서 "미사에 가라, 미사에 가라"고 보채는 "감미롭고도 강하며 부드럽고도 깨끗한 충동"을 경험한 것이다. 머튼은 이때의 경험을 다음과 같이 회상한다.

> 나를 독촉하는 이 목소리―내가 해야 할 일이 무엇이라는 것을 확고하게 일러주는 내적 확신―는 정말 신기한 것이었다. 극히 감미롭고도 단순하여 쉽게 표현할 수가 없었다. 그 충동은 내가 굴복했을 때 신이 나서 나를 밀어붙이거나 맹렬하게 덤비지도 않았다. 다만 차분하게 목적이 뚜렷한 방향으로 나를 몰고 갔을 뿐이다.[42]

---

42   Ibid., 430-31.

매우 아름다운 일요일이었다. 머튼이 찾아간 곳은 컬럼비아 대학교 사범대학 뒤에 자리 잡은 그리스도의 성체 성혈 성당(Church of Corpus Christi)이었다. 벽돌로 새로 지은 자그마한 곳이었다. 머튼은 신성한 성당 안으로 들어가는 사람들의 모습을 보면서 이탈리아와 프랑스에서 방문했던 성당들의 광경이 떠오르고 어린 시절에 느꼈던 가톨릭교회의 풍요하고 풍족한 분위기가 자기 안에서 되살아나는 것을 경험했다. 그날의 성당 방문은 이전과는 완전히 다른 영적 경험이었다.

머튼은 온갖 계층과 지위의 사람들로 가득 찬 성당의 모습에 압도당했다. 특히 예쁜 십 대 소녀가 무릎을 꿇은 채 몸을 꼿꼿이 세우고 조용히 기도드리는 모습이 눈에 띄었다. 머튼은 젊은 사람이 순수하게 기도하기 위해 성당에 오는 것을 보고 아주 깊은 인상을 받았다. 비록 성인의 깊은 명상은 아닐지라도 타인의 시선을 전혀 염두에 두지 않고 진지하게 하나님만을 의식하고 기도하면서 종교적 의무를 수행하는 사람들을 직접 본 것은 일종의 놀라운 계시와 같았다.

젊은 사제의 강론도 인상적이었다. 그는 스콜라 철학을 약간 섞어가면서 차분히 교리를 설명했다. 그의 강론을 통해 전해지는 교리는 어떤 새로운 신학적, 철학적 지식이 아니라 세기를 걸쳐 항구적으로 계승된 살아 있는 전통의 뒷받침을 받는 것이었지만 고리타분하지 않았다. 신자들이 신부의 강론을 마치 피와 살이 되는 양식으로 받는 것처럼 느껴졌다. 강론의 내용은 "그리스도는 하나님의 아들"이라는 진리였다. 아무래도 처음으로 참여한 첫 미사였기 때문에 나머지 부분을 잘 이해할 수는 없었지만, 말씀의 전례가 끝나고 성찬의 전례가 진행되는 동안 완전한 신비에 싸여있으면서도 점점 고조되는 침묵에 깊은 인상을 받았다.

머튼은 미사 도중 성당을 빠져나왔다. 머튼은 이해할 수 없는 행복감, 평화로움, 생의 보람을 느끼면서 다시 태어난 것 같다고 생각했다. 컬럼비아의 못생긴 건물마저 다르게 보이고, 폭력과 소란이 판치는 거리의 구석까지도 평화로워 보였다. 온 세상이 아름다워 보였다. 한 작은 식당에서 간단히 먹을 음식을 사서 지저분한 생나무 울타리 뒤에 앉아 아침을 먹노라니 신선이 땅에 내려와 앉은 것 같았다.[43]

첫 미사 참례 이후로 머튼은 가톨릭에 관한 책에 빠져들었다. 몇 년 전 오캄 학교의 요양소에 있을 때 교장 선생님이 제랄드 맨리 홉킨스(Gerald Manley Hopkins)라는 시인의 시집을 그에게 건네준 적이 있었다. 당시에는 홉킨스의 시를 읽으면서 섬세하게 다듬어진 아름다움과 다른 사람의 본을 뜨지 않은 독창적 세계의 강한 생명력, 시의 음률과 깊이에 감탄하면서도 가톨릭 신자인 시인에 대한 선입견과 온전히 다 이해할 수 없는 시의 심오함으로 인해 깊이 빠져들지 못했었지만, 이번에는 달랐다. 머튼은 홉킨스가 예수회 회원이라는 것을 알고 예수회 생활이란 어떤 것이며 예수회 회원들은 대체 무엇을 하는 사람들인지 궁금해졌다. 이는 머튼 안에서 일어난 놀라운 변화로서, 그가 가톨릭에 대해 갖고 있던 선입견이 많이 사라졌음을 보여준다. 동시에 그가 홉킨스의 시의 세계를 온전히 이해할 수 있을 만큼 많이 성장했다는 의미이기도 하다.

머튼은 6년 전 스트라스부르에서 겨울방학을 보내면서 제임스 조이스가 쓴 『젊은 예술가의 초상』을 끝까지 읽으려고 했었다. 그런데 영적 위기에 관한 대목에서 별안간 실망과 실의를 느끼고 수렁에 빠지는 것 같은 기

---

43 Ibid., 439-40.

분이 들어 결국 "사명"의 중간쯤에서 책을 내려놓고 말았다. 내면의 심한 저항 때문이었다. 당시 겨우 17세에 불과한 머튼은 어머니에 이어 아버지까지 세상을 떠난 이후 상당한 내적 혼란을 겪으며 자신의 인생과 하나님에 대해 강렬히 저항하고 있었다. 그는 오캄에서 마지막 해를 보내면서 빨리 고등학교를 마치고 어른이 되어 무엇이든 원하는 대로 하며 살겠다는 반항심을 마음 가득 품고 있었다.

머튼은 가톨릭 미사에 참예한 후 그 책을 다시 읽게 되었는데 이번에는 바로 그 "사명"이라는 대목에서 매혹적인 경험을 하게 된다. 머튼과 하나님 간의 관계에 변화가 생겼고 그 안에서 새삶을 살고 싶다는 열망이 모습을 드러낸 것이다. 머튼은 조이스의 책 곳곳에 묘사된 사제들의 모습에 매혹을 느꼈다. 1938년 8월 하순부터 9월에 이르는 동안 머튼은 예수회에 완전히 사로잡혔다. 가톨릭 백과사전에 실려 있는 예수회에 대한 소개를 거듭 읽으면서 예수회 회원들이 얼마나 철저한 금욕의 명수들일지 골똘히 생각했다. 그리고 검은 수단 사이로 금욕 생활로 인해 날카롭게 된 얼굴이 더욱 돋보이는 그들의 모습을 보면서 예수회의 성인, 예수회의 지도자 냄새를 풍기는 자신의 모습을 그려보기도 했다.

하지만 가톨릭 성인, 신비가, 예수회 및 가톨릭 작가들에게 감동을 받고 그 교리와 신앙에 관심을 갖게 된 후에도, 머튼의 삶은 예전과 거의 다르지 않았다. 그는 아직 세례대 앞에 설 준비가 되어 있지 않았다. 가톨릭 신자가 되어야 하는지에 대한 진지한 고민 없이 그냥 그들 옆에 서서 감탄하는 것으로 만족하고 있었다. 실제로 저녁기도 때 "성모송"을 추가한 것 외에는 교회에 더 가까이 가지 못했다. 미사에도 다시 가지 않았다.[44] 그다음 주말에 머튼은 미사에 참석하는 대신 여자 친구를 만나러 갔다. 그다음 주말은 노동절 월요일까지 이어지는 긴 휴가여서, 같은 집에 세 들어 살던 대학 친구 조 로버츠(Joe Roberts)와 또 다른 한 명과 함께 필라델피아 외곽 지대의 싸구려 여관에 가서 밤새도록 신비주의에 대해 토론을 벌였다. 여관방에는 담배꽁초가 수북이 쌓였고 그들은 찔끔찔끔 술을 마시다가 밤새도록 문을 여는 어느 큼직한 무허가 술집으로 자리를 옮겼다.[45]

머튼이 가톨릭에 대한 관심을 갖고 내적 씨름을 하기 시작할 때쯤 유럽에서는 전운이 감돌고 있었다. 스페인 내전이 끝나가는 한편 히틀러가 집권한 독일은 서쪽으로 세력을 확장하고 있었다. 어느 날 새벽 라디오에서 독일이 체코슬로바키아를 점령했다는 뉴스가 흘러나왔다. 며칠 후 9월 말에는 영국 수상 네빌 체임벌린(Arthur Neville Chamberlain)이 뮌헨에 있는 히틀러를 방문하여 전쟁을 일으킬 수 있는 모든 조처를 취소한다는 새 동맹을 맺고 다시 영국 런던 크로이든으로 돌아와 비행기에서 내리며 "우리 시대에는 평화"라고 외치기도 했다. 하지만 머튼은 큰 전쟁이 일어나고 대학살이 발생할 것 같다고 생각했다.

나는 크게 실망했다. 그 농간 밑에 깔린 얽히고설킨 추잡한 정치 놀음에 어이가 없었다. 나는 이때 정치란 희망을 걸 것이 못 된다고 단념해버렸다. 정도

---

44   Ibid., 440-44.

45   Ibid., 428. 머튼이 친구들과 함께 필라델피아의 가로변 여관에서 신비주의에 대해 토론하며 무허가 술집에서 밤새 술을 마신 시점은 날짜의 흐름으로 보면 가톨릭 첫 미사 이후다. 첫 미사는 8월이었고, 필라델피아로 간 주말은 9월 첫 주말이다. 시기적으로는 약간 뒤에 나오는 이야기지만 주제에 맞춘 이야기의 흐름에 따라 먼저 소개되고 있다.

차이는 있을지언정 한결같이 사악하고 타락한 군사력의 동향이나 상호 견제 따위에 흥미를 잃었다. 나라마다 자기에게 유리한 쪽으로 시끄럽게 떠들어 대는 주장들 사이에서 진실이나 정의를 찾으려는 시도는 너무나 부질없고 실없는 짓이었다.[46]

계속해서 머튼은 당시 상황에 대해 말한다.

미래는 예측할 수 없는 전쟁에 의해 막다른 골목의 담벼락처럼 꽉 막혀 있었다. 누가 끝까지 살아남을 수 있을지는 아무도 몰랐다. 민간인과 군인 중 어느 쪽이 더 큰 피해를 입을지조차 예측할 수 없었다. 국가들 대부분이 갖추고 있는 신형 비행기와 무시무시한 최신 무기 때문에 민간인과 군인의 운명에 차이가 없어진 것이다.[47]"

머튼은 임박한 전쟁 앞에서 너무나 무기력한 개인으로서의 자신에 대해 쓴다.

내 호감이나 증오, 또는 찬성이나 불신은 외적 정치 질서에 아무런 영향도 미칠 수 없었다. 나는 한낱 개인일 뿐이고 전쟁에서 개인은 고려되지 않았다. 나는 곧 징집될 사람의 명단에 올라 있는 번호일 뿐 이 세상에서 아무것도 아니었다. 나는 내 번호가 찍힌 군번 메달을 받아 목에 거는 사람에 지나지 않았

---

46 Ibid., 446.
47 Ibid., 446-47.

다. 이 메달은 다만 내 유물을 찾아 처분하도록 도와주고 상실된 나의 신원을 묻어버릴 마지막 정신 활동이 될 공문서의 처리를 도와줄 뿐이었다.[48]

이런 위기의 시대 속에서 머튼 개인에게 놀라운 일이 벌어졌다. G. F. 레히 (G. F. Lahey)가 쓴 영국 시인 제럴드 맨리 홉킨스의 전기를 읽고 있던 머튼은 갑자기 무언가 치밀어 올라 자신을 재촉하는 듯한 움직임을 느꼈다. 당시 머튼이 읽던 대목은 가톨릭 신자가 되고 싶어 하는 홉킨스가 불현듯 자신의 우유부단함을 느끼고는 뉴먼 추기경에게 편지를 쓰는 부분이었다. 그때 갑자기 머튼 안에서 무언가 치밀어 올라와서 그를 재촉하기 시작했다. "음성 같이 말하는 움직임" 곧 커다란 목소리가 안에서 울려왔다.

"너는 무엇을 기다리고 있는가? 왜 가만히 앉아 있는 건가? 왜 아직도 주저하고 있는 건가? 너는 무엇을 해야 하는지 알고 있지 않은가? 그런데 왜 그것을 하지 않는가? 너는 무엇을 기다리고 있는가?" 내 안의 목소리가 다시 말했다. "왜 멍청히 앉아 있는가? 왜 벌떡 일어나서 행동하지 않는가? 갑자기 나는 더 이상 참을 수가 없었다."[49]

이런 내적 음성을 들은 머튼은 여자 친구와의 약속을 포기하고 그리스도의 성체 성혈 성당으로 달려갔다. 가랑비를 맞으며 성당으로 달려간 머튼은 포드 신부를 만나 말했다. "신부님, 가톨릭 신자가 되고 싶습니다."[50]

---

48 Ibid., 447.
49 Ibid., 449.
50 Ibid., 451.

세례

포드 신부는 머튼에게 세 권의 책을 주면서 그것을 우선 읽어보고 일주일이나 열흘 후쯤 어떤 느낌인지 보고 교리 교육을 시작하자고 말했다. 교리 교육은 일주일에 두 번씩 저녁에 받게 되는데, 당시 그리스도의 성체 성혈 성당에 있던 네 명의 보좌 신부 중 무어 신부가 맡아 주관하게 될 것이라고 알려주었다.

머튼은 두 달 동안 매주 두 번씩 교리 교육을 받았다. 10월 그믐께 본당 신자들과 함께 피정을 했다. 피정 기간 동안 당신의 존재를 뚜렷이 계시하시는 그리스도를 경험한 머튼은 더욱 간절히 세례를 받고 싶어졌다. 11월 첫 주말 즈음에 무어 신부는 머튼이 11월 16일에 세례를 받게 된다고 말해주었다. 세례를 받게 된다는 말을 들은 머튼은 어느 때보다도 행복하고 흐뭇한 마음으로 사제관을 나왔다.

세례를 받기 전날 밤, 머튼은 혹시라도 다음날 뭔가 잘못되지 않을까 하는 조바심이 들어서 뜬눈으로 시간을 보냈다. 머튼은 혹시 공심재를 깨뜨릴까 염려하여 아침에 양치질도 하지 않았고 담배를 피우고 싶은 유혹도 억제했다. 머튼은 자신의 세례를 가리켜 "축복받은 사형 집행과 새로운 생명을 받음(재탄생)"이라고 표현한다.[51] 이는 세례의 기독교적인 의미를 반영하는 묘사로서, 머튼은 세례를 거짓 자기의 죽음과 새로운 자기의 탄생으로 본 것이다. 머튼은 자신을 사형이 집행되어야 할 행복한 죄수로 바라

---

[51] Ibid., 461.

본다. 머튼은 세례일을 며칠 앞두고 다음과 같이 회상한다.

> 나는 죽음의 노예와 같은 처지에서 해방되기 며칠 전에야 겨우 나 자신의 나
> 약함과 무력함을 느끼는 은총을 받았다. 이 은총의 빛은 그렇게 환하지 않았
> 지만 나는 드디어 내가 얼마나 가난하고 비참한 존재인가를 진정으로 깨달
> 았다.[52]

머튼에게 세례는 영적 완성이 아닌 새로운 등정의 시작을 의미했다. 과거
의 모든 죄는 세례대의 물로 씻김을 받지만 여전히 남아 있는 본성과 나약
함 및 악습의 경향은 싸워서 극복해야만 했다. 이제 머튼은 정화를 통해 가
파르고 험난한 연옥의 칠층산을 올라야 하는데 세례가 바로 그 시작이었
다.[53] 세례를 앞둔 머튼은 자신이 본성적으로 얼마나 나약한 존재인지를 알
았고, 세례를 통해 은총을 받게 되면 무엇을 해야 하는지도 아주 분명하게
인식하고 있었다.

3년 전만 해도 자신의 부도덕과 불행이 외부 환경 탓이라고 여겼지만,
이제는 초신자로서 죄인 됨의 의미를 알고 진정한 해방의 길이 무엇인지
안다. 머튼은 죽음에 이르게 하는 죄의 능력으로부터 완전히 해방되는 행
복한 처형의 순간을 원하고 있다. 그는 "정죄 받은 행복한 죄수"로서 곧 진
정한 자유를 누리게 될 것이다.

1938년 11월 16일, 교리 지도 과정을 마친 머튼은 드디어 세례를

---

52 Ibid., 460.

53 Ibid., 460.

받았다. 친한 친구인 에드워드 라이스, 로버트 랙스, 세이무어 프리드굿(Seymour Freedgood), 밥 저디(Bob Gerdy)가 머튼의 세례식을 보기 위해 성당으로 왔다. 랙스와 세이무어와 저디는 유대인이었고, 라이스만 친구들 중유일한 가톨릭 신자여서 그의 대부를 서 주었다. 머튼은 세례대 입구에 서서 무어 신부의 질문에 답했다. "당신은 하나님의 교회에서 무엇을 청합니까?" 머튼이 답했다. "신앙을 청합니다." "신앙은 당신에게 무엇을 줍니까?" "영원한 생명을 줍니다."

사제는 라틴어로 기도를 바친 후에 다시 물었다. "마귀를 끊어버리겠습니까?" 머튼은 마귀의 허례 의식과 행실을 끊겠다는 맹세를 세 번 반복했다. 사제는 다시 사도신경의 내용을 하나하나 물었고 머튼은 "믿습니다"를 반복했다. 계속해서 사제는 마귀를 쫓는 예절을 하고 사제와 그의 안에계신 그리스도를 통해 머튼의 얼굴에 입김을 불어 넣는 예식을 진행했다. 그런 후 다시 기도를 바치면서 머튼의 이마와 가슴에 십자표를 그어주었다. 세례를 받은 자로서 하나님의 것에 맛 들이는 삶을 위한 지혜의 소금을혀에 놓아주는 예식을 마치고 마지막으로 머튼의 이마에 물을 붓고 토머스라는 이름을 주었다.

세례 예식을 끝낸 머튼은 다른 보좌 신부가 기다리고 있던 고해소로들어가서 무릎을 꿇고 자신의 죄를 하나하나 고백하기 시작했다. "나는 죄의 종류대로 하나씩 하나씩 정성을 기울여 나의 모든 죄를 마치 이를 뽑듯이 뿌리째 뽑아냈다. 어떤 것은 뽑기가 힘들었지만 재빨리 뽑아내었고 그런 죄를 몇 차례나 지었는지 최선을 다해 고백했다."[54] 이렇게 모든 죄를

---

54 Ibid., 465.

고백하면서 느낀 홀가분함이 얼마나 강렬했는지 이전에 누렸던 어떤 해방감이나 자유의 경험과는 비교할 수 없을 정도였다. 세례를 받고 죄 사함을 얻은 머튼은 미사에 참례하여 성체를 받아 모실 수 있게 되었다. 머튼은 그리스도의 몸을 받아 모시는 놀라운 감격을 이렇게 묘사한다.

> 방금 하나님의 궁전이 된 내 안에 계시는 하나님께 "영원하고 순결한 제헌(희생제사)", 하나님께 봉헌하는 하나님의 제헌, 그리스도의 강생에 합일된 나를 함께 봉헌하는 제헌이 드려졌다. 새 베들레헴인 내 안에서 탄생하시고 새 갈보리인 내 안에서 죽으시고 부활하신 그리스도께서 나를 당신 안에서 하나님께 봉헌하시면서 내 아버지이자 당신의 아버지이신 성부께 나를 하나님의 무한하고 특별한 사랑(존재하는 만물에 대한 하나님의 사랑이 아니라 하나님이 당신 자신을 사랑하시는 그 사랑의 힘으로 당신에게 끌어들이신 피조물에 대한 사랑)으로 받아들여주시기를 청하셨다.[55]

이제 머튼은 완전히 다른 차원의 삶을 살아가게 되었다. 머튼은 이 위대한 날의 은혜를 이렇게 결론짓는다.

> 나는 하나님의 생명이자 영인 영원한 중력, 곧 당신의 영원한 자비와 무한한 본성으로 끌어당기시는 하나님의 중력 안에 들어왔다. 그리고 어디에나 계시고 한계가 없으신 하나님께서, 그리스도와 합일됨으로써 이 어마어마하고 무한한 중력의 흐름(사랑, 곧 성령) 안에 들어온 나를 발견하시고 사랑하신다.

---

55 Ibid., 467.

하나님은 당신의 무한한 심연으로부터 나를 불러내신다.[56]

머튼은 세례를 통해 완전히 새로운 존재로 태어났다.

나는 유대인처럼 "세례"라는 홍해를 건넜다. 그리고 나는 무서우리만치 안이
하고 편리한 사막으로 들어왔다.…그곳에서 나는 내 본성과 판단을 따르지 않
고 오로지 하나님께 의지하고 순종함으로써 그분께 큰 영광을 드리고 내가
상상하거나 이해할 수 없는 땅으로 인도될 것이었다.[57]

이제 하나님은 머튼을 어떤 길로 인도하실까?

---

56 Ibid., 467-68.
57 Thomas Merton, *The Seven Storey Mountain*, 226(『칠층산』, 470-71).

성소

사제 성소와 다니엘 월쉬

사진 34. 다니엘 월쉬

세례를 받기 위한 교리 교육이 거의 끝나갈 무렵 머튼은 마음 깊은 곳에서 뜻밖의 소망이 싹터오는 것을 느꼈다. 사제가 되고 싶다는 막연한 마음이 생긴 것이다. 이 중요한 식별의 순간에 머튼을 도운 인물은 당시 컬럼비아 대학교에서 토마스 아퀴나스를 강의하던 다니엘 월쉬(Daniel Walsh) 교수였다.[1] 월쉬 교수는 토론토 대학교에서 중세 철학으로 박사 학위를 받은 후에 뉴욕 맨해튼빌에 있는 성심 대학(Sacred Heart)에서 1934년부터 1960년까지 재직하면서 철학 교수로 컬럼비아 대학교에서도 꾸준히 토마스 아퀴나스와 둔스 스코투스에 대한 강의를 했다.

머튼은 1939년 1월에 월쉬 교수가 진행하는 토마스 아퀴나스 강의를 수강하게 된다. 월쉬 교수는 질송의 제자이면서 마리탱을 개인적으로 잘 알고 있어서, 머튼을 그에게 소개해주기도 했다. 머튼은 『칠충산』에서 그의 영적 멘토이자 스승인 월쉬에게 아낌없는 찬사를 보낸다. "월쉬 교수는 질송처럼 여러 학파와 학설 간의 대단찮은 차이를 초월함으로써 그 다채로운 일치 안에서 진정한 가톨릭 정신으로 가톨릭 철학 전체를 바라보는

---

1   Thomas Merton, 정진석 역, 『칠충산』, 456-57.

희귀하고 탄복할 만한 덕을 지니고 있었다."[2] 윌쉬 교수는 각진 턱에 강한 인상을 주는 외모를 갖고 있었지만 내면에는 단순함과 온화함과 성덕을 그대로 지니고 있었으며 "『신학대전』을 강의할 때는 어린아이처럼 단순한 기쁨과 웃음을 머금고 침착하게"[3] 행동했다. 그는 학생들의 인기를 끌기 위한 행동을 하기 보다는 늘 수수한 웃음을 띤 채 아퀴나스의 확고하고 강력한 정신 속에 자신을 묻었다.

윌쉬는 머튼의 정신적 경향이 토미즘에 드러나는 지성적·변증적·사변적 특징보다 아우구스티누스처럼 영적·신비적·주의(主意)주의적·실천적 특징을 더 지향하고 있는 것 같다고 말해주었다. 이는 대단한 찬사였다. 아우구스티누스 같다는 말은 성 아우구스티누스의 지성적 후손을 총칭하는 단어였기 때문이다. 즉 성 안셀무스(St. Anselm), 성 베르나르도(St. Bernard), 성 보나벤투라(St. Bonaventure), 성 빅토르의 후고와 리카르도(Hugh and Richard of St. Victor), 둔스 스코투스 등과 동일한 영적 상속의 몫을 차지하는 사람이라는 평가였다.[4]

1939년 9월 말 머튼은 친구 몇 사람과 함께 재즈 음악이 쿵쾅거리는 쉐리단 광장의 닉크 주점에서 이런저런 대화를 하며 밤새 술을 마셨다. 라이스와 저디는 밤늦게 집으로 돌아가고, 집니와 페기는 머튼과 함께 가까운 페리 가에 있는 그의 집으로 몰려가서 아무 데나 쓰러져 잠을 잤다. 그들은 다음날 정오가 되어서야 깨어났고 일어나자마자 레코드판을 틀었다. 죽은 지 이미 오래된 바이델 베케의 구슬픈 옛 가락이 방안에 울려 퍼졌

---

2   Ibid., 458.
3   Ibid., 457.
4   Ibid., 457-59.

다. 오후 1시쯤에 머튼은 밖으로 나가 아침 겸 점심으로 먹을 토스트와 볶은 달걀과 커피를 사왔다. 식사를 마친 후 산책을 나가자고 제안하려던 순간 깜짝 놀랄만한 생각이 머튼의 머릿속에 떠올랐다. "마룻바닥에 앉아 레코드판을 들으면서 사온 것들을 먹고 있을 때 느닷없이 '사제가 될까 보다' 하는 생각이 떠올랐다." 그것은 갑자기 올라온 생각이었으나 병적으로 뇌리를 떠나지 않는 정서적 욕구나 격정 또는 환상 같은 것은 아니었다. 사제가 되고 싶다는 마음과 생각이 "감미롭게 깊고 끈질긴 매력으로" 다가왔다. 결코 감각적 욕구 같은 것이 아니었다. "그것은 양심의 차원에 속한 것"이었고, 머튼은 사제가 되는 것이야말로 자신이 해야 할 일이라는 명확한 의식을 갖게 되었다. 머튼은 바로 옆에 있는 짐니와 페기에게 아무래도 자신이 신부가 되어야 할 것 같다고 말했다. 그의 마음은 사제가 되는 것에 대한 생각으로 가득했다.

친구들이 집으로 돌아간 후 혼자 남게 된 머튼은 사제가 되는 일이 매우 괜찮은 생각일뿐더러 자신에게 진실로 적합한 것이라고 생각했다. 이 생각을 확고하게 굳히는 일만 남았다. 하지만 머튼은 사제가 된다는 생각을 확고히 한다는 것의 의미조차 제대로 이해하지 못하고 있었다. "그게 무슨 뜻인가? 어떻게 해야 한단 말인가? 지금 당장 여기서 나는 무엇을 해야 하는가?"

그날 저녁 머튼은 어떤 충동에 이끌려 16번가에 있는 성 프란치스코 사베리

사진 35. 성 프란치스코 사베리오 성당

오 성당으로 향했다. 당시에는 무엇 때문에 그곳에 갔는지 알 수 없었지만, 훗날 그날을 회상하면서 아마 신부님을 만나 이야기를 해보겠다는 생각이었던 것 같다고 말한다. 성당에 가보니 내부는 어둡고 빈 상태였고 문이 잠겨 있었다. 낙심하여 막 돌아서려는데 지하로 통하는 문이 보여 계단을 내려가 문을 열고 들어가니, 성당 지하에는 불이 환히 켜져 있었고 사람들이 가득했다. 머튼이 자리를 찾아 앉자 회중들은 성 토마스 아퀴나스가 작사한 라틴어 성가를 불렀다. 머튼은 성광(聖光, monstrance) 속의 성체(聖體, eucharist)를 바라보았다. 자신의 전 생애가 위기에 빠져 있음을 분명히 의식한 순간 갑자기 주어진 한 가지 질문에 맞닥뜨리게 되었다. "너는 정말 사제가 되기를 원하는가? 원한다면 그렇게 말하라."

그 질문을 들으며 성체를 똑바로 주시한 머튼은 자신이 바라보고 있는 분이 누구인지를 알고 답했다. "네, 나는 사제가 되기를 원합니다. 진심으로 원합니다. 당신의 뜻이라면 나를 사제로 만드소서.…나를 사제로 만드소서." 그는 이 말이 어떤 일을 이뤄낼 것이라는 확신이 들었다. 동시에 자신을 위해 어떤 힘이 움직였으며 자신의 결심으로 인해 자신과 그 힘 사이에 어떤 일치가 보증되었음을 어렴풋이 깨달을 수 있었다.

머튼은 월쉬 교수를 찾아가서 사제가 되고 싶다는 소망에 대해 말했다. 월쉬 교수는 머튼을 보자마자 첫눈에 사제 성소가 있는 사람이라는 생각을 했다고 말해주면서 그에게 사제가 될 수 있을 것이라는 확신을 주었다.

더 나아가 월쉬 교수는 머튼이 교구 사제보다 수도회 생활에 더 적합할 것 같다고 이야기해주었다. 수도자가 되는 일에 관심을 갖게 된 머튼은 어느 수도회가 자신에게 적합할지를 살펴보기 시작했다. 남관에 있는 참고 도서실에서 가톨릭 백과사전을 쭉 훑어보기도 하고 서점에 들러 예수회, 프란치스코회, 도미니코회, 베네딕도회에 관한 책을 찾아보기도 했다. 그러다가 예수회의 삶이 너무 강력한 활동과 군대식 일과로 매진하는 것을 알고는 자신이 원하는 삶과 거리가 멀다고 느꼈다. 또한 소속과 관계없이 단식재, 봉쇄, 공동생활 규칙, 수도자의 순명과 청빈 등의 의무를 따라야 하는 수도회 생활 역시 자신에게 맞을지 염려스러웠다.

그런데 마침 월쉬 교수가 프란치스코 수도회는 어떤지 머튼의 의향을 물었다. 그는 프란치스코 수도회의 분위기와 삶이 마음에 들었다. 그곳 수도자들은 단순하고 격식에 구애받지 않는 삶을 지향했으며, 무엇보다도 영적 규제나 체계 및 일과에 구애받지 않은 자유가 있다는 점이 머튼의 마음에 들었다. 성 프란시스코가 애초에 세운 규칙이 얼마나 바뀐 것인지는 몰라도, 수도회의 창설 이념이 여전히 그곳의 삶의 기본을 이루고 있는 것 같았다. 어떤 점이 머튼의 의사에 결정적인 영향을 미쳤는지는 단언하기 어렵지만, 아마도 수도회의 단순하고 간결한 규칙이 그를 끌어당겼던 것으로 보인다.

프란치스코 수도회를 선택한 것은 외견상 완전히 합법적인 매력—비록 내가 생각했던 것만큼 초자연적이지는 않지만 하나님의 뜻의 표지로 여겨도 무방한 매력—을 따른 것이었다. 내가 이 수도회를 택한 이유는 그 규칙을 어려움 없이 지킬 수 있으리라고 생각했고, 또한 이 수도회가 내게 제공할 교수 생활과 저작 활동도 마음에 들었으며, 장차 살게 될 주위 환경도 매력적이었기 때

문이다.[5]

머튼은 프란치스코 수도회에 들어가는 것이 가장 적절한 선택이라는 결론을 내렸다. 하지만 그곳에 매력을 느끼고 입회를 선택했다고 해서 그가 앞으로 걷게 될 성소를 제대로 갖게 되었다는 의미는 아니다. 월쉬 교수는 머튼이 프란치스코 수도회에 들어갈 수 있도록 친구인 에드먼드 머피(Edmund Murphy) 신부를 소개해주었다.

월쉬 교수와 머튼은 처음에 스승과 제자로 만났지만 세월이 흐르면서 영적인 친구가 되었고 머튼이 수도자가 된 이후에도 끈끈한 관계를 유지했다. 1960년에 겟세마니 수도원장 돔 제임스 폭스(Dom James Fox)는 월쉬 교수를 그곳으로 초대하여 수도자 중 사제가 되려는 수사들을 위한 철학 교육 프로그램과 관련해 도움을 요청했다. 월쉬 교수는 이 부름에 응해 루이빌에 자리를 잡음으로써 머튼 가까이에 머물게 되었다. 얼마 후에 그는 루이빌에 있는 벨라민 대학교에서 철학을 가르치는 방문 교수가 된다. 그는 이후에도 벨라민 대학교에 있는 토머스 머튼 센터의 설립에도 큰 기여를 하였고, 1967년에는 루이빌 교구에서 사제로 서품을 받았다.

『칠층산』에서 머튼은 "교회와 우리 대학교들 안에 그(월쉬 교수)와 같은 인물이 더 많이 있게 해주시기를 하나님께 청한다"고 말한다.[6]

---

5   Thomas Merton, *The Seven Storey Mountain*, 291.
6   Thomas Merton, 정진석 역, 『칠층산』, 458.

에드먼드 머피 신부와의 면담

머튼은 월쉬 교수의 소개로 뉴욕 31번가에 있는 아시시의 성 프란치스코 수도원에 소속된 에드먼드 머피 신부를 만났다. 그는 바쁜 가운데서도 머튼이 그를 찾아올 때마다 만나주었다. "그는 프란치스코 회원답게 힘든 일로 단련되었으면서도 쾌활하고 친절한 태도를 지녔고 큰 키에 호감이 가는 인상을 가진 분이었다."[7] 머튼은 그를 만난 순간 좋은 친구를 만났음을 직감했다. 그들은 성소에 대한 대화를 시작했다. 그는 머튼에게 세례 받은 지 얼마나 되었는지, 무엇 때문에 프란치스코 수도회에 매력을 느꼈는지, 컬럼비아 대학교에서는 무엇을 전공하는지, 학업은 어떤지 등을 물었다. 머튼의 대답을 들은 머피 신부는 프란치스코 수도자가 되겠다는 그를 격려했다. "나는 당신이 내년 8월 수련원에 입회할 수 있는 조건이 충분하다고 봅니다."[8]

지원 조건은 충분하지만 내년 8월이 되어야 입회가 가능하다는 말에 머튼은 실망했다. 일단 결심이 선 이상 당장 실행에 옮기고 싶었기 때문이다. 머튼은 수도자의 길을 걷고 싶다는 열망으로 가득했다. "신부님, 그보다 더 빨리 입회할 기회는 없습니까?" "우리는 한 번에 그룹으로 수련자들을 받습니다. 그렇게 모인 수련자들은 사제품을 받을 때까지 모두 함께 생활해야 합니다. 이것이 우리가 수련자들을 지도하는 유일한 과정입니다."[9]

---

7   Ibid., 546.
8   Ibid., 546.
9   Ibid., 546-47.

머피 신부는 계속해서 머튼이 철학을 많이 공부했는지 또 가족 관계는 어떤지 등을 묻고, 오래전 부모님이 작고했다는 말을 듣고는 어떻게 생계유지를 하고 있는지에 대해서도 상세히 질문을 했다. 그리고 만약 머튼이 수도회에 들어오게 된다면 뉴욕 서부에 있는 성 보나벤투라 대학교나 북부에 있는 시에나 대학에서 강의를 할 수도 있을 것이라고 자세히 안내해주었다.

머튼은 행복과 평화가 충만한 마음으로 수도원을 나와 바쁜 일상으로 돌아왔다. 이전과 전혀 다를 바 없는 일상생활로 돌아왔지만 머튼의 인생은 완전히 변했다. 이제 하나님이 그의 존재의 중심이 되었다. 머튼은 그때까지 자주 고해성사를 했으나 정식으로 영성 지도를 받고 있지는 않았는데, 입회를 결심한 이후에는 프란치스코 수도회 신부들로부터 영성 지도를 받고 매일 영성체에도 참여하였다.

머튼은 과달루페의 성당이나 아시시의 성 프란치스코 성당으로 가서 아침 미사와 영성체를 드리며 하루 일과를 시작했다. 미사 후에는 페리가에 있는 출판사로 가서 소설을 수정하는 작업을 했다. 오후에는 컬럼비아에서 영문학 강의를 듣고 도서관에 가서 아리스토텔레스의 형이상학에 대한 성 토마스 아퀴나스의 주해서를 읽었다. 오후 3시쯤에는 그리스도의 성체 성혈 성당이나 루르드의 성모 성당에 가서 십자가의 길 기도를 바쳤다. 십자가의 길 기도는 쉽고 단순한 묵상 기도였으나 머튼에게 큰 도움이 되었다. 머튼은 아침 영성체와 십자가의 길 기도를 통해 그리스도의 수난에 참여함으로써 자신의 삶이 새로워지는 은총을 경험했다.[10]

---

10   Ibid., 551.

머튼은 아직 기도에 익숙하지 않았기 때문에 십자가의 길 기도를 염경 기도로 바치는 것이 쉽지 않다고 느꼈다. 그때까지만 해도 그에게 십자가의 길 기도는 위로라기보다는 수고이자 희생이었다. 자발적인 기도가 되지 못했기 때문에 기도를 실천하면서도 감각적인 만족이 느껴지는 경우는 거의 없었다. 그럼에도 불구하고 기도를 마친 후에는 깊은 평화가 찾아왔다. 기도를 지속하면서 머튼의 욕구는 점점 잦아들었고, 그 결과 처음에는 잘 느껴지지 않았던 평화가 머튼 안에 더욱 깊고 확실히 머물게 되었다.

이 시기에 머튼은 생애 처음으로 마음 기도를 시도했다. 비록 프란치스코 수도회에 입회하기로 되어있었지만, 그는 이냐시오의 『영신 수련』을 사용하여 마음 기도를 실천해보기로 다짐했다. 머튼은 책에 쓰인 묵상 규칙을 따라 스스로 묵상을 실천했다. 머튼은 매일 한 시간씩 『영신 수련』을 통해 묵상을 했다.

페리가에 있는 내 방에서 조용한 오후 시간을 택해서 묵상을 해나갔다. 내 방은 집의 뒤쪽에 있었기 때문에 소음 걱정은 없었다. 정말로 꽤 조용했다.…방이 어두워야 한다는 안내에 따라 덧문을 내려 책장과 침대 위 벽에 걸려 있는 십자가를 겨우 바라볼 수 있을 정도의 빛만 들어오게 했다. 또한 그 책은 묵상을 위한 자세를 고려하라고 권유하면서, 일단 마음이 안정된 후에는 머리를 긁적거리거나 중얼대면서 방 안을 서성거리지 말라고 조언하였다. 그러면서 이제까지 지닌 자세를 그대로 유지하는 한 다른 것은 자유롭게 선택해도 된다고 했다.

나는 이 중대한 문제에 대해 잠시 생각하고 기도한 후 마침내 마룻바닥에 책상다리를 한 채 앉아서 묵상을 하기로 결정했다.…그렇게 하니까 썩 잘 되었다. 책을 들여다볼 필요가 없을 때는 눈을 십자가나 마루 위에 고정시켰다.

이렇게 마룻바닥에 앉아 기도하면서 하나님께서 왜 나를 세상에 태어나게 하셨는지를 고찰하기 시작했다.[11]

처음에 머튼은 그 묵상을 통해 무엇을 어떻게 성찰해야 하는지를 분명히 알 수 없었다. 하지만 『영신 수련』의 진가는 머튼이 그리스도 생애의 신비를 관상할 때 나타났다.

나는 "장소 구성"(composition of place)에 관한 성 이냐시오의 지침을 순순히 따라 예수 마리아 요셉의 성 가정 안에 들어가 앉아서 그분들의 행동을 유심히 고찰하며 그분들의 말씀을 조용히 들으려고 노력했다. 그러자 애정이 솟구쳐 올랐고 결심이 섰으며 그들과 대화를 나누게 되었다. 그리고 마지막으로 이 묵상이 어떻게 진전되었는지를 간략히 반성했다.[12]

『영신 수련』을 사용하여 마음 기도를 실천한 머튼은 소죄(venial sin)에 관한 묵상에서 가장 깊은 인상을 받았다. 대죄(the malice of mortal sin)[13]를 놓고 묵

---

11 Ibid., 553-54.

12 Ibid., 555-56.

13 가톨릭교회는 죄의 경중에 따라 대죄(大罪, 죽을죄)와 소죄(小罪, 용서받을 죄)로 나눈다. 대죄는 인간 마음 안에 있는 생명 원리인 하나님과 이웃을 향한 사랑을 근본적으로 거스르고 파괴하는 죄를 의미한다. 예컨대 하나님을 모독하거나 거짓 맹세를 하는 것은 하나님께 대한 사랑을 근본적으로 어기는 것이며, 살인을 하거나 간통을 하는 것은 이웃에 대한 사랑을 어기는 죄가 되기 때문에 대죄에 해당된다. 「가톨릭교회교리서」는 어떤 죄가 대죄가 되려면 1) 중대한 문제를 대상으로 2) 완전히 의식을 한 상태에서 3) 고의로 저지르는 이 세 가지 조건이 충족되어야 한다고 본다. 여기서 중대한 문제란 십계명을 거스르는 죄를 말한다. 반면 소죄는 하나님을 향한 사랑을 어기는 죄지만, 그 사랑을 사라지게 하지는 않는 죄

상할 때는 여러 각도에서 그것에 대해 질문을 했다. 사람이라면 대부분 대죄의 끔찍함을 잘 알기에 실제로 그리스도인들의 삶이 느끼는 대죄의 공포는 머튼에게 추상적인 것으로 다가왔다. 왜냐하면 누구든지 대죄를 경계하며 그것에 넘어지지 않기 위해 조심하며 피하기 때문이다. 머튼은 오히려 소죄가 처벌받는 문제와는 별도로 하나님의 선하심과 인자하심을 거스르는 죄악임을 똑똑히 깨닫게 되었다. 그는 이 죄에 대한 묵상을 통해 소죄야말로 하나님의 사랑 때문에 창조된 우리가 그분의 뜻보다 자신의 뜻과 만족을 우선하는 존재임을 여실히 보여주는, 하나님 앞에서의 부조리이자 악이라는 것을 깊이 확신하게 되었다.[14]

소죄의 심각성은 머튼이 헉슬리의 『목적과 수단』을 읽은 후 생각해왔던 수련(수행)의 필요성을 더욱 강조해주었다. 자칫 가벼이 여길 수 있는 소죄들의 추악함은 그리스도인의 삶에서 고행의 중요성을 다시 심각하게 생각할 수 있도록 머튼을 이끌어 주었다. 소죄에 대한 묵상은 머튼을 다시금 모든 것을 포기하는 것에 대한 주제로 이끌어 갔다.

소죄를 고려하기 전에는 모든 것을 포기해야 할 실질적인 필요성을 잘 느끼지 못했다. 그러나 이제는 모든 것을 포기하고, 십자가를 지고, 그리스도를 따라야 할 분명한 필요성이 생겼다.⋯전에는 이것을 지적으로만 알았다면, 이제 나는 이것을 알며 이해할뿐만 아니라 나의 모든 영혼과 마음으로 이것에 동

를 말한다. 가벼운 문제에 대해 도덕률이 정한 기준을 지키지 않았거나, 중대한 문제에 대해 도덕률을 어겼지만 완전히 의식하지 못하거나 전적으로 동의하지 않은 상태에서 어긴 것이라면 소죄가 된다(『가톨릭교회교리서』, 1846-1896항).

14 토머스 머튼, 『칠층산』 556.

의한다.[15]

소죄에 대한 머튼의 묵상과 그로 인한 고민은 한동안 지속되었으며, 이는 얼마 후에 머튼이 경험할 프란치스코 수도회 성소에도 중대한 영향을 미치게 된다.

쿠바 여행

머튼은 프란치스코 수도회에 지원하여 입회 허락을 받은 후 쿠바에 계신 코블의 성모를 순례하기 위해 여행을 떠난다. 일정의 대부분은 휴가고 1/10은 중세기식 순례였다. 머튼이 가서 본 쿠바는 매우 특별했다. 모퉁이를 돌 때마다 크고 시원스러운 성당이 있었고 곳곳에서 쿠바인들이 기도를 올리고 있었다. 머튼은 걸음을 옮길 때마다 기쁨의 새 세계가 열리는 것을 경험하였다. 어느덧 머튼은 여러 다른 수도회에 속한 가톨릭교회들을 순례하는 자신을 발견하게 되었다. "나는 그 섬에서 영적 백만장자처럼 살았다."[16] 어느 성당이고 쉽게 들어갈 수 있었고 원하기만 하면 미사 중이나 전후 언제든 영성체를 할 수 있었다. 15분이나 20분마다 각기 다른 제대에

---

15 Thomas Merton, *Perry Street Journal*, 274-75(*Perry Street Journal*은 1939년 5월부터 1940년 2월까지의 일기로 뉴욕주 올리안에 있는 The Friedsam Library of St. Bonaventure University 에 소장되어 있는 미 출간 일기다); William Shannon, 오방식 역, 『고요한 등불』, 218.
16 Thomas Merton, 정진석 역, 『칠층산』, 574.

서 새 미사가 시작되었기 때문에 아무 때나 성당에 들어가 미사에 참례할수 있었다. 묵주 기도나 십자가의 길 기도를 바칠 수도 있었으며, 무릎을꿇고 눈길이 닿는 곳마다 나무나 석고로 만든 성인상 또는 살아 있는 성인같은 이들이 있었다. 쿠바의 신비롭고 아름다운 모든 것들이 머튼의 마음을 기도로 이끌었다.

머튼은 쿠바를 순례하면서 특별한 기대를 갖게 되었다. 그는 코블의성모께 가는 도중에 쿠바인들이 거룩하게 여기는 세이바 나무들 사이에서성모님이 발현하시기를 은근히 기대했다. 머튼은 창밖을 내다보면서 은근히 기대를 했지만 세이바 나무 위에 아름답게 발현하시는 성모님의 모습은 끝내 보지 못했다. 마탄자스 광장에서는 군중들에게 둘러싸여 서투른스페인어로 신앙과 도덕에 관한 연설을 했다.

그런데 성모님의 발현을 소망하던 머튼의 기대는 아주 다른 방식으로충족되었다. 그는 아바나의 성 프란치스코 성당에서 평범한 미사를 드리던중 예기치 않은 영적 경험을 함으로써 자신이 품었던 그런 기대가 정말로부질없는 것임을 깨달았다. 그곳 미사에서 사제가 성체와 성작을 거양하고어린아이들이 맑은 목소리로 사도신경을 낭송하던 순간 갑자기 놀라운 일이 벌어졌다.

그러자 방금 제대에서 성체 축성 때 이루어진 일이 무엇인지를—성체 축성의말마디로써 하나님이 여기 현존하시어 내게 속하게 되었다는 것을—그 외침처럼 갑자기 정확하게, 그리고 더할 수 없이 또렷하게 이해했다.…마치 내가

하나님의 현존을 목격하여 갑자기 그 눈부신 빛 속에 서 있는 느낌이었다.[17]

그는 미사 중에 아이들에 의해 낭송되는 사도신경을 들으며 하나님의 현존을 직접적으로 체험하게 되었다. 이는 로마에서의 영적 경험과 비교해볼 때 확실히 다른 면이 있다. 로마에서 머튼은 성전을 찾아다니면서 예술과 건축을 감상하는 가운데 죽은 아버지를 통해 간접적이고 암시적으로 하나님의 현존을 느꼈다. 그곳에서 머튼은 자신이 거룩한 교회에 속했다고 여겼다. 거룩한 교회에 속했음을 확신함으로써 마음의 깊은 평화를 경험하는 것도 청소년기의 머튼에게 매우 의미 있는 영적 경험이었다. 그러나 이제는 압도적인 하나님의 현존을 직접적으로 경험함으로써 그분의 현존이 자기에게 속했음을 체험적으로 이해하게 된 것이다. 과거 오캄 학교의 채플 시간에 사도신경을 외우지 않고 입을 다물고 있었던 머튼이 이제는 어린 아이들의 사도신경 암송 소리를 들으며 하나님의 현존을 직접적으로 경험하고 그 현존에 의해 조명되는 자신을 인식하게 되었다. 그는 이 체험이 "이 세상을 전적으로 무한히 초월하는 새로운 세계…하나님 바로 그분에게로 가는 길을 터주는 또 하나의 문을 열어주었다"고 말한다.[18]

---

17 Ibid.,583.
18 Ibid., 582.

프란치스코 수도회 입회의 좌절

1940년 여름, 프란치스코 수도회 입회를 두어 주간 남기고 보나벤투라 대학교로 돌아온 머튼은 욥기를 읽던 도중 과거의 죄에 대한 기억에 압도당한다. "나는 갑자기 내가 누구이며 누구였던가를 회상했다. 그리고 지난 9월 이후로 과거에 저질렀던 죄악들을 잊고 있었다는 사실에 적잖이 놀랐다."[19] 머튼은 성소에 대해 의논했던 사람들을 떠올리며, 그중 월쉬 교수나 머피 신부마저도 자기가 진정 누구인지 모른다는 사실을 불쑥 깨달았다. 머튼은 그들이 교회에 들어오기 전 자신이 어떤 삶을 살았는지 전혀 알지 못한 채로 단지 겉만 보고 자신을 추천했다고 여겼다. 이로 인해 심한 양심의 가책을 느낀 머튼은 머피 신부에게 모든 사실을 알려야겠다는 생각에 사로잡혔다.

머튼은 머피 신부를 만나 자신이 과거에 겪었던 모든 골치 아픈 일들을 다 털어놓았다. 그러면서 내심 넓은 마음으로 자신을 너그러이 이해하고 받아주리라 생각했다. 머튼의 이야기를 다 들은 에드먼드 신부는 머튼이 교회에 들어온 지 2년이 채 안 되는 풋내기 개종자에 지나지 않는다는 사실을 감안했다. 그는 머튼이 떠돌이 생활을 했으며, 성소는 어느 모로 보나 확실하지 않고, 의심과 불안으로 그의 마음이 요동치며 흔들리고 있음을 알아냈다. 당시 수련원은 청원자들로 넘쳐나고 있었다.

이튿날 신부는 머튼을 불러 관구장에게 지원을 재고한다는 편지를 쓰

---

19   Ibid., 606.

라고 알려주었다. 신부나 수도회는 앞으로의 가능성에 대해 아무런 언질도 주지 않았다. 이로써 머튼의 프란치스코 수도회 성소는 완전히 취소되었고, 머튼은 이제 자신이 영원히 사제직에서 제외되었다고 생각했다.

수도원을 나온 머튼은 카푸친 성당으로 갔다. 마침 고해성사가 진행되고 있었고, 머튼은 차례를 기다렸다가 캄캄한 고해소 안으로 들어가 무릎을 꿇고 앉았다. 몹시 당황한 상태였던 그는 제대로 말을 하지 못했다. 머튼의 말을 알아들을 수 없었던 신부는 그가 수련원에서 추방을 당하고 나서는 수도회의 정당한 결정을 불평하고 나쁜 소문을 퍼트리려는 사람이라고 생각했다. 머튼은 상황을 자세히 설명하지 못하고 혼란스러워하다가 결국 울음을 터트리고 말았다. 그 소리를 들은 신부는 머튼이 정서적으로 불안정한 사람이라고 판단하여 수도 성소나 사제직은 어림도 없는 일이라고 말했다. 심지어 신성한 고해성사 시간에 넋두리를 늘어놓으면서 자신의 시간을 낭비한다고 꾸짖기까지 했다.

머튼의 마음은 완전히 산산조각났다. 얼굴을 가린 두 손바닥 사이로 걷잡을 수 없는 눈물이 줄줄 흘러내렸다. 그러면서도 제대 위에 걸린 커다란 석조 십자가와 성체 앞에서 기도를 했다. 머튼은 자신의 비참함을 다시금 되새기면서 수도 성소에 대해서는 생각도 하지 않겠다고 결심한다.

성 보나벤투라 대학교

머튼은 비록 수도원에서 수도자로 살아갈 수는 없더라도 대신 세속에서 평생 수도자처럼 살고 싶다는 생각을 하게 된다. 그는 하나님께서 자신의 수도회 입회를 허용하지 않으셨지만, 수도자와 비슷한 모습으로 사는 그런 성소는 허락하시리라고 확신했다.

> 나는 평신도의 관상 생활 성소에 대한 고상한 이론을 알지 못했다. 사실 나는 내가 시도하는 삶에 성소라는 명칭을 붙여 고상하게 만들 생각도 없었다. 하나님 없이는 무력하다는 사실을 깨달은 나는 오직 은총을 원했고 그저 사람들이 하나님 곁에 머물러 있기 위해 하는 모든 일을 하고 싶었다.…이제는 나를 파괴하려는 원수들로부터 나를 구하고 이끌어주기를 하나님께 애걸하는 일과 더불어 이 무거운 짐을 지고 한 걸음 한 걸음 나의 언덕을 오르는 실천의 문제만 남았다.[20]

머튼은 매일 미사에 참석하는 것도 모자라 네 권으로 된 성무일도 한 질을 사서 시간경을 봉헌하기 시작했다. 여행을 하면서도 시간에 맞추어 시간경을 바쳤다. 그러나 성무일도는 까다로워서 혼자 익히기 어려웠다. 이런 머튼을 위해 이레네오 신부는 성무일도를 제대로 바치는 법을 지도해주었다.

머튼은 세계 각지에서 시간에 맞춰 성부께 드리는 이 기도에 젖어 들

---

20 Ibid., 616-17.

면서 마침내 다시 살아난다. 성소와 함께 완전히 무너져 내린 머튼의 심령이 다시 일어나 영혼의 노래를 부를 수 있게 된 것이다. 머튼은 진심을 다해 이렇게 외쳤다. "살아 있는 한 주님께 노래를 부르리라. 내가 존재하는 한 나의 하나님

사진 36. 1941년 성 보나벤투라 대학교 교수진들과 함께한 머튼

을 찬미하리라. 나의 말마디가 주님께 이르게 되기를. 나는 주님 안에서 기쁨을 누리리라."[21]

1940년 9월부터 머튼은 뉴욕 올리안에 있는 성 보나벤투라 대학교의 교수가 되어 영어를 가르치기 시작했다. 대학교가 소속된 프란치스코 수도회는 머튼에게 45달러의 월급과 함께 방과 식사를 제공해주었다. 머튼의 방은 캠퍼스 안에서 기숙사와 수도원으로 사용되는 붉은 벽돌 건물 2층에 있었다. 창문 정면에는 교내 성당이, 그 너머로는 정원과 들판이 보였다. 시선을 넓히면 나무와 강이 보였고 마르티니 동산의 농장 너머에 있는 계곡까지 눈에 들어왔다. 머튼은 하나님께 봉헌된 집에서 수도자들과 함께 사는 삶에 젖어 들었다.

머튼이 성 보나벤투라 대학교에 머문 기간은 길지 않았지만 이곳에서 보낸 시간은 그의 내적 여정에 중요한 영향을 미쳤다. 머튼은 나중에 마니피캇(Magnificat)의 편집자 앤터니 배넌(Anthony L. Bannon)에게 보낸 편지에

---

21 Ibid., 620.

서 이 시절을 다음과 같이 회상한다.

> 성 보나벤투라 대학교는 내 일생 중 가장 행복한 시절을 대표합니다. 그것은 과도기적인 단계였지요. 하나님은 나를 위해 다른 것들을 준비해두고 계셨습니다. 그러나 나는 그것이 필수적인 단계였다고 생각합니다. 나는 수도자들이 내게 보여준 친절에 영원토록 감사할 것입니다. 그리고 어떤 비밀스러운 방식으로 제가 아직도 성 프란치스코의 아들이라고 느낄 것입니다.[22]

머튼은 책을 쓰고 강의를 준비하며 학생들을 가르치는 중에도 수시로 예배당을 방문하고 십자가의 길 14처를 돌았다. 외딴곳을 걸으면서도 시간경을 바치는 성무일도를 하고, 최대한 은둔하면서 묵상과 영적 독서를 실천하였다.

머튼은 보나벤투라에 머무는 동안 프란치스코 제3회의 활동을 했다. 그는 회원들이 착용하는 옷 아래 상본을 입고 거의 수도자에 가까운 삶을 살았다. 머튼은 세상 사람들이 주는 위안과 오락으로부터 완전히 벗어나려고 애썼다. 그는 이제 술을 거의 마시지 않고 육식도 줄였으며 담배와 그렇게 좋아했던 영화도 포기했다. "내 입에서 마침내 샛노랗게 찌든 니코틴 냄새가 말끔히 가셨고, 영화의 뿌연 흙탕물에 젖어 있던 눈도 깨끗이 헹구어졌다. 이제 내 취향과 시야는 깨끗해졌다. 내 마음을 더럽힌 책도 내던져 버렸고…무엇보다도 의지가 질서를 잡았으며 영혼도 나와 하나님 사이에

---

22 Thomas Merton, *The Road to Joy: Letters to New and Old Friends*, 298(1966년 2월 12일 자 편지).

서 조화를 이루었다."[23] 머튼의 목표는 "모든 것을 완전히 포기하는 것"이었고, 그는 이런 일을 대충 적당히 하는 그런 사람이 아니었다.[24]

교수로서의 생활은 꽤 만족스러웠다. 무엇보다도 문학을 하는 사람으로서 학생들에게 문학을 가르치는 보람이 컸다. 머튼은 책보다 학생들로부터 더 많은 가르침을 얻었다고 고백한다.[25]

보나벤투라 학생들 대부분은 가톨릭 신앙에 대해 확고부동한 충성심을 가지고 있었다. 하지만 많은 학생들이 일주일에 두 번씩 참례해야 하는 아침 미사를 부담스러워했고, 신학생 외에는 극소수만 매일 미사 참례와 영성체를 했다.

군 입대 문제

1941년 3월 초 머튼은 징병국으로부터 육군에 배정되었다는 통보를 받았다. 머튼은 컬럼비아 대학 시절 어떤 전쟁에도 참여하지 않겠다고 선언한 적이 있지만 그 후로 전쟁에 대한 입장이 많이 변했다. 이전에는 정서에 바탕을 두고 전쟁에 반대했지만 무조건적인 반대는 여러모로 어리석은 것이라고 생각이 바뀌었다. 그는 윤리적 의무로서 전쟁에 대한 입장을 분명히

---

23 Thomas Merton, 정진석 역, 『칠층산』, 624.
24 William Shannon, 오방식 역, 『고요한 등불』, 227. 구별과 정화는 통합과 온전을 위한 가시적인 필수적 과정이다.
25 Thomas Merton, 정진석 역, 『칠층산』, 626-27.

정해야 한다고 느꼈다. 그는 하나님께서 한 개인이자 그분의 신비체의 지체로서 그분의 진리와 인자하심과 사랑과 복음에 합당한 선택을 원하시므로, 이에 따라 모든 지식을 총동원하여 그리스도께서 행하실 법한 일을 해야겠다고 생각했다.

머튼은 비전투 요원을 희망한다는 입대 원서를 썼다. 육군에 자원 입대하여 의무부대에서 복무한다면 이웃을 도우면서도 무기를 사용해 생명을 해하지 않을 수 있기 때문이다. 머튼은 이후로도 전쟁과 폭력에 대한 생각을 계속 발전시켜 나갔다.

때마침 신체검사를 받으라는 징병국의 통지를 받은 머튼은 올리언에 있는 의사를 찾아 간다. 그런데 과거에 치아가 좋지 않아 이를 많이 뽑았던 것이 문제가 되어, 어떤 형태의 병역에도 적합하지 않으며 심지어 재검도 필요하지 않다는 판정을 받는다. 총을 들고 무장하는 것은 고사하고 의무 요원으로도 입대할 수 없게 된 것이다. [26]

다시 깨어난 수도 성소의 열망

머튼은 1941년 고난 주간 동안 켄터키주 루이빌의 겟세마니 수도원에서 피정을 할 계획을 세우고 그곳으로 향했다.

수도원에 도착하여 방에 들어갔을 때 머튼은 거룩하고 평화로운 밤의

---

26   Ibid., 642-45.

깊은 적막이 자신을 안온하게 감싸는 것을 느꼈다. "침묵의 포옹! 나는 아무도 침입할 수 없는 고독 속으로 들어온 것을 느꼈다."[27] 그때 머튼을 감싸는 침묵이 강하고 힘 있는 소리로 그에게 무언가를 말하고 있다는 느낌을 받았다. 고요한 방 안의 열린 창으로 따스한 밤공기와 함께 맑고 평화로운 달빛이 듬뿍 쏟아져 들어오는 광경을 본 머튼은 비로소 이곳이 누구의 집

사진 37. 겟세마니 수도원

인가를 깨닫게 되었다. "단 며칠일지언정 당신의 집에 머물려고 온 사람을 반기시는 당신의 감미로운 사랑을 맛본 이상 어떻게 또 여기를 떠나 세상으로 돌아가겠습니까?"[28]

수도원에서 치러진 전례 의식은 머튼에게 매우 강한 인상을 남겼다. 그는 다음 날 새벽 침묵 가운데서 촛불을 켜고 수도자들이 드리는 미사에 참여한다. "이것은 나에게 신비다. 나는 여러 미사들의 침묵과 장엄과 존엄과 열렬한 기도 분위기에 압도되어 숨조차 쉴 수 없었다. 내 마음은 사랑과 존경으로 차올랐다." 머튼은 『세속 일기』에서 다음과 같이 쓴다. "나는 이 책의 모든 페이지와 더불어 내가 썼고 여기서 쓰기 시작한 것들을 모조리 찢어 버려야겠다. 나는 국가를 결합시키고 전 세계를 단단히 통합시켜 주는 것이 무엇일까 생각해왔다. 그것은 바로 이 수도원 같은 곳이다. 물론

---

27 Ibid., 656.
28 Ibid., 656.

이 한 곳만이 아니라 다른 곳도 분명 있을 것이다."29

머튼은 깊은 고독 가운데 드려지는 교중 미사 전례를 통해 수도원이 야말로 미국의 진정한 중심임을 깨닫게 되었다. "여기가 미국의 모든 생명력의 핵심이요, 미국이 뭉칠 수 있는 원인이자 이유다.…수도자들이 이 나라를 위해 군대나 의회 또는 대통령도 할 수 없는 일을 하고 있다.30 이 수도자들은 나와 너와 이 세상을 위해, 현세에서 결코 알지 못할 몇억만 명을 위해 스스로를 죽이고 있다."31

겟세마니 수도원에서 고독의 신비를 깨닫는 놀라운 영적 경험을 하게 되면서32 수도자가 되고 싶다는 열망이 다시 깨어났다. 머튼은 성 토요일에 이렇게 고백했다. "나는 오로지 하나, 하나님을 사랑하길 갈구한다. 그분을 사랑하는 이들은 그분의 계명을 지킨다. 나는 오로지 하나, 그분의 뜻을 따르고자 한다. 나는 적어도 그분의 뜻이 무엇을 의미하는지 깨달음이 일도록 간청했다. 내가 언젠가 이 수도원의 수사가 될지도 모른다는 의미일 수 있습니까? 나의 주님이요, 나의 임금님이신 나의 하나님!"33 머튼은 겟세마니 수도원을 떠나기 전에 마지막으로 십자가의 길 기도를 바치면서 하나님께서 원하신다면 트라피스트 수도자가 될 수 있는 성소의 은총을 달라

---

29 Thomas Merton, *The Secular Journal of Thomas Merton* (New York: Farrar, Straus & Cudahy, 1959, 1977[이하생략]), 183.

30 Thomas Merton, 정진석 역, 『칠층산』, 663-64.

31 Ibid., 662.

32 당시 그는 트라피스트 수도자가 되는 문제를 놓고 기도하고 있었는데, 이때 고독으로의 부르심을 체험하면서 마침내 그 부르심에 응답하기로 마음먹은 것이다.

33 Thomas Merton, The Secular Journal of Thomas Merton, 203, Jim Forest, 심정순 역, 『지혜로운 삶』, 92.

고 간청했다.[34]

우정의 집

피정을 마친 머튼은 다시 보나벤투라 대학교로 돌아왔다. 성소에 대한 고민을 마음속에서 완전히 떨쳐버릴 수는 없었으나 당장 해야 할 학교 업무로 인해 그 문제를 잠시 뒷전으로 미룰 수밖에 없었고 우선 여름 학기를 마치고 캐나다 몬트리올 근교에 있는 트라피스트 수도원으로 가서 피정을 해야겠다고 다짐하는 선에서 만족해야 했다.

단테에 관한 여름 학기 수업을 진행하던 머튼은 학생 중 특별히 수녀와 신학생을 상대로 강연을 하러 온 한 강사를 만나면서 새로운 성소의 가능성을 보게 되었다. 그녀는 뉴욕 할렘에 "우정의 집"을 설립하여 운영하고 있는 캐서린 드 휘크(Catherine de Hueck) 남작 부인

사진 38. 머튼이 직접 찍은 캐서린 드 휘크 남작 부인의 모습

이었다. 그녀는 부유한 러시아 가문에서 태어나 15세에 보리스 드 휘크 남작과 결혼하고 볼셰비키 혁명을 피해 캐나다로 건너온 이후로 토론토에

34　Thomas Merton, 정진석 역, 『칠층산』, 677.

이어 뉴욕 할렘가에 "우정의 집"을 열어 소외받고 고통당하는 사람들을 돕고 있었다. 머튼은 쩌렁쩌렁한 목소리로 우정의 집이 하는 일을 이야기하는 그녀를 보면서 깊은 인상을 받았다. 그녀는 할렘의 거리를 보고도 그곳의 문제를 외면한 채로 그냥 지나갈 수 있는 그리스도인은 별로 없을 것이라고 말했다. "그녀가 몇 가지에 대하여 말하는 방식은⋯당신이 무엇이든 어떤 실천을 하고⋯세상의 명리를 끊고 완전히 가난한 생활을 하면서도 동시에 매우 구체적인 일을 실행함으로써 특정한 모양으로 가난한 사람들에게 헌신하라는 것이었다."[35]

남작 부인의 특수한 성소 방식은 당시 많은 신학생과 성직자뿐만 아니라 머튼에게도 깊은 인상을 심어 주었다. 그는 수도자가 될 수 있는 길을 가로막은 자기의 모든 잘못들에 대한 구체적인 통회의 길을 할렘에서 찾을 수 있겠다고 생각했다. 머튼은 1941년 8월 중순 아주 무더운 여름날에 "우정의 집"을 방문한다.

이 더위에 푹푹 찌는 빈민가에는 몇십만의 흑인들이 가축처럼 떼지어 살고 있었다. 그중 대다수는 먹을 것도 없고 할 일도 전혀 없었다. 감정이 생생하고, 정서적으로 깊이 반응하는 한 인종의 온갖 감각과 상상, 감수성과 정서, 슬픔과 욕구와 희망과 생각이, 좌절의 쇠사슬로 내면이 구속당한 그들을 덮칠 듯 내리누른다. 편견이 뛰어넘을 수 없는 장벽으로 그들을 사방으로 에워싼다. 이 거대한 가마솥 속에서는 귀중한 자연적 재능, 지혜, 사랑, 음악, 과학,

---

35 Thomas Merton, *Run to the Mountain: The Journal of Thomas Merton*, 382; 참조. Jim Forest, 심정순 역, 『지혜로운 삶』, 92.

시가 짓밟히고 뭉개진 채 근본적으로 부패된 본성의 앙금과 함께 부글부글 끓어오르도록 방치되어 있다.[36]

머튼은 할렘에서 아주 가까운 곳에 있는 컬럼비아 대학교에서 학창 시절을 보냈지만, 할렘이 어떤 곳인지 전혀 몰랐다. 그는 자신이 할렘을 꺼렸으며 제대로 이해해보려고 노력하지도 않았다는 사실을 깨달았다. 그런데 직접 들어가서 경험하게 된 할렘은 머튼이 지금까지 알고 살아온 세상이 전혀 아니었다. 머튼은 할렘의 비참한 현실

사진 39. 할렘의 우정의 집

을 보면서 "이 구역질 나는 빈민굴이야말로 부자들의 죄의 산물이며, 그들의 의젓하고 호사스러운 은밀한 음행과 색욕에 대한 고발이고, 할렘은 이런 것을 존재케 한 잘못을 저지른 자들의 자화상"이라고 생각했다.[37]

머튼은 자신이 본 할렘의 실상을 "새벽의 사랑 노래─할렘"이라는 시로 표현한다. 그는 이 시에서 남루한 옷을 걸쳐 입은 이곳 어린이들을 새장 속에 갇혀 있는 새로 묘사한다. 줄과 전선이 감겨 있는 집들은 너무나 좁고, 밖에서도 다 보이는 수도관과 사다리는 정글을 방불케 한다. 머튼은 태양과 하늘조차 자주 볼 수 없는 그곳 아이들의 참혹하고 비참한 삶을 묘사

---

36   Thomas Merton, 정진석 역, 『칠층산』, 702.

37   Ibid., 704.

했다.

> 열쇠가 없는 새장을 가로지르는,
>
> 줄과 전선들, 부러진 연들의 교수대,
>
> 십자가에 못 박아라, 두려운 빛에 대항하여,
>
> 어린아이들의 남루한 옷들을.
>
> 곧 수도관과 사다리들만이 가득한 불모의 정글에,
>
> 피처럼 붉은 태양, 미끼를 찾는 새는 가난한 자들을 위협하리니,
>
> 이들은 믿을 수 없는 달을 잊을 것이다.[38]

어둡고 비참한 할렘의 환경 가운데서도 머튼은 매우 색다른 경험을 하게
된다. 하루는 남작 부인의 생일을 축하하기 위해 그곳 사람들과 함께 식사
를 한 후에 흑인 아이들의 연극 공연을 감상했는데, 그 공연을 지켜보면서
감격해하는 아이들의 부모님들을 보게 된 것이다. 그들은 아이들의 연극에
빠져 감격해할 뿐만이 아니라, 사소하지만 자기들의 행복을 위해 뭔가를
해주는 사람이 있다는 것에 대해 마음속에서 우러나오는 진정한 감사를
표현하고 있었다. 이렇게 신앙으로 충만한 흑인 여인들과 진정으로 그리스
도를 사랑하며 약자들을 위해 진심을 다해 봉사하는 남작 부인 및 몇몇 봉
사자들의 모습을 보며 머튼은 할렘의 아름다움과 그들 안에 있는 깊은 평
화를 발견했다. "피곤으로 지쳐 있었으나 차분히 가라앉은 그 얼굴에서 순

---

38 Thomas Merton, *The Collected Poems of Thomas Merton*. Ed. by Williams Davis (New York:
New Directions, 1977), 82.

교자의 인내와 기쁨, 그리고 감출 수 없는 성덕의 빛을 볼 수 있었다.…눈에 담긴, 깊이를 헤아릴 수 없는 평화는 그곳을 지나가는 이들에게까지 경이와 감탄을 자아내게 했다."[39]

수도 성소를 위한 식별의 시작

머튼은 "우정의 집"에서 일하는 자원봉사자들을 통해 그리스도에 대한 신앙과 환대를 경험하면서 새로운 소명의 가능성을 생각하게 된다. 할렘을 나온 머튼은 로드 아일랜드의 프로비던스 근처에 있는 트라피스트 수도회의 밸리 수도원(Our Lady of the Valley, 1950년에 이 밸리 수도원은 성 요셉 수도원 시대를 맞이한다)으로 피정을 떠났다. 그는 8일의 피정 동안 성소 문제를 놓고 기도하면서 자신의 성소에서 당면한 이슈가 무엇인지를 명료하게 알고자 했다.

　머튼은 자신이 만약 세상에 머물게 된다면 자기에게 주어진 첫 번째 성소는 글을 쓰는 것이고, 두 번째 성소는 가르치는 일이라고 생각해왔다. "우정의 집" 같은 곳에서 일하는 것은 그다음이었다. 성소에 관해 확실한 빛을 얻을 때까지는 현재 있는 보나벤투라 대학교에 머무는 것이 최선이었다. 혹시나 스스로 트라피스트 수도자가 되기를 은근히 바라는 것이 아닌지도 생각해보았지만, 도무지 그 문제에 대한 갈피를 잡을 수가 없어서 현

39　Thomas Merton, 정진석 역, 『칠층산』, 708.

재로서는 자신의 정신이 미칠 수 없는 영역에 속한 것이라고 판단했다. 다만 피정을 하면서 자신이 봉쇄 수도원 생활에 대한 동경을 확실히 갖고 있지만 수도원에 입회하겠다는 특별한 소망은 없다는 사실을 알 수 있었다.[40]

왜 머튼은 이런 생각을 하게 되었을까? 아마도 이전에 한 차례 거절을 경험했기 때문에 하나님께서 과연 그것을 허락하실지 확신할 수 없었을 것이다. 더군다나 수도 성소가 이루어질 현실적인 가능성이나 보장이 전혀 없는 상황에서는 그나마 그런 고민을 하는 것이 그가 할 수 있는 최선이었을 것이다.

보나벤투라 대학교로 돌아온 머튼은 이전보다 더욱 엄격하게 생활을 규제해나갔다. 그는 동트기 전에 일어나 시간경을 송영하고 45분간 마음 기도(mental prayer)를 실천한 뒤 미사에 참여했다. 그는 잔 다르크, 성 요한 보스코, 성 베네딕도와 같은 성인의 전기를 읽으며 영적 독서에 힘을 쏟았다. 그가 이 시기를 회상하면서 말한 내용에 따르면, 십자가의 성 요한이 쓴『가르멜의 산길』과『어둔 밤』의 전반부를 두 번 읽었는데 비로소 처음으로 내용을 제대로 이해할 수 있었다고 한다.

올더스 헉슬리의『목적과 수단』을 접하고 브라마차리를 직접 만난 이후로 머튼은 신비주의에 대한 수많은 작품들을 독서했다. 하지만 세례받은 지 그리 오래되지 않았고 아직 평신도로서 정식으로 신비 신학에 대해 체계적인 공부를 할 기회가 전혀 없었는데도, 스스로 십자가의 요한이 쓴 글을 읽으며 그의 신비적인 가르침을 제대로 이해했다는 것은 정말 경이로울 뿐이다. 이는 단순히 지적인 탐구를 통해 파악했다기보다 보나벤투라에

---

40 Ibid., 714-15.

서 거의 수도자나 다를 바 없는 금욕적인 삶을 살면서 십자가의 요한의 신비주의를 깨달았다는 뜻이다.

수도 성소를 위해 고뇌하며 기도할 때 소화 테레사는 머튼의 마음에 아주 크게 자리했던 성인이었다. 머튼은 특별히 소화 테레사에 대한 글을 읽으며 그녀의 영성에 매우 깊은 감화를 받게 되었다. 소화 테레사는 보통 성녀가 아니라 가장 위대한 성인 중 한 사람이라는 깨달음이 왔다. 머튼은 그녀를 발견하여 하늘에 위대한 새 친구를 갖게 되었고 그녀와의 우정이 자신의 삶에 영향을 미치기 시작했다고 고백한다. 머튼이 소화 테레사를 좋아하게 된 것은 의심할 나위 없이 훌륭한 그녀의 순수한 믿음과 거룩함, 누구에게나 언제나 가깝게 느껴질 수밖에 없는 불완전함 가운데서도 그것으로 인해 좌절하는 것이 아니라 오히려 그것을 가지고 겸손히 하나님께 나아가는 그녀의 영성 때문일 것이다.

아울러 머튼이 소화 테레사를 특별히 좋아하게 된 것은 그의 성인에 대한 이해가 변화했음을 의미한다.[41] 소화 테레사는 대학 시절 공산주의 운동에 투신하는 등 도덕적으로 영웅적인 삶을 살아보고자 진지하게 시도했던 머튼으로 하여금 과연 어떤 삶이 진정한 성인의 삶인가를 새롭게 사색하도록 했으며, 실제적으로 새로운 성인의 상을 추구하도록 도전했다. 소화 테레사는 머튼이 우정의 집의 남작 부인으로부터 할렘으로 들어오라는 초청을 받은 시점에 그가 자신의 진정한 성소를 식별하는 데 중요한 본보기가 되어 주었다. 머튼은 과거 공산주의에 투신하였듯이 할렘에 자신을

---

41 이는 머튼에게 성인에 대한 고정된 "상"이 있었음을 의미한다. 이를테면 머튼은 "성인"이 인간 내면의 나약함이 야기한 역설적 투사 현상(영웅을 요청하는 움직임)에 의해 출현한다고 분석함으로써 성인에 대한 영웅적 상을 가지고 있었다.

내던짐으로써 온전히 그리스도를 따르는 길의 가능성을 심각하게 고려하고 있었다.

머튼이 보기에 소화 테레사는 눈부신 영웅주의를 요청하는 시대 환경에서 발견된 성인이 아니었다. 그녀는 자신이 처한 환경이나 상황을 떠나 급진적으로 그리스도의 길을 따른 것이 아니라 구체적인 자기 자신의 삶에서 자기 고유의 길을 통해 진정한 성인이 되는 길을 보여주었다. 자신의 환경이나 신분을 완전히 떠나지 않음으로써 거기에 다소 묶이거나 종속되었다고 평할 수 있겠으나, 그녀는 이냐시오의 영신 수련에 나오는, 어떤 것에도 구속되지 않은 세 번째 종류의 사람에 속하는 좋은 예였다.

할렘의 비참한 현실 속에서, 다미안 신부가 헌신하던 몰로카이 섬 같은 한센병 환자 수용소에서, 성 프란치스코 시대에 움브리아 지방 길가에서 성인이 발견되는 것은 머튼이 보기에 전혀 놀랍지 않고 오히려 당연하게 여겨졌다. 그러나 성녀 테레사의 경우에는 부르주아라는 호화롭고 사치스러우며 안락한 환경 속에서 성인이 출현한 것이었다. 그녀는 19세기 말 프랑스 중산층의 분위기와 사고방식 안에서 형성되고 길러진 본성을 지닌 채 수녀원에 들어갔다. 은총이 그 교만한 부르주아의 두텁고 질긴 껍질을 뚫고 들어가 그 안에 있는 불멸의 영혼을 사로잡아 그 영혼을 성인으로 만든 것이었다.

은총이 그 잘난 체하는 부르주아의 두텁고 질긴 껍질을 뚫고 들어가 그 안에 있는 불멸의 영혼을 사로잡아 성인으로 만들었다는 사실은 나로서는 도저히 믿을 수 없는 일이었다. 부르주아는 잘되어 봤자 기껏해야 남에게 해를 끼치지 않고 거들먹거리는 자밖에 더 되겠는가 하고 생각했었는데 위대한 성덕이라니, 너무나 당치도 않은 일이었다.…나는 성녀 테레사의 참 품성과 영성을 어렴풋이 엿보자마자 곧바로 강하게 매혹되었다. 몇천 가지 심리적 저항과 장애를 단순히 뛰어넘었으니 이 매혹은 은총의 작용이었다.[42]

머튼은 성녀 테레사가 자기가 성장한 상류 사회에서 도망쳐 나와 이를 완전히 부정하고 저주함으로써 성녀가 된 것이 아니라 이와는 정반대로 자신의 환경 가운데 그대로 머물러 있으면서도 훌륭한 가르멜 수도자가 되어 성녀가 되었다는 점에서 큰 충격을 느꼈다. 머튼은 소화 테레사의 위대함은 자기의 부르주아 요소를 고스란히 보존하면서도 성소에 어긋나지 않은 것이라고 평가한다.[43] 결국 소화 테레사는 머튼으로 하여금 자신의 존재와 삶을 완전히 부정하는 도덕적인 영웅이 아니라 자기의 구체적인 삶의 자리에서 완전히 사람이 되신 그리스도의 길을 따라 성인이 되는 길을 보여준 인물이었던 것이다.

할렘, 부르심의 장소인가

1941년 11월 6일에 남작 부인이 피정을 인도하기 위해 다시 보나벤투라로 왔다. 프란치스코 수도회의 허버트 신부는 머튼에게 남작 부인을 맞으

---

42 Thomas Merton, 정진석 역, 『칠층산』, 718-19.
43   Ibid., 719-20.

러 기차역으로 같이 나가지 않겠냐고 물어왔다. 머튼은 두 명의 신부와 함께 버펄로역으로 나갔다. 캠퍼스로 오는 차 안에서 그녀는 불쑥 머튼을 향해 물었다. "톰, 언제 할렘(우정의 집)에 오시겠어요?" 갑작스러운 질문에 머튼은 순간 당황했지만 이것이 지금까지 줄곧 기도하며 찾아온 답일 수도 있겠다고 생각했다. 머튼은 우물쭈물하다가 "할렘에 가는 문제는 제가 그곳에서 얼마만큼 글을 쓸 수 있느냐에 달렸다"고 대답했다. 적어도 당분간은 갈 수 있다는 의사를 표시한 셈이었다. 남작 부인은 다시 물었다. "톰, 당신은 신부가 될 생각을 하는 게 아니에요?" 부인의 말은 머튼의 묵은 상처를 찌르는 것 같았다. "아닙니다. 저한테는 사제 성소가 없습니다."

남작 부인과의 대화를 마친 머튼은 할렘에 가서 일하는 것이야말로 현시점에서 가장 그럴듯한 일이라고 생각했다. 할렘에 가는 것이 자신의 성소라는 뚜렷한 의식은 없었으나, 보나벤투라에서 충분한 영적 생활을 누렸다는 점에는 의심의 여지가 없었다. 이제는 보나벤투라를 떠날 때가 왔다. 그곳은 너무나 잘 보호받는 안전한 곳이어서 머튼에게 이렇다 할 십자가가 없는 장소였다. 계속 거기에 머문다면 아무것도 포기하지 않은 삶이 될 것 같았다.[44]

그러나 할렘에 간다면 적어도 하나님이 날마다 주시는 음식을 먹으면서 세상에서 아무 소망 없이 비참한 삶을 사는 자들과 함께 살아갈 수 있을 것이다. 그곳이 은총으로 예비된 곳이라면, 늦기 전에 하나님께서 분명히 알려주실 것이라고 확신하게 되었다. 머튼은 다음 날 남작 부인에게 가을 학기를 마치고 1월쯤 우정의 집으로 가겠노라고 약속했다.

---

44   Ibid., 728.

11월 10일에 머튼은 남작 부인에게 장문의 편지를 써서 성소를 결단하기에 앞서 자신의 마음을 가장 힘들게 하는 것과 사제 성소에 결정적인 걸림돌로 작용했던 과거의 문제를 애매하게 털어놓았다. 그것이 무엇인지 정확히 밝히지는 않았지만, 과거에 사제가 되기에 결격이 될 만한 사유가 있었고 그것이 "우정의 집"에서 봉사하는 삶에 문제가 될 것 같지는 않지만 만약 남작 부인이 알고자 한다면 기꺼이 말하겠다는 내용이었다.[45] 그 편지를 받은 남작 부인은 머튼이 우정의 집에 오기만 한다면 언제든지 대환영이라는 답장을 보내왔다.

머튼은 남작 부인과 대화를 나누면서 가을 학기를 마친 후에 우정의 집으로 가겠다는 결정을 내렸다. 머튼은 토머스 총장 신부를 찾아가서 학교를 떠나게 되었다고 말했다. 갑작스러운 머튼의 말에 총장 신부는 당황해서 이마를 찌푸렸다. "할렘이라, 할렘이라." 긴 침묵이 흐른 후 총장 신부는 머튼에게 말했다. "교수님은 조금 지나친 열정을 가지신 것 같군요." 머튼은 이미 할렘에 가기로 결정했다는 의사를 분명히 밝혔다. 한동안 침묵이 흐른 후 총장 신부는 머튼에게 물었다. "교수님은 신부가 될 생각을 한 적은 없으시오?" 토머스 신부는 몇십 년 동안 신학을 가르쳐왔고 신학교 교장을 역임한 경험도 있어서 사제 성소가 있는 사람을 금방 가려낼 수 있었다. 그러나 머튼은 총장 신부가 자신의 사정을 제대로 모르고 하는 질문이라고 여겼다. 머튼은 비록 불확실한 미래를 앞두고 있지만 적어도 당장 무엇을 해야 할지에 관해 확정적인 결심을 세운 순간에 다시 그 이야기를

---

45 Thomas Merton, *The Hidden Ground of Love: The Letters of Thomas Merton on Religious Experience and Social Concerns*. Selected and ed. with Introduction by William H. Shannon. (New York: Farrar, Straus & Giroux, 1985), 7-9.

거론함으로써 모든 것을 뒤죽박죽으로 만들고 싶지 않았다. "총장 신부님, 물론 생각해보았습니다. 그러나 저는 사제 성소가 있다고 생각하지 않습니다." 사제가 되고 싶은 갈망이 있음에도 불구하고 그럴 가능성이 전혀 없다고 생각했던 머튼은 자신에게 사제 성소가 없다고 말할 수밖에 없었다. 그렇게 말을 하고 나니 서글퍼졌다. 머튼의 결정을 확인한 토머스 신부는 할렘으로 가는 것을 허락했다. "그렇다면 좋습니다. 꼭 할렘에 가야 한다면 가십시오."[46]

새로운 성소의 가능성

11월 추수감사절 연휴 동안 뉴욕으로 내려가 우정의 집에 머물던 머튼은 그 주 금요일(11월 21일)에 컬럼비아 대학교에 있는 마크 반 도렌 교수를 만났다. 원래 머튼이 반 도렌 교수를 만난 이유는 여름에 쓴 『나치스 피난 일기』의 출판을 위한 도움이 필요했기 때문이었다. 그런데 반 도렌 교수를 만난 머튼은 전혀 예상치 못했던 하나님의 섭리를 체험하게 된다. 반 도렌 교수가 갑자기 머튼에게 물었다. "자네, 사제가 되고 싶다던 생각은 어찌 되었나? 다시 생각해본 적이 있나?" 머튼은 아무 말도 하지 않고 어깨만 으쓱했다. "내가 그 점에 대해 잘 아는 분께 의논을 했더니, 자네가 성소가 없다는 말을 듣고 모든 것을 포기해버린 그 사실이야말로 바로 자네에

---

46   Thomas Merton, 정진석 역, 『칠층산』, 729-30.

게 성소가 있다는 증표일지도 모른다고 하시네."

그 말은 날카로운 화살이 되어 머튼의 마음속에 깊이 박혔다. 그는 프란치스코 수도회 입회가 거절되면서 자신에게 수도 성소가 없다고 단정한 이후로는 이 문제에 대해 다시 거론할 필요가 없다고 생각해왔는데, 이처럼 기존의 생각에 완전히 반하는 말을 듣게 되니 정신이 번쩍 들었다. 반 도렌 교수의 말은 머튼으로 하여금 새로운 방향으로 성소 문제를 숙고하도록 도전했다. 비록 머튼은 수도 성소를 포기했지만, 실제로는 완전히 포기해버린 그 순간에도 여전히 사제 성소에 대한 미련이 남아 있었고 그 마음이 자신에게 계속 속삭이는 것을 경험해왔다.[47]

무엇보다도 머튼이 놀란 점은 이 도전이 가톨릭 신자도 아니고 성소에 대한 내적 견문이 있다고 전혀 기대할 수 없는 마크 반 도렌 교수로부터 왔다는 것이다. "교수님이 오늘 제게 그런 말씀을 하신 것은 하나님의 섭리라고 생각됩니다." 머튼은 반 도렌 교수와 헤어지면서 말했다. "만일 제가 수도원에 들어가게 된다면 트라피스트 수도회를 택하게 될 것입니다."

할렘과 트라피스트 사이에서

머튼은 새로운 성소의 가능성을 발견했지만 할렘에 가려는 결심을 바꾸지는 않았다. 만약 할렘에서 일하는 것이 자신의 성소가 아닌 것으로 밝혀지

---

47   Ibid., 735.

면, 그때 가서 수도 성소를 고려해볼 생각이었다.

11월 23일 일요일에 머튼은 친구 로버트 랙스와 함께 우정의 집 봉사자들이 월례 피정을 하는 거룩한 아기 수도원으로 가서 퍼피 신부의 강론을 듣고 영성체를 했다. 그리고 밤 기차를 타고 다시 보나벤투라 대학교가 있는 올리언으로 돌아왔다.

할렘에서 돌아온 머튼은 수도 성소에 대한 새로운 열망을 느끼면서, 본격적으로 가난하고 소외된 사람들을 위해 살 것인지 아니면 트라피스트 수도자가 될 것인지를 놓고 갈등하며 기도하기 시작했다.

> 할렘으로 가야 하나? 아니면 트라피스트로 가야 하나? 왜 트라피스트 수도회의 그 이상이 내 머리에서 떠나지 않을까? 아마 내가 걱정하고 두려워하는 것은 글쓰기와 거부당함의 문제인 것 같다.…아마도 나는 독립성, 내 글을 쓸 기회, 원하는 곳에서 사는 문제에 집착하는 것 같다.…할렘에 가서 사는 것이 그리스도를 따르는 훌륭하고 합당한 방법이 아닌가. 그러나 트라피스트로 가고 싶은 마음이 불같이 일어나서 내 마음은 그곳에 대한 경외와 갈망으로 가득하다. 나는 몇 번이고 생각을 반복했다. "모든 걸 버려, 버리라고."[48]

머튼이 생각하기에 할렘은 독립성이 보장된 상태로 자신이 좋아하는 글쓰기를 계속 하면서도 어느 정도의 자유가 가능한 삶을 살 수 있는 곳이었다. 게다가 확실하게 그리스도를 따르는 길로서도 매우 훌륭하고 합당해 보였다. 머튼은 이것을 분명히 알고 있었지만 마음속의 반응은 달랐다. 트라피

---

48   Thomas Merton, *The Secular Journal of Thomas Merton*, 269

스트 수도회에 대한 갈망의 불은 꺼질 줄을 몰랐다.

두 가지 성소를 두고 고뇌하며 기도하는 가운데 머튼은 이것들이 자신의 마음에 다르게 다가오는 것을 경험하게 되었다. 다르게 경험되는 마음의 반응이 머튼의 식별과 결정에 중요한 역할을 하게 되었다. 트라피스트 수도자가 되는 것은 머튼에게 훨씬 더 많은 포기를 요청하지만 그것이 오히려 머튼의 마음에 흥분되는 일로 느껴진 것이다.

> 나는 트라피스트에 들어가면서 더 많이 거부해야만 한다. 그곳은 내가 모든 것을 포기해야 하는 장소가 될 것이다.…할렘으로 가는 것은 나에게 특별해 보이지 않는다. 그것은 그리스도를 따르는 좋고 납득할 만한 길이다. 그러나 트라피스트 수도원에 들어가는 것은 흥분되는 일이다. 그것은 나를 경외심과 열망으로 채울 것이다. 나는 그 생각으로 거듭거듭 돌아갔다. "모든 것을 포기하라. 모든 것을 포기하라."[49]

머튼은 이런 마음의 반응을 통해 자신이 무엇을 진정으로 원하는지 분명히 알게 되었다.

---

49 Ibid., 270

트라피스트 수도회로의 마지막 결정

11월 마지막 주 목요일 저녁 즈음 머튼은 갑자기 트라피스트 수도자가 될 때가 왔다는 생생한 확신을 느꼈다. 이 마음의 확신은 도대체 어디에서 온 것일까? 그 생각은 그저 갑자기 떠올랐다. 갑자기 주어졌지만 저항할 수 없을 만큼 강력하고 또렷한 마음이었다.[50] 그는 결단을 앞두고 겟세마니 수도원에서 사온 『시토회 생활』이라는 책을 꺼내 읽기 시작했다. 장마다 불같은 말들이 쓰여 있었다. 머튼은 책을 읽으며 마음이 점점 뜨거워지는 것을 경험했다. 저녁을 먹고 돌아와 책을 계속 읽는데 확신이 점점 강해졌다. 한편으로는 지난 일이 떠오르면서 주저하는 마음이 들기도 했다. 머튼은 마지막 결단을 내려야할 때가 왔다는 것을 직감했다. 그는 우선 이 모든 생각을 함께 살피고 결정을 내리는 데 도움을 줄 수 있는 사람을 찾아 자초지종을 털어놓기로 했다. 몇 분 내로 이야기를 끝낼 수 있을 만큼 모든 것이 명확해졌다. 머튼은 지금이야말로 자신이 진정으로 원하는 바에 대해 누군가와 이야기를 나눠야 할 때임을 깨달았다.

이때 떠오른 사람이 필로테오 신부였다. 그는 보나벤투라의 철학과 교수로서 머튼은 그의 지도를 받으며 둔스 스코투스, 오리게네스, 보나벤투라, 오캄의 윌리엄 등을 공부했다.[51] 마침 그의 방에 불이 켜져 있었다. "잘 되었다. 안으로 들어가 신부님의 말씀을 들어보자." 필로테오 신부에

---

50   Thomas Merton, 정진석 역, 『칠층산』, 737.
51   Ibid., 737-38.

게 수도 성소에 대한 사정을 털어놓다 보면 문제가 명확해져 수월하게 결정을 내릴 수 있을 것이다. 그러나 머튼은 그렇게 하지 않고 갑자기 걸음을 반대로 돌려 자신의 마음을 나타내는 것 같은 어두운 숲을 향해 걸어갔다.

그날 밤 머튼은 고요한 숲속의 자갈 위를 걸었다. 밤이어서인지 발소리가 크게 울렸다. 머튼은 걸으면서 간절히 기도하다가 캄캄한 소화 테레사 경당에 들어가 무릎을 꿇고 애원했다. "주님, 제발 저를 도와주십시오!"

기도를 마친 머튼은 다시 학교 건물 쪽으로 발걸음을 옮겼다. "자, 됐다. 이제 그분에게 말씀드릴 준비가 다 됐다. 사정이 이렇습니다. 신부님, 신부님은 어떻게 생각하십니까? 제가 트라피스트 수도자가 될 수 있겠습니까?"

필로테오 신부 방에는 여전히 불이 켜져 있었다. 머튼은 용감히 홀 안으로 들어갔지만 방문에 가까이 다가섰을 때 누군가 자신의 어깨를 꽉 붙잡아 세우는 것 같았다. 어떤 존재가 자신의 의지를 꽉 누르는 것 같은 그런 느낌을 떨쳐버리려고 했지만 한 걸음도 뗄 수 없었다. 머튼은 필시 마귀일지도 모른다 싶어 그것을 떠밀어보다가 결국 뒤돌아서서 뛰쳐나오고 말았다. 거절에 대한 두려움에서 오는 심리적인 저항을 경험한 것이다.

머튼은 또다시 숲속으로 향했다. 그는 축축하게 젖은 나무들을 배경으로 적막 가운데 서 있었다. 그는 소화 테레사 경당으로 다시 들어갔다. "주님, 제발 저를 도와주십시오. 어떻게 하면 좋겠습니까? 이대로는 견딜 수가 없습니다. 당신은 아실 테지요? 제 처지를 보아주십시오. 저는 무엇을 해야 합니까? 길을 보여주십시오." 머튼은 오랫동안 경당을 떠나지 못하고 주님의 인도하심을 간구했다. "제발, 무엇을 해야 할지 저에게 일러주십시오."[52]

경당 밖으로 나오자 캄캄한 숲 사이로 부는 축축한 밤바람이 느껴졌다. 바로 그 순간 한밤중에 높은 회색 탑에서 울려 나오던 겟세마니 수도원의 종소리가 바로 앞산 너머에서 또렷하게 들리는 것 같았다. 수도원의 종소리를 들은 머튼은 숨이 막혔다. 정신을 가다듬고 차분히 생각해보니 어둠 속에서 들려오는 수도원 종소리는 오로지 머튼의 상상일 뿐이었다. 나중에 알고 보니 종이 울린 그 시간은 겟세마니 수도원에서 끝 기도를 마치고 「살베 레지나」를 찬송하는 바로 순간이었다. 그 종소리는 머튼이 어디에 속해야 하는지를 분명히 말해 주는 것 같았다. 머튼은 『칠층산』에서 그 종소리가 "마치 나를 집으로 부르는 것"[53]처럼 느껴졌다고 고백한다.

이 환상을 경험한 머튼은 결정을 내린다. 그는 곧바로 수도원 쪽으로 되돌아가기 시작했다. 한 걸음 한 걸음 뗄 때마다 이제까지의 모든 의심과 의문이 사라지고 트라피스트 수도원으로 가겠다는 결심이 더욱 굳어졌다.

그런데 이번에는 필로테오 신부 방의 불이 꺼져 있었다. 그의 방뿐만 아니라 모든 방의 불이 다 꺼져 있었다. 머튼은 낙심이 되었으나 포기하지 않고 필로테오 신부를 찾아 나섰다. 복도를 지나 프란치스코 수도자들의 공동 방으로 향했다. 한 번도 그 방 근처에 가본 적이 없었지만 조금도 주저하지 않고 유리창을 노크한 후 문을 열어 안을 들여다보았다.

오 놀라운 하나님의 은총이여! 오직 한 사람, 머튼이 찾던 그 사람이 거기에 있었다. 필로테오 신부는 머튼을 데리고 자기 방으로 갔다. 마침내

---

52 Ibid.,738-39.
53 Thomas Merton, *The Seven Storey Mountain*, 365(『칠층산』, 740).

머튼의 고뇌와 주저함에도 끝이 보였다.

머튼은 필로테오 신부에게 자신의 고민과 의문을 솔직하게 털어놓았다. 신부는 머튼이 수도원에 입회하여 사제가 되지 못할 교회법적인 장애물은 없으므로 그가 소망을 가지지 못할 이유가 전혀 없다고 말해주었다. 머튼은 그 말을 듣는 순간 눈에서 비늘이 떨어지는 것 같았다. 그는 지금까지 품어온 걱정과 의문이 얼마나 허황되고 부질없는 것이었는지를 뚜렷이 볼 수 있었다.[54]

머튼은 곧바로 겟세마니 수도원장에게 편지를 써서 성탄 때 그곳에서 피정할 수 있도록 허가를 청하면서 청원자로 가겠다는 의도를 은근히 밝혔다. 그런데 성탄 피정을 환영한다는 답장과 거의 동시에 징병국으로부터 편지를 받았다. 징집 규정이 강화되어 신체 검사를 다시 받아야 한다는 통고였다. 머튼은 자신이 수도회에 들어갈 예정이므로 입회 허가 조건과 일시를 알아낼 시간적 여유를 달라는 편지를 징병국에 보냈고 그 결과 한 달의 유예를 받았다.[55]

12월 6일에 머튼은 남작 부인에게 보낼 아주 긴 편지를 썼다. 그는 우정의 집에 가지 않고 할렘이 아닌 다른 곳에서 성소를 추구하는 삶을 살기로 결심했다는 것을 정중하면서도 분명히 밝혔다. 이와 더불어 자신이 회심을 한 이래 성소 문제가 어떻게 진행되어왔는지를 상세히 설명한 후 지금은 전능하신 하나님을 향해 트라피스트 수도자로 입회하게 해달라는 간청을 드리기 시작했다고 털어놓음으로써 한층 더 분명해진 수도 성소 의

---

54   Thomas Merton, 정진석 역, 『칠층산』, 741.

55   Ibid., 742-46.

지를 남작 부인에게 밝혔다.[56]

겟세마니를 향하여

길을 분명히 정한 머튼은 주변을 정리하기 시작했다. 가지고 있던 옷을 추려서 우정의 집으로 보냈으며, 소장하고 있던 책 대부분을 이레네오 신부와 보나벤투라 대학교에 기증했다. 머튼은 이미 끝마친 소설 세 편과 절반 정도 마무리한 소설의 원고를 찢어서 태워버렸다. 시와 『세속 일기』, 『나치스 피난 일기』는 마크 반 도렌 교수에게 보관해달라고 부탁했다. 마지막으로 가까운 지인들에게 엽서를 보낸 후에 올리언 은행 구좌를 폐쇄했다.[57]

그는 최소한의 옷과 몇 권의 책(성서, 성무일도서, 『그리스도를 본받아』, 십자가의 성 요한의 책, 제랄드 맨리 홉킨스의 시선집, 윌리엄 블레이크의 작품집)을 챙겨서 해질 무렵 보나벤투라를 나섰다.

머튼은 자신을 전송하는 무리를 돌아보지 않고 택시에 올라 올리언 역으로 향했다. 기차를 타기 전 잠시 짬을 내어 성당으로 가서 기도를 했다. 그 성당은 머튼이 올리언에 있는 동안 고해성사를 드리고 십자가의 길 기도를 자주 올리던 곳이었다. 캄캄하고 조용한 성당 안에는 한두 자루의 초가 타고 있었고 빨간 성체등이 깜빡이고 있었다. 머튼은 홀로 감실 앞에

---

56   Thomas Merton, *Hidden Ground of Love*, 9-12.

57   Thomas Merton, 정진석 역, 『칠층산』, 746.

조용히 무릎을 꿇었다. 마음 깊은 곳에서 그리스도를 향한 무한히 깊은 감사가 넘쳐흐르는 것을 느끼며 10여 분 동안 평화로운 침묵 속에 무릎을 꿇고 기도했다.[58]

머튼이 갑작스럽게 학교를 떠나는 바람에 대신 강의를 맡게 된 짐 헤이스 교수가 올리언 역에서 그를 기다리고 있었다. 그는 영문학과에서 다섯 대의 봉헌 미사를 통해 머튼을 기억할 것이라는 쪽지를 전해주었다. 머튼은 헤이스 교수의 전송을 받으며 버펄로행 열차에 올랐다. "이로써 내가 살던 세상과의 마지막 인연이 끊어졌다."[59]

겟세마니 수도원으로 가는 머튼의 마음은 자신을 완전한 침묵 가운데로 부르시는 하나님에 대한 신뢰로 가득 차 있었다. 머튼은 지난 고난주간에 겟세마니에서 피정을 하면서 한동안 눌러놓았던 수도 성소에 대한 열망이 용솟음쳐 올라오는 것을 느꼈다. 그럼에도 불구하고 프란치스코 수도회로부터 입회를 거절당한 뼈아픈 경험이 있었기 때문에 자신에게 수도 성소가 있을 것이라고는 감히 생각할 수 없었다. 마크 반 도렌 교수를 통해 자신에게 사제 성소의 증표가 있다는 말을 듣고 실제로 그것을 스스로 깨달을 때까지, 머튼은 자신의 숨겨진 열망을 직시하지 못했으며 다른 사람이 그에 대해 긍정하거나 질문하는 말조차도 제대로 듣지 못했다. 그렇게 수도 성소에 대한 가능성을 철저하게 거부하고 있었다. 그러나 결국 그는 침묵 가운데서 오직 하나님만을 찾는 삶 한가운데로 돌아오게 되었다..[60]

---

58 Ibid., 747.

59 Thomas Merton, 정진석 역, 『칠층산』, 747-48.

60 겟세마니는 미국 중부 켄터키주 바스타운 근처에 있는 한 계곡에 위치한 외딴 곳으로서 하나님을 향한 온전한 봉헌의 삶을 살기에 알맞은 곳이었다(『요나의 표징』, 17).

머튼은 말로 표현할 수 없는 그리스도의 무한한 은총에 감사를 드렸다. 그는 지난 몇 달 동안 하루도 거르지 않고 한밤중에 일어나 묵주기도를 바쳐왔는데, 기차로 이동하는 도중에도 기도를 거르지 않았다.

동이 틀 무렵 신시내티에 도착한 그는 기차에서 내리자마자 택시를 타고 성 프란치스코 하비에르 성당으로 갔다. 그곳에서 미사 참례를 하고 영성체를 한 후 역으로 돌아와 아침을 먹은 다음 루이빌행 기차를 탔다. 머튼은 여정 내내 하나님께 모든 것을 의탁하고 세상의 모든 집착으로부터 자유로워져서 전적으로 그분의 뜻을 따르겠다는 기도를 올렸다.

수도원이 가까워질수록 수도자로서의 삶에 대한 열망이 더 커지는 가운데 한 가지 생각이 계속 떠올랐다. "수도원에서 나를 받아주지 않으면 어떻게 할 것인가? 군대에 가면 불행해질까? 절대로 그렇지 않을 것이다. 수도원 입회가 거부되어 징집을 당하면 그것이 바로 하나님의 뜻이리라." 이제는 입회가 거절되어 군대에 입대하게 될지도 모른다는 염려가 조금도 그를 괴롭히지 않았다.[61]

이동하는 내내 머튼은 완전한 자유로움을 느꼈다. 그는 하나님께 속했다는 확신을 경험했다. "만일 하나님께서 내가 군대에 가기를 원하신다면 분명 그것이 더 유익하고 복된 길일 것이다." 머튼에게는 이제 오직 하나의 행복만 존재한다. 바로 하나님을 기쁘시게 해드리는 것으로서, 그것은 그분의 뜻과 하나가 될 때 가능한 일이다. 이 깨달음과 확신이 그의 마음을 사로잡았다.[62]

61　Thomas Merton, 정진석 역, 『칠층산』, 749.

62　Ibid., 750-51.

루이빌 역에서 내린 머튼은 겟세마니 수도원이 있는 바스타운으로 가는 버스를 탔다. 버스에는 빈자리가 많았다. 바스타운에 내리니 마을 전체가 잠들어 있는 듯 거리가 한산했다. 머튼은 거기서 겟세마니 수도원까지 태워줄 운전사를 찾았다.

　　1941년 12월 10일, 머튼은 마침내 영혼의 "놀랍고 기쁜 환희"를 품고 오직 하나님만을 기쁘시게 하는 삶을 살겠다는 결단과 함께 겟세마니 수도원에 도착했다.

겟
세
마
니
에
서

새로운 자유의 울타리에 갇힌 머튼

머튼이 겟세마니 수도
원에 도착하였을 때,
마태오 수사가 그를 알
아보고 반갑게 맞이해
주었다. "이번에는 여
기 머물려고 오셨소?"
"그렇습니다, 수사님.

사진 40. 겟세마니 수도원 정문

저를 위해 기도해 주신다면." 마태오는 머리를 끄덕이면서 말했다. "지금
까지 쭉 그렇게 당신을 위해 기도해왔습니다." 머튼이 수도원 안으로 들어
오고 마태오 수사가 그의 등 뒤에 있는 수도원 문을 닫았을 때, 머튼은 새
로운 자유를 체험하게 되었다. "마태오 수사가 내 등 뒤로 문을 닫아 걸자
나는 새로운 자유의 울타리 속에 갇혔다.[1]" 이는 머튼이 수도원에 들어오
는 순간 어떤 마음이었는지를 역설적으로 표현하고 있다. 수도원 울타리
안에서 체험하는 머튼의 "새로운 자유"는 그가 이전에 무절제하게 자신의
욕망과 뜻만을 이루고자 추구했던 방종으로서의 그런 경계 없는 자유가
아니었다. 태어나면서부터 감옥 놀이를 해왔던 머튼은 끊임없이 완전한 자
유를 갈망하며 살아왔다.

　머튼은 이제까지 자기가 경험해왔던 세상의 어떤 감옥보다도 더 폐쇄

1　　Ibid., 754.

적이고 봉쇄적일 수 있는 장소로 들어왔다. 이곳은 어린 시절 감옥 놀이를 할 때 일시적으로 갇혀 있던 그런 감옥이 아니었다. 머튼에게 수도원은 봉쇄된 울타리 안에서 평생을 살아가야 하는 실제적인 감옥이었다. 그런데 자유로운 세상으로부터 수도원이라는 울타리 속으로 완전히 갇혀버린 이 순간에, 그는 수도원의 울타리가 감옥이 아니라 그 어떤 것으로부터도 침해받지 않는 새로운 자유의 울타리라는 것을 깨달았다. 세상에 대한 집착을 내려놓을 때 비로소 새로운 것과 장소를 추구하고 지향할 내적 자유가 주어진다는 사실을 자각하게 된 것이다. 머튼은 그 감옥 안에서 이제껏 단 한 번도 경험해보지 못한 온전한 자유와 완전히 자유로운 자신의 존재를 깨닫는 신비를 경험하게 되었다.

12월에 다시 마주한 겟세마니 수도원의 풍경은 지난 4월에 본 것과는 아주 달랐다. 겟세마니의 겨울바람은 매서웠고 얼음처럼 차가웠다. 그러나 머튼의 마음은 새롭게 느껴지는 신선한 자유의 바람과 하나님에 대한 열망으로 뜨거웠다. 머튼은 수도회가 과연 자신을 정식으로 받아줄 것인가에만 골몰하면서 수도원의 혹독한 추위에 대해서는 전혀 괘념치 않았다.

입회 허락을 기다리면서

머튼은 객실 담당인 요아킴 신부의 안내를 받았다. 요아킴 신부는 머튼을 보자마자 "당신이었군요"라고 말을 건네며 지난 4월에 만났던 사람임을 알아보았다. 머튼은 요아킴 신부가 여기 머물러 왔냐고 묻기도 전에 대뜸 먼저 말했다. "이번에는 할 수 있다면, 수련자가 되려고 왔습니다." 요아킴 신부는 아무 말 없이 미소를 머금은 채 입회를 위한 수도원장의 면담이 이루어지기 전까지 며칠 동안 그가 머물 방으로 안내해주었다. 머튼은 가져온 가방을 방 안에 내려놓고 서둘러 성당으로 향했다. 널따란 성당은 무덤같이 싸늘한 냉기만 느껴질 뿐이었다. 머튼은 조금도 개의치 않고 기도를 하기 위해 차가운 성당 바닥에 무릎을 꿇었다. 아무런 기도지향도 머리에 떠오르지 않았으나, 마음이 산란하지도 않았다. 단지 고요히 침묵 속에서 하나님의 현존 안에 자비를 구하며 앉아 있었다. 머튼은 무릎을 꿇고 제재소에서 시끄럽게 울려오는 기계 소리를 들으며 노동하는 수도자들의 모습을 그려보고 그들의 마음도 헤아려보았다.[2]

다음 날 아침이 되자 요아킴 신부는 머튼과 다른 한 명의 지원자에게 침묵 중에 함께 접시를 닦고 마루에 왁스를 칠하는 일을 맡겼다. 수도원 내부의 모든 활동은 침묵 가운데 이루어져야 했다. 머튼은 여러 가지를 골똘히 생각하느라 대화하고 싶은 유혹을 전혀 느끼지 못했다. 사실 그날 머튼은 자신의 대화가 끝났다는 것을 알았다. 그는 수도원에 받아들여지기만 한다면 영원히 대화와 이별하게 될 것을 기뻐하며 평생 침묵 속에서 하나님을 찾으며 살아가게 될 자신을 미리 축하했다.

아침 노동을 마친 머튼은 방으로 돌아와서 요아킴 신부가 갖다준 『영적지도서』를 읽었다. 거기에는 면담을 기다리는 동안 지원자들이 우선적으로 알아야 할 내용들이 적혀 있었다. 하지만 머튼은 대기하는 동안 수도원에서 해야 하는 일이나 알아야 할 구체적인 사항보다는 그 안에 있는 다

---

2 Ibid., 755-56.

른 내용에 더 이끌렸다. 그것은 바로 관상 생활에 대한 것이었다. 머튼은 수도원에 오기 전부터 관상 생활에 관심이 많았다. 그가 관상수도회로 알려진 트라피스트 수도회에 매력을 느끼고 그곳에 입회하기로 선택한 이유도 관상에 대한 끌림 때문이었다. 머튼은 관상에 대한 연구를 심도 있게 해본 적도 없고 관상 생활이 어떤 것인지를 잘 몰랐으나, 각 수도회의 영성과 특징을 어느 정도 파악하고 있었다. 시토회 회원들은 활동적 삶에 관여하지 않고 오로지 수도원에서 관상 생활에 헌신한다. 또한 이런 시토회에서 분리해 나온 트라피스트 수도자들은 봉쇄 수도원에서 기도와 보속의 삶을 더욱 엄격히 살아가는 자들로, 머튼 역시 입회가 허락된다면 이제 침묵 속에서 하나님만을 찾는 관상의 삶을 살게 될 것이다.

수도원에 막 들어온 머튼은 관상 생활이 무엇을 뜻하는지 명확히 알수 없었지만, 관상 생활에 대한 그의 열망만큼은 확실했다. 입회 당시 머튼은 순수 관상의 삶을 살기에 수도원이 가장 좋은 곳이라고 생각했다. 머튼이 추구한 관상적인 삶은 세상과 완전히 무관해지는 것이 아니었다. 머튼은 수도원의 삶을 통해 주어지는 초월적인 은총으로 타락한 세상을 구원코자 했던 것이었지 이 세상을 버린다는 생각은 추호도 없었다. 그가 수도원에 들어가기 직전 할렘으로 갈 것인지 아니면 수도원을 향할 것인지를 놓고 심각하게 고민했던 것을 보면 그의 의도를 충분히 짐작할 수 있다. 머튼은 수도자로서 분주한 활동을 원하지 않았으며, 그렇다고 순전히 관상만을 추구하는 삶을 바란 것도 아니었다. 그는 어떤 의무적인 활동을 할 필요없이 거룩한 장소에서 하루 중 많은 시간을 침묵과 기도로 보내면서 육체

노동을 하는 것 이상의 무언가를 원했다.[3]

『영적지도서』에는 신비 관상은 "필수적인 것"이 아니라(not required), 하나님께서 때때로 "하사하시는 것"(vouchsafed)이라는 설명이 적혀 있었다. 그것은 즉각적으로 머튼의 관심을 끌어당겼다. 그때까지 머튼은 영성 서적에 "하나님께서 관상의 은총을 때때로 하사 하신다"고 적혀 있는 말이 성인들처럼 특별한 사람에게는 관상의 은총이 가능하지만 보통 사람들에게는 불가능한 것이라고 해석했었다. 그런데 프랑스판『영적지도서』는 상당히 다른 뉘앙스를 전달하고 있었다. 수도자들은 올바른 지향이라면 하나님께 관상의 은총을 구할 수 있으며 시토회 생활은 이를 위한 완전한 준비가 된다고 했다. 또한 시토회 수도자들은 신비 기도를 위해 자신을 준비하는 삶을 살아야 할 의무가 있다고까지 적혀 있었다. 머튼은 (설명을 읽으며) 트라피스트 수도원의 관상은 상당히 조건부적(secundum quid)이라는 인상을 받았다. 트라피스트 수도원에서는 관상이 하나님의 전적인 은총으로 주어지는 것이지만 (동시에) 관상을 위한 준비가 절대적으로 중요하다는 점을 강조하기 때문이다.[4]

머튼은 관상의 은총은 하나님께서 하사하시는 것이며 모든 것이 그분께 달려있으므로 자신은 오직 하나님의 뜻을 따르고, 수도원 입회가 허용된다면 수도원에 입회하며, 만사를 곧이곧대로 받아들이는 일에만 마음을 써야 한다고 결론내렸다. 아울러 이제 오직 하나님의 뜻을 따라 수도원에

---

3 수도원 내부의 삶을 관상 생활로, 외부의 삶을 활동 생활로 구분하는 서방 교회의 전통 사이에서 머튼은 수도원 안에서의 관상 생활을 선택했다. 그는 관상 이해를 표면적으로 따르는 것을 넘어 수도자로서 하나님과의 일치적인 삶을 살아내고자 수도원에 들어갔다.

4 Ibid., 758-59.

입회한 후에는 그 안에서 주어지는 모든 것을 받아들이는 삶에만 온 마음을 쏟아부어야겠다고 결심했다.[5]

머튼이 『영적지도서』를 내려놓고 다른 책을 집어 들었을 때 자신을 수련장이라고 소개하는 백발의 신부가 들어와서는 입회에 필요한 정보를 묻는 면담을 시작했다. 그는 먼저 머튼에게 침묵이 두렵지 않은지 물었다. 머튼은 침묵이 전혀 무섭지 않을뿐더러 오히려 그것에 매료되었고 자신이 벌써 천국에 와있는 기분을 느끼고 있다는 것을 드러내 보이기 위해 애를 썼다. 수련장은 12월의 추운 날씨에도 방문을 열어둔 머튼에게 춥지 않은지 물으며 창문을 닫으라고 말했다. 그는 계속해서 라틴어를 배운 적이 있는지, 노래를 할 줄 아는지, 프랑스어를 할 줄 아는지, 왜 시토회 회원이 되기를 원하는지, 수도회에 관한 책을 읽은 적이 있는지, 구체적으로 돔 애일베 루디가 쓴 『성 베르나르도의 전기』를 읽었는지를 물었다.

수련장인 로버트 신부와의 대화는 즐거웠다. 수련장의 질문이 다 끝났을 때 머튼은 여태껏 자신의 양심에 항상 부딪혀온 마음의 큰 짐을 풀어놓기 시작했다. 바로 자신의 회심 이전의 삶에 대한 어둡고 부담스러운 이야기였다. 그로 인해 한때 사제 성소와 프란치스코 수도회 입회를 완전히 단념할 수밖에 없었던 사정을 솔직하게 다 털어놓았다. 수련장은 머튼의 말에 전혀 당황하거나 놀란 기색 없이 세례 받은 지 얼마나 되었는지를 물은 후, 오히려 모든 것을 솔직하게 말하는 머튼의 태도를 좋게 평가해주었다. 수련장은 이 문제에 대해 수도원장과 의논해보겠다고 말한 뒤 면담을 마

---

5   Ibid., 759.

치고 돌아갔다.[6]

　수련장은 머튼을 만난 다음 날인 12월 11일에 그와 나눈 대화 내용을 수도원장에게 보고했지만, 수도원장은 그 일로 머튼을 부르지 않았다.[7] 머튼이 2년 전 프란치스코 수도회에 입회를 청원할 때는 자신의 어두운 과거를 공개하는 것이 결코 쉽지 않았고, 그로 인한 결과도 아프게 받아들여야만 했었다. 하지만 이번에는 거리낌이나 주저함 없이 자신의 어둠을 드러냄으로써 모든 것을 하나님께 내어 맡기고 내적으로 완전히 자유로워진 모습을 보여준다. 그가 20대 중반밖에 되지 않았고 아직 수도회 입회 전임에도 불구하고, 이렇게 자기의 어두운 그림자를 숨기기보다 오히려 직면하고 통합하면서 온전한 자기로 성숙해가는 모습은 상당히 인상적이다.

수도원장과의 입회 면담

이틀 후인 12월 13일은 토요일로서 성 루시 축일이었다. 그날 머튼은 다른 지원자 한 사람과 함께 수도원장과 면담을 했다. 그들은 요아킴 신부가 시킨 대로 마루에 왁스칠을 하던 도중 수련장을 통해 수도원장실로 오라는 연락을 받았다. 그들은 방으로 가서 코트를 입은 뒤 수도원에 들어올 때 가져온 가방을 들고 수련장을 따라 수도원장실을 향해 걸어갔다. 가는 도중

6　　Ibid., 760-62.

7　　Michael Mott, *Seven Mount of Thomas Merton*, 210-11.

에 머튼은 고백성사를 기다리는 농부들을 지나치게 되었다. 머튼은 그들 중 한 노인에게 충동적으로 "나를 위해 기도해주십시오"라고 속삭였다. 머튼은 자신이 느닷없이 노인에게 기도를 부탁한 이 세상 사람으로서의 마지막 행위 속에서 마치 두 대륙을 온통 누비고 다녔던 예전의 자기 냄새를 여실히 풍겼다는 느낌을 강하게 받았다. 훗날 그는 이 알아차림의 기억을 『칠층산』에서 회고한다.[8] 이 장면은 모든 삶을 하나님께 철저하게 의탁하면서도 여전히 감정적이고 충동적이며 과장하는 경향이 있는 젊은 머튼의 모습을 생생하게 보여준다.

두 지원자는 수도원장의 책상 옆에 무릎을 꿇었다. 돔 프레데릭 던 원장(Dom Frederic Dunne)은 두 지원자를 환영해주었다. 그러면서 어떤 질문도 하지 않고 그저 아주 중요한 영적 조언 몇 마디를 전해주었다.

당신들 한 사람 한 사람이 이 공동체를 더 좋게 할 수도 있고 더 나쁘게 할 수도 있소. 당신들이 하는 일은 모두 다른 이들에게 영향을 끼치게 마련인데, 그것이 좋은 영향일 수도 있고 나쁜 영향일 수도 있다는 것이오. 이 일은 모두 당신들에게 달려 있고, 주님께서는 당신들에게 은총을 거절하지 않으실 것이오.[9]

수도원장과의 면담은 짧게 끝났다. 이제 머튼은 정식으로 수도원장에 의해 청원자로 받아들여졌다. 수도원장은 머튼이 가대 수도자가 되고 궁극적으

---

8 Thomas Merton, 정진석 역, 『칠층산』, 763-64.
9 Ibid., 765.

로 사제가 되는 데 아무 장애가 없다는 판단을 내렸다. 머튼이 가대 청원자로 받아들여진 12월 13일은 그가 공식적으로 트라피스트 수도회에 입회한 날이 되었다.

면담 뒤 수도원장은 그들을 강복해주면서 앞으로 이곳에서 기쁨으로 살아가되 시간을 허투루 써서는 안 되고 예수님의 이름이 항상 입술에 머물러야 한다고 강조하였다.

드디어 수도원장에 의해 정식 청원자로 받아들여진 머튼은 다른 청원자와 함께 수도원장의 방을 나와 길고 어두운 홀의 끝에 있는 한 방으로 안내되었다. 그 방에는 타자기를 앞에 둔 세 명의 수사가 있었다. 두 청원자는 소지하고 있던 만년필과 손목시계 및 푼돈을 경리 담당 수사에게 넘겨주었다. 그들은 만약 수도원을 떠나게 되더라도 노동의 대가를 요구하며 수도원을 고소하지 않겠다는 약속 문서에 서명했다.

정식 청원자(請願者, postulant)의[10] 신분으로 받아들여진 머튼이 수도원에 들어간 때는 교회력 상으로 대림절 시기였다. 머튼이 의도적으로 그 시기를 고른 것은 아니었지만, 머튼이 전례상으로 보기에 그리스도께서 우리에게 오심을 기다리는 대림절이야말로 수도자가 되기에 가장 적절한 시기로 여겨졌다. 수도자의 영혼은 그리스도께서 탄생하러 오시는 베들레헴이라 할 수 있는데, 대림절 전례는 그 베들레헴을 갈망의 노래와 찬송으로 준

---

10 시토 수도원 입회 전 신학 교육을 받지 않았다면, 수도원 입회 후 사제가 되기까지 보통 8년이 걸린다(『요나의 표징』, 19). 입회 후 얼마간 청원자로 지내다가 수련 수사로 2년을 보내는데, 이 기간은 트라피스트 수도 생활의 기초를 배우면서 수도원 생활이 자신의 적성에 맞는지를 점검할 수 있는 때다. 수련자들은 그다음으로 "유기 서원"이라는 과정을 보내며 3년을 더 훈련받는다. 이렇게 5년의 수련 기간을 보내고 나서 수도원에 남을지 아니면 떠날지를 자유롭게 선택하게 된다. 만약 수도원에서의 삶을 선택한다면 "종신 서원"을 함으로써 자신의 삶을 온전히 하나님께 봉헌하게 된다(Ibid., 30).

비시켜주기 때문이다. 대림절 예전에 참여하게 된 머튼은 그리스도가 베들레헴에 강림하신 것처럼 자신 안에도 강림하시기를 소망했다.

머튼은 봉쇄 구역 안으로 들어가기 전에 난방 시설이 없는 수도원의 추위에 익숙해진답시고 서두른 덕택에 심한 감기에 걸렸고, 그 결과 가대에서 부른 첫날 저녁 그레고리오 성가를 조금도 따라하지 못했다. 비록 목청껏 노래하지는 못했지만, 맑고 깊은 그레고리오 성가는 따스한 소망의 찬송이 되어 12월의 차가운 공기를 따뜻하게 데워주었다. 하나님 안에서 평온하게 모든 상처가 치유되는 것 같은 신비로움이었다. 대림절 찬미가는 어느 웅장한 세속 음악보다 장엄하고 아름다웠다. 그 찬미가의 메아리는 평화와 은총으로 머튼의 영혼을 가득 채웠다. 「마니피캇」이 울려 퍼지는 순간 머튼은 더 이상 울음을 참을 수 없었다. 마침내 자신이 정말로 수도원 안으로 들어와 하나님의 수도자들과 함께 그분의 전례에 참여하여 찬송을 부르고 있다는 사실에 감격하여 감사의 마음이 복받쳐 올라왔기 때문이었다.[11]

하지만 이후 며칠 동안 머튼은 아주 심한 독감으로 인한 두통에 호되게 시달리는 바람에 어떤 위로나 감격을 느낄 마음의 여유가 전혀 없었다. 더군다나 수도원 생활에서 요구되는 세세한 규정에 집중하느라 딴생각을 할 틈이 없었다.

11　Ibid., 768-69.

수도원 생활의 시작

사진 41. 1950년대 겟세마니 수도원

입회를 위한 형식적인 절차를 마친 머튼은 봉쇄 구역으로 들어가는 문을 통과했다. 봉쇄 구역으로 들어간 머튼은 지금껏 한 번도 보지 못한 수도원의 내부의 모습을 보게 되었다. 그곳에서는 수도자들이 기거하고 휴식을 취하며 모임을 갖고 있었는데, 봉쇄라는 표현이 주는 경직된 느낌과는 다른 분위기가 가득했다. 따뜻한 온기가 감돌고 있었고 제빵실에서 구수한 빵 냄새가 풍겨 나왔다. 그들은 먼저 재봉실로 가서 앞으로 입게 될 수도복의 치수를 쟀다. 그런 후 수련장 신부는 그들을 수련원 소성당으로 데려갔다. 머튼은 먼저 무릎을 꿇고 예수님께 기도를 올렸다. 소성당 문 양쪽으로는 머튼에게도 친숙한 성녀 잔 다르크와 성녀 소화 테레사 상이 있었다. 수련장을 따라서 지하실로 내려가니 수도자들이 세수를 하고 있었다. 수련장은 그중 가장 심하게 비누 거품을 묻힌 한 형제를 붙잡고 성당에 갈 때 그들을 돌봐주라고 부탁했다.

오늘날 북미의 수도원에 머무는 수도자들은 작은 독방을 쓸 수 있고 충분한 식사가 제공되며 외부 사람들과도 소식을 주고받을 수 있다. 또한 추운 겨울에도 따뜻하게 생활할 수 있다. 하지만 1941년 머튼이 수도회에 입회할 때의 수도원 환경은 지금과는 달랐다. 수도원의 규율도 훨씬 엄격했다.[12]

당시 겟세마니의 수도자들에게는 독방이 주어지지 않았다. 그들은 난방 시설도 없이 돗자리만 깔려 있는 공동 숙소를 사용했다. 겨울에는 몹시 추워 무릎과 이가 떨릴 정도였고 여름에는 더워서 몸이 축 처졌다. 창문에 서리가 끼기 전에는 불을 때지 않았고, 온수는 일주일에 단 두 번 제공되었다. 잠자리는 어깨높이의 칸막이로 분리되어 있을 뿐 사생활이라는 것은 전혀 없었다. 식사는 매우 간단했다. 주로 빵과 감자와 사과 하나가 주어졌고 간혹 커피를 곁들여 먹을 수 있었다. 크리스마스나 부활절 같은 축일에도 고기, 생선, 달걀이 주어지지 않았다. 옷도 매우 단순했다. 사제와 수사를 구분하는 두건 달린 흰색 수도복과 갈색 수도복이 전부였다.[13] 사람들은 일 년 내내 같은 옷을 입었고, 심지어 그것을 입은 채로 잠을 잤다.[14]

수도자들은 서로 말없이 사백여 가지의 손동작만을 사용하여 의사소통을 했다. 대부분 기도, 노동, 음식과 연관된 것이었다. 바깥소식이나 중요한 뉴스도 봉쇄 구역 안으로는 거의 전달되지 않았다. 수도자들은 일 년에 네 차례만 수도원 밖에 있는 사람들과 서신교환을 할 수 있었다. 그마저도 부활절, 성모승천 대축일, 모든 성인들의 축일, 크리스마스에만 보낼 수 있었고, 네 쪽 반 정도의 분량으로 제한되었다. 모든 편지는 장상이 읽은 다음 수도원 밖으로 보내졌다. 우편물을 받아보는 것도 역시 동일한 축일에

12   Jim Forest, 심정순 역, 『지혜로운 삶: 토머스 머튼의 생애』, 98.
13   Thomas Merton, 정진석 역, 『칠층산』, 772.
14   William Shannon, 오방식 역, 『고요한 등불』, 240.

만 가능했다. 수련자의 개인 소지품은 필사실 안에 있는 작은 상자에 보관되었다. 수도자들은 일정에 따라 기도와 묵상을 하고 미사를 드리며, 그 사이사이 두 차례 노동으로 이루어진 생활을 했기 때문에 개인적인 시간을 거의 가질 수 없었다.

수도원 밖에서 매우 자유로운 삶을 살아왔던 머튼이 적응하기에는 어려워 보이는 환경이었다. 그러나 그를 아는 많은 이의 예상과 달리 머튼은 이런 수도원 생활과 관습을 기쁘게 받아들였다. 윌리엄 섀넌은 지금까지 온갖 세속적인 흥미를 지니고 막무가내로 살아온 이 자유분방한 젊은이가 혹독한 규칙에 잘 적응하면서 겟세마니에 머물렀다는 것은 그의 생애에 일어난 큰 기적이라고 평가한다.[15]

어떻게 이런 예상 밖의 내적 움직임이 일어날 수 있었을까? 머튼은 이미 수도 생활을 기쁨으로 감당할 영적 준비가 충분히 되어 있었다. "세속의 자유"가 족쇄로 작용하는 것을 경험하면서 충분히 괴로웠던 기억이 있었기 때문에, 그런 내적 고통의 결과로서 새로운 차원의 자유를 온몸으로 받아들일 준비가 되어 있던 것이다. 수도원의 닫힌 문과 벽 사이에서 머튼은 제약이 아닌 자유를 만끽했다. 수도원에 들어가는 것은 그에게 해방처럼 느껴졌다. 기꺼이 하나님의 사람이 되고자 했던 머튼은 수도원 생활의 모든 것을 사랑했다.[16]

하지만 새로운 자유를 경험하게 된 기쁨보다 훨씬 더 중요했던 것은 그곳에 들어오기 전부터 그를 수도자로 부르신 하나님에 대한 명확한 인

---

15 William Shannon, 오방식 역, 『토머스 머튼: 생애와 작품』, 60.

16 Ibid., 60; Jim Forest, 심정순 역, 『지혜로운 삶』, 98-99.

식이었다. 머튼이 엄격한 트라피스트 수도원에서 수도자의 삶을 시작하면서 영적으로 준비되었다는 말은 그가 어떤 어려움과 장애를 넉넉히 다 이겨내고 극복할 만한 특별한 내적 능력을 가졌다는 뜻이 아니다. 머튼이 수도원 생활 초기부터 마지막까지 한결같은 모습으로 수도자의 삶에 투신할 수 있었던 것은 섀넌이나 포리스트가 말한 것처럼 그가 개인적인 삶의 경험으로 인해 새로운 자유를 갈구하고 맛보았기 때문만이 아니라 수도원에 들어오기 전 이미 수도 성소에 대한 확실한 체험을 했기 때문이다. 이는 머튼이 수도자로서 인생에 걸쳐 어떤 상황에서도 흔들림이 없이 항상 견고하게 붙잡고자 했던 자신의 정체성에 대한 인식이자 하나님의 부르심 및 수도 성소에 대한 자각이었다. 머튼는 이에 대해 수도 성소는 직업을 선택하는 것과는 분명히 구별된다고 말한다. "어떤 면에서 당신이 수도자의 삶을 선택하는 것이 아니라 수도자의 삶(수도 성소)이 당신을 선택합니다."[17]

종교적으로 말하자면, 그것은 자신이 수도자의 삶을 살도록 하나님께 부름 받았다는 사실을 믿는다고 말함으로써 표현됩니다. 일상적인 말로 해석하자면 이것은 자신이 의식적으로 원하는 경향까지도 저항하며 나갈 수 있는 깊은 내적 변화를 뜻합니다. 그것은 투쟁을 포함합니다. 상당한 의심과 저항과 수많은 질문들이 생겨나고, 때로는 그 모든 것이 불합리해 보일 수 있습니다. 그러나 당신은 그 모든 것을 가지고 계속 나아가야 합니다. 이런 씨름 속에서 자신의 운명을 자각하고 자기 정체성에 대한 새로운 이해를 경험하게 됩니다.[18]

---

17 Thomas Merton, *Witness to Freedom*, 255.

18 Ibid., 255.

머튼은 계속해서 "나 자신에 대해 말하자면 나는 수도자가 되는 성소에 관해 한순간도 의심해본 적이 없습니다. 그러나 방법과 수단, 즉 어디에서 어떻게 수도자가 될 것인가에 관한 수많은 질문들을 해결해야만 했습니다"[19]라고 말하며 자신의 수도 성소가 항상 확고했음을 분명히 한다.

머튼은 바깥세상에서는 경험하지 못했던 진정한 행복을 수도원에서 맛보면서 느낀 심정을 친구인 로버트 랙스에게 편지로 적어 보낸다. "내가 놀랍게 여기는 점은 내가 이곳에서 행복하다는 사실보다 그간 다른 곳에서도 행복하다고 나 자신을 속이려 했다는 데 있네." 그는 자신이 여태껏 세상에서 느낀 행복은 진짜 행복이 아니었으며 이곳 수도원에서 비로소 진정한 행복을 발견한 후 너무나 행복한 생활을 하고 있다고 전한다.

또한 그는 동료 수도자들에 대해서도 말한다. "그들은 어디에서든지 너를 두렵게 하는 얼굴을 지닌 사람들과 다를 바가 없다. 이곳에 온 사람들은 네가 지하도에서 만날 법한 사람들과 똑같은 자들이다. 그러나 차이가 있다면 그들은 여기서 자신들이 똑똑한 사람이라는 사실을 잊어버렸다는 것이다.…많은 나의 형제들은 실제로 성인들이다." 머튼의 형제 수사들은 세상 사람들과 하나도 다를 바가 없는 평범한 사람들이다. 그들은 다른 이와 비교하여 자신이 조금도 특별하거나 다르지 않다는 것을 잘 알고 있는 동시에 자신이 어떤 존재인지를 제대로 아는 겸손한 사람들이다. 머튼은 이제 그들과 함께 수도원에서 수도자로서 "하나님의 현존 안에서 사람들이 공기와 빵을 먹고 살 듯 그분의 뜻에 따라 살고 있다는 사실"[20]에 매

19 Ibid., 255.
20 Thomas Merton, *Road to Joy*, 164-7; Jim Forest, *Living with Wisdom: A Life of Thomas Merton* (New York: Orbis Books, 2008), 89.

우 감격했다.

머튼은 전쟁과 억압, 야심과 경쟁이 소용돌이치는 세상에서 빠져나와 수도원에서 살 수 있게 된 것을 기뻐하며 그것이 마치 천국에서의 삶인 양 기쁨으로 수도 생활에 매진했다.[21] 이런 세상과의 단절은 당시 머튼의 영적 여정에 꼭 필요한 성장 단계였다. 그가 긍휼의 마음으로 세상을 새롭게 바라보고 온전히 세상을 사랑하기 위해서는 "세상으로부터의 완전한 분리"가 절대적으로 필요했다. 세상을 떠나 수도원에서 한평생 하나님만을 추구하는 관상적인 삶을 살고자 했던 머튼은 훗날 세상으로 회귀하여 수도자이자 적극적인 사회비평가로 활동하게 된다. 따라서 그가 수도원에 들어가자마자 느낀 이 초기의 자유는 분리함으로써 회복되는 자유라고 할 수 있겠다. 헨리 나우웬은 『요나의 표징』에 묘사된 이때를 한 관상가의 청소년기, 즉 영적 정체성의 위기를 경험하면서 그것을 해결해나가야만 했던 시기로 본다. 이 시기에 머튼은 이전의 삶과 완전히 단절하고 수도원의 삶에 거의 질문 없이 완전히 투신하는 모습을 보인다.[22]

머튼은 1942년 4월 마크 반 도렌 교수에게 보낸 편지에서 이제 막 시작한 수도원의 삶을 "가슴 벅찬 생활"로 묘사한다.

얼마나 놀라운 삶인가요! 굉장합니다. 우리가 수행하는 활동이나 고행 또는

---

21 Jim Forest, 심정순 역, 『지혜로운 삶』, 97-100
22 헨리 나우웬은 머튼이 수도원에 들어오기 전까지 품었던 질문은 "세상에서 내가 설 자리는 어디인가?"이고, 그 대답은 "홀로 있음"이었는데 수도원에 들어온 후로는 그 질문이 "홀로 있음에서 나의 설 자리는 어디인가?"로 바뀌었다고 말한다. 이것은 오랫동안 수도자 머튼을 사로잡은 영적 번민의 주제였다. 머튼은 오랜 영적 투쟁과 번민 끝에 마침내 긍휼의 마음으로 세상을 부둥켜안고 비평하는 관상가로 살아가게 된다(『기도의 사람 토머스 머튼』, 88-89).

전례나 영송, 짚을 깐 판자 위에서 자는 잠, 단식, 노동, 더위로 흐르는 땀, 노래, 침묵 때문에 그렇다는 것은 아닙니다. 이 자체로는 전혀 중요할 것이 없는 아주 단순한 활동입니다. 그러나 생활의 온전한 통일성이 엄청납니다.…삶은 실제로 하나입니다.…우리 삶의 통일성의 기초는 하나님과 하나 됨에 있습니다.…우리는 오직 그분께 집중하여 살아갑니다.…우리의 삶은 하나님께 있습니다. 다시 말해 트라피스트 수도자는 그리스도야말로 궁극적으로 행하고 숨쉬는 모든 것의 시작이자 끝이라는 감각 속에서 살아가는 사람들입니다. 그런 우리 수도자들의 삶은 바로 그리스도와 온전히 하나가 된 삶입니다.[23]

청원자 루이스 수사

머튼이 갓 청원자가 되었을 때 수도원은 사계재일[24] 주간이었다. 수련자들은 12월 15일 월요일 오전에 모여 그해의 특별 고해신부인 오도 신부에게 성사를 보았다. 머튼은 고해소의 창살 앞에 무릎을 꿇고 깊이 통회하며 죄를 고백했다.

　고해신부는 수도자의 삶을 시작하는 머튼에게 얼마나 많은 영혼이 그가 수도원에 영원히 머물러 있는 것에 달려있는지를 아느냐며(그가 영원히

23　Thomas Merton, *Road to Joy*, 15.
24　사계절마다 3일씩 단식하고 금육하며 속죄하는 마음으로 특별히 기도하는 시기다.

수도원에 머물게 됨으로써 얼마나 많은 영혼을 구할 수 있는지를 강조하면서), 수도원을 떠나고 싶은 유혹이 들 때면 그들을 먼저 생각하라는 훈계를 주었다. 고해신부는 머튼이 앞으로 수도원을 떠나고 싶은 유혹을 받게 될 것이라고 말했지만, 나중에 머튼은 단 한 번도 그곳을 떠나고 싶은 유혹을 받은 적이 없다고 고백한다. 또한 수도원에 입회한 이래로 세속을 결코 그리워하지 않았으며, 겟세마니 수도원을 떠나 다른 수도원으로 가고 싶다는 마음이 있긴 했지만 학술적이고 사변적인 생각에 그쳤을 뿐 그로 인해 마음의 평화가 교란된 적은 없었다고 말한다. 머튼은 카르투시오 수도회를 동경한 적이 있는데, 이 일이 문제가 된 시기는 오히려 종신 서원 이후였다.[25]

청원자가 된 지 사흘째 되는 날 아침 작업을 마쳤을 때쯤 수련장이 머튼을 불러 양털로 짠 흰색 수도복을 건네주었다. 입회 허가를 받고 며칠이 지나면 "청원자 수도복"을 받는 것이 상례였다. 머튼은 수도원 입회가 정식으로 허락된 지 사흘 만에 세상 옷을 벗을 수 있게 되어 기뻤다. 그는 장백의(흰색의 긴 수도자 의복)와 상본(스카풀라)을 걸친 다음 허리에 흰색 헝겊 띠를 두르고 소매 없는 흰색 청원자 외투를 입었다.[26]

머튼은 청원자 옷을 갖춰 입은 뒤 수도자로서의 새로운 이름을 받으러 수련장 신부 앞에 섰다. 머튼은 수련장으로부터 "루이스"라는 수도자명을 받은 후에 "루이스 수사"라고 불렸다.[27] 머튼은 "루이스"라는 이름이 마

---

25   Thomas Merton, 정진석 역, 『칠층산』, 775-76.

26   Ibid., 776-77.

27   머튼은 수련장으로부터 "루이스"라는 수도자명을 받았다. "프레터 마리아 루도비쿠스"(Frater Maria Loudovicus) 즉 "브라더 메리 루이스"(Brother Mary Louis)라는 이름을 받았는데, "메리"라는 이름은 수도회 후원자의 이름으로서 모든 트라피스트 수도자들이 공통으로 받는 것이었고, "루이스"는 13세기 프랑스를 통치했던 개혁가 국왕 루이의 이름을 딴 머튼의 고유 이름이었다(Ibid., 777-78; 『지혜로운 삶』, 97-98).

음에 들었다. "루이스"는 머튼의 수도 생활을 보호해주는 성인의 이름이었다. 그는 비로소 왜 하나님께서 자신으로 하여금 처음 프랑스로 배를 타고 가던 날을 평생토록 기억하게 하셨는지를 깨달았다. 8월 25일은 머튼의 보호 성인인 프랑스의 성 루이 축일이었다.[28] 머튼은 새삼 그때의 항해가 은총이었음을 깨닫게 되었다. 머튼은 프랑스에서 지낸 시절이 자신의 성소에 큰 영향을 주었을 것이라고 확신했다. 머튼은 뉴욕의 성 파트리치오 대성당에 있는 성 루이 제대 앞에서 자주 기도하던 날들을 떠올렸다. 머튼은 개종 직후 어려움이 찾아올 때마다 그 성당의 성 루이 제대 앞에 촛불을 켜곤 했었다.[29]

머튼은 이름을 받은 즉시 기록실로 가서 자신의 개인 소지품을 넣어둔 작은 상자에 "마리아 루도비쿠스 수사"라고 표기된 종이를 붙였다. 그 안에는 머튼의 전 재산이 들어 있었다. 시와 반성문을 잔뜩 적어둔 두어 권의 노트, 십자가의 성 요한이 쓴 책 한 권, 질송의 「성 베르나르도의 신비신학」, 동생 존 폴이 온타리오 공군 부대에서 보내온 편지, 마크 반 도렌 교수와 로버트 랙스에게서 받은 편지가 전부였다. 머튼은 자신의 안식처가 된 겟세마니 수도원의 축대 아래로 펼쳐진 계곡과 그 너머의 삼목 및 산마루의 낙엽진 숲을 창밖으로 내다보았다. "나의 안식처, 내가 택하였으니 여기서 영원히 거하리라.[30]"

정식 수사가 되어 수련을 받기 시작했을 때 수련장 신부는 머튼에게 지금까지의 삶과 그가 받은 교육, 특별히 회심과 성소를 체험하게 된 정

---

28 Ibid., 84.
29 Ibid., 777-78.
30 Thomas Merton, 정진석 역, 『칠층산』, 778.

황 등을 써서 수도원장에게 제출하라고 제안했다. 머튼은 1942년 1월 2일 자로 적은 편지에 지금까지 살아온 삶의 주요 골자를 비교적 상세히 밝혔다.[31] 단 몇 쪽의 기록으로 한 사람의 인생 전부를 파악하기는 쉽지 않지만, 그럼에도 불구하고 머튼이 쓴 이 편지는 그의 삶에서 주요한 인물과 사건 및 경험이 무엇이었으며, 그가 자신의 생애를 어떤 관점에서 조망하고 있는지를 명쾌하게 보여준다. 편지를 본 수도원장은 머튼이 수도원에 들어오기까지의 이야기가 사람들에게 들려줄 만한 가치가 있다고 판단하여 책으로 써내도 좋겠다는 생각을 했다. 이 이야기는 훗날 『칠층산』이라는 책이 되어 세상에 나오게 된다.

대림절 중간에 수도원에 들어간 머튼은 두 주 만에 겟세마니에서 첫 성탄절을 맞이하게 되었다. 수도원 밖에서는 크리스마스가 되면 많은 선물을 주고 받고 성대한 만찬을 열었지만 이곳에서는 아무 선물도 없고 화려한 음식도 없었다. 하지만 겟세마니에서의 첫 성탄은 지금까지 수도원 밖에서 경험해온 모든 성탄절과 비교할 수 없는 감격을 머튼에게 안겨주었다. 그는 성탄을 맞이하여 세상의 구원자이신 하나님, 그리스도를 진실로 품을 수 있게 되었다. 머튼은 수도자가 되어 맞이한 첫 성탄절에 겟세마니의 침묵을 통해 자신 안에 계신 하나님의 현존을 깨달음으로써 새로운 차원의 세상이 자신에게 열린 것 같았다고 고백한다. 침묵 속에서 떠오르는 놀라운 깨달음의 신비를 스스로 체험하기 시작한 것이다.

---

31 Thomas Merton, Selected and ed. by Patrick Hart, *The School of Charity* (New York: Farrar, Straus & Giroux, 1990), 5-7.

내가 전적으로 나만의 것이었던 이 모든 소음을 포기할 수만 있다면, 내가 내 소리와 나의 모든 활동을 기꺼이 침묵시킬 수만 있다면, 나는 또 다른 소리, 나의 천성이 스스로는 결코 파악할 수 없는 어떤 것을 배울 것입니다. 나는 무한히 나를 초월하여 존재하시는 하나님께서 내 안에도 계신다는 놀라운 역설을 깨닫기 시작했습니다. 내 안에 있던 빈 공간 곧 대림절 기간에 준비되었으며, 나의 침묵과 어둠을 통해 열려 있었던 공간(비워짐)이 이제 가득 채워졌습니다. 그래서 나는 갑자기 새로운 세상에 있게 되었습니다. 나는 같은 사람인 것처럼 보였으며, 같은 사람이었습니다. 나는 계속해서 나 자신이었고, 이전보다 더 나 자신이었지만, 그럼에도 불구하고 나는 아무것도 아니었습니다. 그것은 마치 바닥이 나의 영혼에서 떨어져 나가 무한으로의 출입이 자유롭게 된 경지와 같았습니다.[32]

수련 수사가 된 머튼

1942년 정월이 되자 수사들은 골짜기를 막아서 만든 호수 근처 숲으로 가서 노동을 했다. 숲은 매우 고요해서 수도자들의 나무 찍는 소리만이 호수 수면 위로 메아리쳤다. 당시 미국 트라피스트 수도자들의 노동량은 매우 많았다. 작업 도중 잠시 멈춰 묵상 기도를 할 만한 틈도 없을 정도여서 수도자들은 작업을 마칠 때까지 순수한 지향으로 오로지 일에만 몰두해야

32　Thomas Merton, "First Christmas at Gethsemani" *The Catholic World* 170(1949), 169-70.

했다. 그들은 작업 자체가 관상이 되도록 입속으로 "모든 것은 예수님을 위하여, 모든 것은 예수님을 위하여"라는 문구를 끊임없이 반복하여 중얼거렸다. 수도자들이 작업 중

사진 42. 수도원 경작지를 경작하는 수도자들

에 끊임없이 중얼거리는 이 말은 원래 노동이 관상이 되도록 고안된 기도이자 묵상이었다. 하지만 머튼은 이런 묵상은 까다롭고 억지스럽다고 느꼈다. 수련이 덜 된 상태여서 그럴 수도 있겠지만 노동 중에 그것을 실천하는 것이 영 어색했다. 머튼이 보기에는 관상을 위한 수행이라기보다 효율적으로 일하기 위해 고안된 방식 같았다.[33]

　머튼은 입회 초기에 기도와 활동 간의 관계를 설정하는 데 어려움을 겪었다. 기도를 하려면 마음이 분주했고, 반대로 일을 하면서 기도하는 것도 쉽지 않았다. 그런데 머튼은 전혀 뜻하지 않은 곳에서 놀라운 영적 경험을 하게 되었다. 생각지도 못한 새로운 방식으로 내면의 고요를 맛보게 된 것이었다. 그는 숲속에서 작업을 하다가 종종 수도원 성당의 첨탑과 성당을 병풍처럼 두르고 있는 푸른 산맥을 바라보았다. 그 풍경을 바라보고 있으면 마음이 평온하고 흐뭇해져서 화답송 한 구절이 절로 떠올랐다. "산들이 예루살렘을 두름과 같이 여호와께서 그의 백성을 지금부터 영원까지 두르시리로다"(시 125:2). 푸른 산맥을 바라보면서 머튼은 자신도 하

33　Thomas Merton, *The Seven Storey Mountain*, 423-24(『칠층산』, 779).

겟세마니에서　**263**

나님의 은밀한 보호 속에 있음을 깨달았다. 그는 하나님께서 사랑과 지혜와 자비로 자신을 늘 감싸고 계시며 영원히 그렇게 하실 것임을 확신할 수 있었다.[34]

청원자가 된 머튼은 수련 수사(novice)로 받아들여지는 날을 손꼽아 기다렸다. 보통 수도원 지원자는 정식 청원자(postulant)로 받아들여지고 한 달 정도 지나야 수련 수사로 인정될지가 결정된다. 그 기간에 수도원에서는 지원자의 품성이나 과거의 삶에 대한 정보를 담은 편지를 받아본다. 머튼의 경우에는 모교가 있는 루틀랜드와 오캄 지방을 관장하는 노팅엄의 주교가 편지를 보내기로 되어 있었는데 전쟁 때문에 지체되고 있었다. 수련 수사로 인정되고 수련자 수도복을 받게 되면 교회법상으로 수도자로 인정됨과 동시에 서원을 향한 정식 과정이 시작된다.[35]

1942년 2월 21일 사순절 첫 주일에 머튼은 마침내 트라피스트 수도회의 수련 수사로 받아들여졌다. 머튼은 수련자 수도복을 받는 착복식에 또 다른 지원자와 함께 평복을 입고 참석했다. 참사회실에서 열린 착복식 자리에서 열여덟 살 난 어린 수련자도 단순 서원을 했다. 당시 악성 폐렴을 앓고 있던 원장 신부는 힘든 몸 상태에도 불구하고 원장좌에 앉아 정성스레 권면의 말을 시작하는 것으로 참사회[36]를 집전하였다. 그는 "그대들이 십자가, 병, 모순, 고통, 비애, 수모, 단식, 곤란 등 인간 본성이 싫어하는 것 외에 다른 어떤 것을 기대하면서 겟세마니에 왔다면 그것은 큰 오산"이라는 내용의 권면을 했다. 권면 이후에 지원자들이 한 사람씩 차례대로 원장

---

34 Thomas Merton, 정진석 역, 『칠층산』, 779-80.
35 Ibid., 780.
36 행정 안건을 처리하는 자문기구, 수도회 총회 등.

좌로 올라가면, 원장이 "주께서 너의 옛 사람을 그 행실과 더불어 벗기소서"라는 경문을 외우면서 그들의 웃옷을 벗긴 다음 선창자와 수련장 신부의 도움을 받아 지원자들이 미리 입었던 흰색 수도복을 정식으로 입혀주고 그 위에 정식 수련자용 상본과 외투를 걸쳐주었다.[37] 정식 수도자가 된 머튼은 고독 속에서 하나님을 찾는 삶에 대한 기대로 기쁨이 충만해졌다.

수련 수사가 된 지 2주가 지났을 때 머튼은 심한 독감에 걸려 수도원 독방 병실에 홀로 눕게 되었다. 그곳은 바로 이틀 전에 허그 수사가 숨을 거둔 방이었다. 머튼은 한 수도자가 그 방에서 죽었다는 것을 생각하며 남모를 희열과 승리감을 느꼈다. 수도자가 되기 위해 수도원에 들어갔지만, 자기 자신도 제대로 의식하지 못하는 상태에서 자아가 영웅심으로 부풀려지는 경험을 하게 된 것이다. 그는 이제야 고독을 좀 맛보면서 실컷 기도할 수 있겠다고 생각했다. 하지만 무릎을 꿇지 않고 곧바로 침대 속으로 돌진하여 아가를 폈다. 아가를 3장까지 읽고 묵상하면서 천사들의 노래가 들리고 천상의 빛이 나타나기를 기대하기도 했다. 머튼은 오랫동안 열망하고 바라왔던 것들을 마음껏 할 수 있겠다는 기대감으로 가득했지만, 아무런 특별한 경험도 하지 못했고, 그런 기대가 허황된 것임을 깨달았다.

나이 든 수도자가 죽어 나간 병실에 들어오게 되어 기뻐하는 머튼의 모습은 수련 수사가 된 기쁨과 고독에 대한 간절한 열망을 드러내는 사건일 수도 있다. 그런데 머튼은 나중에 『칠충산』을 쓰면서 이 희열과 기대감의 순간에 자신이 보지 못한 것이 있었음을 진술하게 고백한다. 머튼은 이런 기쁨과 열망의 마음이 실제적으로는 "영적"이라는 새로운 가면에 불과

37　Thomas Merton, 정진석 역, 『칠충산』, 781–83.

하며 오히려 자신은 그 순간에 내면에서 벌어지는 일을 전혀 인식하지 못했다고 말한다. 이제 막 수도원에 들어온 머튼은 그것을 제대로 인식하거나 분별하고 적절히 대응할 수 없었다. 또한 그는 자서전을 쓰면서 자신의 악습이 고스란히 수도원까지 들어왔다고 고백한다. "실상 형상적 죄는 아닐지언정 영적 탐욕, 영적 쾌락, 영적 교만과 같은 나의 악습이 고스란히 수도원 안에까지 잠입하여 나와 더불어 수도복을 입었던 것이다."[38]

그는 수도원 병실에서도 매일 새벽 4시에 일어나 미사 복사를 하고 영성체를 바쳤다. 나머지 시간에는 침대에 앉아 책을 읽거나 글을 썼다. 혼자 성무일도를 바치고, 오전에는 병실 경당에서 십자가의 길 기도를 올렸으며, 오후에는 사순절 독서를 위해 받은 책으로 묵상을 했다. 병에 차도가 보이기 시작하자 병실 담당 신부는 그에게 병실 청소와 잔일을 시켰다.

성 요셉 축일 밤 성무일도 시간에 머튼은 수도원 성당에서 독서를 노래하게 되었다. 머튼이 며칠 보이지 않자 수도원을 떠난 줄로 알았던 다른 수도자들은 그가 노래하는 모습을 보고 깜짝 놀랐다. 그로부터 아흐레가 지난 뒤에 맞은 성 베네딕도 축일에 머튼은 건강한 몸으로 병실을 떠났다. 그는 병실을 나오며 무척이나 기뻐하는 자신을 보면서 이 방에서 죽음을 맞이한 허그 수사를 다시 떠올렸다. 허그 수사는 이 병실을 가리켜 예수님이 죽으신 갈보리 산이 아닌 그분께서 영광스러운 모습으로 변화되셨던 다볼산이라고 불렀다. 그런데 자신은 이 병실에서 죽지 않고 빠져나오게 되어 기뻐하고 있다니, 머튼은 이것이야말로 수도 생활을 갓 시작한 수련 수사와 수도 생활을 성공리에 마친 진정한 수도자의 차이라고 생각했다.

38　Ibid., 783

허그 수사는 그곳 수도자들에게 많은 귀감이 되었다. 그는 지긋한 나이였음에도 불구하고 어린아이의 천진난만한 웃음과 단순함의 은총을 지니고 있었다. 자기 생각과 판단 및 소망을 모두 포기하고 오직 만사에 하나님의 뜻과 명령만 기꺼이 받아들이겠다는 내면의 완전한 자유를 가진 사람이었다. 그런 영혼의 자유는 하나님께서 장상을 통해 자기 영혼을 지도하심을 믿고 삶 전체를 장상의 손에 완전히 맡김으로써 비로소 얻을 수 있는 것이었다. 머튼은 장상에 대한 완전한 순명과 관상 정신의 조화가 허그 수사를 성화시켰다고 여겼고, 바로 이 순명과 관상의 조화가 시토회의 특성임을 깨달았다. 그리고 자신도 그런 완전한 순명을 통해 은총으로 관상에 이를 수 있기를 소망하며 수련원으로 돌아왔다.[39]

수도원 안에서 본 수도자들

수련 수사가 된 머튼은 이제 수도자로서 수도원 안을 볼 수 있게 되었다. 성당의 손님 좌석이나 난방이 잘 되는 손님 숙소에서 관찰하는 것이 아니라, 수련원 안에서 수도자들을 직접 경험하면서 그들을 알게 된 것이다. 꿈이나 중세기 소설에 나오는 수도자가 아니라 냉정한 현실의 수도자들을 대면하게 되었다. 손님의 입장에서 수도자들의 삶을 보았을 때는 전례를 행하는 한 몸의 이상적인 공동체로만 보였는데, 수도원 안에서 그들을 직

---

39 Thomas Merton, 정진석 역, 『칠층산』, 785-786

접 보게 되니 각자의 개성이 뚜렷하게 드러났다. 여러 가지 좋은 점과 나쁜 점, 유쾌하고 불쾌한 점이 일일이 눈에 띄었다. 머튼은 이것이 수도자로서 다루어야 할 수도 성소의 가장 중요한 면이자 수도원 생활에서 가장 먼저 부딪치는 시련이라고 말한다. 머튼은 수도 생활을 위해서는 크고 작은 결점이 있는 사람들이 모여 사는 공동체 생활을 기쁘게 받아들여야 한다는 사실을 곧바로 깨닫게 되었다. 수도자 개인의 불완전함은 세상 사람들에 비교하면 사소하지만 수도자로서의 책임과 이상에 비추어 보아야 하기 때문에, 머튼은 그것들이 훨씬 더 크게 느껴졌다.[40]

수도원에는 두건 달린 흰색 수도복을 입은 사제 수사들과 갈색 수도복을 입은 평수사들이 있었다. 나이도 청년층에서부터 노년층까지 다양하게 섞여 있었다. 머튼이 입회할 당시에는 노년층이 훨씬 적어 공동체의 평균 연령은 서른 살 안팎 정도였다.[41]

머튼은 서원한 수사들과 수련 수사들을 어느 정도 구별할 수 있었다. 서원한 수사들은 매사에 깊이 전력하는 반면, 수련 수사들은 겉으로는 훨씬 더 신심이 커 보였지만 깊이가 부족해 보였다. 그는 일반적으로 가장 위대한 성인은 그 신심이 표정에 뚜렷하게 드러나는 경우가 드물고 수도원에서 가장 거룩한 사람은 축일에 가대에서 환희에 찬 표정을 짓는 경우가 거의 없다고 말한다.[42] 머튼이 수도원 생활 초기에 수도자들의 모습에서 나타나는 차이를 볼 수 있다고 한 것은 그에게 어떤 분별의 은사가 있어서가 아니라 전심으로 하나님을 찾는 그의 마음이 반영된 것으로 여겨진다.

---

40   Ibid., 770.
41   Ibid., 772.
42   Ibid., 772.

머튼은 젊은 수련자들의 이런 감각적인 신심을 판단적인 시각으로만
바라본 것은 아니었다. 그의 눈에는 수련자들의 감각적인 신심도 순결하고
자연스러워 보였다. 수련자들의 이런 신심이 나무랄 데 없이 합당한 것이
라고 머튼은 생각했다. 어떤 수련자들은 까불거리는 몸짓을 하다가 갑자기
장난기가 발동하여 기록실 전체를 휩쓸고 다니기도 했다. 하지만 머튼이
보기에 그들을 포함한 수련자 전원이 수도 생활의 의무를 훤히 알고 충실
하게 규칙을 지키며 잘 살아가고 있었다. 머튼은 그들이 규칙을 어긴다기
보다 도리어 그것을 재빨리 터득하여, 머리카락을 곤두세우는 정확성보다
는 자발적이고 자유스러운 태도로 규칙을 제대로 잘 지키는 것 같았다. 그
는 그렇게 열정과 활력과 재치가 넘쳐흐르는 수도원이 오히려 마음에 들
었다.[43]

머튼은 잘난 체하거나 유난스럽지 않으면서 공동 규칙을 잘 지키는
단순한 사람이 수도원에서 가장 훌륭한 사람이지 않을까 생각했다. 그런
사람들은 자기 자신은 개의치 않고 단지 지시받은 대로만 행할 뿐인데도,
언제나 가장 행복하고 평온해 보였다. 또한 그들은 양극단을 피하고 중용
을 지키는 사람들이었다.

한편 수도원에는 마치 모든 일이 자신에게 달려 있고 하나님마저도
자신을 도와주실 수 없는 분 인양 생각하면서 오로지 지독한 자신의 노력
으로만 성인이 되려 하는 사람들이 있었다. 또 다른 한편에는 스스로 아무
것도 하지 않고 하나님이 자신의 머리에 후광을 올려놓으면 만사가 다 끝
난다는 식으로 오직 그분의 특별한 역사만을 기다리는 사람들도 있었다.

---

43   Ibid., 771-72.

머튼은 양극단의 사람들일수록 규칙을 지키다가도 몸이 조금만 피곤하면 규칙을 면제해달라고 요구하거나 결국 수도원을 떠나 세상으로 돌아갔음을 언급하며, 이런 삶의 모습을 철저히 경계한다.[44]

입회 당시 겟세마니의 일과[45]

순수 관상 생활을 열망하며 수도원에 들어간 머튼의 일상은 어떤 모습이었을까? 트라피스트 수도회는 관상 수도회로서 일상에서 관상을 지향하도록 전례 기도(하나님의 일, *Opus Dei*), 거룩한 독서(*Lectio Divina*), 공부 및 육체노동으로 일과가 구성되어 있다.

머튼이 수도원에 입회할 당시 수도자들은 새벽 2시에 기상한 직후 가대로 가서 조과를 복창했다(Matins). 2시 반부터 3시까지 30분간은 반드시 무릎을 꿇거나 선 채로 개인 묵상 시간(private meditation)을 가졌고, 3시부터 4시까지는 밤 기도(Night Office: the canonical offices of Matins and Lauds)를 바쳤다. 이 기도 시간은 20개의 시편과 몇 개의 찬송, 3개 또는 12개의 교훈, 테 데움(the *Te Deum*), 복음서 낭독, 강복으로 구성되었고, 모두 라틴어로 행해졌다. 4시에 수사 신부[46]들은 라틴어로 개인 미사(Mass)를 드렸고,

---

44 Ibid., 773.
45 William Shannon, 오방식 역, 『토머스 머튼: 생애와 작품』, 62-63. 이 책의 부록은 1941년 머튼의 입회 당시 겟세마니 수도원의 일과와 훗날 은수자가 된 이후 그곳에서의 일과를 포함하고 있다.
46 사제로 서품을 받은 수도자를 일컫는다. 당시까지만 해도 행해지던 이런 개인 미사가 오늘

나머지 수사들은 공동체 미사(Communion)에 참석했다. 5시부터 5시 반까지는 독서 또는 개인 기도를 했다. 머튼은 수도원 입회 초기에 이 시간을 이용하여 종종 시를 썼다. 수도자들은 5시 반에 경당에 모여 성무일도의 제 1시경(the canonical hour of Prime)을 가졌다.[47] 6시에는 업무에 필요한 사항을 전달받기 위해 모였으며(Chapter), 이때 수도원장의 강론을 듣기도 했다. 강론은 주로 규칙서에 관한 내용이었다. 6시 반에는 식당으로 가서 아침 식사를 했다.

아침 식사 후에는 한 시간 동안 독서와 공부를 할 수 있었다. 머튼은 초기 교부들과 11세기 시토회 교부들이 라틴어로 쓴 책을 주로 읽었다. 수도자들은 아침 7시 45분에 제3시경(the office of Terce)을 위해 경당으로 돌아와 그날의 대미사(장엄 미사, Daily High Mass)를 드렸다. 이어 9시부터 두 시간 동안 노동을 했다. 머튼도 처음에는 이 시간에 육체 노동을 했지만 머지않아 글 쓰는 일이 주어졌다. 아침 일과 후에는 경당으로 다시 돌아와 양심 성찰 수행(the examen of conscience)을 했다. 양심 성찰은 저녁 끝 기도 이후에 행해지기도 했다. 11시 반에 시작되는 점심 식사 때는 주로 감자와 수프가 제공되었다.

점심 식사가 끝나면 제9시경(the office of none)을 했으며, 곧바로 휴식과 오침(siesta)이 이어졌다. 휴식이 끝나면 오후 1시 반부터 3시 반까지 두

날에는 사라졌다.
47 수도자들이 올리는 매일의 기도는 여러 개의 기도 "시간"들로 구성되어 있다. 독서 기도(matins), 아침 기도(lauds), 제1시경(prime), 제3시경(terce), 제6시경(sext), 제9시경(none), 저녁 기도(vespers), 끝 기도(compline) 등이다. 여기서 사용되는 "시간"은 60분 단위의 일반적인 시간 개념과는 다르다. 제1시경, 제3시경, 제6시경, 제9시경과 끝 기도는 약 10분, 아침 기도와 저녁 기도는 약 30분 간 이뤄지며, 독서 기도는 이보다 약간 더 오래 진행된다.

시간 동안 오후 노동을 했다. 오후 4시 반에는 저녁 기도(vespers)를 바치고 이어서 짧은 묵상을 했다. 5시 반에는 아주 간단한 저녁 식사(collation)가 주어졌다. 5시 40분부터는 독서나 공부 또는 개인 기도 시간을 가졌으며, 6시 10분에는 하루의 마감 임무인 끝 기도(compline)를 바쳤다. 성모 찬송가(Salve Regina)를 부르면서 끝 기도를 마치면 수도원장의 강복(축복)을 받고 7시에 처소로 돌아가 잠자리에 들었다.

트라피스트 수도원의 일과는 이처럼 수도자들이 온종일 자신들을 부르는 하나님께로 끊임없이 돌아가면서 그분을 찾는 것이다. 처음에 머튼은 이런 일과로 구성된 겟세마니 수도원의 생활이 매우 만족스럽고 기뻤다. 하지만 시간이 흐르면서 겟세마니에서는 자신이 바라는 관상의 삶을 사는 것이 어렵겠다고 느끼고 다른 수도회로 옮겨갈 것을 고려하기도 했다. 그가 경험한 겟세마니의 어려움은 무엇이었으며, 왜 그는 트라피스트 수도회를 떠나 다른 수도회를 찾고자 했을까?

머튼이 보기에 시토회의 수도원은 순수한 관상가가 배출되기 어려운 환경이었다. 수도원의 생활이 지나치게 활동적이었기 때문이다. 전례와 정해진 기도 시간 외에도 수도원 안에서 해야 할 활동이 많았으며 감당해야 할 일도 너무 많았다. 일과 자체에 문제가 있다기보다는 그 일과에 따라 살아가야 했던 수도원의 환경이 지나치게 활동 중심적이었다. 모든 것이 순수한 관상을 지향하도록 구성되어야 하는데, 겟세마니 수도원에서는 하나님의 사랑을 위해 노동하고 고난을 당하며 숙고하고 구체적으로 희생하는 것이 관상이라고 여기는 것 같았다. 그래서 수도원의 구조와 환경이 관상이 아니라 필연적으로 활동으로 귀결될 수밖에 없다는 판단을 내린 것이다.

머튼은 이런 수도원의 모습이 겟세마니 수도원뿐만 아니라 당시 트라피스트 수도회 전체의 태도라고 생각했다. 실제로 그것은 "활동적 관상"이라는 이름으로 통용되고 있었다. 머튼은 겟세마니의 이런 수도 생활을 표현하는 데 "활동적"이라는 말은 적절하지만 과연 거기에 "관상"이라는 단어를 붙일 수 있는가에 대해서는 의문을 가졌다. 그는 겟세마니 수도원 안에서 과연 관상적인 삶이 가능할지, 겟세마니의 수도 생활이 진실로 완전한 관상을 지향하는 삶인지를 질문하기 시작했다.[48] 결국 머튼은 수도원의 일과를 감당하면서도 진정한 관상 생활을 위해서는 충분한 자유와 침묵의 공간이 반드시 필요함을 깨달았다. 자유와 침묵의 공간을 확보하기 위한 머튼의 싸움은 그의 수도원 여정의 거의 마지막까지 계속되었다. 머튼은 그가 갑작스러운 죽음을 맞이했던 아시아 여행 중에도 관상 생활에서 필요한 공간의 의미를 설명했다.

관상 생활은 반드시 자유와 침묵의 공간을 제공해야 한다. 이 공간 안에서 가능성들이 표출되고 일상적인 선택을 넘어서는 새로운 선택이 드러난다. 이런 공간은 시간에 대한 새로운 체험을 창조해야 하며 스스로 존재 가치를 일으켜야 한다. 여기서 새로운 체험이란 잠정적이거나 그저 고요한 시간에 대한 체험이 아니라 순수한 시간(temps vierge)의 체험이다. 관상 생활이 제공하는 공간은 채워져야 하는 빈 공백이 아니고, 정복되거나 침해받지 않아서 손상되지 않은 공간이 아니며, 공간 자체의 잠재력과 희망을 즐길 수 있는 그런 공간이다. 순수한 시간이란 인간의 고유한 시간이다. 그러나 인간의 자아(ego)와

---

48   Thomas Merton, 정진석 역, 『칠층산』, 786-87.

그 자아의 요구에 지배받지 않는 연민의 시간이다. 그래서 다른 사람들에게 열려 있으며, 공동의 착각과 비판을 이해하는 마음속에 뿌리박혀 있다.[49]

머튼은 수도원에 들어간 지 한 달 만에 자신이 실천해야 하는 "복잡하고 억지스러운 묵상"(complex and absurd system of meditation)이 주는 어려움을 토로했다. 이는 이성과 기억 및 의지를 동원한 추리적인 묵상으로써 머튼이 수도원에 들어갈 때 기대했던 관상과는 상당히 다른 것이었다. 윌리엄 섀넌은 이 시기에 머튼이 기대했던 관상은 "침묵과 고독, 그리고 말을 사용하지 않는 것(wordlessness)"이었다고 본다.[50] 반면 겟세마니에서 처음에 안내해준 관상은 이와 달리 "무언가를 실천하며 하나님에 대해 추리하고 그분을 사랑하기 위해 희생을 바치는" 능동적인 노력이 강조되었다. 말을 사용하지 않는 순수 관상은 이곳에서 거의 찾아볼 수 없었다.

자연과 노동

머튼이 들어간 봉쇄 수도원은 미국 켄터키주의 애팔래치아 산맥에 위치해 있어 계곡과 경사진 땅 및 숲이 어우러져 있었다. 그는 입회 전 성 주간 피정을 위해 겟세마니 수도원을 처음 방문했을 때 자신이 보고 경험했던 수

---

49 Thomas Merton, Ed. by Naomi Burton, Patrick Hart, O.C.S.O., James Laughlim, and Amiya Chakravarty, *Asian Journal* (New York: New Directions, 1973), 117.

50 William Shannon, 오방식 역, 『고요한 등불』, 239.

도원 전경에 대해 이렇게 쓴다.

미학적으로도 이곳은 내가 지금까지 보았던 어느 곳보다 아름답다. 아무튼 분
명한 것은 이곳이 미국에서 가장 아름다운 곳이라는 사실이다. 나는 이 수도
원의 정경과 같은 곳을 본 적이 없다. 매우 넓은 계곡, 오르막과 내리막이 있
는 땅, 숲, 삼나무, 짙푸른 밭, 아직 여물지 않은 밀밭, 축사를 겸한 헛간, 포도
원, 드넓은 밭 가운데 성 요셉 상이 있는 언덕에서 울려 퍼지는 종소리.

중세풍의 모자를 쓴 트라피스트 형제들이 집에서 만든 다리에 붕대를 감
은 모양의 장화를 신고 포도원을 가로질러 걸어온다. 종탑에서 종소리가 울
린다.

내가 성 보나벤투라 대학에서 그토록 기다리던 도약이 여기 있다. 나는
그 도약을 보지 못했다. 내가 그 도약의 힘을 가지고 있다고 주장하는 것이 무
섭고, 도약에 표제 행위를 끌어내 마치 내가 모든 것을 가진 듯 부동산으로 만
드는 것이 두렵다. 또한 그것을 축제처럼 탐닉하고 내 파티인 것처럼 여기며
이내 잃어버리는 것이 두렵다.

오늘 아침 대미사는 8시 30분에 수도원장이 집전했다. 미사가 끝난 후
나는 숙소 담벼락을 따라 정원으로 난 길을 걸어 과실 나무 밑으로 갔다. 태양
은 뜨거웠고, 로마에서보다 더 큰 아름다움을 맛보았다. 나는 이곳에서 자주
로마를 생각한다.[51]

머튼은 겟세마니를 입체적으로 경험했다. 그에게 겟세마니는 미학적으로

---

[51] Thomas Merton, 류해욱 역, 『토머스 머튼의 시간』(서울: 바오로딸, 2010), 77-78.

미국에서 가장 아름다운 장소였다. 머튼이 수도원 숲속을 혼자 거닐 때면 에덴동산의 평화가 느껴지기까지 했다. 그가 느낀 아름다움은 단지 심미적인 수준에 그치는 것이 아니었다.

머튼은 보나벤투라에 머무는 내내 무엇인가를 찾았지만 끝내 찾지 못했는데, 놀랍게도 겟세마니에 피정을 와서 그것을 발견하게 되었다. 머튼은 자신이 겟세마니에서 발견한 것이 무엇인지 정확히 밝히지 않지만, 나는 그게 무엇인지 충분히 짐작할 수 있을 것 같다. 머튼이 보나벤투라로 돌아가서 미래의 방향을 놓고 기도할 때, 앞에서 보았듯이 그는 앞으로 어디로 가야 하는지를 정확히 알지 못했다. 그럼에도 분명한 것은 보나벤투라를 떠나야겠다는 것이었다. 머튼에게 보나벤투라는 더 이상 머물 장소가 아니었다. 왜냐하면 그곳에서의 삶은 이렇다 할 십자가도 없고 자기 포기가 전혀 없는 삶으로 여겨졌기 때문이었다.

그런데 놀랍게도 그는 성 주간에 겟세마니 수도원에서 피정을 하면서 그리스도께서 자기 십자가를 지셨듯이 자기도 십자가를 지는 것이 하나님이 자신에게 원하시는 삶이라는 깨달음을 얻게 되었다. 머튼은 거룩한 전례와 자기를 완전히 포기한 수도자들을 보며 이렇게 느꼈을뿐더러, 무엇보다도 겟세마니 자연의 아름다움을 보며 즉각적으로 그런 깨달음을 얻게 되었다고 말한다. 머튼은 당장 그 깨달음을 완전히 자기 것으로 소유하게 되었다고 말할 수는 없지만 겟세마니 수도원의 아름다움이 그 깨달음에 이르게 했다는 사실을 강조하고 있다.

겟세마니는 머튼에게 아름다움뿐만 아니라 거의 누미노제라고 말할 수 있을 정도의 종교적인 거룩함을 느끼게 해주었다. 이런 경험을 통해 머튼은 겟세마니가 이 세상 안에서 어떤 의미를 지닌 곳이라는 선명한 깨달음을 갖게 되었다.

> 이곳은 미국의 중심이다. 무엇이 이 나라를 지탱하고 있으며 우주가 산산조각
> 나지 않고 제대로 돌아가게 하는지 의문이 든다. 이유를 단 한 가지만 꼽으라
> 면 바로 이 수도원 때문일 것이다.…이곳은 유일하고 진정한 미국 도시다. 광
> 야 안의 도시. 이곳은 온 나라를 돌아가게 하는 중심축이다. 워싱턴은 허상이
> 고 석고며 소음을 생산해내는 기계요, 광기로 가득 찬 도시다. 이 나라는 이곳
> 겟세마니 수도원을 빼고는 수도도 중심도 어떤 구심점도 없다. 겟세마니 수도
> 원은 믿음이 없는 사람들과도 더불어 살아갈 기틀을 마련해주는 믿음의 근저
> 로서 이 나라를 지지한다[52]

몇 달 후 입회를 위해 수도원에 들어온 머튼은 정식으로 수도원 공동체 식
구로 받아들여진 날, 수도원 밖 계곡과 숲을 내다보며 자신에게 말했다.
"나의 안식처, 내가 택하였으니 여기서 영원히 거하리라."[53] 머튼은 겟세마
니 수도원에서 계곡과 숲을 거닐며 "침묵 가운데 하나님을 묵상하고, 전례
기도로 하나님을 찬미하며, 가난과 고독 속에서 단순한 노동과 종교적 연
구와 종교적 수련을 하면서 자신을 온전히 하나님께 봉헌하는 생활"[54]을
시작했다. 그는 겟세마니에서의 전례와 공동생활뿐만 아니라 그곳의 침묵

---

52 Ibid., 74-75. "여기는 미국의 모든 생명력의 핵심으로서 미국이 뭉칠 수 있는 원인이자 이
  유다. 각자 이름을 감추고 두건 달린 백색 수도복을 입고 가대석에 서 있는 수도자들이 이
  나라를 위해 어떤 군대나 의회 또는 대통령도 할 수 없는 일을 하고 있다. 이 수도자들이 이
  나라를 위해 하나님의 은총과 보호와 우정을 벌어들이고 있다"(『칠층산』, 663-64).

53 Ibid., 778.

54 Thomas Merton, 오무수 역, 『침묵 속에 하나님을 찾는 사람들』(왜관: 분도출판사, 1983),
  20.

과 자연을 좋아했다.

머튼은 어린 시절부터 자연을 사랑했으며 사물을 주의 깊게 바라보는 태도를 갖고 있었다. 『칠층산』에서 그는 어린 시절에 본 자연과 환경 속에서 경험한 바를 놀라울 정도로 생생하고 섬세하게 묘사한다. 여섯 살 때 어머니가 돌아가시던 날의 날씨와 하늘 및 당시 병원 건물의 분위기와 주변 가스 공장의 느글거리는 냄새를 수십 년이 지난 후에도 마치 엊그제의 경험처럼 말하고 있다. 또한 열 살 때 잠깐 살았던 프랑스 생탕토넁의 모습뿐만 아니라 분위기도 마치 지금 그곳의 정경을 내려다보면서 말하고 있는 것처럼 생생하게 그려낸다. 오캄 학교 시절 브룩 힐 위에 올라 홀로 지켜본 넓은 계곡의 모습과 빛과 하늘의 변화도 상세히 풀어낸다.

자연에 대한 머튼의 사랑은 수도 성소에도 영향을 미쳤다.[55] 머튼이 맨 처음에 프란치스코 수도회에 매력을 느꼈던 이유 중 하나는 성 프란치스코의 자연에 대한 애정 때문이었다. 머튼은 컬럼비아 대학교 재학 시절 다니엘 월쉬 교수를 통해 프란치스코 수도회 계열의 중세 신학자 보나벤투라와 둔스 스코투스를 만났다. 두 사상가는 머튼으로 하여금 창조세계의 숨겨진 완전성을 이해하는 데 필요한 틀을 제공해주었다. 창조세계의 숨겨진 완전성에 대한 관심은 홉킨스[56]를 만나게 해주었고, 머튼은 석사 논문으

---

55 *The Thomas Merton Encyclopedia*, 319.

56 머튼은 홉킨스의 글에서 발견한 "*inscape*"(心想)'라는 단어에 이끌렸다. "심상"으로 번역되는 홉킨스의 "인스케이프"는 특정 풍경이나 자연 구조의 특정 고유성을 의미하는 용어다. 홉킨스는 기질적으로 프란체스칸으로서 둔스 스코투스의 영향을 받았다. 머튼은 피조물에 대해 말하면서 홉킨스의 스타일을 보여준다. 그는 모든 보이는 만물 속에서 "보이지 않는 풍요로움, 희미한 빛, 온화한 무명(無名), 숨겨진 전체"를 본다(Thomas Merton, *The Collected Poems of Thomas Merton*, Ed. William Davis [New York: New Directions, 1977], 363).

로 "윌리엄 블레이크의 자연과 예술"에 관해 썼다.

머튼은 시토 수도회에 입회할 것인가를 놓고 고민하면서 자연 세계로부터 단절되어야 하는지를 심각하게 고심한다. "하나님의 피조물인 자연을 사랑해야 할 필요성에 대해 나 자신에게 다소 어리석은 말을 항상 해야 했다. 그것에 대한 유일한 답은 이렇다. 트라피스트 수련 안에 내가 그때 의도했던 방식으로나 지금 내가 하는 대로 당신이 자연을 사랑하기를 금할 어떤 이유도 없다."[57] 고민 끝에 머튼은 자연을 사랑하기를 금할 어떤 이유도 없다는 결론을 내린다. 그는 마음으로는 자연을 사랑했으나 자연을 대상으로 바라보는 당시 태도에 영향을 받은 자연에 대한 추상적인 생각으로 인해, 자연으로부터 단절되어야 순수 관상을 지향하는 진정한 수도자가 될 수 있다는 마음을 품게 됨으로써 주저하게 된 것이었다.

당시 머튼은 수도원과 세속, 자연과 초자연을 예리하게 구분하는 이분법적인 사고의 틀을 가지고 있었다. 그래서 회심부터 수도원 초기 끝 무렵인 1940년대 후반까지, 그는 자연을 사랑했음에도 불구하고 그것을 하나님께 나아가는 디딤돌 정도로 이해했다. 수도원 생활 초기에는 자연 안에서 활동하시는 하나님에 대한 충분한 인식이나 하나님 안에 있는 자연에 관한 인식을 갖지 못하고, 자연 그 자체를 사랑하기보다 피조물이 하나님을 사랑하도록 돕는 한에서만 자연을 수용했다. 즉 자연을 하나님을 사랑하도록 돕는 도움으로만 인식했던 것이다.

하지만 수도원에서의 고독과 침묵이 깊어지면서 머튼은 자연에 대한 이해와 사랑도 함께 깊어지는 것을 경험하게 되었다. 이는 머튼이 가지고

---

57 Thomas Merton, *Run to the Mountain*, 399.

있던 자연에 대한 인식을 훨씬 넘어서는 것이었다. 머튼은 수도원 전례와 개인 기도뿐만이 아니라 자연을 통해 놀라운 고독, 자신이 어떤 존재인지를 제대로 깨닫는 가난, 하나님의 순수함을 드러내는 메아리로서의 자신에 대한 경험을 하게 되었다. "놀라운 고요! 숲의 향기와 맑은 시냇물과 더불어 침범되지 않는 완벽한 고독"을 경험하였다.[58]

머튼은 수도 생활 중 숲속에서 홀로 시간을 보낼수록 자연이 수도 생활에 얼마나 필요한지를 깨닫게 된다. "수도자로서 들에서 하는 일이 얼마나 필요한가. 때로는 비를 맞으면서, 때로는 뙤약볕에서, 때로는 진흙 속에서, 때로는 강풍 속에서도." 머튼은 심지어 들일을 할 때 접하는 비와 햇볕과 흙과 바람이 우리의 영적 지도가이자 수련장이 된다고 말한다.[59] 하늘과 새와 나무와 바람, 자연 안에 있는 모든 것이 그의 기도가 되었으며,[60] 마침내 그는 자연을 통해 관상하는 법을 배웠다.[61]

머튼은 수도원의 분주한 분위기와 과도한 활동에 관해서는 비판을 가했지만, 자연과 함께 하는 시간이나 노동 그 자체에 대해서는 항상 긍정적으로 말했다. 머튼은 시토 수도회의 순명이란 자연 속에서 침묵을 열망하는 것이라고 말한다. "수도자는 그들의 집을 발견했을 때 거기에 정착할

---

58 Thomas Merton, 오지영 역, 『요나의 표징』, 307-10.

59 Ibid., 486; Thomas Merton, 류해욱 역, 『토머스 머튼의 시간』, 148.

60 머튼은 수도자로서 자신이 손을 대는 모든 것이 기도로 변하는 침묵과 가난 및 고독을 추구한다. 이런 침묵과 고독 속에서는 하늘과 땅과 그 안에 존재하는 모든 것이 기도로 변한다. 그래서 머튼은 노래한다. "하늘도 나의 기도요, 새들도 나의 기도요, 나무들 사이로 부는 바람도 나의 기도다"(Thomas Merton, *Thoughts in Solitude* [New York: Farrar, Straus & Cudahy, 1958], 94). 더 나아가 그는 동틀 무렵에 비할 데 없는 아름다움과 평화를 느끼며 "개똥벌레들과 함께 묵상을 한다."

61 Thomas Merton, 오지영 역, 『요나의 표징』, 486.

뿐만 아니라 그들의 숲과 사랑에 빠지고 그곳에 그들의 뿌리를 내린다. 숲, 들, 해, 바람, 하늘, 지구와 물은 수도자로 하여금 주위에 있는 모든 것들이 자라나는 사물인 것처럼 자신도 여기서 자라나야 할 것임을 상기시킨다."[62] 성숙한 머튼에게 자연은 하나님의 내재를 드러냈다.

> 세상은 하나님이 손수 내려와서 임께서 당신을 위해 세상을 돌보도록 보내신 영혼들과 다정하게 살기 위해 성전으로, 낙원으로 창조되었다.…이 아름다운 창세기의 요지는 하나님께서 세상 그 안에서 손수 기쁨을 얻을 정원으로 세상을 지으셨다는 것이다. 임은 세상을 만들고 사람에게 피조물에 대한 임 자신의 거룩한 보살핌을 나눠 행하도록 하였다. 임은 사람을 자신의 형상대로 지어, 예술가로서, 노동자로서, 도구적 인간으로서, 낙원의 정원사로 삼았다.…하나님의 사랑이 사물을 굽어보며 그들을 존재로 있게 했다.…하나님께서 당신의 로고스로서 사물을 보심으로써 그것들을 창조하신다.[63]

머튼에게 하나님이 창조하신 세상은 그분이 당신의 신성을 드러내는 곳으로서,[64] 그는 "숲속에 들어오면 신약성경이 보인다"[65]고 고백한다. 머튼은 자신이 자연과의 공동체를 이루어 자연과 교통하고 궁극적으로는 하나님과 교통하도록 부르심을 받았음을 자각했다.[66]

---

62 Thomas Merton, *The Waters of Siloe* (New York: Harcourt, Brace, 1949), 273-74.

63 Thomas Merton, *New Seeds of Contemplation* (New York: New Directions, 1961), 39-40.

64 Ibid., 290-97.

65 Thomas Merton, *Day of a Stranger*, Ed. with Intro. Robert E. Daggy. Salt Lake City (UT: Gibbs M. Smith/ A Peregrine Smith, 1981), 41.

66 머튼은 수도원 생활 후반부에 수사들의 영성 형성에 관한 책임을 맡으면서 수련의 중요한 부분으로 자연 묵상을 도입한다. 그는 일부 영성 신학자들이 자연 관상을 무시하는 경향을

머튼은 1941년에 겟세마니 수도원에서 피정을 하면서 트라피스트 수도자들에게 "일"의 의미가 무엇인지에 대해 묵상한 내용을 일기에 기록한다. 이는 머튼이 수도 성소를 깨닫기 전에 일에 관해 가졌던 생각이다. 동시에 이것은 머튼이 수도원에서 주어지는 노동에 대해 어떤 마음과 생각을 가지고 그곳에 들어왔고 어떻게 그곳에서의 삶을 시작하였는지를 보여준다.

일은 고행과 놀이의 혼합이다. 아무리 힘든 일이라고 해도 놀이의 한 형태다. 심지어 가장 큰 고행도 놀이다. 전례도 마찬가지다. 트라피스트 회원들은 자신의 영혼을 구원하는 데 일을 이용한다. 어린아이처럼 보잘것없는 존재가 되기 위해 우리도 그들처럼 놀아야 한다. 필요에 따라 일하는 것이 아니라 사랑으로 자유롭게 일해야 한다.

트라피스트 회원들의 숙달된 엄격함의 이면에는 필요에서 벗어난 형이상학적인 자유가 존재한다. 존재적으로 말하자면 일 또한 일종의 놀이다. 일을 놀이로 여기는 결과는 간접적이지만 수도자들의 영혼을 구하고 수도원을 지상낙원으로 만든다. 그 결과로 형성된 완전한 공동체가 놀라운 농장을 만들고 아름다운 정원을 가꾸며 근사한 경당과 숲, 세상에서 가장 깨끗한 손님들의 거처, 맛있는 빵, 치즈, 버터를 만들어낸다. 이 모든 것이 조화를 이룸으로

보여왔다고 지적한다. "중세에는 서방과 동방 모두 수덕적인 삶으로부터 형태 없는 관상으로, 자연 관상을 통과하지 않고 곧장 진행하는 경향이 있었다. 자연 관상에 대한 무시가 그리스도교 영성의 발전에 큰 해를 낳았다"(Thomas Merton, *An Introduction to Christian Mysticism*, Ed. with an Intro. Patrick F. O'Connel [Kalamazoo, MI: Cistercian Publications, 2008], 137). 또한 머튼은 1963년 1월 레이첼 카슨의 『봄의 침묵』에 화답하면서부터 생태 윤리에 관심을 갖고 관상가의 입장에서 생태 문제를 제기하기 시작했다.

써 이 수도원을 이 나라에 존재하는 어떤 정치적, 종교적 공동체보다 탁월한 공동체로 만드는 것이다.[67]

『칠층산』은 수도원 생활 초기에 머튼이 했던 노동뿐만 아니라 그가 어떤 마음으로 그 일들을 해냈는지를 보여준다. 갓 입회한 수련 수사들은 노동을 힘들어 했지만 머튼은 항상 기쁨으로 일했다. 문학도이자 대학교수로 살아온 머튼은 육체노동이 익숙한 사람이 아니었다. 그러나 그가 트라피스트 수도자로서 다른 수도자들보다 더 큰 어려움을 겪기보다 오히려 더 즐겁게 주어지는 육체노동을 감당해낸 것을 보면, 새삼 놀라움을 느끼게 된다. 이것은 우리가 수행을 할 때 느낄법한 육체적이거나 정신적인 어려움의 정도가 문제의 중심이 아니라, 그것에 임하는 마음이 더 중요하다는 사실을 말해주는 것 같다. 수련 수사가 된 머튼은 무엇을 하든지 그 일을 사랑과 감사로 행했기 때문에 일에 어려움을 느끼기보다 흘러넘치는 기쁨을 경험했다.

씨를 뿌린 후에 가꾸고 수확하는 수도원의 일은 쉬지 않고 이어지는 강도 높은 노동이었다. 부활절 시기가 되면 완두콩과 강낭콩을 심었고, 그 일이 끝나면 콩을 따야 했다. 5월에 자주개자리 첫물을 수확하면서부터는 매일 오전과 오후 두 차례씩 밭에서 건초를 만들었다. 건초 제작은 수도원의 노동 중 가장 고된 일이었다. 6월의 태양 아래서 진흙 고랑을 태울 때가 되면 시토회 회원에게 참된 고행의 계절이 시작된다. 나무 그늘 아래 몸을 전혀 움직이지 않고 앉아 있어도 몸에 걸친 모든 것이 땀에 흠뻑 젖었다.

---

67 Thomas Merton, 류해욱 역, 『토머스 머튼의 시간』, 76.

수천 마리의 귀뚜라미 소리로 수도원 전체가 시끄럽게 울렸으며, 가대에서 찬송하는 동안에도 파리들이 이마나 뺨 또는 눈 속까지 기어 다녔다. 그러나 머튼에게는 이때가 시련이 아닌 위로의 계절처럼 보였다. 봉쇄 구역 마당에는 울긋불긋한 갖가지 꽃들이 모자이크를 만드는 것 같았고, 수도원 안에는 성령강림 대축일, 그리스도의 성체 성혈 대축일, 예수 성심 대축일, 성 요한 세례자 탄생 대축일, 성 베드로와 성 바울 사도 대축일 등 기쁨에 넘치는 축일로 가득했다.

수련자들은 다른 때도 세상으로 돌아가는 일이 많았지만, 특히 여름을 견디지 못하고 많이 떠나갔다. 그러나 머튼은 달랐다. 그는 수도원을 떠나고 싶은 마음이 전혀 없었다. 머튼도 더위가 힘들었지만 견디기 힘들 정도로 뜨거운 한여름에 땀을 흘리면서 일을 하고 나면 하나님을 위해 자신이 무엇인가를 하고 있다는 기쁨이 느껴졌다.[68] 고된 생활들은 머튼에게 내면의 평화를 보상으로 주었다.[69] 하루 일을 끝내고 수도원으로 돌아올 때면 머튼의 마음은 기쁨과 평화와 찬미로 가득했다. 수도원 생활은 정해진 규칙에 따라 움직였고, 그 안에서 머튼은 더욱 하나님을 발견해갔다.

68　Thomas Merton, 정진석 역, 『칠층산』, 791-92.

69　Thomas Merton, 오지영 역, 『요나의 표징』, 18.

순수 관상을 향한 열망

트라피스트 수도자가 된 머튼은 순수 관상가(pure contemplative)로서의 삶을 온전히 살아가고자 하는 소망을 품었다.[70] 그는 수도원에 들어오기 직전(1941년 12월 5일) 수도원 밖에서 쓴 마지막 일기를 쓰면서 순전한 관상가가 되길 원하는 자신의 간절한 소원을 기도로 표현했다.

> 주님, 제가 얼마나 오래 당신만을 섬기고, 당신만을 갈망하며, 당신께만 속한 자가 되기 위해 기도해왔습니까? 이제 당신은 저로 하여금 온종일 큰 열망으로 반복하여 내가 당신께만 속한 자가 되고, 당신께 모든 것을 내어드리도록 기도하게 하십니다.…제 유일한 기도란 제가 모든 것을 포기하고 오로지 하나님께 속하기를 간청하는 것입니다.[71]

수도원에 들어온 머튼은 첫 성탄절 자정 미사를 앞두고 순수 관상을 위한 열망을 아래와 같이 간절한 기도로 표현했다.

70　『명상이란 무엇인가』에서 머튼은 내적 삶에 관해 이야기하면서 기독교 신앙을 실천하는 그리스도인들을 세 종류로 구분한다. 그들은 "피상적인 그리스도인들"(surface Christians), "유사/버금 관상가들"(quasi-contemplatives), "순수 관상가들"(pure contemplatives)로 나뉜다. 피상적인 그리스도인들은 하나님을 주인(master)으로 경외하나 그 마음이 하나님이 아닌 자신들의 야망과 관심 및 위안에 속해 있는 자들이다. 그들은 전혀 관상적이지 않은 삶을 살고, 하나님의 현존을 구하지도 않으며, 삶에서 하나님과의 연합의 기쁨을 전혀 맛보지도 못한다. 그들의 내적 삶은 "고작 판에 박힌 듯 습관적으로 베푸는 동정, 의무적인 일로 행해지는 종교 예식, 미사 참례와 같은 외적으로 드러나는 일을 하는데 한정되어 있다"(Thomas Merton, *What Is Contemplation* (Springfield: Templegate Pub, 2007) 12).

71　Thomas Merton, Ed. By Patrick Hart, *Run to the Mountains*, 470-71.

주님,

한밤중이 가까운 이때 저는 어둠과 거대한 침묵 속에서

당신을 기다리고 있습니다.

제가 지은 모든 죄에 대해 가슴 아파합니다.

저로 하여금 저 자신의 등불을 켜지 않고 어둠 속에 앉아 있는 것 외에는,

그리고 당신을 기다리는 이 밤의 텅 빈 어둠을

저의 갖가지 생각으로 채우지 않는 것 외에는

아무것도 요구하지 않게 하소서.

순수한 믿음이라는 감미로운 어둠 속에 남아 있기 위해서 저로 하여금

약하고 희미한 감각의 빛에 비교해서 아무것도 아닌 존재가 되게 하소서.

저로 하여금 세상에 대해 전혀 모르게 해주소서.

그리하여 이 어둠을 통해 제가 마침내

당신의 밝음에 도달할 수 있게 해주소서.

제가 세상에서 하찮은 존재가 됨으로써

당신의 평화와 영광 속에 담겨 있는 무한한 의미를 깨달을 수 있게 해주소서.

당신의 밝음은 저의 어둠입니다.

저는 당신에 대해 아무것도 모르고, 저 혼자서는 당신을 알기 위해

어떻게 시작해야 할지 상상조차 할 수 없습니다.

만약 제가 당신을 상상한다면, 저는 잘못하는 것입니다.

만약 제가 당신을 이해한다면, 저는 망상에 사로잡힌 것입니다.

제가 당신을 안다고 의식하고 확신한다면, 저는 미친 것입니다.

저는 어둠만으로도 족합니다.[72]

머튼은 순수 관상에 대한 자신의 열망을 시로 표현하기도 했다.

> 오, 불타오르는 성스러운 마음을 가지신 주님,
>
> 이 황야에 볼 수도 없고 상상할 수도 없는
>
> 당신, 당신만이 실재하며,
>
> 이곳에서 저는 당신을 찾아냈습니다.
>
> 이곳에서 저는 죽어서 말을 못 할지라도
>
> 당신을 사랑하고 찬미할 것입니다.
>
> 봉헌된 저의 흰 뼈들이
>
> 오랜 세월
>
> 이곳 사하라 사막의 바람에 바래고 빈들거리다가
>
> 당신의 명령에 되살아나서
>
> 일어나 영원한 봄의 꽃들을 피울 때까지[73]

머튼이 수도원 생활 초기에 생각했던 순수 관상가는 "세상"을 완전히 떠나 "사막"에 거하며 오로지 하나님만을 찾고 구하는 사람이었다. 수도자는 고독과 침묵의 삶을 살면서 하나님이 원하지 않는 자기 안의 것들을 완전히 비워내고 그 비워진 공간을 그분의 현존으로 채우길 원하는 자들이다.

---

72 Thomas Merton, 장은영 역, 『침묵 속에 만남』(서울: 성바오로출판사, 2002), 5.

73 "Sacred Heart 2," Thomas Merton, *The Collected Poems of Thomas Merton*, 24.

트라피스트 수도자로서 순수 관상의 삶을 살고자 수도원에 들어간 머튼은 처음에는 모든 것에 감사하며 기쁨으로 수도 생활에 전념했다. 머튼은 『칠층산』을 쓰면서 수도원에 갓 들어와 수련원에 있을 때를 회고한다. "나는 수련원에 있는 동안 수도원을 떠나고 싶다는 유혹을 받은 적이 없었다. 사실 수도원에 입회한 이래 세속에 돌아가고 싶은 생각은 조금도 하지 않았다."[74] 이 고백은 머튼이 얼마나 순수하고 강렬한 열망으로 수도원 생활을 시작했는지를 보여준다. "나"는 다 사라지고 "내" 안에 오직 그리스도 한 분만 사는 것이 머튼의 유일한 소망이었다. "만일 하나님이 허락하신다면, 나는 나 자신을 위해 오직 하나의 열망만 소유할 것이다. 고독에 대한 열망. 하나님 안에 사라지고, 그분의 평화 속에 잠기며, 그분의 내밀한 모습 속에서 내가 없어지기를 원한다."[75] 이는 다른 말로 관상 생활이라고 표현할 수 있는데, 머튼은 자신이 창조된 유일한 이유가 바로 이 관상이라는 무한한 선물을 누리기 위함이라고 확신했다.[76]

글쓰기, 관상의 걸림돌

머튼이 수도원에 들어가 정식으로 입회가 허락되기 전 아직 방문객 숙소에 머물면서 수도원장과의 면담을 기다리고 있을 때, 객실 담당인 요아킴

---

74 Thomas Merton, 정진석 역, 『칠층산』, 775.

75 Thomas Merton, *The Intimate Merton* (San Francisco: HarperOne, 2001), 47.

76 토머스 머튼, 『명상의 씨』, 146.

신부가 그에게 마루 왁스칠을 더 시키기 위해 들어왔다. 머튼은 요아킴 신부가 방으로 들어오자 로버트 랙스와 마크 반 도렌 교수에게 작별 인사로 써둔 시를 방금 베꼈다고 말했다. 머튼의 말을 들은 요아킴 신부는 손으로 입을 가리고 웃으며 시를 썼냐고 놀라워했다. 바실 페닝턴은 수도원의 고요 가운데 보낸 처음 며칠은 머튼의 생애에서 가장 창조적인 시기 중 하나라고 말하면서, 머튼이 이 시기에 쓴 시 일부는 자기가 생각하는 머튼의 최상의 시라고 평한다.[77] 이 시기는 머튼이 세상의 모든 꿈과 열망 및 계획을 확실히 다 내려놓고 오로지 침묵 속에서 하나님만을 찾기 위해 수도원에 막 들어온 때였다. 그런데 그는 침묵과 고독에 대한 열망이 아주 뜨거운 이 시기에도 자신이 가장 좋아하는 시 쓰기를 여전히 멈추지 않고 있으며, 그것이 객실 담당 신부를 당황하게 만들었다. 우리는 여기서 명시적으로는 글쓰기를 그만두었다고 말하지만 여전히 시를 쓰고 있는 작가 머튼을 볼 수 있다.

머튼은 청원자 신분이었을 때 가끔 떠오른 시상들을 컬럼비아 시절부터 갖고 있던 옛 노트에 적곤 했다. 또한 그는 수도원에서 시를 쓰기에 가장 좋은 시간대를 발견하기도 했다. 밤 성무일도(the night office) 후 새벽 4시와 5시 반 사이에 갖는 대 침묵 휴식 시간이 바로 그때였다. 새벽 2시경에 일어나 두어 시간을 기도하고 나면 평화와 깊은 침묵과 전례에 정신이 흠뻑 젖어 들었고, 그 결과 자연스럽게 모든 심상이 가다듬어지고 꼴을 갖추어 하나의 글로 승화되어 나올 수 있었다.[78] 수련장 신부는 머튼이 시나

77   Basil Pennington, *Thomas Merton: Brother Monk: The Quest for True Freedom*, 87.

78   Thomas Merton, 정진석 역, 『칠층산』, 787-88.

감상문을 포함해 무언가를 쓰고 싶어할 때 그것을 쓰도록 승인해줄 뿐만 아니라 그렇게 하라고 적극적으로 격려해주었다. 그러나 머튼의 글쓰기가 오래 가지는 않았다.

머튼이 입회 초기에 글을 썼던 새벽 시간은 수도원 규칙대로라면 본래 성경을 읽으면서 거룩하게 지내도록 되어 있었다. 하지만 그는 그 시간에 깊은 침묵 속에서 시를 쓰곤 했다. 그렇다고 머튼이 많은 시를 쓴 것은 아니었다. 그가 몇 편의 시를 썼을 때 수련장 신부는 그 새벽 시간에는 시를 쓰지 말라고 권유했다. 머튼은 수도회 입회 초기에 성탄과 정월, 주님 봉헌 축일과 사순절 등 절기마다 한두 편씩 몇 편의 시를 쓴[79] 다음부터는 완전히 글쓰기를 멈췄다. 피터 콘츠(Peter Kountz)는 이때 수련장이 글쓰기 자체를 금한 것이 아니라 그 시간에 베네딕도 수도 규칙을 따라 묵상과 성서 연구를 하거나 특별히 시편을 읽도록 권유했는데 머튼이 자기 나름대로 그것을 글쓰기를 금하는 암시로 해석을 했다고 본다.[80] 글쓰기를 완전히 중단하고 수도원의 본래 일과에 충실하는 편이 수도자로서 옳은 일이라고 생각했던 것이다. 그렇게 머튼은 오로지 침묵 가운데 기도와 수련과 노동을 하며 하나님을 찾는 삶에만 전념했다.[81]

머튼은 순수 관상을 위해 자신이 해오던 모든 것을 내려놓았다. 심지어 수도원에 들어오기 전부터 오랫동안 애정을 가지고 해왔던 일기 쓰기마저 멈췄다. 머튼이 수도원 생활 초기에 마지막으로 일기를 쓴 날은 1942

---

79 머튼이 일기를 쓴 날짜는 다음과 같다. 1941년 12월 13일, 12월 18일, 1942년 1월 9일, 1월 25일, 2월 1일, 4월 3일.

80 Peter Kountz, *Thomas Merton as Writer and Monk: a Cultural Study, 1915-1951* (New York: Carlson Publishing Inc, 1991), 123.

81 Thomas Merton, 정진석 역, 『칠층산』, 788.

년 4월 3일 성금요일이었다. 일기라 해도 예전과 같이 하루의 삶을 반추하며 남긴 기록이라기보다 영감이 떠오를 때마다 옛 노트에 써놓은 시가 대부분이었다. 머튼은 수도회 입회와 함께 일기 쓰기를 거의 멈췄고, 이후 다시 본격적으로 일기를 쓰기 시작한 때는 수도원에 들어온 지 만 5년이 되는 1946년 12월 10일부터다. 그렇다면 머튼은 1941년 12월 수도원에 들어와서 1944년 3월 임시(유기) 서원[82]을 거쳐 1947년 3월 종신 서원을 행하기 직전까지 꽤 긴 시간동안 일기 쓰기를 멈춘 셈이다. 머튼의 내적 여정을 추적할 때 이 5년이라는 기간은 시간적으로도 길지만 무엇보다도 그가 수도자로서 형성되는 중요한 시기였다. 이 소중한 수도원 생활 초기 동안 머튼 내면의 이야기를 그의 목소리로 직접 듣지 못하는 독자의 아쉬움은 실로 클 수밖에 없다. 그러면서도 우리는 왜 머튼이 일기 쓰기를 멈추었는지 그 마음의 동기를 너무나 잘 알고 있으며, 이와 더불어 그가 그동안 매우 좋아했고 자기다움을 가장 진실하게 경험할 수 있게 해주었던 글쓰기라는 거룩한 공간마저 내려놓으면서 오로지 무엇에만 집중하려 했는지를 짐작할 수 있다. 결국 머튼은 글이 아닌 다른 언어와 존재 자체로서 자신이 무엇을 추구하는 사람인지를 보여주고 있다. 공백으로 남겨진 긴 기간의 하얀 일기장은 오히려 무언의 언어로 고독과 침묵 가운데서 오로지 주님을 끊임없이 기다리는 가운데 그분의 현존을 체험하고 영적으로 교제하며 친밀하게 알아가는 머튼의 여정을 역설적으로 외치는 것 같다.[83]

---

82 유기 서원(有期誓願, temporal vow)은 일정한 기간을 정해놓고 하는 서원이다. 수련을 마친 수련자는 유기 서원을 하게 되는데 그 방법과 기간은 수도회마다 다르지만 대개 3-4년이 걸린다. 이때 자신의 수도 성소를 재확인해보고 하나님과 약속한 기간이 만료되면 종신 서원을 하거나 자유로이 수도원을 떠날 수 있다(http://osb.or.kr/dictionary.html).

83 머튼의 문학적인 재능과 영문학 교수로서의 이력을 알고 있었던 장상들은 그가 계속 글을

머튼은 수련장 신부의 권유대로 새벽 시간에 글을 쓰는 대신 규칙에 따라 독서와 묵상을 하기 시작했고, 시간이 지남에 따라 그렇게 하는 것이 순수 관상에 훨씬 유익하다는 것을 체험으로 알게 되었다. 그는 6년 동안 축일마다 성 아우구스티누스의 시편 주해, 성 대 그레고리오의 윤리 신학, 성 암브로시오의 시편 주석, 성 티에리의 아가서 주석 및 여러 교부들이 지은 책과 성경을 읽었다. 독서를 통해 그 책들이 말하는 에덴동산을 실제로 맛보기 시작하자 머튼은 그 귀한 시간을 글을 쓰는 데 허비했던 것이 아깝게 느껴졌다. 훌륭한 책들, 시간마다 계속되는 성무일도, 전례력에 따른 축일과 시계, 씨를 뿌리고 가꾸고 거두는 여러 계절이 조화를 이루는 시토회의 삶에서 흘러나오는 기쁨으로 만족한 머튼은 글을 쓸 마음이 들지 않았고, 실제로 그럴 시간도 없었다.[84]

동생 존 폴의 죽음

1942년 6월 말 머튼은 캐나다 공군에서 복무하고 있던 동생 존 폴이 보낸 편지를 받았다. 동생은 캐나다 서부 매니토바 평원에 있는 기지에 배속되어 지난 몇 달간 장시간 비행 및 폭격 연습을 비롯한 모든 훈련을 마쳤고

쓰도록 장려했다. 하지만 순수 관상의 삶을 추구하기 위해 수도회에 입회한 머튼은 수도원 생활 가운데 진정한 관상을 맛보게 되면서 글쓰기를 완전히 단념하고 온전히 하나님의 현존에만 머무르는 관상 생활에 더욱 매진하고자 했다.

84 Ibid., 789.

곧 하사관이 되어 해외로 파병될 것인데 그전에 겟세마니를 꼭 방문하겠다는 소식을 보내왔다.[85] 언제 올지 정확한 날짜는 밝히지 않았다. 머튼은 원장 신부로부터 존 폴이 왔다는 소식을 전해 듣기만을 날마다 기다렸다.

7월 17일 오후에 수도원 울타리 안 순무밭에서 김을 매고 있던 머튼은 수도원으로 어서 들어오라는 신호를 받았다. 그는 서둘러 작업복을 갈아입고 원장 신부의 방으로 갔다. 원장은 동생이 찾아왔으니 만나보라고 일러주었다. 알렉산더 수사와 함께 들어온 존 폴은 예전보다 훨씬 더 건강해 보였고 본래 넓은 어깨가 더 벌어져 있었다.

사진 43. 존 폴 머튼

머튼은 동생과 단둘이 있게 되자 다짜고짜 세례를 받을 마음이 있는지를 묻고 동생의 긍정적인 의사를 확인했다. 머튼의 장상들은 그때까지 교리 교육을 받아 본 경험이 전혀 없는 머튼의 동생을 위해 집중적인 교육을 받고 세례를 받을 수 있는 길을 열어주었으며 읽어야 할 책들을 가져다주었다. 그중에는 『신약성서』와 토마스 아 켐피스의 『그리스도를 본받아』가 포함되어 있었다. 수련장 신부는 존 폴이 주말 피정 강론을 같이 들을 수 있도록 배려해주었다. 머튼은 『트리엔트 공의회 소교리문답』(*The Catechism of the Council of Trent*)과 골드스타인(Goldstein)이 쓴 『가톨릭 진리』(*Truth about Catholics*)를 가지고 동생에게 그리스도교 신앙의 기초 교리를 가르쳤다. 로버트 신부는 존 안토니 오브라

85   Ibid., 794-95.

이언의 『억만 인의 신앙』(Faith of Millions)을, 제임스 신부는 소화 테레사의 자서전인 『한 영혼의 이야기』(Story of a Soul)를 해석해주었다.

머튼은 나흘 동안 오전과 오후의 작업 시간을 몽땅 소비해가며 동생이 신앙을 갖는 데 유익할 만한 내용을 모두 알려주려고 했다. 그는 하나님의 존재, 우주 창조, 삼위일체의 신비와 믿음으로 성삼위께서 우리 안에 내주하심에 대해 말해주었다. 그리고 무엇보다 신앙과 은총의 삶에 관해 설명했으며, 특별히 자신이 체험을 통해 깨달은 것을 진지하게 가르쳐주었다. 머튼은 동생이 마음속에 숨어 있는 갈망 때문에 겟세마니로 왔다는 사실을 깨닫게 되었다. 그는 단지 형의 얼굴을 보기 위해서뿐만 아니라 평화와 구원과 참 행복에 대한 끝없는 갈망 때문에 이곳을 찾아온 것이 분명했다.

둘은 자연스럽게 집안 식구들, 살던 집, 특히 함께 많은 시간을 보냈던 외조부집에서의 생활, 어린 시절의 장난 같은 추억을 공유하였고 얽히고설킨 슬픈 과거와 이에 따른 모든 낭패 및 오해를 생생하게 떠올리며 이야기를 나눴다. 머튼은 동생과 이야기를 나누면서 우리의 모든 삶에 역사하시는 하나님의 은총에 대해 말해주었다. 또한 세례를 받으면 진정한 자유가 하나님의 은총으로 주어진다는 복음의 진리를 들려주었다. 머튼의 가르침을 받은 동생은 빨리 세례를 받고 싶어 했다.

마침내 7월 26일 성녀 안나 축일에 존 폴은 근처 뉴헤이븐에 있는 한 성당에서 세례를 받았다. 세례식 전날 머튼은 동생에게 미사 경본 사용법과 영성체에 참여하는 법을 가르쳐 주었다. 세례를 받은 다음 날 원장 신부가 진행하는 개인 미사 때 동생이 첫 영성체를 할 예정이었기 때문이다.

동생이 세례를 받은 다음 날 아침, 참사회를 마친 머튼은 원장 신부보다 먼저 성당으로 달려가 아무도 없는 성당 안에서 무릎을 꿇었다. 짧은 기도를 마친 머튼은 동생을 찾았다. 그런데 아무리 둘러보아도 동생은 눈에 띄지 않았다. 그때 가대석에서 뚝 떨어져 있는 신자석 끝에 동생이 제복을 입고 혼자 무릎을 꿇고 있는 것이 보였다. 까마득히 멀리 있는 것처럼 느껴졌다. 동생이 있는 신자석과 머튼이 있는 가대석 사이를 자물쇠가 걸린 문이 가로막고 있었다. 그 순간 머튼은 어린 시절 친구들과 판잣집을 지으면서 동생을 괴롭혔던 일이 떠올랐다.

> 몇십 번씩이나 동생을 돌로 쫓아버렸던 어린 시절의 추억이 스쳐 지나갔다. 지금 느닷없이 여기서 재연된 것이다. 겉으로 보아서는 똑같은 상황이었다. 존 폴은 건너올 수 없는 먼 거리에서 원망스러워하며 서글픈 모습으로 서 있었다.[86]

수련장 신부가 동생 존 폴을 머튼 가까이 데려다주었다. 미사가 시작될 무렵 머튼이 곁눈질로 보니 동생이 저쪽 장궤틀에 무릎을 꿇고 있었다. 그래서 머튼은 동생과 함께 영성체를 할 수 있었다.

다음 날 동생은 수도원을 떠났다. 머튼은 수도원 대문에서 그를 배웅했다. 차가 큰길로 진입하는 모퉁이를 돌아갈 때 동생이 뒤를 돌아보며 손을 흔들었다. 머튼과 동생은 이제 다시 세상에서 만나지 못하리라는 것을 짐작하는 듯한 표정으로 마지막 인사를 나눴다.

11월이 되자 존 폴이 영국에서 편지를 보내왔다. 그는 1930년에 조부모님과 함께 휴가를 보냈던 본머스(Bournemouth)에 처음 주둔했으며, 지

---

86   Ibid., 804.

금은 옥스퍼드셔(Oxfordshire)에 머물고 있고, 마가렛 메이 에반스(Margaret May Evans)라는 여성을 만나 곧 결혼할 예정이라는 소식을 전했다.

머튼은 1943년 성토요일에 동생으로부터 온 편지를 받았고, 부활절 월요일이 되어서야 그것을 뜯어보았다. 동생은 일주일간의 신혼여행을 마친 후 새 기지로 배치되어 실전에 투입되었다는 근황을 알려왔다. 머튼은 그날 오후 동생에게

사진 44. 머튼의 동생 존 폴의 결혼식

답장을 썼지만 그 편지는 보내지지 않았다. 왜냐하면 다음 날 동생이 4월 17일 작전 중에 실종되었다는 전보를 전달받았기 때문이었다. 머튼이 부활절 화요일에 교중 미사에 참례하기 위해 가대에 있는데 수도원장으로부터 호출이 왔다. 원장실로 가서 받은 전보의 내용은 이랬다. 4월 16일 금요일 밤, 존 폴을 포함하여 5명을 태운 폭격기가 독일 만하임을 목표로 영국 웰링턴을 이륙하여 해협을 건너가다가 북해에서 엔진 고장으로 추락하여 실종되었다는 것이다. 머튼이 전보를 받은 날은 동생이 실종된 지 열흘이나 지난 때였다. 며칠 후 동생의 사망이 확인되었다는 소식이 날아왔고, 이윽고 동생의 마지막 순간에 대한 자세한 이야기가 전해졌다.

4월 16일에 이륙한 비행기가 엔진 고장으로 추락하는 과정에서 존 폴은 목과 허리가 부러지는 중상을 입었다. 다른 동료들이 그를 간신히 비상보트에 올려놓았고 처음에는 의식이 있었다. 그는 의식이 남아 있던 대부분의 시간 동안 기도를 바쳤다. 고통이 심해짐에 따라 극도의 갈증을 느낀

존 폴은 헛소리를 하며 계속 물을 달라고 했지만, 추락 때 물탱크가 파괴되어 안타깝게도 그에게 줄 물이 단 한 방울도 남아 있지 않았다. 그는 세 시간 가량 탈수에 시달리다가 오래 버티지 못하고 고난주간 직전 토요일 이른 아침에 세상을 떠났다. 동료들은 처음 이틀 동안 구조를 기다리면서 존 폴의 시신과 함께 있었으나, 구조가 늦어지자 4월 19일에 그를 바다에 수장하였다. 다른 동료들은 갈증과 싸우며 며칠 더 표류하다가 4월 22일 성 목요일에 구조되어 생환할 수 있었다.

머튼은 동생 존 폴의 죽음을 슬퍼하며, 동생의 사망 소식을 들은 다음 날인 4월 28일에 그를 애도하는 한편의 긴 시를 썼다. 이 시는 『칠층산』의 원문을 닫는 글이 되었다.

그리운 아우야,
내가 잠이 들지 못하면
나의 눈은 너의 무덤을 덮는 꽃
내가 빵을 먹을 수 없다면
나의 단식은
네 죽은 자리의 버들가지 되어 살리라.
내 갈증은 가련한 여행자,
너를 위한 샘물이 되리라.

어디에
연기 자욱하고 황폐한 땅 어디에
네 가엾은 몸이 죽어 버려져 있느냐?

처절한 재난의 살풍경 속 어디에
너의 불행한 얼이 길 잃고 헤맸더냐?

내 노동 안에 와서 안식처를 찾으렴.
내 슬픔 속에 와서 네 머리를 누이려무나.
차라리 내 삶과 내 피를 팔아
너를 위해 폭신한 침대를 사거라.
내 숨결과 죽음을 팔아
너를 위해 영원한 안식을 사거라.

전쟁터의 모든 이가 사살되고
군대의 깃발이 먼지 속에 쓰러질 때
네 십자가와 내 십자가가
사람들에게 말하리라.
그리스도께서 너와 나를 위해
우리 각자를 위해
이 땅에서 죽으셨다고.

네 4월의 조난 속에
그리스도께서 살해되시고
내 봄의 폐허 속에
그리스도께서 슬퍼 우신다.
그 눈물의 보화가 뿌려져

벗 없어 가냘픈 네 손에 들어가

너를 네 땅으로 도로 사오리라.

그 눈물의 침묵이 뿌려져

네 낯선 무덤 위에 종을 치리라.

듣고 오너라, 그 종소리

너를 본향으로 부르고 있으니.[87]

존 폴은 이 땅의 모든 그리스도인들이 사순절을 맞아 그리스도의 수난을 묵상하며 갈보리 언덕을 향하여 나아가고 있을 때 죽었다. 머튼은 동생을 떠나보내는 아픔과 슬픔을 시로 표현했다. 그리스도께서 동생과 함께 죽고 그분이 흘린 눈물의 보화가 동생의 무덤 위에 뿌려졌으니, 이제 무덤 위에서 형이 치는 종소리를 듣고 사랑하는 동생이 그리스도와 함께 일어나 돌아오기를 소망했다.

부모와 조무보를 보내고 하나밖에 없는 혈육인 동생 존 폴마저 떠나보낸 머튼은 수도 생활에 더욱 깊이 몰입함으로써 세상과 완전히 이별하고 더 깊은 고독을 향해 나아갔다.

---

87   Ibid., 812-14.

랙스와의 만남, 다시 깨어난 작가 머튼

사진 45. 로버트 랙스

동생 존 폴이 세상을 떠난 그해에도 시간이 지나 대림절이 찾아왔다. 다음 날은 아기 예수가 탄생하신 성탄일이었다. 머튼은 크리스마스 전날 장엄 대례 미사로 집전된 성탄 셋째 미사와 3시경 기도 때 복사로 섬기고 있었다. 그는 예수님의 영원한 탄생을 찬미하며 "이번 성탄에는 나에게 무슨 말씀을 하시렵니까? 당신의 생일에 나에게 주실 선물은 무엇입니까?"[88]라고 기도하는 마음으로 미사를 바쳤다. 미사 중 평화의 인사를 나누던 전혀 예기치 않은 순간에 머튼은 로버트 랙스의 얼굴과 정면으로 마주치게 되었다. 2년이 넘도록 보지 못했던 정말 반가운 친구를 수도원 미사에서 갑자기 보게 된 것이었다. 랙스는 크리스마스를 맞아 자신이 세례를 받아 가톨릭 신자가 되었다는 소식을 머튼에게 알려주고 또 그가 수도자로서 어떻게 지내는지를 알아보기 위해 겟세마니로 찾아온 것이었다.

알고 보니 랙스가 겟세마니를 찾아오기 전 뉴욕에서는 머튼이 모르는 사이에 놀라운 일이 진행되고 있었다. 대학 시절 친구였고 나중에 머튼의 전기를 저술한 에드워드 라이스가 노스캐롤라이나 대학교에서 라디오 극본 쓰는 법을 가르치는 유대인 랙스에게 편지를 보내 뉴욕으로 올라와서

---

88 Ibid., 818-19.

세례를 받자고 권유했던 것이다. 랙스가 그 초대에 응했고 세례를 줄 예수회 신부를 찾아 파크 애비뉴에 있는 한 성당에서 세례를 받았다. 라이스는 세례 예식이 끝나자마자 랙스에게 머튼이 어떤 모습으로 변했는지 알아보자고 제안했고, 랙스 역시 켄터키에 있는 트라피스트 수도원으로 달려가서 머튼을 만나고 싶었다.[89]

랙스는 머튼에게 친구들의 소식을 전해주었다. 밥 저디도 랙스처럼 세례를 받아 가톨릭 신자가 되었으며 육군에 입대한 다음 영국에 파병되었다. 세이무어는 육군에 입대하여 인도에서 육군 사병용 신문을 편집하는 일을 맡고 있었다. 라이스는 어느 사진 잡지사에 근무하고 있으며, 집니는 결혼했고 머지않아 랙스와 함께 다른 사진 잡지사에서 근무할 예정이라고 했다. 그는 학창 시절 함께 어울렸던 남학생들뿐만 아니라 연예계와 언론계에 종사하는 여학생들에 대한 소식까지 상세하게 전해주었다.[90]

머튼은 랙스에게 그동안 모아두었던 시 원고를 주었고, 랙스는 그것을 마크 반 도렌 교수에게 전달했다. 시의 절반은 머튼이 보나벤투라 대학교에 있을 때, 나머지 절반은 수도원에 들어와서 쓴 것이었다. 머튼은 겟세마니에 들어와 수도자가 된 이후 처음으로 자신이 쓴 시들을 들여다보았다. 자신이 써 놓은 "시들을 모아놓고 고르다 보니 이미 죽어서 잊혀진 낯선 시인의 작품을 편집하는 기분"이 들었다.[91] 머튼은 랙스를 통해 함께 문학을 공부하고 글을 썼던 친구들에 대한 소식을 듣고 자신의 시 원고를 전해주면서 내면에 숨겨져 있던 작가 머튼이 다시 살아나는 것 같은 경험을 하

89   Michael Mott, *The Seven Mountains of Thomas Merton*, 222.

90   Thomas Merton, 정진석 역, 『칠층산』, 821-22.

91   Ibid., 823.

게 되었다.[92] 머튼의 원고를 받은 랙스는 지인들에게 머튼이 글쓰기를 멈추지 않았다는 기쁜 소식을 알렸다.[93]

반 도렌 교수는 랙스로부터 전해 받은 머튼의 시 원고를 뉴 디렉션스(New Directions)를 통해 1944년에 『30편 시집』(Thirty Poems)이라는 제목으로 출판했다. 이어서 1946년에는 두 번째 시집 『갈라진 바다 속의 인간』(A Man in the Divided Sea)을 내놓다. 머튼의 시는 이후 열 권의 단행본으로 공개되었으며, 사후에 종합전집(The Collected Poems)으로도 출판되었다. 머튼은 영감이 올 때 시를 썼지만, 그렇다고 글쓰기를 자신이 이루어야 할 하나님의 뜻으로 받아들인 것은 아니었다.

1944년 크리스마스에 다시 찾아온 랙스가 시를 더 쓰면 좋겠다고 말했을 때도 머튼은 아무 말도 하지 않고 마음속으로 여전히 이것은 하나님의 뜻이 아니라고 생각했다. 그런데 성 바오로 개종 축일을 맞아 원장 신부에게 지도를 받으러 간 자리에서 원장 신부는 머튼에게 "앞으로 시를 계속 쓰시오"라고 권면했다.[94] 이 말을 들은 머튼은 글쓰기가 진정으로 자신이 감당해야 할 하나님의 뜻인지를 진지하게 고민했다.

---

92   Monica Furlong, *Merton: A Biography*, 134.

93   Michael Mott, *The Seven Mountains of Thomas Merton*, 223.

94   Thomas Merton, 정진석 역, 『칠층산』, 829.

작가라는 엉큼한 그림자

머튼은 랙스를 만나 문학을 하는 친구들에 대한 소식을 듣고 과거에 써놓았던 시들을 다시 살펴보면서 다시 살아난 자신의 숨겨진 글쓰기 본능을 느꼈다. 이와 동시에 원장 신부로부터 글쓰기를 권유받은 그는 작가로서의 정체성을 심각하게 고민하게 되었다. 머튼이 랙스를 만난 것은 단순 서원(simple vow)을 하기 불과 두 달 반전인 1943년 크리스마스 이브였다. 단순 서원을 바로 앞둔 이 시점에 머튼은 자신이 오로지 고독 가운데서 하나님만을 갈망하고 찾아야만 하는 존재로서 겟세마니 수도원에서 살아가야 한다는 사실을 예리하게 인식하고 있었다.[95] 그는 이런 인식 속에서 "작가라는 그림자"를 자기에게서 완전히 떼어낸 줄로 생각하고 있었다.

그런데 그것은 죽지 않았으며 어디로 사라지지도 않았다. 머튼은 "작가"라는 그 그림자가 여전히 자기 안에 살아있음을 깨달았다. 어떤 때는 그 "작가라는 엉큼한 그림자"가 어니스트 헤밍웨이의 『노인과 바다』에 나오는 노인처럼 자신의 어깨 위에 올라탄 채로 눈앞에서 끊임없이 얼씬거렸다. "작가라는 그림자"는 심지어 기도의 문간에서 머튼을 마중하고, 성

---

95 수도자가 단순 서원을 통해 자신을 바치는 행위는 어떤 일을 위한 준비 과정이나 단순한 외적 계약이 아니다. 그것은 하나님의 부르심에 대한 응답으로 나타나는 믿음의 행위다. 수련자는 일찍이 하나님의 부르심을 알아듣고 수도원에 들어와 일정 기간 수련을 받은 후에 준비가 되었다고 판단되면 그 부르심에 대한 응답으로 자기 일생을 바치는 첫걸음인 단순 서원을 한다. 수도자에게 이 첫 서원은 기본적인 것이다. 앙드레 루프 아빠스는 수도자가 생을 마치는 순간까지 수도원에 정주하도록 해주는 종신 서원은 이 첫 서원을 갱신하는 것에 지나지 않는다고 역설하며 단순 서원의 가치를 강조한다(앙드레 루프 아빠스, 수정의 성모 트라피스트 여자 수도원 역, 『시토회가 걷는 길: 사랑의 학교』[왜관: 분도출판사, 2011], 94).

당 안에까지 따라 들어와서 머튼이 기도하는 옆에 자기도 무릎을 꿇고 앉아 줄곧 그의 귀에 대고 속삭였다. 그 그림자는 마치 기업가처럼 새로운 착상과 풍부한 아이어를 계속 토해냈고, 무한히 창조적인 관상의 암흑에 맛들어 있어야 할 침묵 중에도 엉뚱하게 책을 생산해냈다.[96] 고독 속에서 오로지 하나님만을 찾는 관상의 삶을 살아가기를 바라는 중에, 이와 상반되게 작가로서 여전히 활발하게 활동하고 있는 자신의 또 다른 모습으로 인해 머튼은 괴로워했다.

머튼은 자신이 살아야 할 이유가 오직 하나, 바로 하나님을 사랑하는 데 있다고 믿었으며, 하나님을 사랑하지 않는 삶은 불행이라고 여겼다. 그러면서도 자신의 영혼 속에서 내면의 잡다한 움직임과 음울한 그림자, 허영과 티끌, 메마름을 발견할 수 있었다. 머튼은 이 욕망을 완전히 다 제거할 수 있으리라고 기대하지는 않았지만, 조금이라도 자신이 더 깨끗해지고 단순해지면 하나님을 사랑하는 삶에 더 가까이 나아갈 수 있지 않을까 생각했다.

이렇게 순수 관상을 지향했던 머튼은, 자신이 특별히 애정을 갖는 글쓰기가 하나님께 나아가는 데 걸림돌이 된다고 여기고 그것을 제거해야만 하는 욕망이라 생각했다. 그에게 글쓰기를 포기하는 것은 하나님께 헌신하는 상징과 같았다. 그는 "만약 내가 하나님의 것과 반대되는 욕망으로 가득 차 있다면 어떻게 내가 하나님의 열망을 품을 수 있겠는가?"라고 스스로에게 질문하며, 글을 쓰고 싶은 마음이 소위 "하나님의 것"과 반대되는

96　Thomas Merton, 정진석 역, 『칠층산』, 824.

유의 욕망이라고 느꼈다.[97] 실제로 머튼은 표면적으로는 그런 욕망을 모두 포기하는 결단을 확실히 했다.

머튼이 대학 교수직과 작가로서의 꿈을 내려놓고 겟세마니 수도원을 선택한 것은 바로 그런 "모든 것"을 포기하는 결단이었다. 머튼이 수도 성소를 체험했던 1940년대 초반의 로마 가톨릭교회에는 하나님을 위해 무언가를 포기하는 것이 힘들수록 그분이 보시기에는 더 낫다고 믿는 수덕주의의 분위기가 팽배했다. 머튼도 수도원 생활 초기에 스콜라주의의 석학들, 특별히 자크 마리탱의 영향을 받아 관상과 예술이 서로 대립된다고 보았다. 이런 분위기 속에서 머튼은 하나님을 온전히 사랑하기 위해서라면 글을 쓰는 재능을 포기하는 편이 더 가치 있다고 결론짓고, 하나님을 얻기 위해 글쓰기를 완전히 버리기로 작정한 것이다.

동시에 머튼은 수도자로 살아가면서 자신을 진정으로 알아갈수록 시선을 돌리는 곳마다 글의 소재가 불거져 파리를 잡는 끈끈이처럼 자신에게 달라붙는 것을 경험했다.[98] 머튼은 혼자 힘으로 이것을 뿌리칠 수 없음을 깨닫고 끝내 그 작가 그림자 머튼이 자기를 죽이고, 죽은 자기의 피를 마실 수도 있겠다는 생각에 이르렀다. 둘 중 하나가 죽어야만 이 역겨운 싸움이 끝날 것 같은 생각, 도무지 스스로는 떨칠 수 없는 글쓰기에 대한 욕망으로 인해 머튼은 괴로워했다. 고뇌 가운데서 머튼이 보기에 가장 고약했던 것은 자기편이 아니라 오히려 "작가 그림자 머튼" 편을 들면서 계속해서 글을 쓰도록 한 장상들이었다. 글쓰기가 죽을 지경으로 부담스러웠던

---

97   Thomas Merton, *Seeds of Contemplation*, 71.
98   Thomas Merton, 류해욱 역, 『토머스 머튼의 시간』, 102.

머튼은 자신의 관상에 대한 성소가 한 줌 재밖에 남지 않은 것 같아 좌절과 고통을 느끼기도 했지만, 그때 장상들은 글쓰기가 바로 머튼의 성소라고 말했다.[99]

글을 쓸 생각이 처음 떠올랐을 때 머튼은 그것을 장상들에게 솔직히 털어놓았다. 머튼이 이렇게 한 이유는 글쓰기에 대한 욕망을 내려놓기 위해서였다. 그런데 얼마 지나지 않아 장상들은 머튼에게 번역하고 저술하는 일을 맡기기 시작했다. 수도원장과 수련장 신부는 머튼이 마음에 떠오르는 시를 비롯해서 반추적인 머튼 자신의 글을 쓰라고 권유할 뿐만 아니라 수도회를 위한 글쓰기까지도 요청했다. 그는 자신이 원치 않는데도 글쓰기를 계속 권하는 수도원장이 당황스러웠을 뿐 아니라 심지어 화가 날 정도였다. "그 당시 수도원장이었던 프레데릭 던 신부님은 내가 책을 많이 쓰길 바랐는데 나는 약간 혼란스러웠다. 나는 어떻게든 책을 많이 써야 했고, 그중 어떤 책들은 형편없었다."[100]

실제로 머튼이 수도원에 들어간 시기에 겟세마니 수도원은 수도원을 위한 글을 써줄 사람이 필요했다. 갑자기 늘어난 청원자와 수련자 및 주말마다 붐비는 피정자를 위해 각종 안내서가 준비되어야 했다. 겟세마니의 외적 성장은 미국뿐만 아니라 전 세계적으로도 괄목할 만한 일이었다. 새로운 수도원들이 설립되었으며 수도원 안팎에서 시토회의 영성과 문학에

---

99 Thomas Merton, 정진석 역, 『칠층산』, 824-85.

100 Thomas Merton, *The Sign of Jonas*, 13-14. 머튼의 이 말은 『요나의 표징』 Part I에 실린 서문의 내용으로서 이 책이 출판될 당시에 한 말이라고 볼 수 있다. Part I에 종신 서원까지의 내용이 담긴 것으로 보아 1940년대 중후반에 쓴 일기라고 보면 된다. 하지만 『요나의 표징』이 1950년대 초반에 출판된 것을 고려하면, 이 구절은 글쓰기 문제로 고민했던 1940년대의 머튼 자신을 회상하는 내용으로 볼 수 있다.

새로운 관심을 보이고 있었다. 미국과 아일랜드, 스코틀랜드에도 새로운 분원들이 생기면서 시토회의 삶과 영성과 역사를 영어로 기술한 책자가 필요했다. 그러던 차에 이 모든 일을 아주 훌륭하게 감당해낼 인물이 나타난 것이다.

머튼은 1943년 사순절 기간에 장상들의 요청을 받아 프랑스어로 된 시토회 문헌들을 번역하기 시작하여 익명으로 출판했다. 첫 두 작품은 『예수님의 왕국』과 『사도직의 영혼』으로서 1946년에 출판되었고, 『단순함의 영』과 성 베르나르도의 책 두 권을 번역한 것은 1948년도에 나왔다. 머튼은 1946년 6월에 수도원장에게 편지를 써서 번역서 외에도 청원자들을 위한 안내서인 『트라피스트 생활』(*Trappist Life*), 시토 성인들의 생애를 다룬 『황금기의 수도승들』(*The Monks of the Golden Age*), 베르크만스(M. Berchmans) 수녀의 생애에 관한 『출애굽은 영광으로 끝난다』(*Exile Ends in Glory*)』 및 『단순함의 영』, 『시토 수도회의 삶』(*Cistercian Life*)과 같은 작품을 펴낼 계획임을 밝혔다.[101] 또한 목록 중 일부는 이미 완성되었지만, 작업에 몇 년이 더 필요한 작품이 있다는 설명을 덧붙였다. 머튼이 수도회에 입회하여 5년이 채 지나지도 않은 시기, 특별히 종신 서원이 이루어지기도 전에 머튼의 순수 관상에 대한 열망이 최우선적인 관심이었던 시기에 글쓰기에 대한 구상과 제안을 이토록 구체적으로 하고 있다는 것을 보면, 머튼 안에서 순수 관상과 글쓰기라는 두 가지 상반된 마음이 어떻게 동시에 강력하게 나타날 수 있는지 놀랍다는 생각이 든다.

1946년은 머튼의 글쓰기에 있어서 중요한 해였다. 머튼은 수도원을

---

101 William Shannon, 오방식 역, 『고요한 등불』, 264-67.

위한 글과 더불어 그해 3월에 돔 프레데릭 던 수도원장의 권유로 자신의 이야기를 쓰기 시작했고 10월 말에 『칠층산』을 완성했다. 그는 완성한 원고를 저작권 대행인 나오미 버튼(Naomi Burton)에게 전달했다. 그녀는 수주간에 걸쳐 원고를 읽은 뒤 하코트 브레이스의 로버트 지루(Robert Giroux)에게 보냈다. 지루는 컬럼비아 대학교에서 교지 출판을 위해 함께 활동했던 머튼의 친구로서 해군 제대 후 하코트 브레이스에서 편집을 맡고 있었다. 지루는 『칠층산』이 인기 작품이 될 것이라고는 확신하지 못했지만 어쨌든 확실한 독자층이 생길 것이며 회사에 손해가 되지 않을 것이라고 출판 책임자인 도널드 브레이스를 설득하였고, 그 결과 머튼의 자서전이 세상에 나오게 되었다. 그리고 머튼은 그해 12월 10일부터 5년간 멈추었던 일기를 다시 쓰기 시작했다.

글쓰기, 관상과 고독에 이르는 길

1947년 초반 머튼은 왕성하게 글을 쓰는 상황이었지만 관상 수도자로서 여전히 글쓰기를 망설이는 마음이 컸고, 그 일이 하나님께 영광을 드리는 것인지 여부를 아직도 확신하지 못하고 있었다. 다만 글쓰기를 하고 싶지 않아도 영적 지도자의 결정이라면 글쓰기를 멈추지는 말아야 한다고 생각했다.[102]

---

102 Thomas Merton, 오지영 역, 『요나의 표징』, 51.

이렇게 순명에 의해 계속 글을 써나가는 가운데 머튼은 이전에 깨닫지 못했던 새로운 은총을 경험하기 시작했다. 즉 글쓰기를 통해 "예전의 머튼"을 넘어서는 경험을 하게 된 것이었다. 『칠충산』 원고에 대한 출판사의 좋은 반응을 알게 되었을 무렵, 그는 작가로서 자신의 내면에 새로운 변화가 생겼음을 경험했다. 예전의 머튼이었다면 어떤 성취감이나 자만심에 빠졌겠지만, 놀랍게도 성취와 사람들의 인정에 상당히 초연해진 자신을 보게 된 것이다. 이 은총 덕분에 글쓰기가 오히려 더 순조로워졌다.[103]

마침내 머튼은 글쓰기가 관상의 방해물이 아니라 오히려 진정한 침묵과 고독에 이르는 길임을 깨닫게 된다. 그는 일기장에 이 놀라운 깨달음에 대해 적었다. "책을 쓰는 동안 수사로서 기도하지 못하도록 방해받은 것은 아무것도 없다.…책을 쓰는 일이 나에게 준 커다란 보상은 고독이다."[104] 수도자로서 머튼은 고독을 열망했다. 그것은 하나님 앞에서 "내"가 완전히 사라지기를 바라는 열망이었다. 머튼은 이 놀라운 관상의 은총이 기도와 묵상 및 전례 생활뿐만이 아니라 글쓰기를 통해서도 주어짐을 확신하게 되었다.

글쓰기는 머튼에게 묵상이자 기도였다. 그는 글쓰기 안에서 고독과 일치됨을 경험했다. 또한 글쓰기가 마침내 하나님 앞에서 자신을 그분께 완전히 내려놓을 수 있게 해준다는 것을 깨달았다.[105]

하나님이 원하시는 만큼, 하나님이 바라시는 방법 외에는 이 세상에서 침묵을

---

103 Ibid., 34.
104 Ibid., 32-33.
105 Ibid., 34-36.

지키게 하소서. 적어도 제가 쓰는 글 속으로 사라지게 하소서. 이 일은 별난 것도 아니고 제 묵상에 방해가 되지도 않나이다. 이 일이 바로 기도일 수 있나이다. 그 결과에 대해서는 걱정하지 않습니다.[106]

헨리 나우웬은 머튼이 작가로서 글쓰기를 통해 "가난"에 대한 새로운 차원의 경험을 하게 된 것을 주목한다. 이는 머튼이 글쓰기뿐만 아니라 사람들과 자신의 글을 나누면서 경험한 은총이었다. 머튼은 자신이 살아오며 경험하고 깨달은 것들을 글을 통해 사람들에게 나누어 줌으로써 자기의 깊은 내면의 감정과 생각들이 대중의 소유가 되는 것을 보았다. 머튼은 작가로서 명성을 얻을수록 오히려 영적으로 더욱 가난해졌고, 이 가난은 그를 더 깊은 침묵과 고독으로 나아갈 수 있게 해주었다.[107] 머튼은 글쓰기가 영적 가난에 이르는 놀라운 은총의 길이라는 것을 깨달으면서, 심지어 자신은 감히 성인이 되기를 바랄 수 없지만 만약 성인이 된다면 아마도 글을 씀으로써 그 경지에 이를 것이라고 말한다.[108] "글 쓰는 일은 영적 완덕을 향해 나아가는 여정에서 방해물이 아니라 완덕을 이루는 조건 같다. 내가 감히 성인이 되기를 바랄 수는 없지만 그래도 성인이 된다면 트라피스트 수도원에서 책을 씀으로써 성인의 경지에 도달할 것이다."[109] 머튼에게 성인이란 자신을 있는 그대로 겸손히 드러내며, 아무 변명도 하지 않고 있는 그대로의 자신을 솔직하게 보여줄 수 있는 사람이다. 그런데 이처럼 온전하

---

106 Ibid., 36.
107 Henri Nouwen, 김기석 역, 『기도의 사람 토머스 머튼』, 96.
108 Thomas Merton, 류해욱 역, 『토머스 머튼의 시간』, 138.
109 Ibid., 137.

고 거룩하며 투명한 존재가 되고자 한다면 성령께서 이끄시는 빛 안에서 살고 기도하며 글을 써야 한다고 말한다. 성령 안에서 완전한 비움으로 나아가는 데 글쓰기가 결정적인 도움이 될 수 있다는 것이다. 머튼은 이런 맥락에서 글쓰기를 미사(예배)의 성체에 비유한다. "마치 예수님이 미사(예배의 성례전) 안에서 온전히 공적인 소유물이 되신 것처럼 성령께서는 나 자신을 숨게 하고 온전한 공적 소유물이 되게 하신다. 모든 사람의 손에 놓이는 성체처럼 그냥 온전히 내맡기는 것이다. 결국 이것이 고독에 이르는 나만의 방법이 될 것이다."[110] 이 고백은 글쓰기에 대해 확연히 달라진 머튼의 입장을 반영한다. 예전에 그는 완전한 침묵 가운데 하나님을 찾기 위해 글쓰기를 버리고자 했지만, 이제는 시토회 수도 생활 속에서 글쓰기를 계속 배우며 글을 쓰는 것이 하나님을 얻는 일임을 알게 되었다. 머튼은 "하나님의 영광을 위해 글을 잘 씀으로써, 자신을 바치고 성찰함으로써, 책을 내려는 성급한 마음을 억제하며 참회함으로써 성인이 될 수 있다"고 보았다.[111] 이제 머튼에게 글을 쓰는 것은 선택 사안이 아니라 능동적이고 책임감 있게 수행해야 하는 도덕적인 문제(moral matter)였고, 타자기는 그의 고행 생활의 근본 요소였다. 결국 글쓰기는 머튼의 수덕 생활에서 가장 근본이 되었다. 글을 쓰기 위해 생각하며, 어휘를 선택하고, 다시 읽으며 고치고, 원고를 놓고 기도하는 이 모든 것이 머튼을 성장하게 했다.[112] 그는 한때 하나님께 나아가는 데 방해물이었던 글쓰기가 이제는 왜 자신에게 큰 기쁨이 되는지에 관해 다음과 같이 밝힌다.

110　Ibid., 138.
111　Thomas Merton, 오지영 역, 『요나의 표징』, 70-71.
112　Ibid., 70-71.

나는 글쓰기에 대한 지금까지의 한탄이 어리석은 것이었음을 인정하지 않을 수 없다. 지금 내게 글쓰기는 참된 침묵과 고독으로 이끄는 통로다. 글쓰기는 기도 생활에도 도움이 됨을 안다. 글을 쓰기 위해 앉으면 내 안에 있는 거울이 놀랄 만큼 맑고 깊고 고요해서 헤매지 않고 거기 비친 하나님을 즉시 만날 수 있다. 하나님은 내가 글을 쓰는 동안 그 오심을 알아차리지도 못하는 사이에 내게 가까이 다가오시는 것 같다. 이 깨달음이 커다란 기쁨의 이유가 아닌가 싶다. 적어도 나에게는 그러하다.[113]

고독 속에서 하나님만을 추구하고자 한 관상 수도자 머튼에게 글쓰기는 고독한 자(solitary)가 되고 관상가가 되는 데 가장 도움이 되는 길이 되어 주었다. "하나님이 내 마지막 날을 위해 당신의 은수처를 나에게 마련해주실 것이다. 내가 겟세마니에서 고독한 자(solitary)가 되고 관상가가 되는 데 가장 도움이 되는 일은 글을 쓰는 것이기 때문에 나의 일은 나의 은수처가 될 것이다."[114] 결국 머튼이 그토록 떠나려 했던 "겟세마니 수도원"과 "글쓰기"는 모두 그가 진정으로 열망하던 고독의 길, 참 자기의 길, 하나님께 이르는 바로 그 길이 되었다.

---

113 Ibid., 1949년 7월 21일.
114 Ibid., 269.

입회 전에 느꼈던 은수 공동체에 대한 매력

머튼이 트라피스트 수도자로서 종신 서원을 통해 겟세마니에 완전히 뿌리를 내리고 죽을 때까지 그곳에서 정주 서원을 어떻게 이루어갔는지를 온전히 파악하기 위해서는 은수 공동체에 대한 그의 관심이 해결된 과정을 살펴보는 것이 중요하다. 머튼은 어떻게 은수 공동체에 관심을 갖게 되었으며, 왜 은수 공동체가 아닌 트라피스트 수도원에 입회를 하고, 어떻게 그곳에서 은수 공동체에 대한 고민을 해결하고 종신 서원을 하게 되는가? 겟세마니에서 종신 서원을 한 이후에도 계속해서 완전한 침묵과 고독의 장소를 찾던 머튼은 마침내 트라피스트 수도원 안에서 은수자가 되었다. 1968년 갑자기 사망하기 전에도 그는 새로운 수도원의 가능성이 있는 장소를 알아보기 위해 여러 번 여행을 시도했다. 하지만 단순히 새로운 수도원을 창설할 목적으로 적합한 장소를 찾고자 했던 것은 아니었다. 비록 수도원 안에서 은수자가 되었지만 워낙 유명인사가 되어버리는 바람에 현실적으로 절대적인 고요를 찾을 수 없었던 머튼이 완전한 침묵과 고독의 장소를 찾고자 했던 것이었다.

은수 공동체에 대한 그의 관심은 어떻게 시작되었는가? 윌리엄 섀넌은 머튼이 겟세마니 수도원에서 피정을 했던 1941년 무렵 아직 스스로 수도 성소의 가능성이 있다는 것을 채 깨닫기도 전에, 이미 마음 깊은 곳에서 카르투시오회의 은수자가 되고자 하는 열망이 있었다는 점에 주목한다.[115]

---

115 William Shannon, *Silent Lamp*, 148.

머튼은 보나벤투라에서 학생들을 가르치던 시절 성 주간을 이용하여 겟세마니 수도원에서 피정을 했다. 피정을 앞두고 트라피스트 수도원에 대해 어느 정도 알고 싶었던 그는 도서관에 가서 가톨릭 백과사전을 펼쳤다. 머튼은 사전을 읽으며 트라피스트가 시토회라는 사실을 알게 되었고, 이어서 시토회를 살펴보는 중에 사전에 실려 있던 카르투시오(The Carthusians) 수도회와 카말돌리(The Camaldolese) 수도회의 사진과 설명을 통해 처음으로 은수 수도회를 접하게 되었다. 그는 은수 수도회에 대한 글을 읽으면서 느꼈던 심정을 『칠층산』에서 다음과 같이 밝힌다.

> 그 설명을 읽어나가는 순간 칼날이 내 마음을 꿰뚫는 듯했다. 이 비참하며 소란하고 잔인한 지상에서 이 세상의 소식이나 욕망이나 갈등이 미치지 못하는 첩첩산중에 격리되어 수도원 독방에서 침묵과 고독의 경이로운 기쁨을 누리며 사는 사람들이 있다니, 그곳은 얼마나 행복할까![116]

은수자로서 경험하게 될 침묵과 고독의 기쁨에 대한 머튼의 환상은 지극히 낭만적이다. 동시에 우리는 머튼이 처음으로 은수 공동체에 대해 읽으면서 얼마나 크고 실제적인 동경의 마음을 품었는지 쉽게 짐작할 수 있다.[117] 머튼은 수도 성소를 생각하면서 가능하다면 카르투시오 수도회에 입회하기를 원했다. 침묵과 고독을 향한 그의 열망은 겟세마니에서 피정을

---

116 Thomas Merton, 정진석 역, 『칠층산』, 645-46.

117 머튼이 보기에 대화하며 함께 산책하는 기분 전환의 시간을 제외하고는 서로 떨어져서 완전한 침묵과 고독 가운데 홀로 거하는 은수자들이 회수도자들보다 영적으로 더 가난하게 하나님을 찾는 사람들이었다. 머튼은 카르투시오 수도회와 그곳 은수자들이 순수한 은수 생활의 이상에 훨씬 더 근접해 있고 완전해 보인다는 나름의 결론을 내렸다(Ibid., 670).

하면서 더욱 커져갔다. 하지만 관상 생활에 대한 열망을 품게 되고 은수 수도회에 매력을 느끼며 그 공동체에 대해 동경하는 마음을 갖게 되었다고 해서 은수자가 되는 길을 당장 선택할 수 있는 입장은 아니었다. 머튼은 이미 프란치스코 수도회 입회를 거부당한 적이 있고, 이어서 카푸친 수도회 성당 고해소에서 사제를 통해 수도 성소뿐만 아니라 사제 성소까지 완전히 산산조각나는 체험을 했었다. 그는 그때 앞으로 수도 성소에 대해 생각도 하지 말아야겠다는 나름의 결론을 확실히 내렸다. 뿐만 아니라 당시는 전쟁 중이라 대서양을 건너 프랑스나 영국의 카르투시오 수도회에 입회할 수도 없는 상황이었다. 카르투시오회 수도회는 머튼이 트라피스트 수도자가 되고 10년이 지난 1951년에야 미국에 설립되었다.[118] 은수자가 되고 싶은 마음은 간절했지만, 머튼이 보기에 그 가능성은 전무했다. "그 수도원은 전쟁 때문에, 또 성소가 없다는 내 생각 때문에, 이중으로 가망이 없는 것이었다."[119] 대신 성주간 겟세마니에서 자신을 압도하는 깊은 고독 속에 관상 생활에 대한 열망을 품게 된 머튼은 피정을 마치고 수도원을 떠나면서, 하나님께서 원하신다면 자신에게 트라피스트 수도자가 되는 성소의 은총을 주시기를 간청했다.[120]

---

118 머튼은 『칠층산』에서 만일 자신이 수도회 입회를 고려할 당시 미국에 카르투시오 수도회가 있었다면 확실히 그곳을 선택했을 것이라고 밝힌다(Ibid., 680).

119 Ibid., 670.

120 Ibid., 677; Thomas Merton, *The Secular Journal of Thomas Merton*, 203.

겟세마니에서의 어려움

트라피스트 수도자가 된 머튼이 수도원 삶의 초기에 품었던 가장 심각한 고민은 완전히 세상을 떠나는(*contempus mundi*) 데[121] 있었다. 머튼의 유일한 소망은 세상을 떠나 고독 속에서 하나님만을 찾는 삶을 살아가는 것이었다. 이를 추구하기 위해서는 철저한 자기 포기와 엄격한 수련의 삶이 요구되었음에도 불구하고, 머튼은 하나님의 은혜로 흔들림 없이 수도자의 삶을 살아갈 수 있었다. "나는 하나님의 은총으로 세상을 떠난 뒤 세상을 잊어버리기가 쉬웠다. 나는 세상으로 다시 돌아가고 싶은 적이 전혀 없었다."[122]

침묵 속에서 오직 하나님만을 찾는 삶에 대한 열망을 가지고 겟세마니 수도원에 들어간 머튼은 처음에는 모든 것이 좋아 보이기만 했다. 하지만 수도원 삶에 조금씩 익숙해지면서 세상으로 돌아갈 유혹은 느끼지 않

---

121 여기서 머튼이 세상을 떠난다는 것은 그리스도교 전통의 세상 경멸(*contempus mundi*)을 의미한다. 원래 세상 경멸은 세상이 어떻게 돌아가든 나는 상관하지 않겠다는 식의 마음 자세를 뜻하는 것이 아니다. 오히려 세상과의 관계에서 "어떤 행동의 자유, 사람들과 거리를 둠, 초연함"을 유지하는 것이다. 머튼에 따르면 참된 세상 경멸은 세상을 거부하는 것이 아니라 "덧없는 세상에 대한 연민"을 품는 것이다. 그런데 이런 세상 사람들을 위해 진정한 사랑의 행위를 하려면 우선 근심과 집착으로부터 해방되어야 한다(『토머스 머튼의 단상』, 100-105, 107-110, 112-113; *Conjectures of Guilty Bystander*, 39-41, 44-45, 47).

122 Thomas Merton, 오지영 역, 『요나의 표징』, 30-31. 머튼은 고독 속에서 하나님을 찾는 사람으로서 수도 성소의 진정성에 대해 어떤 흔들림도 없었다. 그는 인생의 중요한 시점에서 내렸던 판단과 결정을 바꿀 생각을 단 한 순간도 해본 적이 없었다고 고백한다(Thomas Merton, "Preface to the Japanese Edition of The Seven Storey Mountain," in *Thomas Merton: "Honorable Reader" Reflection on My Work*. Ed. by Robert E. Daggy [New York: Crossroad, 1991], 59-67). 위의 말은 63에 나온다(1963년 8월). 이 판단과 결정이란 자기가 그리스도인이 되고 수도자와 사제가 된 것을 의미한다. 다만 그런 일련의 결정이 내려진 후에 그것들에 대한 머튼 자신의 태도와 가정은 끊임없이 바뀌고 성장해갔다.

았으나 수도원 환경이 순수 관상의 삶을 사는 데 진정으로 적합한지를 고민하기 시작했다. 그는 관상 수도자로서 관상적인 삶을 살아가야 할 수도원 안에서의 삶이 너무 바쁘고 소란스럽다는 점을 새삼 발견하게 되었다. 그것은 당시 사회, 역사적인 환경 때문이기도 했다. 제2차 세계대전의 영향으로 청원자들이 늘어나기 시작했고, 그 결과 7-80명의 수사들이 조용히 살아가던 겟세마니 수도원의 인구가 갑자기 270명으로 늘어났다. 침묵과 고독을 사랑하는 270명이 70명을 위해 지어진 수도원 공간을 꽉 채웠고, 그들을 양성하고 영적 지도를 해줄 사제들도 더 많이 필요해졌다. 수도원에 오기 전에 신학교를 다니지 않은 한 사람을 사제로 양성하는 데 보통 8년이 세월이 걸렸다. 급격히 늘어난 수도자들의 생활과 교육 및 양성을 위한 새로운 건물을 지어야 했고, 이 일을 위해 불가피하게 기계를 이용할 수밖에 없었다. 소음이 많아진 수도원에서 수도자들은 침묵을 지키기 어려웠다.[123]

수도원의 이런 외적 상황뿐만 아니라, 개인적으로도 머튼은 분주할 수밖에 없는 새로운 정황에 놓이게 되었다. 수도원장은 머튼에게 수도원을 위해 계속해서 글을 쓰고 번역을 해달라고 요청했다. 이런 현실 속에서 머튼이 기대했던 철저한 고독을 추구하는 것은 사실상 힘들어 보였다.

머튼은 급기야 겟세마니 수도원에서의 활동들이 관상 생활에 방해가 된다고 느껴 더 엄격한 관상 수도회를 생각하게 되었다. 트라피스트를 떠나 카말돌리 수도회나 카르투시오 수도 공동체로 옮기고 싶은 유혹을 느

---

123 Thomas Merton, 오지영 역, 『요나의 표징』, 18-20. 겟세마니 수도원은 이 문제를 근본적으로 해결하기 위해 미국 안에 새로운 수도원을 네 개나 더 설립하기에 이른다.

끼게 된 것이다. 카르투시오 수도자들은 수도원 울타리 안에서 각자의 방을 갖고 있었다. 또한 카말돌리 수도자들도 본당을 중심으로 어느 정도 완전히 떨어진 자신만의 은수처에서 살아가는 은수자 공동체 생활을 하고 있었다. 두 수도회의 수도자들은 모두 전례와 기도 때만 모였다. "그런 생활 속에서 얻을 수 있는 특별한 유익은 진정한 고독과 단순함을 누릴 수 있는 순수한 관상 생활이 가능하다는 점이다. 그 생활은 실로 형식주의에 잡히지 않으며 경직되고 융통성 없는 사소한 규정에 얽매이지도 않고, 그러면서도 영적인 통제와 종교적 순명에 의해 철저히 보호된다."[124]

겟세마니에서 트라피스트 수도자의 삶을 짧게나마 경험해 본 머튼이 볼 때 카말돌리나 카르투시오 수도자들의 삶이 그가 소망하는 순수한 은둔 생활의 이상에 확실히 더 가까워 보였다. 동료 수도자들로부터 완전히 분리되어 살아가는 그들의 삶이야말로 진정한 고독과 단순함을 누릴 수 있는 순수한 관상 생활로 여겨졌다.[125]

윌리엄 섀넌은 겟세마니에 들어온 이후에 은수 수도회를 향한 머튼의 애정이 세 단계의 국면을 거쳤다고 평가한다. 은수 수도회로 인한 고민의 첫 번째 시기는 그가 겟세마니에 들어와 트라피스트 수도자로서 그곳에서 종신 서원을 할 때까지다. 이 시기(1941-1947년)에는 카르투시오 수도회의 은수 생활에 대한 동경이 머튼에게 있었지만 그것이 머튼을 괴롭히지는 않았다. 대학교에서 영문학을 가르치는 교수로 살다가 트라피스트 수도자가 된 머튼은 수도원에 받아들여진 것 자체로도 기쁨과 감격이 매우 컸

---

124 Thomas Merton, *Silent Life* (New York: Farrar, Straus and Giroux, 1999), 153-54.

125 William Shannon, 오방식 역, 『고요한 등불』, 294-95.

다. 무엇보다 엄격한 트라피스트 수도자로서의 삶에 적응하느라 다른 수도원으로 옮겨가고 싶다는 생각을 할 여유가 없었다. 두 번째 시기(1947-1955년)에는 머튼이 단지 카르투시오 수도회에 대한 동경을 품거나 은수자가 되면 얼마나 좋을까 하는 생각을 갖게 된 것뿐만 아니라 겟세마니 수도원의 분위기에 관해 솔직한 회의(genuine misgivings)를 느끼게 된다. 세 번째 시기(1955년 10월-1965년 8월)는 수련장이 된 이후 은수자가 될 때까지의 기간으로서 이때 머튼은 비교적 평화스럽게 수도자로 살았다.[126]

은수 수도회(카르투시오 수도회)를 향한
숨겨진 열망이 드러나기 시작함

종신 서원을 바로 앞둔 1946년 12월에 머튼은 프레데릭 수도원장과 고해성사를 책임지는 길다스 신부를 찾아가 자신이 바라는 대로 관상도 할 수 없고 홀로 조용히 있지도 못하는 겟세마니 수도원에서의 삶에 대한 불만을 토로했다. 그는 이 수도원에서는 진정한 관상의 삶을 기대할 수가 없으므로 더 철저히 은수 생활을 할 수 있는 카르투시오 수도회 같은 곳으로 가야겠다고 말하며 자신의 고뇌를 표면적으로 드러냈다. 길다스 신부는 머튼에게 카르투시오 수도회로 가고 싶어 하는 것은 온전히 이기심이며, 머튼의 인생에서 참으로 놀랄 만큼 확실하고 큰 변화만이 겟세마니를 떠나 런

---

126 Ibid., 296-320.

던의 카르투시오 수도회로 가는 일을 정당화해줄 것이라고 말해주었다.[127] 장상들은 겟세마니야말로 머튼이 있어야 할 장소이며 하나님께서 그를 다른 곳으로 인도하신다는 분명한 징표가 있어야 옮길 수 있다고 이야기했다. 머튼은 장상들의 말을 듣고 그 뜻에 동의하여 아무런 질문 없이 그것을 받아들였다. 1947년 1월 14일에 머튼은 겟세마니가 하나님께서 자신이 있기를 바라시는 곳임을 확신하며 이렇게 고백한다. "내가 다른 수도원으로 도망갈 유혹을 받다니 참으로 알 수 없는 일이다.⋯하나님은 내가 이곳에 있기를 바라시기에 나를 이곳으로 보내셨다. 하나님이 내가 다른 곳에 있기를 바라셨다면 의심 없이 그렇게 하셨을 것이다."[128]

---

127 Thomas Merton, 오지영 역, 『요나의 표징』, 37-39.
128 Ibid., 42.

종신 서원

종신 서원을 위한 준비

마침내 머튼은 수도원장인 돔 프레데릭 던 신부의 말처럼 겟세마니 수도
원이 자신에게 속한 장소임을 확신하고는 종신 서원을 신청했다. 1947년 2
월 8일이 되자 수도원장은 성 요셉 축일인 3월 19일에 머튼의 종신 서원을
실시할 것이라고 발표했다. 종신 서원에서 수도자들은 이 겟세마니 수도원
에서 남은 인생 전부를 바치며 살겠다는 정주 서원(vow of stability)과 수도
원 삶으로의 전향(conversio morum)을 밝히는 두 개의 기본적인 서원을 하게
된다. 종신 서원을 결정할 당시 머튼은 겟세마니 수도원이 자신이 부름 받
은 장소임을 확신했다. 수도원 삶으로의 전향에는 가난, 순결, 순명의 가치
를 지향하는 세 가지 서원이 포함된다.[1]

관상 수도자의 이상과 현실

하지만 종신 서원을 앞두고 머튼은 관상 수도자로서 관상의 삶을 제대로
살아낼 수 있을지에 대해 심각하게 고민했다. 그는 진종일 고독을 되뇌면
서 동시에 주어진 소임들을 감당해내기 위해 쉼 없이 활동하는 삶을 살아
가야 하는 자신을 경험했다. 그런 생활 속에서 자신에게 주어진 삶의 두 가

---

1   William Shannon, 오방식 역, 『고요한 등불』, 249.

지 다른 측면인 관상과 행동 모두 하나님께서 주신 것이라는 사실을 확실히 받아들였다. 더 나아가 머튼은 그 두 가지가 잘 통합된 삶, 즉 관상과 행동이 일치하는 삶이 가장 이상적이라는, 개념적으로 통합된 이해도 가지고 있었다. 하지만 실제적으로 그것들을 잘 통합하여 관상과 행동이 일치된 삶을 살아내는 것은 현실적으로 쉽지 않은 일이었다. 물론 그는 시간이 흐르면서 관상과 활동의 관계에 대해 성숙한 경험과 더욱 깊은 이해를 갖게 되지만, 종신 서원 이전의 젊은 머튼에게 이것은 결코 쉽게 해결할 수 없는 난제였기 때문에 그는 이를 놓고 심각하게 고민할 수밖에 없었다.

> 당신은 제가 진종일 나무 아래서 오락가락하면서 거듭 속으로 "고독, 고독!" 이라는 말을 되뇌게 하셨습니다. 그런 후 당신은 돌아서서 온 세상을 제 무릎 위에 던지셨습니다. 당신은 저에게 "모든 것을 버리고 나를 따르라"라고 말씀 하셨으면서도 제 발목에 뉴욕의 절반을 족쇄처럼 잡아 묶으셨습니다. 당신은 저로 하여금 마음은 모래톱처럼 소란을 피우면서 기둥 뒤에 무릎 꿇게 하셨습니다.[2]

머튼은 순수 관상 생활에 대한 갈망을 갖고 있으면서도 실제로는 분주한 활동 속에 살아가야만 하는 모순된 수도원 삶의 현실을 보며 "하나님, 이것이 관상입니까?"라고 탄식한다.[3] 이런 활동적인 삶 속에서 그는 하나님께서 자신에게 고독과 관상 생활에 대한 열망을 몽땅 단념하라고 말씀하

---

2 Thomas Merton, 정진석 역, 『칠층산』, 843.
3 Ibid., 843.

시는 것처럼 느꼈다. 장상들의 말에 순명하라는 말씀을 그대로 따르다보면, 글을 쓰거나 철학을 가르치거나 수도원 안의 여러 소임을 수행하다가 막상 관상에는 이르지 못하고 삶을 끝마치게 될 것 같았다. 머튼이 보기에 겟세마니의 수도자들은 특수한 직책을 맡지 않더라도 새벽 두 시부터 저녁 일곱 시까지 줄곧 뛰어다녀야 하는 삶을 살고 있었다.[4]

머튼은 종신 서원을 앞두고 2월 16일에 유서를 썼다. 모든 수도자들은 종신 서원 전에 마치 죽음을 직접 맞이하는 것처럼 자신의 모든 것을 완전히 털어내기 위해 유서를 쓴다. 그는 유서를 쓰면서 『칠층산』을 출판한 하코트 브레이스와 체결한 계약서에 사후 인세는 수도원으로 귀속된다는 내용에 서명을 했다. 머튼은 자신의 모든 것을 완전히 포기했다. 그에게 있어서 종신 서원에서 행해지는 이 서원들은 물질적인 소유뿐만 아니라 자신이 오랫동안 꿈꾸어 온 "순수 관상 생활마저 포기하는 것"을 의미했다.[5] "순수 관상 생활"은 종신 서원을 받기 이전까지 머튼이 마음에 품고 있었던 유일한 소원이었다.

유서를 쓴 다음 날 아침 머튼은 성체 앞에서 이 서원들이 실제적으로 자신에게 무엇을 의미하는지를 반추했다. 머튼은 장상들의 말처럼 자신이 겟세마니 수도원에 있는 것이 예수님의 뜻이라면, 예수님도 머튼이 순수한 관상 생활만 하기를 바라시지는 않을 것이라고 생각했다. 머튼은 순수한 관상 생활이 교회에서 말하는 가장 완전한 성소도 아니라는 것을 깨달았다.[6]

---

4 Ibid., 844.
5 Thomas Merton, 오지영 역, 『요나의 표징』, 48.
6 Ibid., 47-48.

자신의 고유한 성소로서의 순수한 관상 생활

그렇다면 머튼에게 무엇이 문제인가? 순수한 관상 생활이 가장 완전한 성소가 아닌데 왜 머튼은 그것을 집요하게 추구하는가? 머튼은 왜 그것을 기꺼이 너그럽게 내려놓지 못하는가? 그는 순수한 관상 생활이 자신의 성소라고 여겼다. 머튼이 파악한 자신의 성소 문제의 핵심은 바로 그것이었다. "다른 성소가 자신의 성소보다 더 낫다고 한들 그게 무슨 소용이며, 머튼 자신이 다른 사람의 성소를 강렬히 갈망한들 어떻게 그 성소가 자신의 성소가 될 수 있겠는가?"[7]

머튼은 종신 서원을 앞두고 마치 죽음 앞에 서 있는 것처럼 완전히 자신을 비우면서 순수한 관상 생활이 자신의 진정한 성소인지를 거듭 확인하기 위한 기도를 드린다. 그리고 기도와 숙고를 끝내면서 일기에 "내 양심은 장상들 편이다"라고 썼다.[8] 가장 깊은 열망과 마음의 움직임을 헤아리고 살피며 자신의 성소를 찾는 머튼이 왜 자기의 양심을 장상의 편에 두는가? 이는 머튼이 성소를 찾기 위해 하나님의 인도하심을 구하는 과정에서 궁극적으로 장상들의 뜻에 순명하고, 더불어 그들을 통해 자신의 성소에 대한 하나님의 뜻을 끝까지 찾아가겠다는 생각으로 보인다.

며칠 후인 2월 20일에 머튼은 원장 신부를 찾아가서 자신의 성소에 대해 전반적으로 이야기를 나눴다. 원장 신부는 모든 것이 다 잘되고 있으

---

7   Ibid., 48.
8   Ibid., 47-48.

며 이곳 겟세마니가 머튼이 있을 곳이라는 점을 다시금 확인해주었다. 머튼과 원장 신부가 나눈 대화에 어떤 새로운 내용은 없었다. 그런데 이 만남이 이루어진 날 원장 신부의 대답을 들은 머튼의 반응이 매우 흥미롭다. "원장 신부님이 완전히 옳고, 나는 바보라는 것을 내 골수에서 안다. 그런데도 겉으로는 모든 것이 다 틀린 것 같다. 언제나 그랬듯 나는 그것에 대해 공연히 안달이다."[9] 머튼은 마음 깊은 곳에서 원장 신부의 뜻이 완전히 옳으며 오히려 자기 생각이 틀린 것 같다고 여긴다. 심지어 그는 라틴어로 이스라엘 백성이 광야에서 탐욕으로 하나님을 시험하는 시편 구절(시 106:14; 78:19)을 인용하면서 종신 서원을 앞둔 시점에서 성소에 대한 자신의 생각을 정리했다. 진정한 성소를 찾아가는 과정 중에 장상의 뜻이 확실히 옳고 내 열망이 탐욕 같다는 깊은 마음의 고백은, 성소에 대한 자신의 뜻을 장상들에게 관철하려는 대신 그들을 통해 자신을 인도하시는 하나님을 따르는 머튼의 믿음을 보여준다. 이 믿음은 철저한 자기 부인과 함께 장상들에 대한 절대적인 순명, 그리고 인내로운 식별과 하나님의 뜻이 분명해졌을 때 그것을 따르겠다는 마음의 결단을 포함하고 있다.

종신 서원을 한 주 앞두고(3월 11일) 머튼은 성 대 그레고리오 축일 전날 니코메디아에서 순교한 성 베드로를 기억했다. 성 베드로는 채찍질을 당한 후 상처에 소금과 식초가 뿌려진 채로 석쇠 위에서 불타 죽은 순교자였다. 그는 성인의 순교를 기억한 후에 하나님께 철저한 순명의 삶을 살아가겠다고 약속했다. 머튼이 이처럼 성인의 순교와 자신의 순명을 연결 짓는 것은 종신 서원을 앞두고 자신이 장차 살아가게 될 순명의 삶을 순교와

---

9   Thomas Merton, *Sign of Jonas*, 26.

같은 것으로 바라보고 있기 때문이다. 그는 일기에 자신이 생각하는 순명에 대해 적는다. 머튼이 생각하는 순명은 "하나님께서 자신 안에서 그리고 자신을 통해 어떤 역사를 펼치시든 무엇과도 타협하지 않고 자신을 온전히 거기에 바치는 것"이다.[10] 그것은 하나님의 역사하심에 자신을 완전히 승복하는 것이다. 이것은 맹종이 아니다. 머튼은 하나님께로부터 온 관상 소명을 체험하고 받으면서 이미 관상 생활로의 부르심을 확인했다. 순수한 관상 생활은 수도원 생활 초기에 머튼이 자각한 자신의 가장 깊은 열망이었다. 그렇게 관상에 대한 열망을 품게 해주심으로써 하나님은 그가 가야 할 길과 확실한 목표를 알려주셨고, 그 결과 머튼은 관상 소명을 자신을 향한 하나님의 뜻으로 받아들이게 되었다.

머튼은 어떤 경우에는 관상을 포기해야 하는 순명도 주어질 수 있다고 보았다. 하지만 이것이 다만 잠정적인 것이며 관상 소명을 송두리째 포기하는 것일 수는 없다고 말한다.[11] 만약 관상을 포기하는 것이 순명으로 주어진다면 그것을 기꺼이 포기할 만큼 철저한 순명의 삶을 살아갈 것이지만, 그럼에도 불구하고 하나님께서 자신이 관상의 삶을 살도록 하실 것이라고 믿었다. 머튼은 하나님께서 자신으로부터 관상 소명을 영원히 거두어 가지 않을 것이며, 자신이 일평생 관상 수도자로서 살아가게 해주실 것임을 확신했다.

---

10   Thomas Merton, 오지영 역, 『요나의 표징』, 54.
11   Ibid., 53-54.

관상의 목적은 관상 자체가 아니라 하나님

종신 서원을 할 무렵에 이르러서 머튼은 이제 더 이상 "관상 수도자란 누구인가? 관상 수도자의 성소란 무엇인가? 자신의 성소는 무엇이며 시토회성소는 어떤 것인가?"를 따지지 않기로 결심한다. 사실 머튼은 자신이 관상에 대해 무엇을 안다거나 이해한다고 말할 자신도 없고, 다만 하나님께서 이 모든 것을 가장 잘 아시므로 그분께 모든 것을 맡기기로 다짐한다. 머튼은 하나님께서 자신을 사색의 수준보다 훨씬 위로 올리실 것이라고 확신한다. 만약 "제가 무엇이며 어디에 있고 왜 있는지를 언제나 알려고 한다면, 수도 생활이 어떻게 이루어지겠습니까?"라고 머튼은 반문한다. 또한 "당신이 저에게 모든 것을 원하셨으므로 저는 모든 것을 포기했습니다"라고 말하지도 않겠다고 선언한다.[12] 이는 하나님 앞에서 어떤 변명도 하지 않고 전적으로 하나님께 의탁하겠다는 고백이다. 이제 머튼의 유일한 관심은 하나님께 모든 것을 맡기고 그분 가까이 머물며 하나님과 거리를 두지 않으려는 것뿐이다.

종신 서원 바로 전날 머튼은 종신 서원을 받게 되는 자신이 놀라웠다. 그는 10년 전과 지금의 자기 모습이 완전히 다르다는 것을 느꼈다. "그리스도께서 참으로 내 안에 사신다."[13] 머튼은 성령께서 자신을 인도하여 여기까지 이르도록 했다고 고백하면서 종신 서원을 하기 바로 전날 이렇게

---

12   Thomas Merton, 정진석 역, 『칠층산』, 845-46.
13   Thomas Merton, 오지영 역, 『요나의 표징』, 56-57.

기도한다.

성령은 제 안에서 생활하시는 "사랑"이시며, 제가 수도승으로서 종신 서원을 하도록 이날까지 인도해주신 분입니다. 성령이 역사하시는 것을 제가 방해하지만 않는다면, 그분은 장차 훨씬 더 놀라운 일들을 보여주시기 위해 준비하고 계십니다.

무한히 평화로운 "사랑"이신 분, 말과 감정과 지력을 초월해 계시는 이분 말고는 그 어떤 존재를 위해서도 우리가 살아야 할 이유는 없습니다.

당신의 짙은 은빛 구름으로 저를 달래주시고, 제가 말을 하고 판단을 하고 생각을 하면서 흥분하지 않도록 보호해주소서.

위로와 욕망, 그리고 욕망에서 솟아 나오는 두려움과 슬픔 같은 역겨운 것들을 물리쳐주소서.

당신께서 진흙으로 빚어진 이 몸을 온통 정화하고 씻어 내시도록 저는 당신께 저의 의지를 바치겠습니다.

이 세상과 교회의 모든 사람이 원하고 뜻하는 것들, 관상 생활을 하는 이들과 제 친구들과 제가 지금까지 알고 지내던 모든 사람이 원하는 것들을 당신께 맡기고 나서, 내일은 아무런 걱정 없이, 두려움이나 욕망 없이, 말 또는 침묵을 일 또는 휴식을, 빛 또는 어둠을, 동반자 또는 고독을 찾지 않고 제 자신을 당신께 드리고 싶습니다. 왜냐하면 제 안의 모든 것을 비울 때 비로소 저는 모든 것을 소유하게 될 것이고, 또 당신은 제 안에서 모든 것을 한 순간에 비우시고 당신 자신으로, 살아 있는 모든 것의 생명이시며 존재하는 모든 것

을 포용하는 존재이신 당신 자신으로 저를 채우실 것이기 때문입니다.[14]

머튼은 하나님으로 자신을 채우고 하나님만을 사랑할 수 있게 되는 것이
바로 자신의 고독임을 고백한다.

> 이것이 저의 고독일 것입니다. 제 자신에게서 벗어나서 당신만을 사랑할 수
> 있게 되는 것이, 당신을 사랑한 나머지 이제는 다른 무언가를 사랑한다는 의
> 식마저 없어지게 되는 것이 바로 저의 고독일 것입니다. 왜냐하면 그런 의식
> 이 있다는 것은 당신과는 별개인 자아를 의식한다는 점을 뜻하기 때문입니
> 다. 저는 더 이상 제 자신이기를 열망하지 않으며, 다만 당신 안에서 변화된
> 자신을 찾아내게 되기를, 그래서 "제 자신"은 없고 오직 당신만이 존재한다는
> 것을 알게 되기를 열망합니다. 그때는 바로 제가 당신이 영원으로부터 저를
> 가지고 만들고자 하셨던 존재, 곧 제 자신이 아니라 사랑 자체가 되는 순간일
> 것입니다. 그리하여 당신이 이 세상을 창조하시고 그 안에 저를 만들어 놓으
> 신 이유가 당신이 원하시는 그대로 제 안에서 실현될 것입니다.[15]

---

14 Thomas Merton, *Entering the Silence*, 49.

15 Ibid., 49

종신 서원

머튼은 1947년 3월 19일 성 요셉 축일에 시토회 (트라피스트) 수도회 소속의 겟세마니 수도원의 수도자로서 종신 서원을 했다. 이 날은 수도자 머튼의 인생에서 가장 중요한 날 중 하나였다. 종신 서원을 통해 수도원에 들어온 목적이 상징적으로 이루어졌기 때문이다.

사진 46. 무릎을 꿇고 있는 머튼(맨 오른쪽)

모든 수도자에게 종신 서원이 특별한 의미를 갖지만, "진정한 집"을 경험해보지 못했던 머튼에게 종신 서원의 의미는 더 각별했다. 수도원에 들어오기 전 한 집에 정착하여 살면서 안정감을 느껴보지 못하고 방랑자처럼 살아왔던 머튼은 마침내 정주 서원을 통해 이 땅에서 평생 머물 집을 갖게 되었다. 정처 없이 떠돌아다니던 머튼이라는 존재의 배가 영원히 닻을 내릴 수 있는 안전한 항구에 도달하여 정박하게 된 것이다.

종신 서원을 한 수도자들은 세속으로 돌아가려는 모든 마음을 그치고 생명이 다하는 날까지 수도원에서 자신의 삶을 하나님께 봉헌하며 살아가게 된다. 물론 머튼은 하나님의 은총으로 세상에서 등을 돌린 후 세상을 잊어버리는 것도 쉬웠으며 세속으로 돌아가고 싶은 마음을 느낀 적도 없었다고 말한다.[16] 머튼은 종신 서원 바로 전날 하나님께 관상 생활을 하는 이들이 구하는 고독도 구하지 않고, 온전히 자신을 완전히 봉헌하고 싶은 마음만을 올려드렸다. 종신 서원을 하는 머튼 마음의 중심에는 "오로지 하나님께 완전히 봉헌하는 삶" 뿐이었다.

그런데 머튼은 자신의 종신 서원이 어떻게 진행되었고 어떤 마음으로 서원에 임했는지를 전혀 언급하지 않는다. 그는 종신 서원을 드린 당일에는 그와 관련해서 어떤 글도 남기지 않았다. 인생의 가장 중요한 순간에 종종 쓰는 시는 물론이고 기도문이나 일기도 쓰지 않았다. 종신 서원 전날과 다음 날에도 일기를 썼는데 당일에는 한 글자도 남기지 않았다. 아마도 머튼은 글을 쓰는 것보다 훨씬 의미 있고 중요한 것을 하며 하루를 보냈을 것이다. 그는 그날 모든 순간에 온전히 깨어 있으면서 하나님 앞에서 서원을 하고, 온종일 다른 어떤 것에도 마음을 뺏기지 않으려고 했던 것 같다. 종신 서원을 하는 날에 자신이 느끼고 경험했던 바를 몇 개의 단어로라도 표현해주었다면 얼마나 좋았을까라고 독자들은 생각하겠지만, 머튼은 종신 서원 다음 날 일기에서도 종신 서원에 대해 쓸 마음이 별로 없다고 말한다. 이는 마치 관상의 경험 자체를 말이나 개념으로 표현하지 않는 머튼의 모습과 유사해 보인다. 종신 서원의 순간에 대해 아무 글도 남기지 않은 것이 오히려 수도자 머튼이 무엇을 느끼고 경험하고 있으며 그가 추구하는 바가 무엇인가를 더욱 강력하게 말해주는 것 같다.

그는 종신 서원을 바친 다음 날 자신이 경험한 종신 서원의 은총이 무엇인지를 밝히고 있다. 종신 서원을 하던 날 머튼에게는 수도자가 되기 전

---

16 Thomas Merton, 오지영 역, 『요나의 표징』, 30.

성 주간에 겟세마니 수도원에서 피정을 하면서 경험했던 것과 유사한 놀라운 환희는 없다. 교수직을 버리고 수도원에 들어올 때 오직 하나님만을 위해 살 것이며 그것이 자신의 유일한 행복임을 고백함으로써 "영웅적인 봉헌을 다짐했던 젊은 머튼"의 패기에 찬 모습도 없다. 수도원에 들어올 때의 열정적인 모습과는 달리 매우 차분하고 담담한 것처럼 보이지만, 머튼은 자신에게 주어진 은총을 확신한다.

완전한 봉헌

그렇다면 머튼이 종신 서원을 통해 체험한 은총은 무엇인가? 그는 종신 서원을 통해 하나님께 자신의 삶을 완전히 봉헌할 수 있었다. 머튼은 자신이 옳은 일을 했으며 최선을 다해 "자신을 하나님께 바쳤다"는 심오하고도 선명한 확신감이 들었다.[17] "하나님께의 완전한 봉헌"은 수도자 머튼의 인생 전반부의 목표이자 절정이라고 할 수 있다.

봉헌은 머튼이 수도원에 들어온 날부터 시작되었다. 그의 매일의 삶이 하나님께 사랑으로 자신을 봉헌하는 것이었는데, 이제 종신 서원을 통해 자신을 하나님께 온전히 봉헌한 것이다. 머튼은 하나님께 완전히 드려진 존재로서 봉헌되는 것이 수도자로서 자기 삶의 궁극적인 목표임을 분명히 깨닫게 되었다. 완전한 봉헌이 머튼 안에서 더 이상의 갈등이나 씨름

---

17 Ibid., 57.

없이 종신 서원으로 인해 매듭지어진 것이다. 머튼은 전 존재로 최선을 다해 자신을 하나님께 봉헌했다는 사실을 깨달았고, 이는 영적 환희나 신비로운 체험을 넘어서는 순수한 신념과 확신으로 다가왔다. 인생의 어느 한 순간에만 느낀 것이 아니라 봉헌된 존재로서 순수한 의식을 갖게 된 것이었다. 종신 서원을 한 지 정확히 한 달이 지난 4월 20일에 머튼은 일일 피정을 하며 종신 서원을 회상했다. "서원에 대해 생각할수록 나는 행복하다. 삶의 목적은 하나뿐이다. 하나님을 사랑하는 것이다. 세상에는 한 가지 불행밖에 없다. 하나님을 사랑하지 않는 것이다."[18]

완전한 봉헌의 비결: 성령의 사역

사진 47. 서품을 받는 머튼

머튼은 종신 서원 다음 날 쓴 일기를 통해 중요한 영적 통찰 하나를 밝힌다. 유기 서원 때는 전혀 생각하지 못했던 중요한 진리를 종신 서원에 이르러서야 비로소 깨닫게 되었다는

---

18 Ibid., 71.

것이다. 그것은 자신이 어떻게 완전한 봉헌의 삶을 살아갈 수 있을 것인가에 대한 소중한 통찰로서, 봉헌의 삶은 자신 안에서 일하시는 하나님의 도우심으로 가능하다는 깨달음이었다. 즉 봉헌의 삶은 자기 자신의 힘이나 노력이 아니라 그의 영혼 안에서 일하시는 성령의 사역임을 깨달은 것이다.[19] 유기 서원 당시에 머튼은 이 사실을 머리로는 알고 있었지만, 그것이 머튼 안에서 얼마나 실제적이고 중요하게 작용하는지는 의식할 수 없었다. 그렇기에 하나님께서 그 일을 이루어갈 수 있도록, 모든 일에서 자신의 욕망을 포기하는 것이 얼마나 중요하고 필요한지를 생각하지 못했다.

하나님의 도우심으로써만 봉헌의 삶이 가능하다는 진리를 알게 되었을 때 머튼은 오히려 지금까지 자신이 정반대의 삶을 살아왔음을 인식하게 되었다. 그는 수도 생활 초기에 뜨거운 열정으로 순명이라는 명분 아래 수도회의 영성을 열심히 연구하면서 여기저기에서 얻어지는 달콤함에 취했다. 그런데 그 달콤함이 사라질 때마다 성소에 대한 시험에 빠졌다.[20] 이런 실패의 경험이 반복되면서 머튼은 자신의 노력으로 이루어내고자 했던 봉헌이 진정한 봉헌에 이르게 하는 삶이 아님을 깨닫게 되었다. 결국 머튼은 종신 서원을 하면서 자신을 진정한 봉헌의 삶으로 이끌어 주는 것은 자신의 열정이나 노력이 아닌 자신 안에서 일하는 하나님께 달려있음을 확실히 알게 된 것이다. 그렇게 완전한 봉헌의 삶은 하나님의 역사로만 가능하다는 것을 깨달은 후 하나님께서 자기 안에서 일하실 수 있도록 자기를 내어드리는 마음 자세를 갖게 되었다. 머튼은 이것이 단순하기 때문에 쉬워

19　Thomas Merton, *Entering the Silence*, 49.
20　Ibid., 50.

보이지만, 오히려 그 단순함 때문에 더 어려울 수 있다고 말한다. 왜냐하면 사람들은 그것이 단순하다는 이유로 심각하게 생각하지 않기 때문이다.

하나님께서 당신의 사람들을 완전한 봉헌으로 이끄는 길은, 하나님의 존재가 신비이듯 다양하고 신비롭다. 머튼이 이 신비를 자각하게 된 만큼 그의 봉헌의 길은 훨씬 상호적이 되고 하나님의 일도 더욱 선명하게 드러날 것이다. 머튼의 응답이 커진 만큼 완전한 봉헌, 완전한 승복, 완전한 자율성이 아름답게 어우러져 그의 고유한 여정을 걸어가게 될 것이다.

공동체에 대한 경험

머튼은 종신 서원을 통해 공동체를 경험했다고 고백한다. 그것은 머튼의 기억 속에 도장처럼 찍혀 영원히 지워지지 않을 놀라운 하나님의 은총이었다. 관상 수도회의 수도자로서 종신 서원을 한다는 것은 자신이 선택한 공동체와 영원히 하나가 되어 살아가는 것이라 할 수 있다. 그러므로 머튼의 종신 서원은 겟세마니 수도원에서 정주하며 공동체와 함께 일평생 봉헌하는 삶을 살겠다는 서원이다. 트라피스트 수도자 머튼에게 종신 서원은 수도자 인생의 필연적인 과정이자 여정이었다.

머튼은 종신 서원을 통해 겟세마니 수도원의 모든 수사들과 깊은 일치감을 느끼는 특별한 은총을 체험하였다. 모든 수도자들(형제들)과의 일치, 즉 완전한 봉헌과 함께 자신이 공동체 안에 깊이 젖어 들었다는 강렬한 깨달음을 얻게 된 것이다.

나는 겟세마니 수도원의 일부이며 식구다. 이 수도 가족에 대해 나는 착각하지 않는다. 일원이 되는 느낌에 관한 가장 큰 만족은 바로 다른 공동체가 아닌이 공동체에 속해서 기쁘다는 것이고, 다른 사람이 아닌 이 형제들과 함께 한몸을 이루었다는 것이다. 그들의 부족이나 나의 부족은 예나 지금이나 똑같겠지만 그런 것들이 이제는 아무 문제가 되지 않을 것 같다. 일상의 삶이 지루해지고 형제들이 다시 나를 귀찮게 굴기 시작하더라도 나는 개의치 않을 것이다.[21]

머튼은 다른 사람들이 아닌 겟세마니의 형제들과 한 몸을 이루었다는 사실에 감격했다. 하나님께서 순수한 관상 생활을 갈망해왔던 머튼을 인도하신 곳은 놀랍게도 그가 관상 생활에 가장 적합한 곳이라고 여겼던 카르투시오나 카말돌리 수도회가 아니라, 머튼이 현재 서 있는 겟세마니 수도원과 그곳의 형제들 한가운데였다. 그는 겟세마니 수도원에서는 너무나많은 활동들 때문에 자신이 원하는 순수한 관상의 삶을 추구하며 살아갈수 없겠다고 생각했다. 하지만 머튼은 겟세마니가 하나님이 자기를 불러세운 곳임을 믿었고, 비록 그곳에서 순수한 관상을 추구할 수는 없으나 트라피스트 수도자로서 하나님께 봉헌하는 순수한 열망을 실현할 수 있다고보았다.

그런데 머튼은 그날 일기의 마지막 부분에서 성 베네딕도 『수도 규칙』 제72장을 언급한다. 이는 지극히 열렬한 사랑으로 수도원 안에서 형제들과 상호관계를 이루며 잘 살아가도록 가르치는 내용이다. 머튼은 왜 종

---

21   Thomas Merton, *Sign of Jonas*, 32 (『요나의 표징』, 57).

신 서원을 통해 완전한 봉헌의 삶으로 들어가는 인생의 순간에 기본적인 공동체 생활에 대한 열정을 다루는 수도 규칙을 언급하는 것일까? 하나님 께서 수도자들을 완전한 봉헌으로 이끄시는 구체적인 길이 공동체의 삶에 있다고 보았기 때문이다. 하나님뿐만 아니라 형제들과 이루는 진정한 일치 는 수도원의 공동 생활 안에서 생기는 어려움으로 인한 자기 부인을 통해 이루어진다. 이런 깨달음은 자기 부인에 이르는 길에 대한 머튼의 이해가 금욕 수련을 넘어 관계적인 차원으로 확장되었음을 보여준다.

머튼은 수도원에 들어온 초반에 열정적으로 십자가 요한의 『잠언과 영적 권고』와 성 베네딕도 『수도 규칙』을 충실히 따르면서 완전한 봉헌의 삶으로 나아가고자 했다. 그러나 수도원 안에서 시간이 지날수록 훨씬 더 실존적이고 인간적이며 신앙에 있어서도 훨씬 더 관계적인 모습을 갖추게 되었다. 또한 인생의 후반부로 갈수록 단순히 수도원 규칙을 실천하는 것 을 넘어서, 인간이 갖는 나약함과 자기 부인으로 나아가게 하는 삶의 경험 및 한계적인 인간 조건들이 어떻게 한 사람을 진정한 자기 됨, 하나님과의 일치, 완전한 봉헌으로 이끄는지를 보여준다.

종신 서원:
완전한 봉헌의 삶으로 나아가는 출발(도덕적인 회심)

머튼의 종신 서원은 완전한 봉헌의 삶을 향한 결정적인 출발이다. 또한 그 의 인생에서 이미 시작된 심오한 변화를 확실하게 매듭짓는 동시에 새로운 여정의 출발이다. 어떤 면에서 보면 종신 서원을 시작으로 본격적인 머튼의 변화가 나타나기 시작했다. 로너간의 회심 이론으로 보면 수도원 생활 초기 머튼의 변화는 도덕적 회심에 속한다. 그것은 가치관의 전환이다.[22] 자기중심적인 삶을 살아온 머튼이 신앙을 갖게 되고 교회의 가르침을 따라 살아가는 존재로 변화되었다. 이는 머튼의 삶에 나타난 확실한 변화였지만, 완전한 변화, 완전한 봉헌의 삶으로 나아가는 출발일 뿐이다. 머튼

---

22 버나드 로너간은 회심을 개종이 일어나는 어느 특정 순간의 경험이라기보다 점진적인 자기 초월로 이해한다. 그는 회심을 종교적 회심(religious conversion), 도덕적 회심(moral conversion), 지성적 회심(intellectual conversion)으로 나눠 설명한다. 이런 관점에서 본다면 머튼의 회심은 컬럼비아 대학교 시절에 받은 세례를 전후한 그리스도인으로의 결정적 전향이 아니라 내면에서 회심의 다양한 차원이 점차적으로 분명하게 이루어진 연속적 자기 초월의 과정이라고 할 수 있다.

자기 초월의 근거가 된 머튼의 종교적 회심은 어둠 가운데 끝없이 방황하던 그를 신앙 안에서 빛의 삶으로 나아가게 해주었던 숨겨진 하나님의 현존과 사랑에 대한 발견이었다. 이기적인 쾌락을 추구하던 머튼은 자신의 무질서하고 탐욕적인 삶을 반성하며 교회의 전통과 가치를 무비판적으로 받아들이는 기본적인 도덕적 회심을 하게 된다. 머튼은 질송을 통해 하나님의 존재가 지성적으로 받아들일 만한 존재임을 깨닫게 되었으며, 헉슬리, 블레이크, 마리탱 등을 통해 하나님을 살아계신 분으로 인정함으로써 하나님의 존재를 가슴으로 받아들일 수 있게 되었다. 이를 통해 초자연적 지평이 열리는 지성적 회심이 나타나게 된다. 숨겨진 하나님의 은총으로 주어진 머튼의 종교적 회심은 도덕적, 지적 회심으로 나타났으며, 시간이 지남에 따라 이 두 회심은 다시 하나님의 존재가 머튼의 삶의 중심에 오는 종교적 회심으로 수렴된다. 이것이 생애를 거치면서 훨씬 더 깊은 수준의 회심이 나타났다고 볼 수 있다(Bernard Lonergan, 김인숙 , 이순희 , 정현아 역, 『신학 방법』[서울: 가톨릭출판사, 2012], 334).

그런데 초기 머튼의 회심뿐만 아니라 발달적 차원에서 머튼의 전체 삶을 회심의 관점에서 바라본 월터 콘은 머튼이 가톨릭교회에 입문하는 초기 머튼의 회심을 교회의 가르침을 무비판적으로 받아들이는 도덕적인 회심으로, 비평적인 도덕적 회심이 일어나는 1950년대 후반의 회심을 지적 회심으로, 죽기 얼마 전 일어난 소위 최종적인 회심을 종교적 회심으로 해석한다. 이에 대해 나는 머튼의 성장과 변화를 발달의 측면에서 종합적으로 분석한 것은 중요한 공헌이나, 머튼의 회심을 발달적인 차원에서만 바라보고 각각의 회심을 머튼의 특정 시기에 나타나는 것으로 제한시켜 이해하려는 것에는 상당한 무리와 비판의 여지가 있다고 본다(Walter E. Conn, *Christian Conversion: A Developmental Interpretation of Autonomy and Surrender*, 158-268; Walter E. Conn, *The Desiring self: Rooting Pastoral Counseling and Spiritual Direction in Self-Transcendence*, 113-33).

자신도 훗날 『칠층산』의 머튼은 죽었다고 말할 만큼 종신 서원 이후에 계속되는 그의 변화는 실로 엄청나다. 그의 변화를 전체적으로 볼 때 누구도 머튼의 종신 서원이 갖는 영적 중요성을 결코 간과할 수 없다. 종신 서원은 머튼이 세상을 완전히 떠나는 마지막 순간이었다. 동시에 그는 여태껏 생각하고 꿈꾸고 계획하며 살아왔던 자신, 그렇게 형성된 자신을 하나님 앞에 완전히 내려놓게 되었다. 이제 과거의 머튼은 더 이상 존재하지 않는다. 사막의 교부와 교모들이 구원을 얻기 위해 사막으로 들어간 것처럼 머튼은 겟세마니를 사막의 영원한 집으로 삼게 되었다.

종신 서원:

인생 후반부의 변화를 위한 영원한 터전과 바탕

종신 서원으로 인해 겟세마니는 머튼이 인생 후반부에 놀라운 변화의 삶을 살아갈 수 있도록 도운 영원한 터전과 바탕이 되었다. 한 수도자가 엄격한 트라피스트 수도원에서 종신 서원을 했으니, 이제 수도 성소에 충실하기만 하면 그의 미래의 삶과 변화와 성장은 어느 정도 예측가능하지 않겠는가? 그런데 윌리엄 섀넌은 종신 서원 이후의 머튼의 삶을 안정성과 모순성(비일관성)의 역설이라고 표현한다.[23] 모순성이 기존의 틀로 재단할 수 없고 예측할 수 없는 머튼의 모습이라면, 안정성은 이런 비일관적인 삶을 가능하게 해주는 본질을 뜻한다. 종신 서원 이후로도 머튼의 계속되는 변화의 모습은 수많은 연구물과 책에 드러나 있다. 머튼은 끊임없이 변화하고 성장하는 관상 수도자로서 세상의 문제와 갈등에 주도적으로 참여하는 삶을 살아갔다. 머튼뿐 아니라 누구든지 자신의 중심에 충분히 뿌리내리고 있다면 얼마든지 자기 초월적인 삶을 추구하면서도 비일관적일 수 있다. 섀넌은 끊임없는 변화와 변형의 삶을 위해 "중심"이 필요했다는 머튼의 일기를 인용한다. "내 생각은 항상 변하고 있으며 항상 하나의 중심 주변을 돌고 있고, 나는 그 중심을 어디서나 보고 있다. 그러므로 나는 언제나 비일관적이라는 비난을 받을 것이다. 그러나 나는 그 비난을 받는 그곳에 더 이상 존재하지 않을 것이다."[24] 섀넌은 머튼의 이 중심이 무엇인가를 물으며 그것은 다름 아닌 머튼의 수도 성소라고 답한다.[25] 머튼의 수도자로서의 정체성, 수도 성소, 겟세마니라는 안전한 터전이 그로 하여금 혼란과 불확실성의 지대를 믿음으로 담대하게 여행할 수 있도록 해주었다는 것이다.

---

23 William Shannon, 오방식 역, 『토머스 머튼: 생애와 작품』, 110-13.
24 Thomas Merton, *A Vow of Conversation: Journal,* 1964-1965 (New York: Farrar, Straus & Cudahy, 1988), 19.
25 William Shannon, 오방식 역, 『토머스 머튼: 생애와 작품』, 114-15.

종신 서원 직후의 현실:
완전한 고독으로 이끄는 하나님의 손길

겟세마니에 대한 머튼의 고민이 이렇게 전개되었다면, 종신 서원 이후 그의 삶은 실제로 어떻게 진행되었을까? 트라피스트 수도자로서 종신 서원을 한다고 해서 수도원 안의 외적인 삶에 획기적인 변화가 일어날 수는 없다. 수도자는 평생 거의 동일한 일과로 살아가는 존재다. 다만 일상의 삶은 동일하지만 서원 이후 달라진 것이 있는데, 그것은 바로 머튼의 삶의 목적이 더욱 분명해졌다는 점이다. 수도자의 삶은 하나님을 사랑하는 것이다.[26] 하나님의 사랑을 배워 그 사랑을 베푸는 것이 수도자의 삶이다. 종신 서원 이후 머튼은 이런 맥락에서 하나님을 사랑하는 것이 수도자의 순명이며, 사랑만이 관상의 유일한 목적이 된다는 점을 분명히 인식하게 되었다.

　종신 서원 이후 머튼에게 확연히 달라진 또 다른 면은 종신 서원을 통해 수도원에 뿌리를 내리면서 순명의 삶을 제대로 살기 위해 질문을 하기 시작했다는 것이다. 머튼은 사람들이 하나님을 기쁘게 하기 위해 하는 행동이나 생각에 관해 반복해서 질문했다. "순명이라고 하는 모든 것이 정말 하나님을 기쁘게 해드리는 것일까?" 이는 관상과 순명을 온전히 살아내고자 하는 머튼의 쉼 없는 내적 투쟁의 표현이었다.[27] 그는 관상 수도자로 종신 서원을 했지만 여전히 온종일 제어할 수 없을 정도로 주어지는 많은 활

26　Thomas Merton, 오지영 역, 『요나의 표징』, 71.

27　Ibid., 70, 71-72, 79.

동으로 인해 독을 흘리며 주님을 기다리는 자신의 절박한 심정을 진솔하게 아뢴다.

> 주님은 당신 평화와 고요를 주시려고 저를 만드셨습니다. 그런데 제 영혼은 활동과 욕망으로 인해 상처를 받았습니다. 제 영혼은 경험과 생각과 만족감을 얻으려는 갈망으로 종일 몹시 시달렸습니다. 저의 집은 고요하지 않습니다.
>   당신의 평화를 주려고 저를 만드셨으니, 주님께서는 깊고 거룩한 침묵을 염원하는 저를 경멸하지 않으실 것입니다. 오, 주님, 당신은 이 슬픔에 저를 영원히 버려두지 않으실 것입니다. 저는 주님께 모든 것을 맡겼으므로, 주님께서 평화롭게 기뻐하실 때까지 기다리고 있겠습니다. 이제 더는 불평하지 않겠습니다.[28]

비록 많은 활동으로 인해 상처를 입어 독을 흘리는 것 같지만, 머튼은 자기 모습을 있는 그대로 바라볼 수 있었다. "제가 써 놓은 글이 제 모습을, 시끄럽고 불완전하며 욕망으로 가득한 제 자신과 제가 지은 죄가 만들어 놓은 깊은 상처를 있는 그대로 보여주니 행복합니다." 무엇보다도 머튼은 자신 안에 현존하신 주님을 확신했다. "허물어져 텅 빈 제 마음속에 당신은 살아 계십니다!"[29]

머튼은 겟세마니가 자신의 고독을 위한 장소인지를 재차 질문하며 다른 은수처로 옮겨 가야 하는지를 물으면서도, 하나님께서 자기를 완전한

---

28   Ibid., 80-81.
29   Ibid., 81.

고독으로 이끌고 계심을 확신했다. 그는 모든 것을 다 버리고 모든 일에서 오로지 하나님만을 찾을 수 있게 될 때까지 하나님께서 쉼 없이 자신을 고독으로 이끌어 가실 것임을 확신했다. "고독은 하나님이 나에게 바라시는 뜻이라는 것과, 나를 사막으로 부르시는 분은 정말 하나님이심을 오늘 확신하게 되는 것 같다. 이 사막은 지도에서 말하는 사막이어야 하는 것은 아니다. 사막은 기쁨이 생겨 소진되고 하나님 안에 다시 태어나는 마음의 고독이다."[30]

머튼의 영원한 집 겟세마니

종신 서원을 하면서 은수 수도회를 향한 마음이 정리된 듯 보였지만, 은수 수도회를 향한 머튼의 열망은 결코 식거나 사라지지 않았다. 비록 겟세마니에서 정주하기로 종신 서원을 했지만 그가 온 마음으로 겟세마니에 뿌리를 내리는 데는 오랜 세월이 필요했다. 머튼은 다른 수도회로 옮겨가고 싶은 마음이 하나님의 부르심의 표시인지 아니면 자신의 욕망에 기인한 유혹인지를 식별하는 과정 속에서, 왜 자신이 종신 서원을 했음에도 불구하고 여전히 다른 수도회로 옮겨가기를 원하는지에 대해 분명히 알고자 했다. 우선 겟세마니 수도원은 너무 분주하여 순수한 관상을 위한 분위기가 조성되지 않는다는 이유가 있다. 머튼은 다른 곳에서라면 더 높은 기도

---

30 Ibid., 87-88.

의 경지에 빨리 나아갈 수 있으리라는 생각에 빠지기도 했다.[31]

그러나 머튼은 다른 어떤 곳으로 갔더라도 여기서 보다 훨씬 더 나빴을 것이 확실하고 자신을 위해서가 아니라 하나님 때문에 이곳에 왔음을 확신하며 이렇게 말한다. "하나님이 내 수도회며 내 독방이다. 하나님이 내 수도 생활이며 규칙이다. 하나님은 나를 당신 안으로 끌어들이려고 내 삶의 모든 것을 주관하신다. 나는 그 안에서 하나님을 뵙고 그분 안에서 쉴 수 있다. 하나님은 내가 이곳에 있기를 바라시기에 나를 이곳으로 보내셨다."[32] 머튼은 이렇게 다른 곳이 아니라 겟세마니의 고독 가운데서 하나님을 찾는 삶에 대한 확신을 드러낸다.

머튼은 고독이야말로 하나님께서 자신에게 바라시는 뜻임을 확신했다. "고독은 하나님이 나에게 바라시는 뜻이며, 나를 사막으로 부르시는 분은 정말 하나님이심을 오늘 확신하게 되는 것 같다." "지금쯤 나는 하나님이 나를 고독으로 이끄시기 위해 모든 방법을 활용하신다는 사실을 알아야 한다."[33] 머튼은 삼위일체의 신비를 알아듣는 것은 더 깊은 고독의 삶을 아는 것이며 자신에게 "필요한 것은 단 한 가지뿐"임을 깨달았다. 그것은 "하나님과 고독만"을 바라는 것이다.[34]

그는 이런 확신을 갖고 겟세마니에서 완전한 고독의 삶을 살아가기 위해 현실적으로 가능한 길을 구체적으로 모색하기 시작했고, 그 결과 다른 수도회로 가든지 아니면 겟세마니에서 은수자가 되는 것만이 완전한

---

31   Ibid., 42.
32   Thomas Merton, 오지영 역, 『요나의 표징』, 42.
33   Thomas Merton, 오지영 역, 『요나의 표징』, 87–88.
34   Ibid., 121–23.

고독에 이를 수 있는 길이라는 생각을 하게 되었다. "나는 좀 더 내 삶에서 고독해질 필요가 있다. 그러기 위한 한 가지 길은 다른 수도원에 가는 것일 수도 있다. 아니면 다른 하나는 겟세마니에서 은수자가 되는 것이다." 머튼은 은수자의 삶이 시토 수도회에서도 용인된 전통이라는 것을 알고 있었다.[35] 그러나 시토 수도회에서 할 수 있는 은수자 생활은 누구에게나 허용되지 않았다. 은수자의 삶으로 부름을 받았다고 느끼는 수도자는 먼저 자신이 공동체 안에서 잘 살아갈 수 있다는 것을 증명해야 했다.[36]

새로 선출된(1948년 8월 25일) 수도원장 돔 제임스 폭스(Dom James Fox)는 카르투시오 수도회로 옮겨가는 문제를 질문해온 머튼이 홀로 있는 시간과 침묵할 수 있는 공간을 누릴 수 있도록 배려하여, 1949년 1월 7일에 수도원 도서관 희귀본 서고(Rare Book Vault)를 쓰게 해주었다. 그곳은 수사들의 출입이 전혀 없고 완벽하게 방음이 되므로 침묵과 고독의 분위기가 보장되는 정말 조용한 공간이었다. 머튼은 새로운 공간에서 복된 고독을 경험했다. 이는 잠시나마 카르투시오 수도회로 옮겨 가고자 하는 마음의 고민을 해결해주었다. "서고가 얼마나 조용한지. 꼭대기에 있는 창을 열었다. 작고 네모난 켄터키의 파란 하늘만 보인다. 햇살이 고전 제본 묶음 위로…스며든다. 모든 것이 고요하다. 하나님의 현존이 모든 감각을 잃게 할 때까지 그분의 현존에 흠뻑 젖어 든다. 식당에서는 수도자들이 성 아우구스티누스에 대한 글을 읽고 있다."[37] 머튼은 서고와 그곳의 고요가 얼마나

---

35 1947년 10월 26일에 머튼은 돔 프레데릭 원장 신부에게 물었다. "우리 수도회에서 최근 은수자 생활을 허가받은 수사가 있습니까?" 원장 신부는 겟세마니에 들어와 은수자로 생활한 수사가 있었다고 말해주었다(Ibid., 119).

36 미 출판 일기(1952년); William Shannon, *Silent Lamp*, 150.

37 Thomas Merton, *Sign of Jonas*, 147.

좋은지를 노래한다. 쾌적하고 고요한 서고에 머무를 때 머튼의 마음은 사랑으로 불타올랐다. "사랑! 사랑! 사랑이 마음속에서 타오른다. 아직도 이글거린다. 그 사랑의 열기가 파도처럼 왔다 갔다 한다. 참 멋지다."[38]

1949년 6월 26일에 수도원장은 머튼이 주일 오후 2시부터 4시까지 봉쇄 구역을 넘어 깊은 숲속으로 들어가 홀로 시간을 보낼 수 있도록 허락해주었다. 이는 머튼의 겟세마니 성소에서 획기적인 전환이 되는 순간이었다. 왜냐하면 머튼이 수도자가 된 이래 처음으로 홀로 봉쇄 구역을 떠나 숲속 깊숙이 들어갈 수 있다는 허락을 받은 것이기 때문이었다. 조나단 몬탈도(Jonathan Montaldo)는 숲속으로 들어가 홀로 시간을 보내도 좋다는 허락을 받은 그날을 반추하며 기록한 머튼의 글을 보면서, 그가 이제까지 얽매였던 정신적, 육체적인 구속에서 벗어나게 되면서 광대함과 깊이, 해방감과 만족감, 자연에 대한 고양된 인식이 드러났다고 평가한다.[39] 머튼은 울창한 숲이 시작되는 성 말라키 평원 너머의 젖소 목초지로 갔다. 그곳은 에덴처럼 고요했으며 메아리치는 새소리가 마치 멀리서 울려오는 것처럼 들려서 고립되고 완벽하게 독립되어 있는 느낌을 주었다. 머튼은 그곳에서 거의 원초적인 고요를 경험했다.

지금까지 아무도 이곳에 온 적이 없다. 놀라운 고요! 숲의 향기와 맑은 시냇물과 더불어 침범되지 않은 완벽한 고독이었다. 아무도 주의를 기울이지 않는

---

38 Thomas Merton, 오지영 역, 『요나의 표징』, 227.

39 Thomas Merton, *Entering the Silence: The Journals of Thomas Merton* Vol II: 1941-1952; ed by Jonathan Montaldo. (San Francisco: Harper Collins, 1996), 327-332. 특히 328쪽. Weis, *Environmental Vision of Thomas Merton*, 44 및 Patrick F. O'Connell, "Nature," in *Thomas Merotn Encyclopedia*, 319 참조.

다고 생각해보라! 바로 이곳이 내가 바라는 곳이건만 대수롭지 않게 생각한다. 소란스러움과 책, 우리의 신호인 언어와 트랙터와 불협화음을 내는 합창단 같은 것에서는 도저히 맛볼 수 없다. 그 고요한 한순간이 내 영혼에 덕지덕지 앉은 때를 씻어주었다. 절로 흥이 넘쳐 고요 속의 기도가 되지는 못했지만, 그 기도 안에 내적인 모든 것이 차분히 침잠했다.[40]

숲속에서 놀라운 고요를 경험하고 돌아오면서 머튼은 겟세마니에서 더 깊은 고요를 보장받을 수 있는 공간이 있는지 생각해보았다. "혼자 사는 은수자의 집을 짓는 것은 허락되지 않을 것이다. 그러나 특별한 피정을 위한 작은 집은 가능할지도 모른다. 그곳에서 한 달 또는 조금 더 긴 기간 동안 머물면서 참되고 온전한 관상으로 들어가는 것이다."[41] 과연 머튼의 이런 꿈이 겟세마니 안에서 이루어질 수 있을까?[42]

---

40 Thomas Merton, 류해욱 역, 『토머스 머튼의 시간』, 129-30.

41 Ibid., 131.

42 1952년 9월 11일에 머튼은 미국 버몬트에 있는 카르투시오 수도회 창립 수도원장이었던 돔 험프리 포세이(Dom Humphery Pawsey)에게 편지를 보내어, 겟세마니 수도원장에게 어떤 형식으로든 은수자의 삶을 살게 해달라는 공식요청을 할 계획이 있다고 밝혔다. 그러면서 자신이 카르투시오 수도자로 받아들여질 가능성이 있는지를 물었다(Thomas Merton, *School of Charity*, 41). 돔 험프리는 머튼에게 카르투시오 수도원 방문을 환영하지만, 가능하면 겟세마니 안에서 은수처에 대한 문제가 잘 풀리기를 기원한다는 답장을 보냈다. 하지만 겟세마니 수도원장은 머튼의 버몬트행을 허락하지 않았다. 머튼은 1952년 11월 28일에 돔 험프리에게 편지를 써서 버몬트 수도원에 방문할 수 없게 되었다고 알렸다. "당신께서 말씀하셨듯이, 제게 일어나는 모든 일들이 지금 이곳에서 수습될 수 있다면 더 좋을 것 같습니다. 그리고 저는 하나님 뜻을 가리키는 모든 표시들이 현재로선 그 방향을 나타내고 있는 것 같다고 생각합니다.…제가 느끼고 있는 한 가지 신기한 일은 여기서 머무는 것이 관상의 삶을 희생하는 것 같이 여겨지는데도, 여기에 머물라고 말하는 모든 이들은 관상의 삶을 위해 제가 그렇게 해야 한다고 말한다는 점입니다. 저로서는 많은 기도가 필요하고 고통의 원천이 충분한, 흥미로운 딜레마입니다. 저는 당신의 기도에 의지하기를 소망합니다"(Ibid., 48). 겟세마니 수도원장은 머튼의 버몬트행을 불허했지만 대신 그가 겟세마니에서 은수자와 비

1953년 1월 20일에 머튼은 숲속에
서 수도원 연장 창고를 발견하고, 고독을
위한 훌륭한 장소로 보이는 그곳에 마리
아의 어머니 이름을 따서 "성녀 안나의
집"이라는 이름을 붙였다. 그리고 2월 9
일에는 저녁이 되기 전 낮 동안 몇 시간
씩 그 "은수처"에서 머물러도 좋다는 수

사진 49. 성녀 안나의 집

도원장의 허락을 받았다. 성녀 안나의 집
은 크지는 않지만 한 사람이 적막 중에 앉아서 사색하며 열린 문을 통해 켄
터키의 파란 하늘을 바라보기에는 충분했다. 머튼은 시토 분위기를 살리기
위해 집을 흑백으로 칠한 뒤 생명과 죽음의 장소라는 상징으로 문에 나무
십자가를 달았다. 머튼은 성녀 안나의 집에서 보낸 첫날의 경험을 일기에
담았다.

저녁이다. 나는 지금 "성녀 안나의 집"에 있다. 저녁 식사 전까지 이곳에 머물
러도 된다는 허락을 받았다. 은수자도 아니면서 "은수자가 될 것인가?"라는
내적 물음에 대해 더 이상 갈등하지 않게 되어 다행이다. 내적 고독은 매우 구
체적이다.

길게 펼쳐진 언덕, 텅 빈 옥수수밭, 삼나무 위의 갈 까마귀, 언덕 주변을
따라 긴 가지를 뻗은 삼나무들이 보인다. 하늘은 넓게 펼쳐져 있고 주위는 평
화로 가득 차 있다. 벽을 긁어대는 들쥐 소리를 제외하고는 나를 방해하는 것

숫한 삶을 살아갈 수 있는 길을 모색해주었다.

이 없다. 이토록 평화로울 수 있다니! 들쥐만이 침묵을 방해하려는지 날카로운 소리를 낸다.

이곳에선 책이 필요하지 않다. 언제나 이곳에 머물 수 있다면!…세상의 고요와 더불어 성령께서 이곳에 머무신다.[43]

"성녀 안나의 집"은 머튼이 일생동안 기다렸고 찾아왔던 바로 그곳 같아 보인다. 그는 이곳의 침묵 속에서 자신 안에 실재하는 모든 것이 하늘을 향해 활짝 열린 문으로 활기를 되찾고 세상의 모든 것이 일치를 이루며 하나가 되는 것을 경험했다.[44]

"성녀 안나의 집"은 머튼에게 큰 기쁨을 주었다.[45] 그는 이 장소를 통해 겟세마니에서도 물리적으로 고독이 가능하다는 것을 실제로 경험했다. 성녀 안나의 집은 비록 완전한 고독의 장소는 아니었지만, 그곳에서 고독의 시간을 경험한 머튼은 겟세마니가 아닌 다른 곳에서 은수자가 되는 것에 대한 숨겨진 열망과 질문들을 내려놓을 수 있게 되었다. 머튼은 1955년 10월부터 수련장의 소임을 맡아 겟세마니의 침묵과 고독 속에서 젊

---

43 Thomas Merton, 류해욱 역, 『토머스 머튼의 시간』, 188-89.
44 Ibid., 191-92.
45 성녀 안나의 집이 머튼에게 깊은 고요와 침묵을 제공해주었음에도 불구하고, 머튼이 다른 수도회와 접촉하거나 다른 수도회로 옮겨가고자 시도했던 흔적들은 계속 나타난다. 이 모든 과정 속에서 진정한 수도자의 삶을 살기 위해 계속해서 고민하고 분별하는 머튼의 모습을 볼 수 있다. 머튼은 성녀 안나의 집에 머물면서 고독의 신비를 더 깊이 맛보았으며, 고독에 관한 중요한 작품들을 저술했다. 이 시기에 그가 쓴 고독에 관한 작품으로는 『사람은 섬이 아니다』, 『고독 속의 명상』, 『고요한 삶』, 『고독의 철학에 대한 비망록』 등이 있다. 윌리엄 섀넌은 『고요한 등불』에서 다른 수도회의 지도자뿐만 아니라 머튼이 이 문제 관해 터놓고 대화를 나누었던 사람들을 자세히 밝히고 연관된 증거와 자료들을 상세히 제시한다(『고요한 등불』, 293-320).

은 수사들을 양성하는 데 힘쓰게 된다. 완전한 침묵과 고독을 찾던 머튼은 1965년 8월 20일에 마침내 미국 최초의 트라피스트 수도자로서 은수자로 살아갈 수 있다는 허락을 받아 겟세마니 수도원 안에 있는 은수처로 들어갔다.

사진 50. 은수처

사진 51. 은수처로 향하는 길

종신 서원의 역설: 더 수도원 안으로, 더 세상 밖으로

종신 서원의 역설: 더 수도원 안으로, 더 세상 밖으로

사진 52. 수련장 시절 신부가 될 수사들과 함께

머튼은 종신 서원을 통해 겟세마니에서 정주하며 수도자로서 하나님께 봉헌하는 삶을 살아갈 것을 공식화했다. 그는 종신 서원으로 겟세마니 수도원에서 더욱 견고하고 깊은 뿌리를 내리게 된다.

이후 머튼의 고독은 점점 더 깊어져 갔다. 수도원장은 수도원 공동체의 삶 가운데서도 머튼이 개인적으로 필요로 하는 물리적인 침묵과 고독의 공간을 최대한 배려해주었다.

머튼은 1949년 5월 26일에 사제 서품을 받은 후 신부가 될 수사들을 위한 교육 책임자(master of Scholastics)가 되었고, 1955년에는 수사들의 영성 형성을 담당하는 수련장(novice master)이라는 직책을 맡게 된다. 그는 이 모든 과정을 통해 하나님을 향한 자신의 고유한 여정을 걸어가며 수도자로서 더 성숙해져갔다. 1965년에 겟세마니 숲속의 은수자가 된 머튼은 계속해서 겟세마니의 중심을 향한 걸음을

사진 53. 1949년 5월 26일 사제 서품을 받는 머튼

멈추지 않았다.

역설적이게도 겟세마니에서의 삶은 수도자 머튼으로 하여금 수도원 밖을 향해 나갈 수 있도록 해주었다. 수도원의 고독 속에서 하나님을 깊이 만날 때 머튼은 세상의 복판에서 사람들과 하나임을 깨닫는 신비로운 체험을 하게 되었다. 그가 고독 안에서 만난 하나님은 이 세상에 있는 모든 이들의 숨겨진 사랑의 근원(Hidden ground of love)이었다. 머튼은 하나님 안에서 자신뿐만 아니라 이 세상을 살아가는 모든 사람들과 이 세상에 있는 모든 것을 보게 되었다. 그는 침묵 속에서 하나님을 대면하면서 하나님의 마음 안에 있는 세상을 보게 되었으며, 세상 가운데 역사하시는 하나님을 만나게 되었다. 수도원 안의 고독으로 더 들어갈수록 머튼의 목소리는 하나님의 은혜를 필요로 하는 세상을 향한 더 큰 소리가 되어 더 멀리까지 울려 퍼졌다.

수도원: 아무것도 아닌 자(No-one)가 되어 가는 곳

머튼에게 있어 수도원 안으로 더 들어간다는 것은 자기를 더욱 비워내어 무(no-thing)가 되는 것이며, 세상을 향해 더 멀리 나간다는 것은 그가 세상 안에서 존재하게 된다는 뜻이다. 그리스도교 관상가로서 자기를 완전히 비워 무(no-thing)가 되는 것에 관심을 갖고 있었던 머튼은 "내가 무(no-thing)일 때 역설적이게도 나는 모든 것(All) 안에 있고 그리스도께서 내 안

에 사신다는 것을 온전히 깨닫게 된다"고 말했다.[1] 머튼은 이처럼 "무"가
되는 것과 "모든 것 안에 있음"의 역설적 관계를 말하며, "무"가 됨으로써
"모든 곳에 있게 되는 것"으로 자신의 수도 성소를 정의한다. 이런 맥락에
서 머튼은 종신 서원으로써 갖게 된 영원한 집, 즉 자신의 삶에 안정성을
주는 터전으로서의 수도원을 새롭게 해석한다. 우선 그에게 수도원은 집
(home)이 아니다. 그곳은 "이 땅에서 우리가 견고하게 뿌리내리는 곳이 아
니며 우리가 세워지는 곳도 아니다." 머튼에 따르면 "그곳은 우리가 모든
곳에 있기 위해 사라지는 곳, 모든 곳에 존재하기 위해 아무것도 아닌 자
(No-one)가 되어 가는 곳, 그것이 가능하게 해주는 곳, 바로 그런 변화가 일
어나는 곳"이다.[2]

예언의 목소리

머튼은 수도자로 수도원 안에서 살아가지만 동시에 세상 속에서 자기의
몫이 무엇인지를 밝힌다. 그는 자신이 본질적으로 비독선적이고 비폭력적
인 태도로 겸손하고 평화로운 삶의 양식을 지키며 살아가는 것이 그 자체
로 폭력적인 세상을 향해 자신의 입장을 표명하는 행위라고 여겼다. 머튼

---

1 Thomas Merton, "Preface to the Japanese Edition of The Seven Storey Mountain," in
   Thomas Merton: "Honorable Reader" Reflection on My Work. Ed. by Robert E. Daggy (New
   York: Crossroad, 1991), 65.

2 Thomas Merton, "Preface to the Japanese Edition of The Seven Storey Mountain," in
   Thomas Merton: "Honorable Reader" Reflection on My Work, 65.

은 특별히 사막의 교부와 교모의 가르침으로부터 폭력적인 세상에서 수도자로서 자신이 감당해야 할 역할에 대해 영감을 얻었다.

그들은 자신들이 파선한 배의 잔해 속에서 허우적거리는 한 다른 이들에게 아무런 도움도 줄 수 없음을 알았다. 그러나 (이탈, 침묵과 고독으로 인해) 단단한 땅에 발을 확실히 디디고 있다면 얘기는 달라진다. 그렇게 되면 힘을 지니게 될 뿐만 아니라 온 세상을 안전한 곳으로 끌어낼 책임을 맡게 된다.[3]

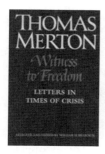

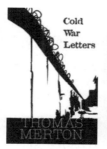

사진 54. 사회, 문화, 전쟁과 과학기술, 생태 윤리 문제에 깊이 관여했던 시기의 편지들

사진 55. 평화와 특별히 인종 문제를 심각하게 다룬 책

사진 56. 총 수도원장이 전쟁과 평화에 대한 이슈를 다루지 못하도록 했을 때 익명으로 회람된 편지들

사진 57. 평화 운동 지도자들을 위해 머튼이 주도했던 피정을 상세히 다룬 책

머튼은 사막의 교부와 교모들처럼 수도원의 삶을 통해 단단한 땅에 서 있게 되었으며 힘을 지니게 되었고 "온 세상을 안전한 곳으로 끌어낼 책임"을 자각한 예언의 목소리가 되었다. 머튼은 비록 침묵의 삶을 살아갔지만

---

3 Thomas Merton, *Wisdom of the Desert: Sayings from the Desert Fathers of the Fourth Century* (New York: New Directions, 1960), 23(『토머스 머튼이 길어낸 사막의 지혜』, 38).

그의 침묵은 세상에서 일어나는 수많은 활동 이상의 일을 해냈다. "나는 수도원 밖으로 나가 활동하는 것보다 바로 여기서 침묵 가운데 평화를 위해 훨씬 많은 일을 할 수 있습니다."[4]

위대한 변화는 어디에서부터 시작되나: 마음, 기도, 의식의 변화

세상을 위한 머튼의 위대한 공헌은 머튼 안에서의 변화, 즉 머튼의 마음, 기도, 의식의 변화로부터 시작되었다. 머튼은 그리스도 안에서 하나님의 은총을 통해 더욱 진정한 자기 자신이 되어감으로써 세상을 향해 한층 진정성 있는 긍휼의 목소리를 내게 되었다. 마침내 머튼은 하나님 안에서 용기 있게 자기 고유의 여정을 앞서 걸은 자로서, 우리가 각자의 삶 안에서 담대하게 하나님을 향한 자기 고유의 여정, 자기 자신이 되는 여정을 걷도록 도전한다.

내가 하나님을 사랑하려 한다면, 나는 내 마음(heart)으로 그를 사랑해야 합니다. 내가 나의 마음으로 그분을 사랑하려 한다면, 나는 마음을 가져야 합니다. 그래서 내가 그것을 내줄 수 있는 나의 소유로 가져야 합니다. 오늘날 삶

4　Thomas Merton, *Witness to Freedom: The Letters of Thomas Merton in Times of Crisis* edited by William H. Shannon (New York: Farrar, Straus, Giroux, 1994), 48.

에서 가장 어려운 일 가운데 하나는 자신의 마음이라는 소유물을 갖는 것입니다. 그런데 우리는 내줄 수 있는 마음을 가지고 있지 않습니다. 우리는 이것들을 박탈당했으며, 따라서 영성 생활의 첫걸음은 우리가 줄 수 있는 데로 되돌아가서 우리 자신이 되는 것입니다.[5]

우리가 마음으로 하나님을 사랑할 수 있다면, 우리가 진정으로 마음을 가진 자가 된다면, 그 마음은 주님이 주신 마음이며 생명을 품은 마음일 것이다. 그 마음은 오로지 주님만을 향하여 걷는 마음이기에 우리도 머튼처럼 우리 고유의 여정, 사랑의 여정을 넉넉히 걸어갈 수 있을 것이다.

하나님에 대한 사랑으로 이웃을 위해 자신을 산 제물로 내어줄 "마음"을 빼앗긴 채 살아가는 우리 삶의 첫 번째 과제는 무엇보다 먼저 우리 자신이 되는 데 있다. 성 아우구스티누스는 하나님이 인간 존재의 가장 깊숙한 곳에 현존하시는데, 우리가 우리 자신이 된다는 것은 바로 그 심원으로 용기 내어 걸어가는 것이라고 말한다. 진정한 영적 여정은 우리 존재의 가장 깊은 곳, 곧 내 존재의 중심인 마음으로 들어가는 것이다. 그것은 하나님을 향해 걸어가는 길인 동시에 세상에 나를 사랑으로 내어주는 삶을 의미한다. 세상을 떠나 수도원 안에 들어가 종신 서원을 통해 세상과 완전히 분리된 머튼은 그곳에서 고독 안으로, 그리고 진정한 자기 자신 안으로 더 깊이 침잠하는 삶을 추구했다. 그런데 하나님은 머튼이 수도원에서 세상을 새롭게 바라볼 수 있도록 이끌어주셨다. 비록 머튼은 시간이 흐르면서 수도

---

5 Thomas Merton, 1966년 5월 1일 녹음된 강의, 164.1. 루이빌의 벨라민 대학교, 토머스 머튼 센터.

자로서 점점 더 깊은 고독으로 들어가지만, 하나님의 놀라운 은총과 섭리
는 머튼으로 하여금 수도원과 자기 내면의 중심에만 머무르지 않고 세상
의 복판으로, 세상 사람들 한가운데로, 하나님이 현존하는 역사의 현실 속
으로 머튼을 인도하셨다.

세상을 위해 일하는 머튼의 방식:
자기 자신을 있는 그대로 내어주기

침묵 속에서 하나님을 찾기 위해 세상을 등졌던 머튼이 수도자로서 하나
님을 체험하고 깨달은 통찰을 세상에 나누어주는 방법은 독특했다. 그것은
바로 자기 내면의 이야기를 진솔하게 나누어주는 방식이었다. 머튼이 자
신의 내면을 나누었다는 것은 자기 자신에 대해 그리고 하나님과 자신의
관계에 대해서만 이야기했다는 뜻이 아니다. 머튼은 수도원 은수처 곧 아
주 작은 머튼의 세상에서 하나님을 찾고 구했는데, 그가 만난 하나님은 수
도원에만 계시는 분이 아니라 온 우주를 관장하는 역사의 주관자였다. 그
는 천국의 문이 어디에나 있다고 말한다. 하나님은 어디에나 계시며 우리
는 모든 곳에서 어떤 프로그램이 아니라 마음의 중심을 통해 언제든지 하
나님을 만날 수 있다는 뜻이다.[6] 머튼은 고독 안에서 하나님을 친밀하게 만

---

6   Thomas Merton, 김해경 역, 『토머스 머튼의 단상: 통회하는 한 방관자의 생각』(서울: 바오
로딸, 2013), 285-86.

나면서 하나님의 마음에 담겨 있는 세상을 자신의 내면에서 경험할 뿐만 아니라, 자신이 본 세상 안에서 그분을 새롭게 경험하고, 이 모든 깨달음과 이를 경험하는 자신을 사람들에게 진솔하게 나누어주었다. 머튼은 자신의 이야기를 사람들이 따라야 할 모범이나 모델로서 제공하는 방식을 취하지 않았다. 그는 마치 우리가 <u>스스로</u>에게 말하는 것처럼 친밀하게 있는 그대로의 자신을 주고 있다.

> 따라서 고결한 독자들이여, 나는 작가로서 또는 이야기꾼, 철학자, 친구로서도 당신에게 말하지 않는다. 어떤 면에서 나는 당신이 <u>스스로</u>에게 말하는 것처럼 이야기하려고 한다. 이 말이 무엇을 의미하는지를 누가 당신에게 말해줄 수 있으랴? 나는 알지 못한다. 그러나 당신이 귀를 기울인다면 이 책에 기록되지 않은 내용이 당신에게 들릴 것이다. 그 일이 가능하다면 그것은 나 때문이 아니라, 당신과 내 안에 내주하시면서 말씀하시는 그 유일한 한 분 때문일 것이다.[7]

머튼이 컬럼비아 대학교 재학 시절에 가장 친했던 친구인 랙스와 대화하던 모습을 떠올려본다. 친구 간의 대화지만 구체적인 조언을 주는 방식이 아니라 자기 자신에게 이야기하는 것처럼 대화가 친밀하게 이루어져 간 것을 볼 수 있다. 그 시기에 머튼은 아직 영적 여정이 무엇인지, 성인(saint)이 된다는 것이 어떤 의미인지를 몰랐다. 랙스는 머튼에게 성인이 되기를

---

7 Thomas Merton, "Preface to the Japanese Edition of The Seven Storey Mountain," in *Thomas Merton: "Honorable Reader" Reflection on My Work*, 67.

열망하라고 말하면서 그것은 진정한 자기가 됨으로써 가능한 일이라고 했다. 20대 초반의 두 젊은이가 자신들의 자기 됨을 어떻게 상상하며 마음에 품었는지 모르지만, 이후 두 사람이 자기 됨의 고유한 여정을 신실하게 걸어간 것은 확실하다. 머튼은 겟세마니의 수도자로서 부르심에 충실했고, 머튼에게 성인이 되기를 열망하라고 권했던 랙스는 시인으로서 문학 분야에서 다양한 일을 하다가 마침내 그리스의 섬(Patmos)에서 은수자가 되어 후반의 생을 살았다. 이 둘의 만남과 우정을 생각할 때면 나는 엠마오로 향하던 두 제자를 찾아와 그들의 잃어버린 열망을 일깨우고 새로운 소명의 길을 걸을 수 있도록 해주신 부활의 주님이 떠오른다. 그분은 우리의 인생 여정에 항상 동행하시며 생명의 떡을 떼어주시는 영원한 벗으로서의 주님이시다. 머튼의 이야기는 우리가 어떤 삶의 자리에 있든지 우리 삶의 모든 여정과 만남 가운데 부활의 주님이 함께하시면서 그곳에서의 인생 경험을 통해 우리가 진정한 자기가 되는 길로 인도하신다는 사실을 생각하게 해준다.

　머튼의 초기 여정을 통해 우리는 머튼을 가장 그다운 존재로 만드신 하나님의 영원한 현존과 무한하신 사랑의 손길을 보았다. 머튼의 전 인생 여정에 하나님이 항상 함께하셨던 것처럼 우리에게도 주님의 영원한 현존보다 더 큰 은총은 없을 것이다. 우리가 이런 하나님의 영원한 현존을 온몸으로 깨달으며 그분 안에서 인생 여정을 걸어갈 수 있다면 이보다 더 행복하고 복된 일이 있을까. 수많은 상처와 아픔으로 얼룩지고 어두워 보이는 인생일지라도 변함없는 하나님의 현존과 그분의 무한한 사랑은 우리를 변화시켜 긍휼의 마음으로 세상을 바라보게 할 것이고 감사의 삶을 살아가도록 도울 것이다. 인간의 진정한 성장과 참된 성숙은 우리의 약함과 죄와 실패를 다 떨쳐 없애버리는 데서 오는 것이 아니다. 그리스도는 우리 가운데 오셔서 육화하신 분이다. 머튼의 이야기를 통해 살펴봤듯이, 우리의 모든 인간적인 연약함과 결핍은 그리스도께서 육화하신 자리이자 우리의 존재가 뿌리내린 토양으로서 우리의 성장과 성숙의 자양분이 된다는 것을 깨닫게 된다. 결국 머튼의 이야기는 자신의 인간적인 연약함을 외면하거나 실패와 어둠의 자리를 떠나지 말고, 바로 그 자리에서 육화하신 그리스도를 만나고 그분 안에 견고히 뿌리 내림으로써 그분의 모습으로 자라갈 뿐만 아니라 그분으로 살아가라는 도전을 준다.

계속 진행되는 머튼의 여정

『토머스 머튼 이야기』는 머튼 인생 전반부의 이야기다. 이 책은 머튼의 출생에서 시작하여 성장과 교육, 극적인 회심과 수도 성소를 발견하여 수도원에 들어오기까지, 그리고 수도원 입회 이후 수련 수사로서의 수련 기간과 단순 서원을 거쳐 마침내 종신 서원을 통해 겟세마니 수도원에 완전히 뿌리 내리는 그의 전(全) 인생 여정을 보여준다. 이 이야기 속에는 머튼의 부모와 가족, 어린 시절에 겪은 수많은 상처와 아픔, 외로움과 방황, 유소년기에 경험했던 어머니와 아버지의 죽음, 젊은 날의 혼란과 실패와 좌절에 관한 내용이 많이 포함되어 있다.

그러나 머튼이 기억하는 그의 인생에는 어둠과 아픔만 있었던 것은 아니다. 그의 이야기 속에는 머튼이 기억하는 행복했던 순간들, 방문했던 수많은 장소들, 인생의 어려웠던 순간마다 그를 안아주고 지지해준 고마운 사람들, 인생의 중요한 기로에서 빛을 찾을 수 있도록 안내해 준 사람들에 대한 기억 또한 풍성하며 무엇보다 하나님께서 그의 모든 삶 가운데 어떻게 함께하시며 인도하셨는지가 선명히 드러난다.

『토머스 머튼 이야기』는 머튼의 이야기를 객관적이고 역사적인 방식으로 보여준다기보다 그가 자신의 삶 가운데 오신 하나님을 발견하고 알아가는 여정을 어떻게 시작하게 되었으며 하나님 안에서 어떤 모습으로 형성되어가는지에 대한 내면의 여정을 내밀하게 살핀 것이다.

머튼의 인생 전반부는 아직 성숙한 신앙이나 완성된 영성을 보이는 단계가 아니다. 또한 그가 어떤 위대한 일로 세상을 위해 대단한 기여를 하는 시기도 아니다.『토머스 머튼 이야기』는 마치 공생애 이전에 예수님의 숨겨진 생애가 있었듯이, 머튼이 태어나서부터 하나님을 발견하고 그분 안에 완전히 승복하기까지 그의 인생 전반부의 모습을 있는 그대로 드러내 보이고자 했다. 이때 머튼은 신앙과 영적 영역의 연약한 모습들이 아직 온전히 통합되지 못한 상태에 있지만, 이렇게 약하고 부족한 모습을 살펴보는 것은 앞으로 머튼 자신이 되어가는 변화의 여정을 성찰하는 데 적지 않은 도움이 된다.

『토머스 머튼 이야기』의 전반부에서 중심을 차지하는 내용은 머튼의 회심과 그 후 수도 성소를 깨닫고 고독과 침묵 속에서 하나님을 찾기 위해 세상을 떠나는 데 있다. 그리고 26세에 작가로서의 꿈과 영문학 교수직을 내려놓고 세속을 떠나 수도원에 들어온 머튼이 어떻게 겟세마니에 완전히 뿌리를 내리게 되는가에 있다. 또한 이 모든 여정에서 하나님의 은총이 어떻게 역사하고, 머튼이 그것을 어떻게 식별하며, 어떤 과정을 통해 고독 속에서 하나님을 찾고 진정한 자기가 되어가는지를 보여준다.

그런데 머튼을 아는 일부 사람들은 이 책에서 다룬 전반부의 머튼만을 그의 전부이자 영성의 핵심으로 이해한다. 그들은 하나님을 모르고 방황하며 살아왔던 한 영혼이 하나님을 만나 극적으로 변화하는 결정적 회심 체험이나 "타락한" 세상을 떠나 수도원이라는 거룩한 세계로 들어가는 머튼의 모습에만 집중하여 그것을 그리스도인의 신앙 모델로 여긴다. 그들은 하나님 나라와 세상, 자연과 초자연을 예리하게 분리하며, 악한 세상의 유혹을 이기고 하나님만을 찾고 그분의 영광만을 위해 살기를 열망하는 초기의 머튼처럼 하나님을 위해 과감한 결단의 삶을 사는 것이 신앙인의 진정한 삶이라고 이해한다. 머튼을 좋아하는 또 다른 사람들은 아직 신앙이 부족하고, 성과 속에 대한 분리가 심하며, 영적으로나 심리적으로 충분히 성숙하지 못한 머튼의 부족함을 그저 극복하고 성장해야 할 점으로 여기면서, 이 시기 자체의 중요성을 충분히 인식하지 못하고 완전히 무시해 버리기도 한다.

『토머스 머튼 이야기』에서 다룬 머튼의 인생 전반부 이야기로 그의 영적 여정이 다 끝난 것은 아니다. 『토머스 머튼 이야기』 이후에 이어질 인생 후반부의 이야기들은 하나님께서 어떻게 그를 세상으로 다시 돌아오게 하시고 상처받은 그를 은총으로 감싸고 치유하며 통합하셔서 고유한 머튼 자신이 되도록 하셨는지 보여줄 것이다. 하나님의 사랑 안에서 자신의 모든 연약함을 끊임없이 수용해나갔던 머튼의 내면의 여정은 인생 후반부에 그가 살아가게 될 예언자적 삶의 토대가 되었다. 머튼은 자신의 가장 깊은 인격적 중심에 현존하시는 하나님께 눈 떠갔을 뿐 아니라, 세상 한복판에서 하나님을 만나며, 하나님 안에서 모든 세상의 사람과 사건과 그분 안에 있는 자연 및 온 우주와 영적으로 하나가 되는 경험을 하게 되었다.

머튼은 당대의 민감한 사안들을 관상적인 시각으로 바라보며 비평하는 활동을 전개했으며, 사회 활동가들과 교류하고 연대하며 그들을 영적으로 돕는 역할을 했다. 교회 갱신과 일치 운동에도 깊은 관심을 갖고 그리스도교의 다양한 전통을 배경으로 한 사람들을 만나고 서신을 교환하며 대화를 나눴다. 또한 머튼은 관상 수도자로서 젊은 수도자들의 양성뿐만 아니라 현대 수도원의 갱신을 위해서도 많은 노력을 기울였다. 무엇보다 그리스도교 관상가로서 비그리스도교 전통의 영적 지혜와 경험에도 진지한 관심을 가지고 꾸준히 연구를 지속했으며, 더 나아가 타 종교의 영적 지도자들과 변형하는 만남(transforming encounter)을 위한 교류를 주도적으로 이끌어나갔다.

머튼이 앞으로 어떤 여정을 걸어가게 되든지 그 여정은 "하나님 안에서의 여정"이 될 것이다. 그것은 하나님 안에서 은총으로 그분을 찾고 친밀하게 알아가는 여정, 하나님과 사랑으로 온전히 하나가 되어가는 여정이라 할 수 있다. 『토마스 머튼 이야기』가 보여준 머튼의 여정은 수도자로서 부르심을 받은 그의 고유한 여정이지만, 오늘날 세상에서 활동적인 삶을 살아가고 있는 우리에게도 각자 삶의 자리에서 하나님께 온전히 뿌리내리는 영적 여정을 걸어가도록 큰 울림과 용기를 준다. 머튼의 인생 전반부의 이야기는 우리가 어디에서 어떤 삶의 양식으로 살아가든지 우리 존재와 삶이 하나님께 완전히 뿌리내려야 함을 가르쳐준다.

또한 머튼의 이야기는 완전한 자유와 통합을 추구함으로써 하나님과 세상에 자신을 온전히 내어주는 삶으로 나아가고자 하는 우리의 소원이 단순한 바람에 그치지 않고 그분의 영원한 현존 가운데서 확실하게 실현

될 것이라는 소망을 일깨워준다. 비록 우리가 내적, 외적으로 분열되고 어둠 가운데 있다 할지라도 구원의 하나님은 우리를 회복시키시고 통합하셔서 마침내 그분 안에서 완전히 자율적으로 승복하도록 이끌어가실 것이다. 그리고 우리가 주님 안에 충분히 머무를 때 그분과의 교제를 통해 우리를 주님을 닮은 모습으로 형성시키고 그분을 위해 온전히 봉헌하는 삶으로 인도하실 것이다.

수도자이자 사회 비평을 하는 예언자였고 작가이자 영적 안내자였던 머튼은 변화된 존재로서 세상에 지대한 공헌을 했다. 무엇보다도 머튼은 자신의 이야기를 우리에게 진솔하게 나누어줌으로써 이 세상에 큰 선물을 주었다. 머튼이 두려움 없이 내면의 이야기들을 숨김없이 나누어주었듯이, 우리도 내면의 진실한 이야기들과 우리의 전체 삶을 이 세상과 이웃들에게 선물로 나눌 수 있기를 소망한다. 주님이 이미 우리 안에서 그 위대한 일을 시작하셨기 때문에 우리의 삶에도 머튼에게 주어졌던 그런 심오한 변화와 완전한 내어줌의 은총이 확실히 나타날 것이다. 머튼은 복음서 말씀을 인용하여 그런 변화의 역사가 자신뿐만 아니라 모두에게 일어날 것이라고 힘주어 말한다. "내가 너희에게 이르노니 하나님이 능히 이 돌들로도 아브라함의 자손이 되게 하시리라"(눅 3:8).[8]

---

8 머튼은 『칠층산』의 내부 표지에 누가복음의 한 구절(3:8)인 "하나님이 능히 이 돌들로도 아브라함의 자손이 되게 하시리라"는 말씀을 넣었다. 최초 한글 번역본에는 이 부분이 빠져 있었으나, 이후에 다시 포함되었다. 이 인용은 『칠층산』이라는 책을 통해 하나님의 영원한 현존으로 인해 돌 같은 자신의 존재가 어떻게 그분의 자녀로 만들어져 갔는지를 알리고 싶었던 머튼의 고백이라고 할 수 있다.

부록

머튼 연대기

시기		생애	저서
1915년	1월 31일	프랑스 남부 프라드에서 태어남(아버지는 뉴질랜드 출신 화가 오웬 머튼, 어머니는 미국 출신 화가 루스 젠킨스)	
1916년	8월 15일	제1차 세계대전으로 인해 미국으로 건너와 뉴욕 롱 아일랜드 더글라스톤에 있는 루스의 부모(사무엘과 마사 젠킨스) 집으로 들어감	
1917년	11월	뉴욕 플러싱 힐사이드 57번가에 있는 작고 아담한 집을 얻어 이사함	
1918년	11월 2일	존 폴(John Paul)이 태어남	
1919년		뉴질랜드에 사는 할머니 거트루드 한나 머튼과 고모 키트가 미국을 방문하여 몇 주를 함께 지냄. 할머니가 가르쳐주신 주기도문을 이후로 잊지 않음	
1921년	10월 3일	어머니 루스 젠킨스가 위암으로 죽음	
1922년		오웬과 머튼은 버뮤다로 이주함	
1923년		머튼은 더글라스톤에 있는 외조부모의 집으로 돌아가고, 오웬은 에블린 스콧과 알제리로 그림 여행을 떠남	
1925년	3월	오웬은 영국 런던의 레스터 갤러리에서 전시회를 열고 큰 성과를 거둠	
	8월 25일	오웬과 머튼은 프랑스 남부의 생탕토냉에 정착함	
1926년	여름	외조부모, 오웬, 동생 존 폴과 함께 유럽을 여행함. 건강한 아버지와 두 아들이 함께한 마지막 여행임	
	가을	몽토방에 있는 리세 앵그르에 등록하여 학업을 이어감	
		성탄절 휴가와 이듬해 여름을 프랑스 중부 산악 지대인 뮈라의 프리바 부부 집에서 보냄	

1928년	5월	아버지를 따라 영국으로 건너가서 런던 외곽에 사는 아버지 오웬의 이모 모드 메리 피어스의 환대를 받음. 영국 학교 리플리 코트에서 중학 과정을 공부함
1929년	가을	영국 미들랜드에 있는 오캄 학교에 등록하여 고등학교 과정을 공부함. 학교 신문 『오캄 사람들』(The Oakhamian)의 기자로 활동을 시작함
1930년	6월	외조부모와 동생이 방문함. 외할아버지가 장래를 대비하여 보험을 만들어 줌. 아버지의 병세가 날로 악화됨. 외할아버지의 요청으로 아버지의 친구이자 뉴질랜드 출신 내과 의사인 톰 이조 베넷이 머튼의 대부가 됨
1931년	1월 18일	머튼의 아버지인 오웬 머튼이 뇌종양으로 죽음
	부활절 주간	로마 방문하여 유적과 법정 등을 보러 갔으나 실망함
	여름	한 달 반 동안 미국의 외조부모님을 방문함
	가을	학교 신문의 편집장이 됨
1932년	부활절 주간	철학에 대한 호기심을 해소하고자 독일에 방문함. 스피노자를 읽는 것보다 D.H. 로렌스를 읽는 것이 훨씬 좋음을 발견하게 됨
	12월	케임브리지 대학교 장학금을 위한 시험을 치름
1933년	2월 1일	오캄 학교를 졸업함
	2월	18번째 생일 다음날 이탈리아를 방문하여 심미적 회심을 체험하게 됨
	봄, 여름	미국에서 보냄
	10월	케임브리지 대학교의 클레어 칼리지에 입학함. 영적, 도덕적, 학문적으로 밤 같은 시기로서 머튼은 케임브리지에서의 짧은 대학 생활을 "몰락의 밤"으로 표현함
1934년	5월	무질서한 대학 생활을 본 대부의 조언을 받아들여 영국을 떠나 미국으로 건너옴
1935년	1월	컬럼비아 대학교에 입학함. 마크 반 도렌 교수의 18세기 영문학을 수강함. 로버트 랙스, 에드워드 라이스, 세이무어 프리드굿, 로버트 지루와 같은 친구들을 만남

	여름, 가을	여름 방학을 동생과 함께 보냄. 가을에 동생 존 폴은 코넬 대학교에 진학함. 이 기간에 공산주의 운동에 잠시 동안 참여하였으며 유머 잡지인 제스터에 글을 기고하기도 함. 이탈리아의 에티오피아 침공 반대 시위 및 어떤 전쟁에도 참가하지 않겠다는 옥스퍼드 서약(Oxford Pledge)에 참여함	
1936년	10월 27일	외할아버지 젠킨스가 죽음. Colombia University Yearbook의 편집장이 됨	
		컬럼비아 대학 교내 잡지 제스터(Jester)의 미술 편집인이 됨	
1937년	2월	에티엔 질송의 『중세 철학의 정신』(*The Spirit of Mediaeval Philosophy*)을 읽고 큰 감명을 받음	
	8월	외할머니 마사 젠킨스가 죽음	
1938년	1월	컬럼비아 대학교에서 문학사 학위를 받고, 영문학 석사 M.A. 과정을 시작함	
		브리마차리의 제안으로 아우구스티누스의 『고백록』과 토마스 아 켐피스의 『그리스도를 본받아』를 읽음	
	가을	다니엘 월쉬 교수가 가르치는 토마스 아퀴나스에 대한 강의를 수강함	
	8월	처음으로 가톨릭 미사에 참여함	
	9월	그리스도의 성체 성혈 성당에서 세례 교육을 받기 시작함	
	11월 16일	뉴욕 시내에 있는 그리스도의 성체 성혈 성당에서 조셉 무어 신부(Fr. Joseph C. Moore)에 의해 영세를 받고 토마스라는 세례명을 받음	
1939년	2월	"윌리엄 블레이크의 자연과 예술"이라는 제목으로 논문을 쓰고 영문학 석사 학위를 받음. 제라드 맨리 홉킨스를 주 연구 주제로 삼고 박사 학위 과정을 시작하기로 결정함	
	3월	다니엘 월쉬 교수를 통해 자크 마리탱을 소개받고 우정을 이어가게 됨	
	5월 25일	그리스도의 몸 교회에서 스테판 J. 도나휴 주교로부터 견진성사를 받고 "야고보"라는 이름을 받음. 서명에 "토머스 제임스 머튼"이라는 이름을 사용하기 시작함	

	여름		미 출간 소설 『미로』 (*The Labyrinth*)를 씀. 이 소설은 여름 방학에 뉴욕 올리안에 머물면서 집필한 것으로 추정됨
	10월	박사 학위 과정을 시작함	
		사제 성소 문제를 놓고 다니엘 월쉬 교수와 상의함. 프란치스코 수도회 에드먼드 신부와 면담을 하고 입회 허락을 받음(1940년 8월에 입회가 예정됨)	
1940년	1월	컬럼비아 대학교 경영 대학의 평생교육원에서 영어 작문 강의를 맡음	
	부활절	쿠바 코블의 성모상을 보기 위해 성지 순례를 떠남. 성 프란치스코 교회 주일 미사에서 성체가 진정으로 현존한다는 깊은 영적 체험을 함	
	여름	쿠바 여행 이후 수도회 입회를 앞두고 에드먼드 머피 신부를 만나 과거에 지은 죄를 솔직히 털어놓고 수도회 입회를 철회하라는 말을 듣게 됨	
	9월	프란치스코 수도회에 속한 성 보나벤투라 대학교의 영문학 교수가 됨	
1941년	4월 7-14일	고난주간 동안 트라피스트 수도회에 속한 겟세마니 수도원에서 일생 중 가장 감동적인 피정을 경험함	
	8월	캐서린 드 휘크(Catherine de Hueck) 남작부인을 통해 뉴욕 할렘에 있는 우정의 집(Friendship House)에서 봉사를 하게 됨	
		동생 존 폴이 캐나다 공군에 입대함	
	11월	추수감사절에 뉴욕에서 마크 반 도렌 교수와 대화를 나누고 수도 성소를 확신함. 성 보나벤투라 대학교의 필로테오(Fr. Phillotheus Boehner) 신부를 통해 사제가 되는데 아무 장애도 없음을 확신하게 됨	
	12월 10일	미국 켄터키주 루이빌에 있는 트라피스트 수도회 겟세마니 수도원에 들어감	
	12월 13일	공식적으로 청원자로 받아들여지고 루이(Louis)라는 수도자명을 받음	

1942년	2월 21일	수련 수사로 받아들여짐	
	7월 17일	동생 존 폴이 겟세마니를 방문하여 수도원 근처에 있는 교회에서 세례를 받고 수도원장의 개인 미사에서 성체를 받음	
1943년	4월 17일	존 폴이 작전 중 비행기 엔진 고장으로 죽음	
1944년	3월 17일	유기 서원을 함	
	11월		시집 『Thirty Poems』 출간
1945년	1월	사제가 되기 위한 학업을 시작함	
1946년		시집 『나눠진 바다 안에 있는 사람』 출간	
	10월	『칠층산』 원고를 저작 대리인 나오미 버튼 스톤에게 보냄	
1947년	3월 18일	종신 서원을 함	시집 『Figures for an Apocalypse』 출간
1948년	8월 3일	돔 프레데릭 던 수도원장이 사망함	『칠층산』(The Seven Storey Mountain), 『명상이란 무엇인가』(What is Contemplation?), Cistercian Contemplatives, The Spirit of Simplicity, Exile Ends in Glory 등 다수의 책을 저술함
	8월 25일	돔 제임스 폭스가 수도원장으로 선출됨	
		『칠층산』이 미국에서 양장본으로만 60만 부가 팔림	
	12월 21일	차부제(subdeacon)로 안수를 받음	
1949년	3월 19일	부제로 서품을 받음	『명상의 씨』(Seeds of Contemplation), Gethsemani Magnificat, 시집 The Tears of the Blind Lions, The Waters of Siloe, Elected Silence(『칠층산』의 영국판)
	5월 26일	사제로 서품을 받음	
	11월	신부가 될 수사들을 위한 교육을 시작함	
1950년			시선집(영국판) Selected Poems, What Are These Wounds?
1951년	6월 26일	미국 시민권을 얻음	A Balanced Life of Prayer, 『진리의 산길』(The Ascent to Truth)
1952년		은수 공동체로 옮겨 가는 문제를 두고 고민함. 수도원장이나 부원장을 하지 않겠다는 개인 서원을 함	

1953년	2월 9일	낮 동안 "성녀 안나의 집"에 홀로 머물러도 된다는 허락을 받음	『요나의 표징』(*The Sign of Jonas*), 『광야의 빵』(*Bread in the Wilderness*)
1954년			*The Last of the Fathers*
1955년		수도원장에 의해 수련장으로 임명됨	『인간은 섬이 아니다』(*No Man is an Island*)
	9월	화재 감시탑을 은수자의 집으로 사용해도 좋다는 허락을 받음	
1956년		라틴 문학에 깊은 관심을 갖기 시작하고, 러시아 신비 문학을 광범위하게 독서함	『생명의 빵』(*The Living Bread*), 『시편으로 바치는 기도: 가장 완전한 기도』(*Praying the Psalms*)
	7월	미네소타 성 요셉 수도원에서 그레고리 질부르그 박사를 대면	
1957년			*Basic Principles of Monastic Spirituality*, The *Silent Life*, *The Strange Islands; The Tower of Babel*
1958년	3월 18일	루이빌 시내 Fourth and Walnut에서 에피파니를 체험함. 8월부터 『닥터 지바고』의 저자인 보리스 파스테르나크와 서신 교환을 시작함	*Monastic Peace*, 『고독 속의 명상』(*Thoughts in Solitude*)
	11월 10일	교황 요한 23세에게 관상 수도자로서 정치, 지성, 예술, 사회 운동에 대한 사명을 나타내는 편지를 보냄	
1959년	3월 12일	선 학자 D. T. 스즈키 박사에게 『사막의 교부들의 선집』이라는 책의 서문을 써줄 것을 요청함	The Christmas Sermons of Bl. Guerric of Igny, *The Secular Journal of Thomas Merton*, 『토머스 머튼의 시선집』(*Selected Poems of Thomas Merton*)
	12월	겟세마니를 떠나 쿠에르나바카로 가겠다는 요청을 거절하는 편지를 받음	
1960년	11월	머튼의 제안으로 에큐메니컬 모임과 반 은수 생활을 위한 피정집이 지어지고, 이곳은 이후 머튼의 은수처가 됨	*The Solitary Life*, 『영적 지도와 묵상』(*Spiritual Direction and Meditation*), *Disputed Questions*, 『사막의 지혜』(*The Wisdom of the Desert*)

1961년		1960-61년은 장기간 계속된 서신 왕래가 시작되었던 시기임(압둘 아지즈, 다니엘 베리건, 도나 누이사 구마라스화미, 존 트레이시 엘리스, 윌버 H. 페리, 제임스 H. 포레스트, 힐데가르트 구스-마이어, 에타 굴릭, 존 하이드브링크, 아브라함 헤셸, 잘만 샤흐터, 브루노 슐레싱어, 폴 시, 찰스, 톰슨, 존 C. H. 우, 고든 존 등)	The Behavior of Titans, The New Man
	7-8월	시 "아우슈비츠"를 『가톨릭 노동자』에 기고함	
	10월	『새 명상의 씨』의 한 부분이 된 "전쟁의 뿌리는 두려움이다"(The Root of War is Fear)가 『가톨릭 노동자』에 실림. 이 글은 머튼이 평화를 위한 투쟁으로 들어가는 신호탄과 같다는 평가를 받음	
	10월 25일	"냉전 시대의 편지들"(Cold War Letters)이 시작됨. 첫 번째 편지가 에타 굴릭에게 보내짐	
1962년	1월 20일	겟세마니 수도원장 돔 제임스가 가브리엘 소르타이스 대수도원장으로부터 머튼이 전쟁과 평화에 대한 글을 내는 것을 금하라는 명을 받음	『새 명상의 씨』(New Seeds of Contemplation), Original Child Bomb, Hagia Sophia, A Thomas Merton Reader, Breakthrough to Peace
	4월 12일	머튼의 "평화를 위한 기도"가 하원의장 프랑크 코왈스키(코네티컷주 민주당 의원)에 의해 하원에서 낭독됨	
	4월 26일	돔 제임스가 머튼에게 전쟁과 평화에 대한 글을 금하는 돔 가브리엘 소르타이스의 지시를 알림	
	9월 25일	화해의 우정에 동참함	
1963년	1월	『냉전 편지들』(Cold War Letters)의 최종판을 회람함	『삶과 거룩함』(Life and Holiness), Emblems of a Season of Fury, The Solitary Life
		켄터키 대학교에서 명예 박사 학위(honorary doctorate of Letters from the University of Kentucky)를 받음	
		루이빌 벨라민 대학교 내에 머튼 자료실을 개관함. 벨라민 대학교는 1969년에 토머스 머튼 센터를 세움	
1964년	6월 17일	뉴욕시를 방문하여 94세의 D. T. 스즈끼 박사를 만남	
	7월 13일	아브라함 헤셸이 머튼을 방문함	
	11월 16일		Seeds of Destruction

	11월 18-20일	겟세마니에서 평화 운동 지도자 모임이 열림. 다니엘 필립 베리건, 짐 포레스트, 윌버 H. 페리, A. J. 무스테, 존 하워드 요더, 존 넬슨, 톰 코넬, 토니 월쉬가 참석함	
1965년	8월 20일	수련장의 소임을 내려놓고 은수자가 됨	*Gandhi on Non-Violence*, 『장자의 도』(*The Way of Chuang Tzu*), *Seasons of Celebration*
		베트남 전쟁을 반대하는 가톨릭 평화 그룹에 가담함	
1966년	3월 25일	루이빌에 있는 성 요셉 병원에서 등 수술을 받음. 학생 간호사를 만남	*Raids on the Unspeakable*, 『토머스 머튼의 단상』(*Conjectures of a Guilty Bystander*)
	5월 29일	베트남 불교 수도자 시인 틱낫한을 만남	
	9월 8일	은수자로서의 종신 서원을 함	
	10월	자크 마리탱이 머튼을 방문함	
1967년	1월 29일 -12월	로즈마리 래드포드 류터와 서신을 교환하면서 14편의 편지를 보냄. 대화 주제들은 창조, 자연, 수도원주의와 악의 문제에 관한 것임	『신비주의와 선의 대가들』(*Mystics and Zen masters*)
	8월 21일	이탈리아 프라토치에 있는 시토 수도회의 수도원장 돔 프란시스 데크로이스에게 "세상을 향한 관상가의 편지"를 보냄	
	12월	여성 관상 수도회 지도자들과 겟세마니에서 회의를 함(이듬해 봄에도 모임)	
1968년	1월	돔 플라비안 번스가 새로운 수도원장으로 선임됨	*Monks Pond, Cables to the Ace, Faith and Violence*, 『선과 맹금』(*Zen and the Birds of Appetite*)
		새로운 은수처로 적합한 장소를 물색하기 위해 캘리포니아, 뉴멕시코, 알래스카를 방문함. 알래스카에서 성혈 수녀회 수녀들을 대상으로 강의한 내용을 『알래스카에서의 토머스 머튼』으로 출간함	
	봄	개인 피정이 약속되어 있던 마틴 루터 킹 목사가 피정 2주전에 암살당함	
	9월 11일	머튼은 극동으로 가기 위해 수도원을 떠남. 뉴멕시코, 알래스카, 산타 바바라를 방문한 후 10월 15일에 샌프란시스코를 떠나 동양으로의 여행을 시작함. 인도의 콜카타(10월 19-27일), 뉴델리(10월 28-31일), 히말라야(11월 1-25일까지), 마드라스(11월 26-28일), 스리랑카의 실론(Ceylon, 11월 29일-12월 6일), 태국 방콕(12월 7-10일)을 방문함	

10월 23일	콜카타에서 개최된 이해 회담의 사원(The Temple of Understanding Conference)에서 "토머스 머튼의 수도원주의에 대한 견해"를 주제로 강연함. 두 번째 연설("수도원 경험과 동서양의 대화")은 원고를 준비하였으나, 실제로 강연하지 않음	
11월 4, 6, 8일	달라이 라마를 만남	
12월 3일	스리랑카, 폴로나루와를 방문함	
12월 10일	방콕에서 열린 수도원 상호 협력 기구에서 주최하는 학회에서 "마르크스주의와 수도원 전망"을 주제로 강연함. 사워 후 선풍기 감전에 의한 심장마비로 죽음(추정). 이 날은 머튼이 수도원에 들어간 지 정확히 27년째 되는 날임	
12월 17일	공군 수송기로 유해가 운송되어 겟세마니에서 장례식이 거행됨	

사후 출간 저서

연도	저서
1969	*My Argument with the Gestapo*, *The Climate of Monastic Prayer* (*Contemplative Prayer*), *The Geography of Lograire*
1970	*Opening the Bible*
1971	*Contemplation in a World of Action*, Thomas Merton on Peace, Early Poems: 1940–42
1973	*The Asian Journal of Thomas Merton*, *He Is Risen*
1974	*Cistercian Life*, *A Thomas Merton Reader* (revised edition)
1976	*Ishi Means Man*
1977	*The Monastic Journey*, *The Collected Poems of Thomas Merton*
1978	*A Catch of Anti-Letters*
1979	*Love and Living*
1980	*The Nonviolent Alternative*, *Thomas Merton on St. Bernard*
1981	*The Literary Essays of Thomas Merton*, *Day of a Stranger Introductions East and West, The Foreign Prefaces of Thomas Merton* (revised and expanded reprint in 1989, under title "Honorable Reader": Reflections on My Work)
1982	*Woods, Shore, Desert: A Notebook, May 1968*
1983	*Letters form Tom*
1985	*Eighteen Poems*, *The Hidden Ground of Love*, *The Letters of Thomas Merton on Religious Experience and Social Concerns* (*Letters, vol. 1*)
1988	*A Vow of Conversation: Journal, 1964-1965*, *Encounter: Thomas Merton and D. T. Suzuki*, *Thomas Merton in Alaska: The Alaskan Conferences, Journals and Letters*
1989	*"Honorable Reader": Reflections on My Work*, *The Road to Joy*, *The Letters of Thomas Merton to New and Old Friends* (*Letters, vol. 2*), *Nicholas of Cusa, Dialogue about the Hidden God; Thomas Merton: Preview of the Asian Journey*
1990	*The School of Charity: The Letters of Thomas Merton on Religious Renewal and Spiritual Direction* (*Letters, vol. 3*)
1992	*Springs of Contemplation: A Retreat at the Abbey of Gethsemani*
1993	*The Courage for Truth: The Letters of Thomas Merton to Writers* (*Letters, vol. 4*)
1994	*Witness to Freedom: The Letters of Thomas Merton in Time* (*Letter, vol. 5*)
1995	*Passion for Peace: The Social Essays of Thomas Merton*, *Run to the Mountain: The Story of a Vocation* (*Journals, vol. 1 [1939-41]*), *At Home in the World: The Letters of Thomas Merton and Rosemary Radford Ruether*

1996	*Entering the Silence: Becoming a Monk and Writer (Journals, vol. 2 [1941-52]), A Search for Solitude: Pursuing the Monk's True Life (Journals, vol. 3 [1952-60]), Turning toward the World: The Pivotal Years (Journals, vol. 4 [1960-63]), Thomas Merton's Four Poems in French*
1997	*Dancing in the Water of Life: Seeking Peace in the Hermitage (Journals, vol. 5 [1963-65]), Learning to Love: Exploring Solitude and Freedom (Journals, vol. 6 [1966-67]), Thomas Merton and James Laughlin: Selected Letters, Striving towards Being: The Letters of Thomas Merton and Czeslaw Milosz*
1998	*The Other Side of the Mountain: The End of the Journey, vol. 7 (1967-68)*
1999	*The Intimate Merton: His Life from His Journals*
2000	*Thomas Merton: Essential Writings (Modern Spiritual Masters Series)*
2001	*When Prophecy Still Had a Voice: The Letters of Thomas Merton and Robert Lax, Dialogues with silence*
2002	*Survival or Prophecy? The Letters of Thomas Merton and Jean Leclercq*
2003	*Seeking Paradise: The Spirit of the Shakers*
2004	*The Inner Experience : Notes on Contemplation*
2005	*Cassian and the Fathers, In the Dark Before Dawn: New Selected Poems*
2006	*Cold War Letters, Peace in a Post-Christian Era*
2007	*Pre-Benedictine Monasticism, A Book of Hours*
2008	*Thomas Merton: A Life in Letters: The Essential Collection, An Introduction to Christian Mysticism*
2009	*Compassionate Fire: The Letters of Thomas Merton & Catherine de Hueck Doherty, The Rule Of Saint Benedict: Initiation into the Monastic Tradition, A Year with Thomas Merton: Daily Meditations from His Journals*
2010	*Monastic Observances: Initiation into the Monastic Tradition*
2012	*The Life of the Vows: Initiation into the Monastic Tradition 6*
2013	*Selected Essays. In the Valley of Wormwood: Cistercian Blessed and Saints of the Golden Age*
2014	*The Letters of Thomas Merton and Victor and Carolyn Hammer: Ad Majorem Dei Gloriam.*
2015	*Thomas Merton: Early Essays, 1947-1952 (Cistercian Studies)* *Charter, Customs and Constitutions of the Cistercians: Initiation into the Monastic Tradition 7.*
2016	*The Letters of Robert Giroux and Thomas Merton, The Cistercian Fathers and Their Monastic Theology: Initiation into the Monastic Tradition 8*
2017	*From the Monastery to the World: The Letters of Thomas Merton and Ernesto Cardenal, Merton and the Protestant Tradition (The Fons Vitae Thomas Merton series), A Course in Christian Mysticism*

2018	*Silence, Joy (A Selection of Writings by Thomas Merton), Cistercian Fathers and Fore-fathers, Essays and Conferences*
2019	*A Course in Desert Spirituality*

토머스 머튼 가문 가계도

부계 가계도

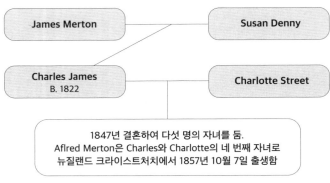

James Merton — Susan Denny

Charles James
B. 1822

Charlotte Street

1847년 결혼하여 다섯 명의 자녀를 둠.
Aflred Merton은 Charles와 Charlotte의 네 번째 자녀로
뉴질랜드 크라이스트처치에서 1857년 10월 7일 출생함

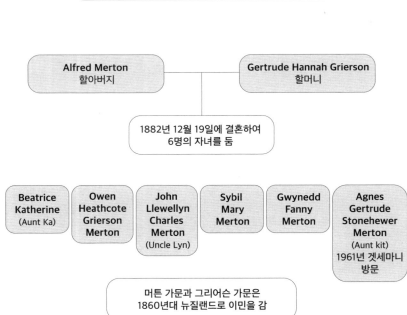

Alfred Merton
할아버지

Gertrude Hannah Grierson
할머니

1882년 12월 19일에 결혼하여
6명의 자녀를 둠

| Beatrice Katherine (Aunt Ka) | Owen Heathcote Grierson Merton | John Llewellyn Charles Merton (Uncle Lyn) | Sybil Mary Merton | Gwynedd Fanny Merton | Agnes Gertrude Stonehewer Merton (Aunt kit) 1961년 겟세마니 방문 |

머튼 가문과 그리어슨 가문은
1860년대 뉴질랜드로 이민을 감

모계 가계도

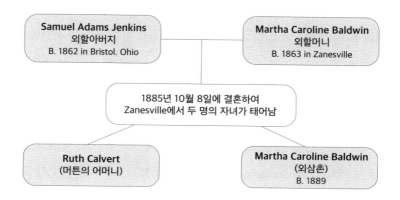

Samuel Adams Jenkins
외할아버지
B. 1862 in Bristol. Ohio

Martha Caroline Baldwin
외할머니
B. 1863 in Zanesville

1885년 10월 8일에 결혼하여
Zanesville에서 두 명의 자녀가 태어남

Ruth Calvert
(머튼의 어머니)

Martha Caroline Baldwin
(외삼촌)
B. 1889

직계 가계도

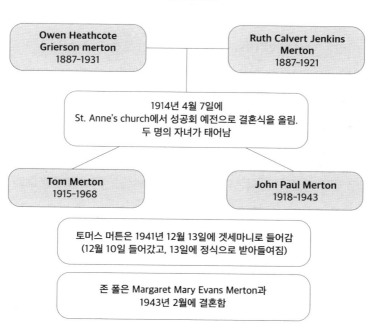

Owen Heathcote
Grierson merton
1887-1931

Ruth Calvert Jenkins
Merton
1887-1921

1914년 4월 7일에
St. Anne's church에서 성공회 예전으로 결혼식을 올림.
두 명의 자녀가 태어남

Tom Merton
1915-1968

John Paul Merton
1918-1943

토머스 머튼은 1941년 12월 13일에 겟세마니로 들어감
(12월 10일 들어갔고, 13일에 정식으로 받아들여짐)

존 폴은 Margaret Mary Evans Merton과
1943년 2월에 결혼함

가계도 설명

머튼의 아버지 쪽 할아버지의 가문은 영국에서 뉴질랜드로 이민을 왔다. 원래 머튼 가(家)는 오랜 세대에 걸쳐 영국 동남부에 있는 동 앵글리아에서 살았다. 머튼의 고조부인 제임스 머튼(James Merton)은 농부였다. 그는 서퍽(Suffolk)의 홀리(Hawley)에서 수잔 데니(Susan Danny)와 결혼을 했고, 1822년에 외아들인 찰스 제임스(Charles James)가 태어났다. 머튼의 증조부가 되는 찰스 제임스(Charles James)는 교사로 근무했고, 1847년에 교사였던 샬롯 스트릿(Charlotte Street)과 결혼을 했다. 머튼 가문의 이민은 1856년 머튼의 고조부인 제임스 머튼에 의해 이루어졌다. 이때 제임스 머튼, 수잔 데니, 찰스와 샬롯, 그들의 세 자녀가 영국에서 뉴질랜드로 이민을 떠났다. 머튼의 조부인 알프레드 머튼(Alfred Merton)은 찰스와 샬롯의 네 번째 자녀로서 이민온 다음 해인 1857년 10월 7일에 뉴질랜드 크라이스트처치에서 태어났다. 머튼 가문은 음악가 집안으로서 뉴질랜드의 학교와 교회에서 교육 및 음악 분야의 지도자로 활동했다. 찰스는 크라이스트칼리지의 첫 음악 감독이 되었다. 알프레드는 크라이스트처치 교회에서 성악과 악기 연주팀을 조직하였으며 그곳의 오르간 반주자로 활동하면서 그 지역에서 40년 동안 음악을 가르쳤다. 머튼의 아버지 오웬 머튼도 화가였지만 교회와 극장 같은 곳에서 피아노와 오르간을 반주하였다.

　머튼의 아버지 쪽 할머니의 가문인 그리어슨 집안은 웨일스 변경 슈롭셔(Shropshire)의 브리지노스(Bridgnorth)라는 마을에서 카펫 제조업에 종사했다. 1842년 3월 23일에 카디프의 엘리자벳 버드와 존 그리어슨의 결혼으로 웨일즈인이 영국계와 관련을 맺게 되었고, 1864년에 그리어슨 집안은 뉴질랜드로 이주했다.

1882년 12월 19일에 알프레드 머튼(Alfred Merton)은 거트루드 한나 그리어슨(Gertrude Hannah Grierson)과 결혼하여 베아트리체 캐더린(Beatrice Katherine, Ka 고모), 아그네스 거트루드 스톤 휴어(Agnes Gertrude Stonehewer, 1961년 겟세마니 수도원에 있는 머튼을 방문한 kit 고모), 머튼의 아버지 오웬 히스코트 그리어슨 머튼(Owen Heathcote Grierson Merton), 존 루엘런 찰스(John Llewellyn Charles, Lyn 삼촌), 시빌 메리(Sybil Mary), 귀네드 패니(Gwynedd Fanny, Gwyn 고모)를 자녀로 두었다.

머튼의 외할아버지인 사무엘 아담스 젠킨스(Samuel Adams Jenkins)의 집안은 미국 오하이오주의 개척자였다. 그는 1862년에 오하이오주 모건 카운티에 있는 브리스톨에서 태어났다. 그의 아내가 된 마사 캐롤린 볼드윈(Martha Caroline Baldwin)은 1863년에 제인스빌에서 태어났다. 둘은 1885년 10월 8일에 결혼하여 두 자녀를 낳았는데 루스 캘버트(Ruth Calvert)는 1887년에, 해롤드 브루스터(Harold Brewster)는 1889년에 태어났다.

머튼의 전기 작가 마이클 모트에 따르면 사무엘 젠킨스는 자신을 자수성가의 상징인 허레이쇼 앨저(Horatio Alger)와 같은 인물로 여겼다. 그는 신문배달원으로 출발해서 제인스빌의 문구점, 음반 가게, 책방을 샀고, 필라델피아, 뉴욕, 클리블랜드를 돌아다니면서 책과 악보를 팔았다. 1890년대 중반까지 뉴욕의 그로셋 앤드 던랩 출판사에서 일했으나 파트너가 될 기회를 놓치고 말았다. 하지만 그때 영화 스틸로 이야기를 꾸미는 사진첩을 발명해냄으로써 큰 이윤을 냈다.

사무엘 젠킨스는 두 자녀를 훌륭하게 키워냈다. 머튼의 어머니 루스는 부모의 아낌없는 후원 속에서 성장하여 화가이자 실내장식가로서 뚜렷한 개성을 가지고 자기 인생을 개척한 인물이 되었다. 머튼의 외삼촌인 해롤드는 장학금을 받고 명문 컬럼비아 대학교에서 공학을 전공했으며 샌프란시스코의 토건 회사에서 엔지니어로 근무하다가 아버지가 원하는 집을 직접 디자인하고 건축하기 위해 뉴욕으로 돌아왔다. 뉴욕으로 돌아온 해롤드는 헤지먼 앤드 해리스에서 일하고 부사장까지 지냈다.

사무엘 젠킨스 집안은 머튼의 인생에 큰 영향을 미쳤다. 머튼의 어머니가 죽은 이후 아버지 오웬은 두 아들의 양육에 필요한 재정을 제공할 수 없었다. 머튼은 외할아버지를 닮은 자신의 성격을 좋아하지 않았지만, 외할아버지의 진실한 관심과 배려를 늘 고맙게 여겼다. 외조부모와 외삼촌 가족이 베풀어준 아낌없는 후원과 사랑은 떠돌이처럼 어린 시절을 보내야 했던 머튼이 수도원 입회 이전의 삶에서 거의 유일하게 경험할 수 있었던 안정감의 원천이었다.

『칠층산』 해설

출판 배경

『칠층산』(1948)은 토머스 머튼이 자신의 출생(1915년)부터 트라피스트 수도회 수도자로 유기 서원을 할 때(1944년)까지의 삶을 기록한 자서전이다. 머튼은 뉴욕주 북서부 올리안에 있는 성 보나벤투라 대학교 영문학 교수로 재직하던 중 침묵 속에서 하나님을 찾는 영적 여정에 나선다. 돔 프레데릭 던(Dom Frederic Dunne) 수도원장은 그의 배경과 재능을 높이 평가하여 수도원을 위한 글쓰기뿐만 아니라 다양한 문학 활동을 계속하라고 권한다. 그는 특히 태어나서 수도자가 되기까지의 삶에 대한 이야기를 써보라고 제안한다. 머튼은 처음에는 주저하였으나 수도원장의 말에 순종하였고, 그 결과 『칠층산』이 세상에 나오게 된다.

『칠층산』은 1948년 10월 4일에 출간되자마자 베스트셀러가 되었고, 이를 계기로 저자인 토머스 머튼도 세상에 널리 알려지게 되었다. 이 책은 현재도 출판되고 있으며, 특별히 2008년에는 출간 60주년 기념판이 제작되었다.[1] 한국에서는 1976년에 바오로딸 출판사에서 정진석의 번역으로 책을 출간하였다.

---

[1] 1998년에 50주년 기념판으로 새롭게 출간된 『칠층산』에는 1948년 당시 편집장이자 머튼의 친구인 로버트 지루(Robert Giroux)가 쓴 서론과 국제 머튼 협회의 창시자이며 가장 권위 있는 머튼 학자인 윌리엄 섀넌의 글이 포함되었다.

평가

『칠충산』은 내셔널 리뷰(National Review)가 뽑은 20세기 최상의 논픽션 100권에 선정되었으며, 윌리엄 피터슨(William J. Petersen)이 추천하는 20세기를 바꾼 100권의 그리스도교 서적에 포함되기도 했다. 또한 풀턴 쉰(Fulton J. Sheen) 주교는 『칠충산』을 가리켜 "성 아우구스티누스가 쓴 『고백록』의 20세기판"이라고 격찬했다.

제목

『칠충산』의 제목은 단테의 『신곡』에서 영감을 받은 것으로서, 단테는 그 책에서 인간의 삶을 칠충이나 되는 연옥의 산(칠충산의 연옥)을 오르는 여정으로 비유한다. 머튼은 칠충산 등정을 그리스도인이 변화하는 과정으로 보았다. 즉 구체적으로 세례를 받은 후에도 여전히 남아 있는 본성, 나약함, 이기심과 자기중심적 욕망이 하나님을 향한 깊고 순수한 열망으로 변화되어 가는 여정으로 판단한 것이다. 『칠충산』의 소제목은 실제로 머튼이 밟아온 변화의 여정을 반영하고 있다. 그는 책 마지막 부분에서 다음과 같이 고백한다.

> 저의 하나님, 저를 죽이는 것은 바로 그 바로 그 간격, 그 거리입니다. 이것이 하나님, 저를 죽이는 것은 바로 그 간격, 그 거리입니다. 이것이 제가 고독을 바라는 유일한 이유입니다. 피조물들은 당신과의 거리감을 느끼게 하기 때문

에 저는 모든 피조물들과 그들에 관한 지식에 대해 죽은 자가 되려고 합니다. 비록 당신은 피조물 속에 계시지만 만물을 초월하신 분임을 피조물이 제게 가르쳐줍니다. 당신이 우주 만물을 만드셨고 당신의 현존이 그것들을 살게 하시지만, 그것들은 저한테 당신을 숨기고 있습니다. 그러니 저는 그것들을 벗어나 홀로 살렵니다. 오, 복된 고독이시여! 그것들을 떠나야만 비로소 당신께 갈 수 있음을 알기 때문입니다.[2]

『칠층산』은 이처럼 세상을 떠나 하나님께 더욱 가까이 다가가고자 하는 머튼의 이야기를 담고 있다.

머튼의 관심: 사건의 회상이 아닌 인격 형성

자서전의 관심은 "회상하는 사건에 있는 것이 아니라 사건들이 형성하는 인격"에 있다.[3] 머튼은 『칠층산』에서 자기 삶을 단순히 이야기하기보다는 그 경험들을 통해 자신이 어떻게 변해갔는지를 보여주고자 했다. 『칠층산』의 내부 표지에는 "하나님이 능히 이 돌들로도 아브라함의 자손이 되게 하시리라"는 누가복음 3장 8절의 한 부분이 포함되어 있다. 왜 머튼은 자신의 이야기를 쓰기 전에 이 구절을 적고 있는가? 아마도 자신의 삶에서 역사하고 계신 하나님의 은혜를 말하기 위해 적은 것으로 보인다. 하나님

---

2 Thomas Merton, *The Seven Storey Mountain*, 421(『칠층산』, 847).

3 Paul M. Pearson, "Thomas Merton in Search of His Heart: The Autobiographical Impulse of Merton's Bonaventure Novels," *The Merton Annual* 9 (1996), 85-86.

은 돌같이 굳었던 머튼의 마음에 역사하셔서 그를 하나님의 자녀로 만들어 가셨다. 머튼의 이야기는 그의 믿음의 "고백"으로 읽힐 수 있다. 우리는 『칠층산』을 통해 머튼이라는 인물이 겪은 과거의 사건이나 그에 대한 기록을 보는 것이 아니라 하나님이 그의 인격을 어떻게 형성해가셨는지를 보아야 한다.

『칠층산』을 읽는 동안에 기억해야 할 것

- 이 책은 머튼 이야기의 시작이지 마지막이 아니다.
  그러나 텍스트로서의 위상을 갖는 작품이다.
- 『칠층산』은 머튼의 생애와 작품을 이해하는 데 기초가 된다.
- 이것은 자서전이다. 머튼의 영적인 삶 특히 회심에 초점을 맞춘 영적 자서전이다.
- 여기서 말하고 있는 토머스 머튼은 젊은 트라피스트 수도자로서 가톨릭 회심자이기도 한 작가다.
- 이야기를 풀어내는 데 역사적인 사건들(역사적 관점-실제로 일어난 일에 대한 기록), 그에 대한 머튼의 기억(기억의 관점-기억은 선택적이다. 기억해낸 과거는 과거와 언제나 일치하지 않는다), 기억과 회상 내용에 대한 머튼의 해석(해석의 관점-『칠층산』은 수도회에 입회한 지 얼마 지나지 않은 젊은 수사의 관점에서 쓰인 작품이다. 토머스 머튼이라는 젊은이의 이야기를 루이스 신부라는 수사가 해석한 것이다. 젊은 수사 머튼은 어린 머튼을 매우 엄격한 시각으로 바라보고 있음을 볼 수 있다)이라는 세 가지 층위가 존재

한다.

- 머튼은 1940년대 로마 가톨릭교회를 배경으로 수도 생활을 했다.

『칠층산』의 구조와 내용

『칠층산』의 구조를 보면 총3부 중 1부와 3부는 각각 네 장으로, 2부는 두 장으로 구성되어 있다. 시기적으로는 1915년 출생에서부터 1943년 동생 존 폴의 갑작스러운 죽음까지 다루고 있으며, 에필로그가 따로 있다.

영적 자서전이라는 관점에서 내용을 살펴본다면 1부는 회심 이전의 삶, 2부는 회심과 세례에 관한 이야기, 3부는 사제와 수도자으로의 성소에 초점을 맞췄다. 각 부분을 간략히 살펴보면 다음과 같다.

제1부

제1부는 출생(1915)에서 외할머니의 죽음(1937)까지의 삶을 이야기하고 있다.

1장 "포로의 감옥"은 출생에서부터 열 살에 프랑스로 돌아올 때까지의 어린 시절을 다룬다.[4] 머튼은 서두에서 자신이 "횡포와 이기심의 포로"

---

4   이 장의 제목은 어린 시절의 놀이에서 가져왔다. 이 놀이는 두 팀으로 나뉘어 상대 팀원을 포로로 붙잡아 각 팀의 "감옥"으로 데려오는 게임이다.

였다고 기술한다. 이는 자신이 "감옥"에 갇힌 (영적인) 포로임을 상징적으로 표현한 것이다. 머튼은 자신의 부모님 역시 세상의 포로였다고 본다.[5] 윌리엄 섀넌에 의하면 이 포로 비유는 하나 이상의 의미를 가지고 있다.[6] 즉 장소적으로 자유로울 수 없었던 이 시기의 삶을 상징할 수도 있고, 영적으로 자유하지 못한 상태를 포로의 이미지로 표현한 것일 수도 있다는 해석이다.

머튼은 특히 장소에 제한된 어린 시절을 보냈다. 버뮤다나 프랑스 등 스스로 선택하지도 않은 장소로 계속 끌려다니며 포로와 같은 삶을 살았다. 이 장은 어렵게 정을 붙인 더글라스톤을 떠나지 않겠다고 울며 떼를 쓰는 머튼에게 프랑스로 갈 것을 선언하는 아버지의 모습을 기술하며 끝이 난다. 그는 "1925년 8월 25일에 감옥 놀이가 다시 시작되었고, 우리는 프랑스를 향해 떠났다"[7]라고 적었다.

- 머튼의 아버지와 어머니는 어떤 분이신가? 머튼은 어린 시절의 아버지와 어머니를 어떻게 기억하는가?
- 머튼은 어머니의 죽음을 어떻게 기억하며, 어머니의 죽음은 어린 머

---

5 큰 전쟁이 진행 중이던 1915년 정월 그믐달 물병자리 별빛 아래 스페인과 접경한 프랑스 산맥 어느 기슭에서 나는 이 세상에 태어났다. 나는 하나님의 모습을 따라 본성은 자유로웠지만, 이 세상의 모습을 닮은 횡포와 이기심의 노예이기도 했다.…나의 아버지와 어머니 역시 자신들이 이 세상에 속하지 않는다고 믿었지만 이곳에 사로잡혀 있는 포로들이었다.

6 머튼의 영적 여정을 관통하는 핵심 주제 중 하나가 바로 자유다. 바실 페닝턴은 수도자로서의 머튼의 영적 여정을 "진정한 자유를 위한 추구"로 요약하면서 머튼의 자유가 어떤 자유인지를 제시한다. 윌리엄 섀넌도 머튼에 대한 전기를 쓰면서 성숙해진 머튼을 "자유로운 영"으로 묘사한다.

7 Thomas Merton, *The Seven Storey Mountain*, 29(『칠층산』, 83-84).

튼에게 어떤 영향을 미쳤는가?

• 어린 시절의 머튼은 어떤 아이였는가? 머튼은 자신을 어떤 아이로 기억하는가?

프랑스의 중세 도시인 생탕토냉에 정착한 이후 아버지 오웬은 그곳에 가족들을 위해 집을 지으려고 했다. 그러나 주로 그림을 그리기 위해 시골 지방을 여행하면서 대부분의 시간을 보냈다. 어린 머튼은 아버지가 그림을 그리는 동안 근처에 있는 교회와 수도원을 배회하였다. "박물관의 성모님"은 아버지가 작품의 영감을 얻기 위해 지방을 돌아다녔을 때 머튼이 들렀던 교회와 수도원들을 지칭하는 것으로 추정된다. 머튼은 파괴된 교회와 수도원 유적들을 유심히 감상한다. 그 유적들은 살아계신 하나님을 만나는 직접적인 창이 되어주지는 못했지만, 적어도 박물관의 성모님처럼 거룩한 분위기와 감동을 충분히 느낄 수 있게 해주었다.

머튼은 훗날 수도자가 되어서 프랑스로의 귀환을 되돌아보면서 "내가 속했던 지적이고 영적인 세계의 근원으로 되돌아가는 것"[8]이라는 표현을 쓴다. 이를 통해 프랑스가 그에게 큰 의미를 지닌 곳임을 알 수 있다. 그렇다면 왜 2장의 제목을 "박물관의 성모님"이라고 정했을까? 이것은 아마도 영적 세계의 근원이라는 성모님의 상징성에 주목하여, 육체적인 출생뿐만 아니라 영적으로 자신이 어디에서 왔는지를 밝히려는 의도였던 것으로 보인다.

"박물관의 성모님"은 머튼이 신의 존재를 전혀 자각하지 못하던 어린

8　Thomas Merton, *The Seven Storey Mountain*, 30.

시절에도 여전히 하나님께서 그의 삶에 은총의 빛을 비추고 계셨음을 말해준다. 그가 아버지와 함께 처음 정착한 프랑스의 생탕토냉은 중세의 매력을 갖고 있는 지역으로서 온 마을이 교회에 집중되어 있는 것처럼 보이는 곳이었다. 교회가 자리한 장소의 풍경은 뛰어났고, 매일 정오와 저녁에는 교회의 종소리가 마을의 공기를 가득 메웠다. 마을 어디서든 우뚝 솟아 있는 뾰족탑과 예배당 건물을 볼 수 있었다.

머튼은 생탕토냉에서 그리 멀지 않은 몽토방의 리세 앵그르라는 학교로 보내졌다. "나는 내 인생에 있어서 처음으로 고립감, 허무함, 버려짐의 고통을 알게 되었다." 윌리엄 섀넌에 따르면 머튼에게 생탕토냉이 "현존의 장소"였다면 리세는 "어둠과 부재의 장소"였다. 하지만 이곳에서 머튼은 소설가가 되어야겠다는 생각을 하기 시작한다. 1928년 6월에 머튼은 아버지와 함께 프랑스를 떠나 영국으로 건너가면서 감옥에서 구출되는 것 같은 엄청난 자유를 경험했다. 손을 묶고 있는 사슬이 풀리고 눈에 보이지 않는 어떤 은혜로운 힘이 나타나 머튼을 가두었던 감옥 문을 활짝 열어주는 것 같았다.

영국에 도착한 머튼은 리플리 코트라는 학교에 다닌다. 그는 이곳에서 행복한 시간을 보냈다. 학우들과 함께 잠자리에 들기 전과 식사 전에 기도를 드리고 주일에는 근처의 교회로 가서 예배를 드리곤 했다. 머튼은 리플리 코트에서 처음으로 규칙적인 종교 생활을 하게 되었다.

- 뮈라의 프리바 부부에 대한 머튼의 기억은 어떠한가?
- 모드 이모할머니에 대한 머튼의 기억은 어떠한가?
- 이들은 머튼에게 어떤 존재로 남아 있는가?

3장 "지옥의 써레질"은 머튼이 오캄 학교에 입학한 이후부터 케임브리지 대학교의 클레어 칼리지에서 겨우 1년을 마치고 영국을 떠나 미국을 향할 때(1934년 11월)까지의 이야기를 다룬다.

1929년 가을에 오캄 학교에 입학한 머튼은 다음해 1월에 아버지의 죽음으로 큰 슬픔을 당하기도 했지만 비교적 행복한 고등학교 시절을 보낸다. 1933년에 오캄 학교를 졸업한 머튼은 로마를 여행하며 그리스도를 표현하고 있는 교회의 모자이크에 관심을 갖게 되었고, 그리스도가 누군지 알기 위해 성경을 사서 읽는다. 머튼은 그곳에서 죽은 아버지의 환영을 보고 회심 체험을 하게 되지만 그 회심은 오래가지 못했다. 머튼은 1933년 여름에 미국을 방문한다.

- 오캄 학교에서 머튼은 어떤 경험을 했는가? 머튼은 어떤 학생이었나?
- 아버지와의 관계는 어떠하였으며, 그는 아버지의 죽음을 어떻게 기억하는가?
- 로마에서의 회심 체험은 어떤 것이었는가?

머튼은 케임브리지에 입학한 이후 큰 방황의 시기를 보낸다. 공부를 열심히 하기보다 친구들과 어울리며 술을 마시거나 여자를 만나고 다녔는데, 이를 본 머튼의 대부는 그를 외조부모가 있는 미국으로 보내버린다. 이 장의 제목은 바로 여기서 온 것이다. "써레질"(harrowing)은 사도신경에 나오는 단어로서 "강탈하다" 혹은 "약탈하다"라는 의미를 가지고 있다. 이는 예수님께서 머튼이 포로로 잡혀 있던 곳, 즉 지옥을 침노하시어 자신을 깊은 곳에서부터 건져내셨다는 의미로서, 머튼이 얼마나 깊은 인생의 바닥까지 내려갔으며 그리스도께서 어떻게 자신을 그곳에서 구원해주셨는지를 상징적으로 드러내는 표현이라고 할 수 있다.

- 케임브리지 대학교에서 머튼은 어떤 삶을 살았는가? 짧은 기간이나마 이곳에서 경험한 대학생활이 향후 그의 인생에 큰 영향을 미친다.
- 대부는 머튼에게 어떤 존재였는가?

4장 "장터의 아이들"은 컬럼비아 대학교에서 보낸 시간과 외할머니가 돌아가신 일을 다룬다.

"장터의 아이들"이라는 제목은 마태복음 11:16에서 온 것이다. 예수님은 자신과 세례 요한에게 전혀 반응하지 않는 사람들의 모습을 일컬어 "장터의 아이들"과 같다고 말씀하셨다. "우리가 너희에게 피리를 불어도 너희는 춤을 추지 않았고, 우리가 곡을 해도 너희는 울지 않았다." 이 제목은 당시 머튼의 내면의 상태를 묘사한다. 그는 컬럼비아 대학교에서 삶을 즐기며 대학 생활에 열중하고 있었지만, 내적, 영적 공허함에 시달리고 있었다. 미국에서 다시 시작한 대학 생활은 케임브리지 대학교에서 방황하던 시절의 모습과는 완연히 다르다. 머튼은 이곳에서 진리를 발견하며 그 빛 아래서 내적 질서를 찾아가기 시작하지만, 결정적인 회심이 있기까지 그의 내면은 매우 피폐했다. 그는 자신이 완전히 "현대 세계의 노예"가 되었으며 사물을 움켜잡는 줄 알았으나 실제로는 빈털터리가 되어 오장육부마저 몽땅 털린 상태가 되었다고 말한다. 이어서 그렇게 쾌락과 향락에 탐닉함으로써 실의와 번민과 공포만을 얻었다고 술회한다. 또한 "나는 죽기까지

피 흘리고 있었다"라는 표현을 통해 당시 겪고 있었던 고통의 끔찍함을 토로한다.

제2부

제2부는 기간상으로 2년 반(1937년 2월-1939년 9월)에 지나지 않지만 머튼의 삶에서 결정적이었던 순간을 다룬다. 2부의 중심에는 1938년 11월 16일에 거행된 머튼의 세례식에 관한 이야기가 있다. 여기 속한 두 장의 제목은 모두 성경에서 온 것이다.

5장 "큰 값을 치르고"는 질송이 쓴 책의 영향을 받아 회심을 하고 마침내 가톨릭교회에서 세례를 받는 머튼의 이야기를 담고 있다. 마크 반 도렌 교수, 로버트 랙스, 브라마차리와 같이 좋은 사람들을 만나고, 에티엔 질송의 『중세 철학의 정신』, 헉슬리의 『목적과 수단』, 윌리엄 블레이크의 책들을 읽으며, 마침내 머튼은 하나님의 존재에 눈을 뜨게 되고 세례를 받게 된다. "큰 값을 치르고"라는 제목은 사도 바울이 고린도인들에게 보낸 첫 번째 편지의 6:20에 나오는 것인데, 바울은 고린도 성도들을 향해 그들의 몸은 성령의 성전이며 "당신들은 큰 값을 치르고 사들여진 존재들"이라고 말한다. 머튼은 이 표현을 통해 예수님의 핏값을 치르고 주어진 은총에 의해 세례가 주어졌음에 대해 감사를 드러낸다. 하나님은 머튼 안에서 탄생하시고 죽으신 후 부활하신 그리스도를 통해 그를 무한한 심연에서 불러내셨다.

- 머튼이 지성적으로 하나님을 받아들이고 세례를 받기까지의 과정은 어떠한가? 머튼이 세례에 이르도록 주어진 하나님의 은총은 무엇인가?
- 머튼과 외조부모의 관계는 어떠한가? 머튼에게 그들은 어떤 존재인가?
- 컬럼비아 대학교 시절 만난 사람들은 누구이며, 머튼과 그들의 관계는 어떠한가? 머튼은 그들을 어떻게 기억하는가?
- 세례를 받기까지 머튼의 내면은 어떻게 변하였으며, 세례를 받을 때 머튼은 내적으로 또는 영적으로 어떤 경험을 하였는가?

6장 "모순의 바다"는 머튼이 세례를 받은 이후 그에 합당한 삶이 무엇인가를 기도하며 고뇌하는 가운데 사제가 되기로 결정하기까지의 이야기를 담고 있다. 제목은 민수기 20:13(불가타 성서와 랭스 번역판)에서 왔다. "여기서 이스라엘 자손이 주님과 다투었는데, 이곳이 바로 므리바 샘(모순의 물)이다. 주님께서 그들 가운데서 거룩함을 나타내 보이셨다." 이는 메마른 광야에서 이스라엘 백성들이 어려움을 겪고 불평을 토로하는 장면이다. 이스라엘 백성들은 자기들을 애굽에서 데리고 나온 모세를 원망한다. 사막에서 보니 이집트에서의 삶이 그렇게 나쁘지 않았기 때문이다. 머튼은 이런 이스라엘 백성들을 보면서 세례 후에 자신이 품고 있는 마음이 무엇인지를 깨달았다. 그는 세례가 요구하는 삶을 살기 위해 전심으로 노력하지 않았음을 깨닫고 자신의 회심의 의미를 숙고했다. 그는 세례의 은혜를 더 굳건히 하기 위해 충분한 노력을 하지 않았음을 인정했으며, 그로 인해 자칫하면 과거의 삶의 방식으로 회귀해버릴지도 모른다는 두려움이 들었다. 머튼은 작가로서 이름을 드러내고 싶은 자기 모습을 발견하고 고뇌 끝에 이렇게 고백한다. "예, 저는 전심을 다해 성직자가 되길 원합니다. 이것이 만약 당신의 뜻이라면 저를 사제로 만들어 주십시오."[9]

제3부

제3부는 네 장으로 구성되어 있으며 다니엘 월쉬 교수의 조언, 트라피스트 수도원에 들어가기까지의 삶, 수도자로서 보낸 첫 순간들, 동생 존 폴의 죽음 등을 다루고 있다.

7장 "자북"에서 머튼은 성직자가 되고 싶어 하는 열망을 이루기 위해 다니엘 월쉬 교수와 상의를 한다.[10]

• 머튼은 자신에게 사제 성소가 있는지 식별하는 과정에서 다니엘 월

---

9 Thomas Merton, *The Seven Storey Mountain*, 255.

10 머튼은 월쉬 교수가 자신의 지적이고 영적인 기질을 다른 누구보다 잘 알고 있다고 여겨 조언을 듣기 위해 찾아간다. 월쉬 교수는 사제 성소에 대한 머튼의 말을 듣고 전혀 놀라지 않고 처음 머튼을 만났을 때부터 사제로 부름 받은 사람임을 느꼈다고 말해주었다. "자네를 보자마자 첫눈에 사제 성소가 있다는 생각이 들었네." 섀넌은 그가 머튼에 대해 받은 인상을 주목한다. 섀넌은 머튼의 대학 시절 가장 친한 벗이었던 로버트 랙스에게서도 이와 비슷한 말을 들었다고 한다. "머튼은 아주 진지했고 인격의 깊이가 있어서 그를 본 사람들은 이를 즉각적으로 알아차릴 수 있었지요. 물론 그는 흥겨운 시간들을 즐겼습니다. 종종 파티를 즐기기도 했고요. 그렇지만 이처럼 다른 측면이 있었고, 어찌 보면 이런 면은 그에게 늘 있었던 것이었습니다"(Robert Lax, Conversation with Author, October 1991, 『고요한 등불』, 213-14). 일견에는 쾌락을 좋아하던 머튼이 하나님의 특별한 은총을 입어 극적으로 수도자가 된 것처럼 평가하는 시각이 있었지만, 랙스는 이런 지적을 받아들이지 않는다. 그에 따르면 머튼이 겉으로 어떤 모습이었든지 간에 그에게는 근원적인 진지함과 깊은 곳을 향한 관심이 있었으며 가톨릭 신자가 되고 수도원에 들어가면서 그 성향이 만개하기 시작했다.

쉬 교수를 찾아간다. 그는 어떤 사람이었는가? 머튼에게 어떤 영향을 미쳤는가? 사제 성소에 대해 물은 머튼에게 그는 어떤 말을 해주었는가?

• 다니엘 월쉬 교수는 머튼에게 무슨 제안을 했는가?

월쉬 교수는 수도원 밖에서 활동하는 사제가 되기보다 수도자적인 삶에 헌신하는 편이 머튼에게 훨씬 더 적절할 것이라고 말한다. 머튼은 예수회, 프란치스코 수도회, 도미니크 수도회, 베네딕도 수도회에 관해 다양한 내용을 읽어보면서, 거의 모든 수도회가 엄격한 규칙을 따르고 있다는 사실에 겁을 먹었다. 월쉬 교수가 시토회 중에서도 가장 엄격한 규율을 가진 트라피스트 수도회를 언급했을 때는 그 이름만 듣고도 몸이 떨렸다. 게다가 그곳에서는 1년에 절반 이상 단식재를 지키고 병이 나지 않는 한 고기나 생선을 평생 먹지 않는다는 말을 들으면서 숨이 막힐 지경이었다. 그는 여러 가지를 고려한 끝에 자신에게 가장 적합하다고 생각되는 프란치스코 수도회 입회에 대해 더 알아보기로 결심했다. 하나님 안에서 누리는 놀라운 기쁨과 행복감을 강조하는 프란치스코 수도회에 매력을 느꼈던 머튼은 프란치스코 수도회의 수련 수사 후보자로 받아들여졌고 1940년 9월부터 수련을 시작하게 될 것이라는 안내를 받았다.

일단 결심이 선 이상 당장 행동에 옮기지 못하는 상황이 답답했던 머튼은 입회를 기다리는 시간이 너무 길게 느껴졌다. 그는 개인적으로 영적 지도를 받고 있지 않았지만 혼자서 날마다 영성체를 했고 그것은 그의 삶을 눈에 띄게 변화시켰다. 십자가의 길 기도를 마치면 항상 크고 깊은 평화가 따라왔다. 머튼은 그때부터 이냐시오의 "영신 수련"을 병행하면서 하나님의 사랑 때문에 창조된 우리가 그분의 뜻보다 자신의 뜻과 만족을 우선함으로써 악을 저지른다는 것을 깊이 확신하게 된다. 당시 머튼은 컬럼비아 대학교 경영 대학에서 영어 작문 강의를 맡고 있었다. 그리고 입회를 기다리는 동안 쿠바로 영적 순례 여행을 떠났는데, 그 기간 중 놀라운 영적 환희를 경험하였다.

- 머튼이 쿠바에서 경험한 영적 체험은 무엇인가?

하지만 머피 신부를 만나 숨겨두었던 자신의 어두운 과거를 전부 고백하게 되면서 입회 승인이 철회된다. 이 장의 제목인 "자북"은 나침반에 표기된 북극을 뜻하며 지리적인 북극과는 다르다. 실제로도 자북은 진짜 북극과는 조금 다른 위치에 있다. 이 표현은 프란치스코 수도원을 향해 품은 머튼의 열망을 나타낸다. 또한 그가 옳은 방향으로 가고 있지만 중심에서 조금 벗어나게 되었다는 암시이기도 하다.

- 머튼의 어두운 과거란 무엇이며, 그는 왜 자신의 어두운 과거를 말했는가?
- 수도회 입회가 거절당했을 때 머튼의 내면은 어떠했는가?

8장 "진북"은 머튼이 자신의 진정한 성소를 발견하게 되는 과정을 다룬다. 프란치스코 수도자를 향한 꿈이 부서진 이후 그는 성 보나벤투라 대학교의 영문학 교수가 된다. 하지만 그는 1941년 고난 주간에 겟세마니 수도원에서 피정을 하던 중 마음이 크게 움직이는 영적 체험을 하면서 수도자로서 그곳으로 돌아오고 싶다는 소망을 품는다.

- 성 보나벤투라 대학교에서 머튼은 어떤 삶을 살았는가?

9장 "휴화산"은 트라피스트 수도회에 들어가고 싶은 머튼의 마음을 상징적으로 표현한 것이다. 머튼은 성 보나벤투라 대학교에서 마련한 강의에 초대된 캐서린 드 휘크 남작 부인을 만난다. 그녀는 뉴욕 할렘에 있는 "우정의 집"에서 흑인들을 위한 사역을 하고 있었다. 머튼은 2-3주간 우정의 집에 머물면서 그곳에 하나님의 부르심이 있는지를 살핀다. 남작 부인은 머튼에게 그곳에서 글을 쓰면서 흑인들을 위해 함께 사역할 것을 강력히 권한다. 그는 수도자가 되고 싶은 마음은 있었지만 자신이 실제로 수도자가 될 수 있는지에 대해서는 확신이 없었다. 거절에 대한 두려움도 있었다. 그러나 기도와 고뇌 끝에 자신이 진정으로 원하는 것이 무엇이며 하나님의 부르심이 어디에 있는지를 체험한다. 사제가 되는 데 아무런 문제가 없음을 확인하게 된 머튼은 마침내 성 보나벤투라 대학교를 떠나 겟세마니로 향한다.

- 겟세마니에서의 피정 경험은 어떠했는가? 이 경험은 그의 삶을 어떻게 이끌어 가는가?
- 겟세마니로 오기까지 머튼은 내면에서 어떤 움직임을 느꼈으며, 그것을 어떻게 식별하였는가?

10장 "감미로운 자유의 맛"은 수도원에서의 생활, 동생 존 폴의 수도원 방문과 세례 및 갑작스런 죽음을 다룬다. 자기중심적인 삶을 살아온 머튼은 마침내 진정한 자유함이 무엇인지를 깨닫게 된다.

- 머튼은 수도원에 들어와서 어떤 마음을 갖게 되었는가?
  "마태오 수사가 내 등 뒤로 문을 닫아걸자 나는 새로운 자유의 울타리 속에 갇혔다."
- 머튼은 수도원에서 어떤 생활을 하였는가?
- 수도원에 들어온 이후 생긴 새로운 영적 고민은 무엇인가?
- 머튼은 동생의 죽음을 어떻게 애도하는가?

에필로그

에필로그는 (1) 글쓰기 문제로 인한 고뇌(1947년 5월이나 6월경에 쓰였다), (2) 수도회(활동 수도회와 관상 수도회)에 대한 이야기(1947년 5월이나 6월경), (3) 1947년 성심 축일에 떠오른 영감에서 온 마지막 기도로 구성되어 있다. "이것이 책의 마지막이지만 여정의 끝은 아니다"(*Sit finis libri, non finis quaerendi*).

자서전의 마지막 장이 끝났다고 머튼의 영적 여정이 끝난 것은 아니다. 그는 다른 책에서 하나님을 향한 순례자로서의 이야기를 계속 풀어놓는다. 머튼은 『칠층산』의 끝부분에 이런 기록을 남긴다.

어떤 면에서 보면 우리는 항상 여행을 하고 있고, 마치 우리가 어디로 가는지도 모르는 것처럼 여행을 한다. 다른 면에 그리고 이것이 우리가 여행을 하며, 어둠에 있는 이유다. 그러나 우리는 이미 자비로우심으로 인해 그를 가지고 있고, 그러므로 그런 면에서는 우리는 도착했고 빛에 거하는 것이다.

하지만 아! 내가 이미 도착한 그분 안에서 그분을 찾기 위해 얼마나 더 가야 하는가.

- 머튼은 글쓰기와 침묵 속에서 관상의 삶을 살아가는 것을 놓고 어떤 고뇌를 하였으며, 결국 어떻게 길을 찾아가는가?
- 종신 서원에 이르기까지 그의 내면은 어떤 여정을 걸어왔는가?
- 『칠층산』이 내게 주는 영적 도전과 교훈은 무엇인가?
- 『칠층산』에서 드러나는 머튼의 모습 중 더 성장이 필요한 측면은 무엇인가?
- 실제로 머튼은 『칠층산』 이후에 영적으로 어떻게 성장했는가?

참고 자료: 『칠층산』의 관점

머튼은 단순히 자신의 외면적 모습을 설명하기 보다 수도자의 시각으로 자신이 밟아온 삶의 과정(출생, 성장, 교육 과정, 회심, 수도회 입회 등)을 전하고자 하는 목적으로 『칠층산』을 집필했다.

머튼의 생애를 본격적으로 살피기 전에 우리는 그가 『칠층산』을 저술할 때와 중년 이후 삶에 대해 어떤 관점을 지녔는지를 파악해야 할 필요가 있다. 그는 젊은 수도자로서 지녔던 관점과 태도를 끊임없이 발전시킴으로써 인간의 내면이 성숙되는 여정을 명확히 보여준다.

머튼의 초기 관점은 다소 "분리적 관점"에 가깝다. 『칠층산』에서 드러나는 그의 관점은 옳고 그른 것, 좋아하는 것과 싫어하는 것을 확실하게 "가르고" 있다. 그의 인생 전체를 내적 성숙의 발달적 관점으로 살펴보자면, 이 시기에 그는 자신의 말처럼 "분리 독립"과 "단절"의 여정을 걷고 있었다. 독립하고 자기를 세우려면 이제껏 맺어왔던 익숙한 것들을 단호히 거절하고 단절할 필요가 있다. 그는 이런 단절의 결과로 과거에 속한 것들과 경험들에 대해 부정적 판단을 내리게 된 것이다. 『칠층산』에는 머튼의 이런 내적 여정의 흐름이 고스란히 드러난다.

그러나 인생 후반부에 오면 이런 분리적인 관점을 내려놓게 된다. 머튼이 인생 후반부에 남긴 삶과 작품을 보면 "비이원적 관점"이 확연히 드러난다. 이전에는 거짓자기로 살아온 세월을 제거해야 할 흉측한 괴물로 여겼지만, 그런 종교적 "죄"로 구분되는 것들, 본능과 욕망, "인간적" 요소 등이야 말로 영원을 향한 동경의 왜곡된 표현이며 신적인 것으로의 이끌림이라고 생각한다. 인간은 궁극적으로 참자기와 거짓자기가 재해석되고 "하나님의 은총" 안에 머물 때 비로소 모든 것을 새롭게 경험하게 된다. 이처럼 머튼의 일생과 연대기적 변천을 전체적으로 포괄하는 가운데 『칠층산』을 저술할 때의 관점까지 염두에 둔다면 이 책을 좀 더 흥미롭게 읽어 나갈 수 있을 것이다.

머튼의 수도원 일과(1941년 수도원 입회 당시)

오전 2시	기상 후 가대로 가서 조과 복창
오전 2시 30분	무릎을 꿇거나 선 채로 개인 묵상
오전 3시	밤 기도 – 20개의 시편과 몇 개의 찬송, 3개 또는 12개의 교훈, 테 데움, 복음서 낭독, 강복으로 구성되어 있으며 전부 라틴어로 행해짐
오전 4시	수사와 신부들은 개인 미사, 나머지 수사들은 공동체 미사에 참석
오전 5시	독서 또는 개인 기도
오전 5시 30분	제1시경
오전 6시	업무를 위한 모임 – 규칙서에 관한 수도원장의 강론을 듣기도 함
오전 6시 반	아침 식사 후 1시간 동안 독서와 공부
오전 7시 45분	제3시경, 대미사
오전 9시	두 시간 동안 오전 노동 – 머튼은 처음에 육체노동을 했으나 머지않아 글 쓰는 일을 담당함 아침 일과 후 양심 성찰 수행 – 저녁 끝기도 이후에 행해지기도 함
오전 11시 30분	점심 식사
정오	제9시경 후 휴식 및 오침
오후 1시 30분	두 시간 동안 오후 노동
오후 4시 30분	저녁 기도
오후 5시 30분	저녁 식사
오후 5시 40분	독서, 공부 및 개인 기도
오후 6시 10분	끝 기도 – 성모 찬송가를 부르며 마침
오후 7시	처소에서 취침

은수 생활 일과(1966년)[11]

오전 2시 15분	아침 기도 및 묵상
오전 5시	아침 식사
오전 5시 30분	기도, 영적 독서 및 연구
오전 7시 30분	제1시경과 로자리오 기도
오전 8시	노동 및 잡일
오전 9시 30분	제3시경
오전 10시 30분	제6시경
오전 11시	제9시경
오전 11시 30분	개인 미사를 위해 수도원으로 이동
	점심 식사 후 은수처로 복귀하여 휴식 및 가벼운 독서
오후 1시	저녁 기도
오후 2시 15분	글쓰기, 일 또는 산책
오후 4시 15분	기도
오후 5시	저녁 식사 후 끝기도
오후 6시	신약 성경 읽기, 묵상, 양심 성찰
오후 7시	취침

---

11 머튼은 수도원장 돔 제임스(Dom James)에게 은수 생활 중 자신의 일과에 대해 알린 적이 있다(William Shannon, *Silent Lamp*, 199). 또한 파키스탄에 있는 친구 압둘 아지즈(Abdul Aziz)에게 1966년 1월 2일에 보낸 편지에서도 은수 생활 일과에 대해 밝히고 있다(Thomas Merton, *The Hidden Ground of Love*, 62-64). 로버트 인차우스티(Robert Inchausti)도 머튼이 수도원장에게 보낸 일과를 자신의 책에 수록하고 있다(Robert Inchausti, *American Prophecy*, 163). 윌리엄 섀넌도 자신의 두 저서에 머튼의 은수 생활 일과를 포함시켰다(William Shannon, *Silent Lamp*, 199; William Shannon, 오방식 역, 『토머스 머튼: 생애와 작품』, 75).

사진출처

사진 1. https://liturgy.co.nz/centenary-of-the-birth-of-thomas-merton, 21.02.11.

사진 2. Monica Furlong, *Merton: A Biography* (San Francisco: Harper & Row, 1980), 사진 전체 모음에 쪽 번호가 따로 없음.

사진 3. Monica Furlong, *Merton: A Biography* (San Francisco: Harper & Row, 1980), 사진 전체 모음에 쪽 번호가 따로 없음.

사진 4. Jim Forest, *Living with Wisdom: A Life of Thomas Merton* Revised Edition (Maryknoll, NY: Orbis Books, 2008), 6, Photograph courtesy of the Thomas Merton Center.

사진 5. Michael Mott, *The Seven Mountains of Thomas Merton* (Boston, MA: Houghton Mifflin, 1984), 사진 전체 모음에 쪽 번호가 따로 없음.

사진 6. http://wikimapia.org/13287449/Fr-Thomas-Merton-Birthplace#/photo/871512, 21.02.09.

사진 7. The Michael Mott, *The Seven Mountains of Thomas Merton,* 사진 전체 모음에 쪽 번호가 따로 없음.

사진 8. Jim Forest, *Living with Wisdom: A Life of Thomas Merton*, 7, Photograph courtesy of the Boston College, Burns Library.

사진 9. Jim Forest, *Living with Wisdom: A Life of Thomas Merton*, 8, Photograph courtesy of the Boston College, Burns Library.

사진 10. http://merton.org/ (Thomas Merton Center)

사진 11. The Michael Mott, *The Seven Mountains of Thomas Merton,* 사진 전체 모음에 쪽 번호가 따로 없음.

사진 12. Jim Forest, *Living with Wisdom: A Life of Thomas Merton*, 11, Photograph courtesy of the Thomas Merton Center.

사진13. http://merton.org/ (Thomas Merton Center)

사진14. Jennifer Fisher Bryant, *Thomas Merton Poet, Prophet, Priest* (Grand Rapids, MI: Eerdmans, 1997), 사진 전체 모음에 쪽 번호가 따로 없음.

사진15. http://merton.org/ (Thomas Merton Center)

사진16. https://vanessafrance.wordpress.com/2013/03/20/saint-antonin-noble-val-haunting-and-historic-town/ 21.02.11.

사진17. Jennifer Fisher Bryant, *Thomas Merton: Poet, Prophet, Priest,* Photograph courtesy of the Thomas Merton Center, 사진 전체 모음에 쪽 번호가 따로 없음.

사진18. Jennifer Fisher Bryant, *Thomas Merton: Poet, Prophet, Priest,* 사진 전체 모음에 쪽 번호가 따로 없음.

사진19. Jim Forest, *Living with Wisdom, A Life of Thomas Merton*, 15, Photograph courtesy of the Thomas Merton Center.

사진20. https://www.francisfrith.com/ripley/ripley-ripley-court-school-c1965_r36079, 21.02.11.

사진21. Jim Forest, *Living with Wisdom: A Life of Thomas Merton*, 19, Photograph courtesy of Oakham School.

사진22. Jim Forest, *Living with Wisdom, A Life of Thomas Merton*, 23, Photograph courtesy of Oakham School, Thomas Merton with his Oakham rugby team.

사진23. https://en.wikipedia.org/wiki/Saints_Cosmas_and_Damian

사진24. Jim Forest, *Living with wisdom: A Life of Thomas Merton*, 35, Photograph by Jim Forest.

사진25. Jim Forest, *Living with wisdom: A Life of Thomas Merton*, 37, Photograph courtesy of the Thomas Merton Center.

사진26. https://ny.curbed.com/2020/5/4/21240056/columbia-university-coronavirus-graduate-student-housing, 21.02.11.

사진27. Jim Forest, *Living with Wisdom: A Life of Thomas Merton*, 48, Photograph courtesy of the Thomas Merton Center.

사진28. https://wvhistoryonview.org/catalog/023771, 21.02.11.

사진29. The Michael Mott, *The Seven Mountains of Thomas Merton*, 사진 전체 모음에 쪽 번호가 따로 없음.

사진30. The Michael Mott, *The Seven Mountains of Thomas Merton*, 사진 전체 모음에 쪽 번호가 따로 없음.

사진31. http://www.adler-aquinasinstitute.org/etienne-gilson-society/biography-of-etienne-gilsons-intellectual-life/, 21.02.11.

사진32. https://workplaceinsight.net/what-aldous-huxley-can-teach-us-about-acoustics-at-work/, 21.02.11.

사진33. https://en.wikipedia.org/wiki/Mahanambrata_Brahmachari

사진34. Jim Forest, *Living with wisdom:* A Life of *Thomas Merton*, 65, Photograph courtesy of Columbia University.

사진35. Jim Forest, *Living with Wisdom:* A Life of *Thomas Merton*, 64, Photograph courtesy of Robert Ellsberg.

사진36. Jennifer Fisher Bryant, *Thomas Merton: Poet, Prophet, Priest,* Photograpy by F. Donald Kenney, Courtesy of St. Bonaventura University, 사진 전체 모음에 쪽 번호가 따로 없음.
　　　Jim Forest, *Living with Wisdom:* A Life of *Thomas Merton*, 75, Photography by F.Donald Kenney, courtesy of St.Bonaventure University.

사진37. Jim Forest, *Living with Wisdom:* A Life of *Thomas Merton*, 78, Photograph courtesy of the Boston College, Burns Library.

사진38. https://clingingtoonions.blogspot.com/2013/07/catherine-de-hueck-doherty.html, 21.02.14.

사진39. https://twitter.com/RobertEllsberg/status/1161978908222189569/photo/1, 21.02.15.

사진40. https://www.kyhistory.com/digital/collection/Morgan/id/6410/, 21.02.15.

사진41. https://mertonocso.wordpress.com/2010/06/26/a-novice-and-his-master-part-one-2/, 21.02.15.

사진42. http://westparkhistory.com/Articles/monastery/Monastery.html, 21.02.16.

사진43. https://www.veterans.gc.ca/eng/remembrance/memorials/canadian-virtual-war-memorial/detail/1076758, 21.02.16.

사진44. Jim Forest, *Living with Wisdom: A Life of Thomas Merton*, 90, Photograph courtesy of the Thomas Merton Center.

사진45. Jim Forest, *Living with Wisdom: A Life of Thomas Merton*, 62, Photograph courtesy of the Boston College, Burns Library.

사진46. Jim Forest, *Living with Wisdom:, A Life of Thomas Merton*, 99, Photograph courtesy of the Thomas Merton Center.

사진47. https://i.pinimg.com/originals/ab/40/1a/ab401aa7820c52618aa786af01445 6e1.jpg, 21.02.18.

사진48. Jim Forest, *Living with Wisdom: A Life of Thomas Merton*, 128, Photograph courtesy Columbia University, Bulter Library.

사진49. Photographs by Harry L. Hinkle and essayed by Monica Weis, *Thomas Merton's Gethemani: Landscapes of Paradise* (Lexinton, KY: The University Press of Kentucky, 2005), 66.

사진50. *Thomas Merton's Gethemani: Landscapes of Paradise*, 75.

사진51. *Thomas Merton's Gethemani: Landscapes of Paradise*, 91.

사진52. Jennifer Fisher Bryant, *Thomas Merton: Poet, Prophet, Priest*, 사진 전체 모음에 쪽 번호가 따로 없음.

사진53. Jennifer Fisher Bryant, *Thomas Merton: Poet, Prophet, Priest*, 사진 전체 모음에 쪽 번호가 따로 없음.

Jim Forest, *Living with Wisdom: A Life of Thomas Merton*, 101, Photograph courtesy of the Thomas Merton Center.

사진54. *Witness to Freedom*, 직접 사진 찍음.

사진55. *Seeds of Destruction*, 직접 사진 찍음.

사진56. *Cold War Letters*, 직접 사진 찍음.

사진57. *Pursuing the Spiritual Roots of Protest*, 직접 사진 찍음.

참고문헌

머튼 전기 및 생애 발달 이해(이차문헌)

Atkinson, Morgan C. Ed. with Jonathan Montaldo, *Soul Searching: The Journey of Thomas Merton*. Collegeville, MN: Liturgical Press, 2008.

Bragan, Kenneth. *The Rising Importance of Thomas Merton's Spiritual Legacy*. Strategic Book Publishing, 2016.

Bryant, Jeniffer Fisher. *Thomas Merton: Poet, Prophet, Priest*. Grand Rapids, MI/ Cambridge, UK: Eerdmans, 1997.

Carr, Anne E. *A Search for Wisdom and Spirit: Thomas Merton's Theology of the Self*. Notre Dame, IN: University of Notre Dame Press, 1988(도서출판 샤마임 역간).

Conn, Walter E. *Christian Conversion: A Developmental Interpretation of Autonomy and Surrender*. New York/Mahwah: Paulist Press, 1986.

Conn, Walter E. *Desiring Self, The: Rooting Pastoral Counseling and Spiritual Direction in Self-Transcendence*. New York/Mahwah: Paulist Press, 1998.

Cooper, David. *Thomas Merton's Art of Denial: The Evolution of a Radical Humanist*. Athens, GA: University of George Press, 1988.

Cunningham, Lawrence. *Thomas Merton and the Monastic Vision*. Grand Rapids, MI: W. B. Eerdmans, 1999.

Finley, James. *Merton's Palace of Nowhere: A Search for God through Awareness of the True Self*. Notre Dame, IN: Ave Maria Press, 1978.

Forest, Jim. *Living with Wisdom: A Life of Thomas Merton*. New York: Orbis Books, 1991, 2008(revised)(분도출판사 역간).

Furlong, Monica. *Merton: A Biography*. San Francisco: Harper & Row, 1980.

Grayston, Donald. *Thomas Merton: The Development of a Spiritual Theologian*. New York: Edwin Mellen, 1985.

Grayston, Donald. *Thomas Merton and the Noonday Demon: The Camaldoli Correspondence*. Eugene, OR: Cascade Books, 2015.

Griffin, John Howard. *Follow the Ecstasy: The Hermitage Years of Thomas Merton*. Maryknoll, NY: Orbis Books, 1993.

Harford, James. *Merton & Friends: A Joint Biography of Thomas Merton, Robert Lax, and Edward Rice*. New York: Crossroad, 2006.

Hart, Patrick(Ed). *Thomas Merton, Monk*. New York: Sheed and Ward, 1974.

Higgins, Michael W. *Heretic Blood: The Spiritual Geography of Thomas Merton*. New York: Stoddart Publishing, 1998.

Higgins Michael W. *The Unquiet Monk: Thomas Merton's Questing Faith*. Maryknoll, NY: Orbis Books, 2015.

Inchausti. Robert. *Thinking through Thomas Merton: Contemplation for Contemporary Times*. Albany: State University of New York Press, 2014.

Inchausti, Robert. *Thomas Merton's American Prophecy*. New York: SUNY Press, 1998.

Kilcourse, George. *Ace of Freedoms: Thomas Merton's Christ*. Notre Dame, IN: Notre Dame, 1993.

Kountz, Peter. *Thomas Merton as Writer and Monk: a Cultural Study, 1915-1951*. New York: Carlson Publishing Inc, 1991.

Kramer, Victor A. *Thomas Merton: Monk and Artist. Kalamazoo*. MI: Cistercian, 1987.

McCaslin, Susan and Porter J. S. *Superabundantly Alive: Thomas Merton's Dance with the Feminine*. Kelowna, BC: Wood Lake Books, 2018.

Malits, Elena. *The Solitary Explorer: Thomas Merton's Transforming Journey*. New York: Harper & Row, 1980.

Matthews, Melvyn. *The Hidden Journey: Reflections on a Dream*. New York: HarperCollins Publishers, 1989.

Merton, Ruth. *Tom's Book: To Granny with Tom's Best Love – 1916*, ed. Sheila Milton.

Monterey, KY: Larkspur Press, 2006.

Mott, Michael. *The Seven Mountains of Thomas Merton.* Boston, MA: Houghton Mifflin, 1984.

North, Wyatt. *Thomas Merton: A Life Inspired.* Boston, MA: Wyatt North Publishing, 2016.

Nouwen, Henri J. M. *Pray to Live, Thomas Merton: A Contemplative Critic.* Notre Dame, IN: Fides, 1972; also published under title of *Thomas Merton: Contemplative Critic.* San Francisco, CA: Harper & Row, 1981; also published under title of *Encounters with Merton.* New York: Crossroad, 2004(청림출판 역간).

Padovano, Anthony T. *The Human Journey, Thomas Merton: Symbol of a Century.* Garden City, NY: Doubleday, 1982.

Park, Jaechan.*Thomas Merton's Encounter with Buddhism and Beyond: His Interreligious Dialogue*, Inter-monastic Exchanges and Their Legacy. (doctoral), Regis College, University of Toronto, Toronto, Canada 2018(분도출판사 역간).

Pennington, M. Basil. *Thomas Merton, Brother Monk: The Quest for True Freedom.* New York: Harper & Row, 1987.

Pramuk, Christopher. *At Play in Creation: Merton's Awakening to the Feminine Divine.* Collegeville, MN: Liturgical Press, 2015.

Pramuk, Christopher. *The Hidden Christ of Thomas Merton.* Collegeville, MN: Liturgical Press, 2009.

Rice, Edward. *The Man in the Sycamore Tree: The Good Times and Hard Life of Thomas Merton.* Garden City, NY: Doubleday, 1970.

Ryan, Gregory and Ryan, Elizabeth. *The ABCs of Thomas Merton: A Monk at the Heart of the World.* Orleans, MA: Paraclete Press, 2017.

Shannon, William. *Thomas Merton's Dark Path: The Inner Experience for a Contemplative.* New York: Farrar, Straus & Giroux, 1981.

Shannon, William. *Thomas Merton's Paradise Journey: Writings on Contemplation.* Cincinnati, OH: Anthony Messenger Press, 2000.

Shannon, William. *Silent Lamp: The Thomas Merton Story.* New York: The Crossroad Publishing Company, 1993(은성 역간).

Shannon, William. *"Something of a Rebel"*: *Thomas Merton: His Life and Works.* Cincinnati, OH: St. Anthony Messenger, 1997; also published under title of *Thomas Merton: an Introduction.* Franciscan Media; Revised edition, 2005(은성 역간).

Shannon, William, Christine M. Bochen and Patrick F. O'Connell. *The Thomas Merton Encyclopedia.* New York: Orbis Books, 2002.

Sweeney Jon M. *Thomas Merton: An Introduction to His Life, Teachings, and Practices.* New York: St. Martin's Essentials, 2021.

Twomey, Gerald. *Thomas Merton: Prophet in the Belly of a Paradox.* New York: Paulist, 1978.

Waldron, Robert. *Thomas Merton-The Exquisite Risk of Love: The Chronicle of a Monastic Romance.* London: Darton, Longman, Todd, 2012.

Waldron, Robert G. *Thomas Merton in Search of His Soul: A Jungian Perspective.* Notre Dame, IN : Ave Maria Press, 1994.

Waldron, Robert G, *The Wounded Heart of Thomas Merton.* New York: Paulist Press, 2011.

Weis, Monica. *The Environmental Vision of Thomas Merton.* Lexington, KY: University Press of Kentucky, 2001.

Wilkes, Paul, ed. *Merton: By Those Who Knew Him Best.* San Francisco, CA: Harper & Row, 1984.

Woodcock, George. *Thomas Merton: Monk and Poet.* New York: Farrar, Straus & Edinburgh: Canongate, 1978.

Zuercher, Suzanne. *Merton: an Enneagram Profile.* Notre Dame, ID: Ave Maria Press, 1996.

김성민, 『기독교 영성의 추구와 분석 심리학』, 서울: 달을 긷는 우물, 2020.

머튼의 작품(일기와 편지 및 자전적인 저술 중심)

일기 종합 전집

Merton, Thomas. *Run to the Mountain: The Journals of Thomas Merton* Vol. I: 1939-1941; ed. by Robert E. Daggy. San Francisco: HarperCollins, 1989.

Merton, Thomas. *Entering the Silence: The Journas of Thomas Merton* Vol II: 1941-1952; Ed. Jonathan Montaldo. San Francisco: HarperCollins, 1996.

Merton, Thomas. *A Search for Solitude: The Journals of Thomas Merton* Vol. III: 1952-1960; ed. by Lawrence S. Cunningham. San Francisco: HarperCollins, 1996.

Merton, Thomas. *Turning Toward the World: The Journals of Thomas Merton* Vol IV: 1960-1963; Ed. Victor A. Krammer. San Francisco: HarperCollins, 1996.

Merton, Thomas. *Dancing in the Water of Life: Seeking Peace in the Hermitage. The Journals of Thomas Merton* Vol V: 1963-1965; Ed. Robert Daggy. San Francisco: HarperSanFrancisco, 1997.

Merton, Thomas. *Learning to Love: The Journals of Thomas Merton* Vol. VI: 1966-1967; ed. by Christine M. Bochen. San Francisco: HarperCollins, 1997.

Merton, Thomas. *The Other Side of the Mountain: The Journals of Thomas Merton* Vol. VII: 1967-1968; Ed. by Patrick Hart. San Francisco: HarperCollins, 1998.

일기 단권

Merton, Thomas. *Thomas Merton in Alaska: The Alaskan Conferences, Journals, and Letters.* New York: New Directions, 1989.

Merton, Thomas. *Asian Journal.* Ed. by Naomi Burton, Patrick Hart, O.C.S.O., James Laughlin, and Amiya Chakravarty. New York: New Directions, 1973.

Merton, Thomas. *Day of a Stranger.* Ed. with Intro. Robert E. Daggy. Salt Lake City, UT: Gibbs M. Smith/ A Peregrine Smith, 1981.

Merton, Thomas. *The Intimate Merton: His Life from His Journals*, Ed. Patrick Hart and

Jonathan Montaldo. New York: HarperSanFrancisco, 1999)(바오로 딸 역간).

Merton, Thomas. *The Secular Journal of Thomas Merton.* New York: Farrar, Straus & Cudahy, 1959, 1977.

Merton, Thomas. *The Sign of Jonas.* A Harvest/HBI Book. San Diego: Hartcourt, Brace, 1953(바오로딸 역간).

Merton, Thomas. *A Vow of Conversation: Journal,* 1964-1965. New York: Farrar, Straus & Cudahy, 1988.

주제별 편지 모음

Merton, Thomas. *The Hidden Ground of Love: The Letters of Thomas Merton on Religious Experience and Social Concerns.* Selected and ed. with Introduction by William H. Shannon. New York: Farrar, Straus & Giroux, 1985.

Merton, Thomas. *The Road to Joy: Letters to New and Old Friends.* Ed. by Robert Daggy. New York: Farrar, Straus and Giroux, 1989.

Merton, Thomas. Selected and Ed. by Patrick Hart, *The School of Charity: The Letters of Thomas Merton on Religious Renewal and Spiritual Direction.* Selected and ed. by Patrick Hart. New York: Farrar, Straus & Giroux, 1990.

Merton, Thomas. *The Courage for Truth: Letters to Writers.* Selected ans Ed. by Christine M. Bochen. New York: Harcourt, Brace, 1993.

Merton, Thomas. *Witness to Freedom: Letters in Times of Crisis.* New York: Farrar, Straus & Giroux, 1994.

Merton, Thomas. *Cold War Letters.* Ed. Christine M. Bochen and William H. Shannon. Maryknoll, NY: Orbis, 2006.

개인별 편지 모음

Merton, Thomas and Greene, Jonathan. *On the Banks of Monks Pond: The Thomas Merton/Jonathan Greene Correspondence.* Frankfort, KY: Broadstone Books, 2004.

Merton, Thomas and Lax, Robert. *A Catch of Anti-letters*. Kansas City, MO: Sheed, Andrews & McMeel, 1978.

Merton, Thomas and Reuther, Rosemary Radford. *At Home in the World: The Letters of Thomas Merton and Rosemary Radford Reuther*. Ed. by ary ardiff. Maryknoll, NY: Orbis, 1995.

Merton, Thomas and Giroux, Robert. *The Letters of Robert Giroux and Thomas Merton*. Ed. Patrick Samway. Notre Dame, IN: University of Notre Dame Press, 2015.

Merton, Thomas, and Hammer, Victor and Carolyn. *The Letters of Thomas Merton and Victor and Carolyn Hammer: Ad Majorem Dei Gloriam*. Ed. F. Douglas Scutchfield and Paul Evans Holbrook Jr. Lexington: University Press of Kentucky, 2014.

Merton, Thomas and Andrews, Edward Deming. *A Meeting of Angels: The Correspondence of Thomas Merton with Edward Deming & Faith Andrews*. Ed. Paul M. Pearson. Frankfort, KY: Broadstone Books, 2008.

Merton, Thomas and Leclercq, Jean. *Survival or Prophesy?: The Letters of Thomas Merton and Jean Leclercq*. Ed. by Patrick Hart. New York: Farrar, Straus & Giroux, 2002.

자전인 글

Merton, Thomas. *Conjectures of a Guilty Bystander*. New York: Image Books, 1968(바오로딸 역간).

Merton, Thomas. *My Argument with the Gestapo*. Garden City, NY: Doubleday, 1967.

Merton, Thomas. *The Seven Storey Mountain*. New York: Harcourt, Brace, 1948/ Fiftieth Anniversary Edition. Introduction by Robert Giroux and A Note to the Reader by William Shannon, 1998(바오로 딸 역간).

『토머스 머튼 이야기』와 관련된 기타 작품

Merton, Thomas. *The Collected Poems of Thomas Merton*. Ed. William Davis, New York: New Directions.

Merton, Thomas. *Contemplation in a World of Action.* Garden City, NY: Doubleday, 1971; Image Books, 1973.

Merton, Thomas. *Early Poems* 1940-1942. Forward by Jonathan Greene. Lexington, KY: Anvil, 1971.

Merton, Thomas. Ed. by Naomi Burton Stone and Patrick Hart. *Love and Living.* New York: Farrar, Straus & Giroux, 1979; New York: Harcourt/HBJ Book, 1985(자유문학사 역간).

Merton, Thomas. *New Seeds of Contemplation.* New York: New Directions, 1961(가톨릭출판사 역간).

Merton, Thomas. *Seeds of Contemplation.* New York: New Directions, 1949(가톨릭출판사 역간).

Merton, Thomas. *Seeds of Destruction.* New York: Farrar, Straus & Cudahy, 1964.

Merton, Thomas. *Thomas Merton: Essential Writings.* Selected with an Introduction by Christine Bochen. New York: Orbis Books, 2000.

Merton, Thomas. *Thomas Merton: "Honorable Reader" Reflection on My Work.* Ed. by Robert E. Daggy. New York: Crossroad, 1991.

Merton, Thomas. *Thomas Merton: Spiritual Master.* Ed. with Introduction by Lawrence S. Cunningham. Mahwah, NJ: Paulist, 1992.

Merton, Thomas. *The Wisdom of the Desert: Sayings from the Desert Fathers of the Fourth Century.* Trans. by Thomas Merton and with author's note. New York: New Directions, 1960(바오로딸 역간).

일반 자료

Conn, Joann Wolski, and Conn, Walter. *New Dictionary of Catholic Spirituality.* Ed. by Michael Downey. Collegeville, MN: The Liturgical Press, 1993.

Luc Brésard, 허성석, 최종근 편역, 『수도승 영성』, 경북: 성 베네딕도회 왜관 수도원, 2002.

Bernard Lonergan, 김인숙 역, 『신학 방법』, 서울: 가톨릭출판사, 2012.

Dom André Louf, 수정의 성모 트라피스트 여자 수도원 역, 『시토회가 걷는 길: 사랑의
　　학교』, 왜관: 분도출판사, 2011.

토머스 머튼 이야기

출생에서 종신 서원까지

Copyright ⓒ 오방식 2021

1쇄 발행 2021년 8월 25일

지은이 오방식
펴낸이 김요한
펴낸곳 새물결플러스

편 집 왕희광 정인철 노재현 한바울 정혜인
　　　　이형일 나유영 노동래 최호연
디자인 박인미 황진주 김은경
마케팅 박성민 이원혁
총 무 김명화 이성순
영 상 최정호 곽상원
아카데미 차상희

홈페이지 www.holywaveplus.com
이메일 hwpbooks@hwpbooks.com
출판등록 2008년 8월 21일 제2008-24호
주 소 (우) 04118 서울시 마포구 마포대로19길 33
전 화 02) 2652-3161
팩 스 02) 2652-3191

ISBN 979-11-6129-211-3 03230

책값은 뒤표지에 있습니다.